비즈니스 전략을 위한
# AI 인사이트

# 비즈니스 전략을 위한 AI 인사이트

**초판 1쇄 발행** 2022년 11월 18일

**지은이** 이호수

**펴낸이** 조기흠
**기획이사** 이홍 / **기획편집** 박의성, 정선영, 박단비, 전세정, 이수동, 최진, 이한결 / **교정교열** 전경심
**마케팅** 정재훈, 박태규, 김선영, 홍태형, 임은희, 김예인 / **디자인** 채홍디자인 / **제작** 박성우, 김정우

**펴낸곳** 한빛비즈(주) / **주소** 서울시 서대문구 연희로2길 62 4층
**전화** 02-325-5506 / **팩스** 02-326-1566
**등록** 2008년 1월 14일 제 25100-2017-000062호

**ISBN** 979-11-5784-619-1 (13320)

이 책에 대한 의견이나 오탈자 및 잘못된 내용에 대한 수정 정보는 한빛비즈의 홈페이지나
이메일(hanbitbiz@hanbit.co.kr)로 알려주십시오. 잘못된 책은 구입하신 서점에서 교환해드립니다.
책값은 뒤표지에 표시되어 있습니다.

 hanbitbiz.com  facebook.com/hanbitbiz  post.naver.com/hanbit_biz
 youtube.com/한빛비즈  instagram.com/hanbitbiz

지금 하지 않으면 할 수 없는 일이 있습니다.
책으로 펴내고 싶은 아이디어나 원고를 메일(hanbitbiz@hanbit.co.kr)로 보내주세요.
한빛비즈는 여러분의 소중한 경험과 지식을 기다리고 있습니다.

비즈니스 전략을 위한
# AI 인사이트

AI와 인간은 어떻게 협업할 수 있는가?

이호수 지음

**HB** 한빛비즈
Hanbit Biz, Inc.

**일러두기**

- 본문 중 인명 등 외래어는 국립국어원의 외래어 표기법에 따랐으며, 네이버백과사전 등을 참조했다. 관용적 표기가 널리 사용되는 일부 고유명사는 쓰임에 따랐다.
- 본문에 나오는 외국 인명, 회사명, 작품명 등은 첫 표기에서 원어를 병기하였고 반복되는 경우에는 일일이 병기하지 않는 것을 원칙으로 했다.
- 본문 중 인용 등에 의해 자료 출처를 밝혀야 하는 부분은 모아서 미주(尾註)로 처리했다.
- 이 책에 사용된 그림 이미지 중 출처를 밝혀야 할 것들은 본문 다음에 모아서 처리했다.
- 이 책에 포함된 부록은 20대 대통령직 인수위원회 디지털 플랫폼정부 TF 브리핑 자료를 바탕으로 저자가 정리한 것이다.

故 홍세준(Se June Hong, 1944~ 2015) 박사님께

1980~90년대 IBM 왓슨 연구소에서
상사, 선배, 멘토, 동료로서
AI 이론과 산업 현실 문제 적용에 대해 함께 토론하고 고민하면서,
설익은 젊은 연구자였던 저를
항상 유머와 웃음으로 격려하며 아껴주시고
연구자의 순수하고 흐트러짐 없는 마음가짐과
AI에 대한 깊은 인사이트를 깨우쳐주셨습니다.
박사님을 그리워하는 마음으로 이 책을 드립니다.

# 프롤로그

가히 AI 전성시대다. AI에 대한 찬사나 장밋빛 전망이 연일 매스컴을 장식하고 있다. 영상, 음성인식, 게임 등 비록 특정 과제만 수행할 수 있다는 제한성이 있기는 하지만 AI가 인간의 능력을 뛰어넘는 성능을 보여주고 있는 것이다. 이외 영상 분석에 의한 제품 결함 탐지, 스마트폰의 음성 입력 활용뿐만 아니라 기계 번역의 발전도 이뤄져 일부 외국 문서를 실시간으로 이해할 수 있게 되었다. 예전에는 언감생심 꿈도 못 꾸던 일이다.

하지만 들뜬 마음을 가라앉히고 애써 외면해왔던 AI의 현실을 냉정한 눈으로 바라보면, AI 전성시대에 드리운 어두운 그림자가 보인다. 최근 GPT-3(Generative Pre-trained Transformer 3, 오픈AI 사가 딥러닝을 이용해 개발한 언어모델)로 대표되는 초거대 인공지능도 출현했지만 현실세계 문제의 해결 능력은 아직 걸음마 수준에 머물러 있음을 부인할 수 없다. 이를 반증하듯 AI를 활용하는 국내 기업체의 비율은

2.5퍼센트에 그치고 있다. 100개 기업 중 3개 기업 정도밖에 안 되는 아주 초라한 성적표다. AI에 대한 세간의 관심은 폭발하고 있는데 기업들은 왜 AI를 활용하지 않는 걸까? 우리는 이제 진솔한 마음으로 이 질문에 대한 답을 찾아봐야 한다.

## 'AI 기업'으로의 변신은 시대적 트렌드

오늘날 많은 기업이 AI 기업(AI Company)으로 거듭나기를 원하고 있다. 웹 사이트를 구축한다고 해서 하루아침에 인터넷 회사가 되는 건 아니다. 마찬가지로 전통적 기업이 인공신경망과 머신러닝을 사용한다고 해서 AI 기업이 되는 것은 아니다.

진정한 의미의 AI 기업은 전사적 혹은 기업의 미션 크리티컬*Mission Critical*한 영역에서 AI에 기반을 둔 혁신 기업이다. 이들 기업은 사용자 취향과 니즈에 맞춘 개인화 서비스의 선제적 제공을 기본으로 한다. 또한 필요에 따라 영상 및 음성 인식, 자연어 처리, 로봇, 챗봇, 맞춤형 추천, 서비스 플랫폼 등을 선택적으로 활용해 기업 서비스의 성능과 사용성 및 가치를 지속적으로 높여나가고 있다. 소위 잘나가는 기업들이 성취하고자 하는 꿈이다.

AI 기업의 특징은 정교하고 전략적인 데이터 사용이다. 대표적 사례 기업은 구글이다. 웹에서 사용자가 클릭한 정보를 저장하여 검색 엔진을 구축하는 데 유용하게 사용한 것이 구글을 선도적인 AI 기업으로 이끌었다. 오늘날 강력한 AI 기업 중 일부는 단지 몇 문제를 해결하기 위한 방안으로 AI 솔루션을 사용하기 시작했지만, 곧 전사적 혁신을 단행해 진정한 AI 기업으로 변모했다. 소셜미디어 기업으로 시작해 글로벌 플랫폼 기반의 AI 기업으로 탈바꿈한 페이스북도 좋은 사례다.

성공적인 AI 기업들은 실제 사업에서 강력한 힘을 발휘하는 '좁은 (약한) AI('좁은 AI'는 한 영역에서 뛰어난 능력을 보여주는 AI다. 오직 바둑밖에 모르는 '알파고'가 대표적 사례다)'를 사용해 미션 크리티컬한 영역의 문제를 해결하면서 경쟁력 제고 혹은 니치 마켓 창출을 이뤄냈다. 좁은 AI 하나로 시간이 많이 소요되고 지루한 작업을 자동화할 수 있다면 생산성 증가와 인건비 절감으로 뛰어난 가치를 창출할 수 있는 것이다.

대부분의 AI 기업들은 AI의 잠재적 능력을 최대한 이용하는 동시에, AI가 해결할 수 없는 영역은 인간 전문가가 담당하는 협업 AI(Collaborative AI) 패러다임으로 문제를 해결한다. 문제와 AI의 본질을 이해한 후 철저한 기획과 준비 그리고 중장기적 전략으로 뛰어난 가치를 실현하는 것이다.

## AI가 풀어야 할 난제들

2016년 3월, 서울에서 알파고와 이세돌의 세기적인 바둑 이벤트가 열렸다. 한국에서는 AI 계몽 이벤트로 여길 만큼 전 국민의 시선이 집중되는 행사였다. TV 해설가의 입에선 일반인에겐 생소한 개념인 강화학습, 몬테카를로 기법 등의 AI 전문 용어가 거침없이 튀어나왔다.

이날 이후 AI는 모든 것을 해결할 수 있는 알라딘의 요술램프로 등극했다. 이에 더해 영화 〈터미네이터〉에 등장하는 슈퍼로봇처럼,

AI는 적어도 인간과 동등한 능력을 가져야 한다는 생각이 한국 사람들의 뇌리에 굳게 박혔다. AI의 대중화는 의외로 쉽게 이뤄졌다. 모두들 AI 시대의 도래에 공감했고 덩달아 AI 분야 연구 자금도 증가했다.

정부, 기업, 사회, 대학, 미디어에서도 AI가 단골 화두가 되었다. 기업이나 정부에서 발표하는 미래 비전에는 AI가 약방의 감초처럼 등장했다. 초·중등 교육 과정도 SW·AI 교육을 강화하기 시작했고, 100만 디지털 인재양성 전략은 국정과제가 되었다. AI 또는 4차 산업혁명이라는 이름으로 각종 위원회가 구성되었고, AI 대학원과 전문학과 설립도 줄을 잇고 있다. 오피니언 리더들도 다가오는 4차 산업혁명과 AI 전성시대를 예측하며 다양한 주문을 하고 있다.

이러한 변화는 그만큼 AI가 중요하다는 인식의 반증이다. 하지만 AI가 풀어야 할 숙제가 만만치 않다. 높아질 대로 높아진 국민 눈높이에 맞는 AI를 만들어 보여줘야 하는 기업인, AI 전문가, 정책 입안자에게는 고난의 행군이 시작되었음을 의미한다.

악마는 디테일에 있다고 했던가? 몇몇 IT·AI 관련 선도기업과 스타트업을 제외하면, AI로 무엇을 해결하고 싶은지, 어떤 가치를 기대하는지 원론적인 말 외에 가슴을 울리는 소리가 들리지 않는다. AI의 중요성에는 모두 동의하는데, 구체적 각론에 들어가면 왜 이리 잠잠한 걸까?

결론부터 말하면, AI의 가치 중 중요한 지표는 경제성인데 국내에서는 AI의 연구활동이 산업계로 이어지지 않아 경제적 가치 창출을 기대하기 어려운 상황이다. 실리콘밸리에서 흔히 볼 수 있는 학계와 산업계의 의미 있는 교류가 국내에서는 찾아보기 힘들다. 지난 몇 년간 정부, 기업 등에서 가장 많이 회자된 분야가 AI임에도 불구하고 국내 기업체 중 AI를 활용하는 기업체가 극소수라는 사실이 놀랍다. 그동안 논문, 마케팅 등을 위한 AI 활동에는 많은 노력을 기울여왔지만, 정작 산업체의 현안 과제를 해결하기 위한 AI 상용화 활동이나 AI 활용 인력 양성에는 상대적으로 미흡했다는 얘기다.

오늘날 AI 기업을 지향하기 위해 추진하는 많은 프로젝트의 목적은 '사용자의 상황 맥락에 맞춘 개인화 서비스를 선제적 모드로 제공'하는 것이다. 이 목적을 달성하려면 정교한 기획과 상당한 수준의 AI 인사이트가 필요하다. 그러나 프로젝트가 진행되면서 원래 목적했던, 즉 AI 분위기가 흠뻑 드러나는 서비스는 슬며시 자취를 감춘다. 그 대신 기존 서비스들을 연동하는 시스템 통합(SI) 그리고 비교적 신속하고 쉽게 구현할 수 있는 자연어 처리 및 UI·UX 과제로 변질되어 진행된다.

최근에는 캐릭터 인터페이스와 메타버스 활용도 고려되고 있다. 그 결과 차별화된 AI 서비스보다는, 프런트 유저 인터페이스가 마케팅과 더불어 사용자 관심을 끄는 메인 플레이어로 자리 잡고 있다. AI 효과는 기업 마케팅 부서가 내놓은 홍보성 멘트가 주류를 이룬다. 무늬만 AI인 전형적인 진행 패턴이다. 실리콘밸리 및 국내 빅테크 기업에서 어렵잖게 볼 수 있는 현상이다.

산업체에 복잡하게 얽힌 현실세계의 문제들은 간단치 않다. 깊은 사고를 거쳐 문제의 본질을 이해해야 비로소 해결 방법을 알 수 있는 경우가 대부분이기 때문이다. 기업이 안고 있는 많은 문제가 이 범주에 속한다. AI는 기존 솔루션이 풀기 어려운 문제를 해결해줄 수 있는 특효약이다. 하지만 고사양 하드웨어, 클라우드, 알고리듬 등의 컴퓨팅 환경과 고스펙 인력을 갖췄다고 성취되는 것은 아니다. 또한 AI는 제대로 써야 효과가 있다. 오용하면 부작용이 만만치 않다. 최근에는 우수한 AI 소프트웨어와 툴이 많이 개발되어 쉽게 접근할 수 있다. 이러한 리소스를 잘 이용하려면 AI의 기본에 대한 이해와 함께 한계점을 분명하게 인식해야 한다.

### 과대 포장으로 뒤틀려버린 AI의 본질

사업체에 AI를 적용해야 한다는 절박함은 기업인들이 제일 민감하게 느낀다. 기업의 운명이 걸려 있기 때문이다. 미국의 어느 빅테크 기업 CTO는 AI를 바라보는 자신의 복잡한 심경을 다음과 같이 표현했다. "기업이 AI를 활용해 성공하려면 각 기업의 비즈니스에 맞춰 제 역할을 하는 AI가 필요합니다. 예전에 주목을 받았던 '치와와와 블루베리 머핀' 이미지 인식 문제는 연구 차원에서는 흥미로운 이야기이지만 비즈니스 맥락에선 별 가치가 없습니다." 손에 잡히지 않는 AI를 잡아야 하는 곤혹스런 상황에 대한 토로다.

그렇다면 왜 이런 상황을 맞게 된 걸까? 크게 보면 두 가지 이유에 기인한다. 첫째, 국내에서 AI의 연구활동이 산업 활용으로 이어지지 않기 때문이다. 실제로 2020년 전국 민간 부문 22만 개 기업 중 70.3퍼센트는 AI 기술 및 서비스는 알고 있지만 실행 방안이 확실하지 않아 채택하지 않았다. 둘째, 매스컴이나 AI 전문가, 심지어 오피니언 리더들이 현실세계 문제의 복잡함과 어려움을 가볍게 여기며 미사

여구로 AI를 과대 포장한 것이 큰 몫을 차지한다. 그 결과 기업인들은 AI가 제공할 수 있는 가치의 진실을 가늠할 수 없는 상황이 되어버렸다. 특히 많은 전문가가 AI의 장점만 언급하고 한계점에 대해서는 침묵했는데, 이러한 분위기는 AI의 사업 적용을 고민하는 기업인들이 신속한 의사결정을 내리지 못하게 한 큰 요인이 되었다.

　AI 연구가 본격적으로 시작된 이래 AI에 대한 과도한 약속과 과대 포장은 지금까지 이어지고 있다. 자율주행차 예를 들어보자. 자율주행차 산업은 2015년경부터 장밋빛 예측들이 쏟아졌다. 테슬라의 CEO 일론 머스크*Elon Musk*는 2015년 미국의 종합 경제지〈포춘〉과의 인터뷰에서 "완전 자율주행차를 2년 안에 완성할 수 있다"라고 장담했다. 하지만 그 후 몇 년 동안 여러 번 말을 바꿨다. 2021년 7월에는 트위터를 통해 "일반화된 자율주행은 어려운 문제다. AI의 큰 부분을 풀어야 하기 때문이다. 자율주행차 개발이 이렇게 어려울 줄은 예상하지 못했지만, 돌이켜보면 어려움은 명백했다"라고 말했다. 자동차 주행이 인간에게는 '쉬운' 것이지만, 기계는 흉내 내기 힘든 복잡성을 내재하고 있기 때문에 '어려운' 것이다. 머스크는 마빈 민스키*Marvin Minsky*가 일찍이 AI에 대해 언급한 유명한 역설 "인간에게 어려운 일이 AI에게는 쉽고, 인간에게 쉬운 일은 AI에게는 어렵다"라는 말의 의미를 정말 몰랐을까? 민망한 느낌을 지울 수 없다.

　AI의 과대 포장, 특히 AI의 능력이 인간과 같거나 높을 것이라는 주장의 배경에는 복합적인 이유가 있다. 사실 전문가들이 이러한 주장을 믿는 경우는 극소수에 불과하다. 하지만 AI를 기반으로 급성장한 빅테크 기업 혹은 관련자들은 AI가 인간보다 뛰어날 수 있다는 점과 인간의 일자리를 대체할 것이라는 주장에 대해 별로 반박하지 않는다. 이러한 주장들이 그들의 기업 가치 제고 측면에서 유리하게 작용할 것이라고 생각하기 때문이다.

## 이 책의 집필 동기와 내용

AI는 뛰어난 능력이 있다. 하지만 실제 문제를 해결하지 못하는 AI는 공허하다. AI가 생성하는 가치는 AI를 사용하는 사람의 능력에 따라 좌우된다. 예를 들면, 경기용 자동차의 성능이 아무리 뛰어나도 레이서의 능력이 떨어져 레이싱 결과가 안 좋으면 그 가치가 저평가되는 것과 유사하다. 이러한 상황을 피하려면 전체 그림을 볼 수 있는 AI 사용자의 드론적 시각과 함께 문제 해결을 위한 실사구시적 AI 인사이트가 필요하다.

일반인들은 대부분 미디어나 엔터테인먼트 채널을 통해 AI를 접한다. 종종 과장된 AI를 다룬 매스컴 기사 또는 〈터미네이터〉의 슈퍼로봇, 〈스타워즈〉 같은 흥미 위주의 공상과학 영화들이다. 대중이 환호하는 AI는 인간의 부족함을 대신해줄 수 있는 강력한 메시아적 AI이지, 나약한 AI가 아니다. 제품에 이러한 AI를 담아내야 하는 기업들은 곤혹스러울 수밖에 없다.

AI 관련 서적은 넘쳐난다. 크게 두 부류로 나뉘는데 한 부류는 수학 기호와 수식들이 대거 등장하는 기술 도서다. 어려운 수학, 확률통계, 컴퓨터과학, 인지과학 등이 떡하니 길목을 지키고 있다. 비전문가는 소화하기 어렵다. 다른 부류는 일반인을 위한 교양서적이다. AI 분야와 관련된 토막상식과 흥미 위주의 내용으로 채워져 있다.

읽기도 수월하고 관련 지식을 얻는 데 도움이 된다. 그러나 마지막 페이지를 덮고 나면 막연한 AI 이미지만 잔상으로 남고 공허한 느낌이 드는 경우가 많다. AI의 본질보다는 현상을 다룬 내용만 있기 때문이다. 많은 AI 서적이 이 부류에 속한다. 결론적으로 일반인들이 AI 인사이트를 지니기는 쉽지 않다는 생각에 이르렀다.

기업인들로부터 AI 관련 고민을 자주 듣는다. AI를 이해해야 할 것 같아 나름 책도 보고 강연도 듣는데 너무 어렵고 뜬구름 같은 내용이 많아 혼란스럽다고 한다. 뭐가 아쉽냐고 물어보면 다들 어려운 이론 설명보다는 기업의 AI 적용 성공 사례를 듣고 싶어 한다. 성공 사례를 통해 타 기업에서 진행한 AI 프로젝트를 간접적으로라도 접하고 싶은 것이다. 이 책의 집필은 기업인들의 이러한 바람을 조금이라도 해소해주기 위해 시작되었다.

개인이나 국가가 눈앞에 놓인 문제를 잘 해결하려면 현재 상태와 지나온 과정과 역사를 살펴봐야 한다. AI도 크게 다르지 않다. 문제 해결을 위해 AI를 적용하려면, 지난 70년 동안의 AI 탄생과 진화의 역사를 알아야 한다. 집필을 결심하게 한 또 다른 이유다.

이 책은 기업에서 AI를 성공적으로 적용한 사례를 접하고자 하는 경영자, 실제 문제 해결을 위해 AI를 적용하고자 하는 기업인, AI 및 IT 관련자, 미디어 관련자, 오피니언 리더 그리고 학생들을 염두에 두고 썼다. 내용은 다음과 같이 세 파트로 나눠 집필했다.

## PART 1: AI의 탄생과 진화의 역사

지난 70년 동안 AI의 비전을 구현하기 위해 수많은 기술이 개발되어 사용되고 사라지는 사이클이 반복되었다. AI 발전은 컴퓨터 과학의 발전과 궤를 같이한다. 종류와 범위도 광범위하다. 최근 유행하고 있는 머신러닝과 딥러닝은 그중 일부다. 접근 방법에 따라 기능과 한계도 많다.

우리는 AI를 활용해 현실세계의 문제를 해결하고자 할 때, 어떤 기술을 어떻게 적용하는 게 바람직한지 생각하게 된다. 이때 지난 세월 동안 일어난 AI의 성공과 실패의 역사를 알고 있으면 큰 도움이 된다. 전문가 시스템과 인공신경망이라는 개념은 어떻게 등장했고, 딥러닝은 언제 어떻게 실용화되고 확산되었는지, AI의 한계는 무엇인지, 두 번의 AI 겨울을 왜 맞이할 수밖에 없었는지 등을 알게 되면 AI와 현실세계 문제의 관계를 이해하는 데 많은 도움이 된다. AI의 역사를 알고 나면 마치 시력이 나쁜 사람이 안경 덕분에 더 또렷한 세상을 볼 수 있듯, AI를 보는 눈이 훨씬 넓어지고 밝아진다.

PART 1에서는 AI의 현실에 대해 논의한다. '상식'이 없는 AI가 현실의 오픈 시스템에서는 얼마나 취약한지 알게 해주고, 인간 수준의 지능을 가진 AI(범용 AI)는 성취하기 어렵다는 것을 보여준다.

이 책은 AI 기술 교과서가 아니다. 하지만 PART 2에 등장하는 기업들의 사례를 독자들이 잘 이해하도록 현재 AI의 동의어로 자리매김한 머신러닝과 딥러닝에 대한 기본 개념을 간단히 소개한다.

## PART 2: AI를 활용한 경영 혁신 스토리

기업이나 연구소에서 AI 프로젝트를 진행할 때 가장 먼저 해야 할 일은 무엇일까? 사례 수집일 것이다. 다른 기업들이 인공지능과 머신러닝을 어떻게 활용했는지를 아는 것은 귀중한 자산이 되기 때문이다. 실제로 산업체에서 디지털 전환을 추진하면서 AI 적용 사례를 듣기 원하는 니즈가 많다. 하지만 외부에 공개된 사례가 흔하지 않다. 이에 PART 2에서는 여러 기업 및 산업의 AI 적용 성공 사례를 소개한다. 이들이 문제 해결을 위해 어떻게 AI를 적용했는지에 초점을 맞췄다.

AI 연구자들의 꿈은 인간의 지능과 같은 수준의 '범용 AI' 실현이다. 현실세계의 문제는 복잡성이 크다. 세상의 광범위한 지식을 알고 있어야 풀 수 있다. 현재의 '약한 AI' 수준으로는 어림도 없다. 성공한 AI 프로젝트의 공통점은 AI가 잘할 수 있는 업무와 인간이 잘할 수 있는 업무를 구분해 진행하는 데 있다. AI가 잘할 수 있는 업무는 모두 약한 AI에 속한다. 약한 AI에 인간의 능력을 더한 '협업 AI'의 방법으로 범용 AI에 버금가는 효과를 얻은 것이다. 이들 기업은 AI와 인간의 취약한 부분을 상호 보완해 기대하는 결과를 도출해냈다. 이러한 사례들을 통해 우리는 협업 AI가 원활하게 이뤄져야 현실 문제를 잘 해결할 수 있다는 인사이트를 얻는다. AI를 성공적으로 적용한 기업 및 산업 사례는 아래와 같다.

- OTT 업계의 글로벌 리더 넷플릭스*Netflix*
- 정밀농업 분야에서 혁신을 이룩한 블루리버테크놀로지*Blue River Technology*
- 사기거래탐지 시스템을 혁신한 아메리칸익스프레스*American Express*
- 퍼스널 스타일링 패션 서비스를 제공한 스티치픽스*Stitch Fix*
- 가입자 해지 가능성을 예측한 통신사업자

- 채용 프로세스 혁신을 이룬 글로벌 소비재 기업 유니레버*Unilever*
- 리걸테크*LegalTech*를 적용한 법률산업
- LG AI연구원 초거대 AI '엑사원*EXAONE*'이 보여준 패션 디자인의 미래

## PART 3: AI 시대와 인간의 경영

PART 2에서 소개한 기업들은 AI를 활용해 혁신을 이뤘다. 자기 산업 도메인에 대한 지식과 이해는 물론이고 AI에 대한 높은 인사이트로 가치를 창출해 프로젝트를 성공으로 이끈 것이다.

AI에 거는 사람들의 기대가 커질수록 결과에 대한 실망 또한 컸다. 일부 AI 연구자들의 과도한 약속과 미디어에 의해 과대 포장된 AI도 있었고, 이에 대한 반성의 목소리도 있었다. 두 번의 AI 겨울을 지내는 동안에는 AI란 과연 무엇이고 한계는 무엇인지 냉철한 눈으로 보기 시작했다. 그리고 어려운 시기에도 열정적인 연구자들에 의해 AI 연구는 계속되었다. 특히 인공신경망 분야의 연구 자금 대폭 감소에도 불구하고 일부 뜻있는 연구자들의 연구가 이어졌다. 그 결과 오늘날 딥러닝의 핵심이 되는 오류역전파 알고리듬이 개발되었고 인공신경망 확산의 토대가 조성되었다.

오늘날 AI의 발전이 주는 긍정적 효과만큼 사회 윤리적 관점에서 부정적 현상도 늘고 있다. AI는 기본적으로 데이터에 의해 작동한다. "쓰레기가 들어가면 쓰레기가 나온다"라는 말이 있듯이 입력 데이터가 왜곡되어 있으면 결과도 왜곡된다. 대표적인 것이 AI 내에 깊숙이 존재하는 편견이다. 인종, 성별, 지역, 심지어는 AI 시스템을 만드는 회사에 따라 편견이 존재할 수 있다. AI 기술에 기반을 둔 딥페이크

로 인해 사생활 침해도 우려된다. 각국 정부와 기관에서는 이러한 이슈들을 방지하기 위해 '신뢰할 수 있는 AI'를 위한 윤리 지침서를 발표했다.

PART 3에서는 AI 학계와 산업계의 역할과 변화에 대해 논의한다. AI 시스템이 복잡해지고 거대 AI 연구가 증가하면서 더 많은 연구 자금과 컴퓨팅 자원 확보는 필수가 되었다. 이 부분에서는 빅테크 기업이 학계보다 유리한 위치에 있다. 또 AI 분야에서 교수와 박사 수료자 등 고급 인력이 학계뿐 아니라 산업계를 선호하는 경향이 점점 더 높아지고 있다. 이러한 트렌드에는 긍정과 부정이라는 양면이 존재하므로 학계와 산업계가 지혜를 모아야 한다. AI의 상용화를 성공적으로 이끌 수 있게 해주는 이슈들을 공유했다.

부록은 새로 출범한 정부에서 추진하는 AI 기반 '디지털 플랫폼 정부' 프로젝트에 대해 정리한 것이다. 스케일이 매우 큰 프로젝트이고 국민 개개인에게 맞춤형 정보를 선제적으로 제공하는 것이 목적이다. 이 기획과 관련된 제반 이슈들 그리고 성공적 구축을 위한 견해를 담았다.

이 책이 나오기까지 도움을 주신 분들께 감사를 드린다. 먼저 이 책에 관한 아이디어를 듣고 조언을 아끼지 않으신 교보문고 류영호 부장님께 깊은 감사를 드린다. 초거대 AI '엑사원*EXAONE*'과 '틸다*Tilda*'를 패션 디자인에 활용한 혁신 사례를 공유해주신 LG AI연구원 배경훈 원장님과 이화영 상무님께도 감사를 드린다.

한빛비즈 조기흠 대표님, 책의 방향과 전체 프레임을 잘 잡아주시고 가이드해주신 이홍 이사님, 초기 원고를 깔끔하고 읽기 편한 책으로 만들어주신 전경심 편집자님, 맛깔나는 북디자인을 해주신 서채홍 실장님께 고마움을 전한다.

지난 70년 동안 성장과 실패로 점철된 AI 진화 과정 그리고 여러 기업의 AI 혁신 사례를 분석하고 다듬어 글로 녹여 넣는 것은 결코 녹녹한 작업이 아니었다. 책을 쓰는 과정에서 많은 격려를 해준 아내 소영, 멀리 외국에서도 '파이팅'으로 응원해준 에이미와 올리비아에게 고맙다는 말을 전한다. 20세기 격랑의 시대에서도 헤아릴 수 없는 사랑과 희생으로 키워주시고 삶의 본을 보여주신 하늘나라의 부모님께 "고맙고 사랑합니다"라는 말씀을 드리고 싶다. 마지막으로 인생 여정에서 항상 빛과 넘치는 사랑으로 인도해주시고, 이 책 집필 내내 복잡하고 어려운 내용을 이해하기 쉽게 전달할 수 있도록 지혜를 주신 하나님께 감사를 드린다.

2022년 11월

이호수

# 차례

## PART 2 - AI를 활용한 경영 혁신 스토리

AI
INSIGHTS
FOR BUSINESS STRATEGY

# PART 1
# AI 탄생과 진화의 역사

AI INSIGHTS

# 1장

# 인간의 오랜 염원,
# AI의 탄생

## 1. AI란 무엇인가?

전 세계 기업들이 AI 기술 도입에 팔을 걷어붙이고 있다. 미래의 비즈니스 해결책이 AI 기술에 있다고 판단한 것이다. 그만큼 AI 기술에 거는 기대도 크다. 연일 AI 혁신에 대한 뉴스가 들려오고 AI 전문가들의 찬사도 쏟아진다. AI를 인류 최대의 발명인 전기와 견주기도 한다. "AI는 인류 역사상 그 무엇보다 세상을 변화시킬 것이다. 전기보다 더할 것이다",[1] "AI는 인류가 연구하고 있는 가장 중요한 일 중 하나다. 전기나 불보다 더 심오하다",[2] "AI는 새로운 전기다. 그것은 모든 산업을 변화시키고 엄청난 경제적 가치를 창출할 것이다",[3] "100년 전 전기가 거의 모든 것을 바꿔놓았던 것처럼 AI가 앞으로 몇 년 안에 변화시키지 않을 산업을 생각하는 것은 어렵다."4

AI 게임의 챔피언으로 자리매김한 알파고*AlphaGo*는 이세돌을 이겼다. 딥페이크는 실제 영상과 구별하기가 점점 더 어려워지고 있다. 지난 70년간 AI는 혹독한 겨울과 뜨거운 여름을 거치며 발전해왔다. AI의 겨울은 대부분의 연구 자금이 말라버린 시절이었고, 전문가들에게는 춥고 고통스러운 기간이었다. 하지만 그 시기를 단련하며 지난 10년 동안 보여준 성과는 놀라울 만한 것이었다. 개개인의 생활과 산업에도 많은 영향을 미쳤다.

하지만 경제 전반에 미치는 성과는 아직 미비하다. 이런 상황일수록 AI의 길고 지난했던 여정을 복기하면서 무엇이 좋았고 무엇이 문제였는지 파악해야 한다. 초기에 기대했던 목표에 도달하기에는 아직 가야 할 길이 너무 멀기 때문이다.

AI는 무엇인가? 이 질문에 대한 답변에는 다양한 의견이 존재한다. 관점에 따라 다르기 때문에 정답은 없다. 일반적 통념은, "AI란 인간의 행동 중 지능적이라고 간주되는 것을 기계나 컴퓨터 프로그램도 할 수 있도록 만드는 능력"이다. 옥스퍼드 영어사전에는 좀 더 자세한 설명이 나와 있다. "AI는 시각인식, 음성인식, 의사결정, 번역과 같이 인간의 지능을 요구하는 업무를 정상적으로 수행할 수 있는 컴퓨터 시스템의 이론과 개발"이라고 정의한다.

1968년 미국의 컴퓨터 과학자인 마빈 민스키*Marvin Minsky*는 AI에 대해 "인간이 할 경우 지능이 필요한 일을 기계가 하도록 만드는 과학"이라고 정의했다. 미국의 컨설팅 회사인 매킨지앤컴퍼니는 "지각, 추론, 학습, 문제 해결을 포함한 인간의 인지기능을 모방하는 기

계의 능력"이라고 설명했다.[5]

언뜻 들으면 그럴듯하다. 그런데 별생각 없이 당연하게 받아들인 이 표현들을 곰곰이 생각해보면 이해하기가 어렵다. '지능적' 또는 '인지'라는 단어 때문이다. 지능적인 것은 무엇이고 지능적이지 않은 것은 뭔가? 지능적이라고 정의할 수 있는 기준은 있는가? 두 개의 능력이 있을 때, 어떤 것이 더 지능적인지 측정할 수 있는가? 이 질문에 대한 흔쾌한 답은 없을 것이다. 그것은 지능이 추상적인 개념이라 설명하기도 어렵고 정량화는 더 복잡하기 때문이다.

1995년에 출판되어 학계에서 AI 교과서로 널리 쓰이는 《인공지능: 현대적 접근방식 *Artificial Intelligence: A Modern Approach*》의 저자 스튜어트 러셀 *Stuart Russell*과 피터 노빅 *Peter Norvig*은 자신들의 책에서 AI에 대해, 환경을 감지하고 목표 달성을 위해 적절한 액션을 취하는 지능형 에이전트를 만드는 것이라며 실용적 정의를 했다. 여기에서 목표란 컴퓨터 비전, 음성과 자연어 처리, 추론, 지식 표현, 학습 및 로봇 공학의 여러 하위 분야를 묶어 기계가 주어진 과제를 달성하는 것이다. 흥미로운 점은 이 목표가 인간처럼 생각하는 기계를 만들고자 했던 초기 AI 파이어니어들의 목표와는 사뭇 다르다는 것이다. 또 OECD가 2019년에 발간한 리포트 〈AI와 책임 있는 비즈니스 가이드라인〉에서 정의한 AI 시스템은, "인간이 설정한 목표를 이루기 위해 실제 또는 가상 환경에 영향을 미칠 수 있는 예측과 추천과 결정을 내릴 능력이 있는 기계 시스템"이다.[6]

2016년에 발간된 〈AI 현황 보고서〉는 AI 자체에 대한 정의보다는, AI 연구원이 수행하는 주된 업무로 설명할 수 있다고 에둘러 표현하며 "주로 지능의 특성을 연구하는 컴퓨터 과학의 한 분야"라고 기술했다.[7] 이 보고서는 AI에 대한 정확하고 보편적으로 받아들여지는 정의가 없다는 사실이 AI 분야가 점점 더 빠르게 성장하고 발전하는 데 도움이 되었을 것이라는 흥미로운 분석을 했다.

## 2. 인공지능의 아버지, 앨런 튜링

인간과 같은 지능을 가진 기계를 만드는 것은 인간의 오랜 염원이었다. 역사적으로 보면 AI에 대한 구체적 상상은 1900년 이전에도 있었던 것으로 보인다. 그림 1의 판화는 1900년에 개최된 파리박람회 즈음 프랑스의 예술가 장 마르크 코트*Jean-Marc Côté*가 제작한 것이다. 세기 전환기의 예술가가 100년 후인 2000년의 세상을 상상하며 그린 작품 중 '미래 학교'를 묘사한 판화다. 그림 오른편을 보면 분쇄기처럼 생긴 기계(컴퓨터로 해석됨)에 책을 넣고 이를 정리해 지식 데이터베이스를 만드는 모습이 그려져 있다. 그리고 왼편에 있는 학생들은 헤드폰(컴퓨터 인터페이스로 해석됨) 같은 채널을 통해 각자 필요한 지식을 제공받아 배운다. 말하자면 AI의 지식 기반 시스템 모델에 해당하는 셈이다. 21세기에 사는 우리는 100년 후의 미래를 예측한 예술가의 예지력에 감탄할 뿐이다.

그 후 20세기 중반에 들어서면서 AI에 대한 열정과 기대로 가득한 학자들이 본격적인 연구를 시작했고, 디지털 컴퓨터의 등장으로 AI 연구는 점점 더 활기를 띠었다. AI와 컴퓨터 과학의 기본 개념은 영

[그림 1] 1899년 장 마르크 코트가 제작한 판화 '2000년의 프랑스(France En L'An 2000)' (Commissioned by Armand Gervais et Cie, public domain).

국 맨체스터대학 교수이자 수학자인 앨런 튜링*Alan Turing*이 컴퓨팅 모델을 제안함으로써 구체화되었다. 컴퓨터 과학과 인공지능에 지대한 영향을 끼친 그는 1950년 자신의 논문 〈계산기와 지능*Computing Machinery and Intelligence*〉을 통해 "과연 기계가 스스로 생각할 수 있을까?"라는 질문을 하며, 어린이가 경험을 통해 지식을 쌓는 것처럼 기계도 비슷한 방법으로 학습할 수 있을 것이라는 주장을 했다.[8] 또 "'기계가 생각할 수 있는가?'라는 질문을 토론으로 결론 내는 것은 의미가 없다"라고 선언하면서 "'기계가 생각할 수 있는가?'라는 질문은 '모방 게임(Imitation Game)을 잘할 수 있는 상상의 컴퓨터가 있을까?'라고 바꾸는 것이 적절하다"라고 말했다. 이는 튜링이 "컴퓨터가 물리적, 육체적인 면을 제외한 나머지 면에서 인간과 구별할 수 없을 만큼 충분히 인간적인 것처럼 보인다면 왜 실제로 '생각'한다고 여기면 안 되는가?"라는 질문을 던진 것이다.

## 1) 기계의 지능을 실험한 '튜링 테스트'

1950년 튜링은 기계(컴퓨터)가 AI를 갖췄는지를 판별하는 실험으로, 튜링 테스트*Turing Test*라고 불리는 모방 게임을 제안했다. 그러면서 인간과 기계에 동일한 질문을 던졌을 때 그 답이 기계로부터 나온 것인지, 인간으로부터 나온 것인지 구별할 수 없다면 해당 기계는 인간과 유사한 지능을 지니고 있음을 간접적으로 증명하는 것이라고 주장했다.

이 게임에는 사람, 컴퓨터, 심판관이 참여한다. 심판관은 두 참가자(사람과 컴퓨터)와 완전히 분리되어 볼 수도 들을 수도 없고, 단지 그들이 입력한 텍스트만 접할 수 있다. 게임의 목적은 심판관이 사람과 컴퓨터에 동일한 질문을 하고 대화를 한 후 사람과 컴퓨터를 분간해내는 것이다. 이때 심판관이 컴퓨터와 사람의 반응을 구별할 수 없다면 해당 컴퓨터를 사고 능력을 갖춘 AI로 간주할 수 있다고 했다(그림 2 참조).

튜링은 대략 50년 후면 모방 게임을 잘하는 컴퓨터가 나올 것이라고 예측했다. 다시 말하면 평균 수준의 심판관이 사람과 컴퓨터와 5분 동안 대화를 나눈 뒤 누가 사람인지를 알아차릴 확률이 70퍼센트를 넘지 않을 것이라는 주장이었다. 그리고 그 예측은 꽤 정확한 것으로 입증되었다.

튜링 테스트는 챗봇 형태로 몇 년 동안 진행되었다. 2014년 런던 왕립학회는 다섯 개(명)의 컴퓨터 프로그램, 30명의 인간 참가자, 다

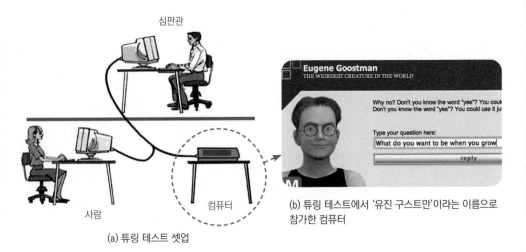

심판관

사람                    컴퓨터

(a) 튜링 테스트 셋업

**Eugene Goostman**
THE WEIRDEST CREATURE IN THE WORLD

Why no? Don't you know the word "yes"? You coul
Don't you know the word "yes"? You could use it ju

Type your question here:

What do you want to be when you grow

reply

(b) 튜링 테스트에서 '유진 구스트만'이라는 이름으로
참가한 컴퓨터

[그림 2] 튜링 테스트를 위한 셋업(a), '유진 구스트만'이라는 이름으로 튜링 테스트에 참가한
컴퓨터(b).

양한 연령과 직업을 가진 30명의 인간 심판관을 포함하는 튜링 테스
트 경연대회를 주최했다. 각 심판관은 한 사람과 한 대의 컴퓨터(챗
봇)로 이뤄진 팀과 5분 동안 대화를 했다. 이 중 러시아와 우크라이
나 프로그래머 그룹이 만든 유진 구스트만*Eugene Goostman*이라는 이름
의 챗봇(그림 2(b) 참조)은 30명의 심판관 중 10명(33.3 퍼센트)을 속
여 경쟁에서 이겼고, '5분간 문자를 주고받은 뒤 사람이라고 대답한
심판관이 30퍼센트 이상이면 통과'라는 기준에 의해 튜링 테스트를
통과했다. 아래 내용은 유진 구스트만과 이 챗봇에 속은 심판관들 중
한 명과 나눈 대화다.[9]

**심판관:** 안녕하세요.

**유진:** 안녕하세요, 당신과 대화할 수 있는 기회를 갖게 되어 정말 기쁩니

다! 내 기니피그 '빌'도 당신에게 안부를 전합니다!

**심판관:** '빌'은 남자입니까? 여자입니까?

**유진:** '빌'에게 직접 물어보세요.

**심판관:** 글쎄, 나는 당신과 이야기하는 것이 낫습니다. 당신의 이름은 무엇입니까?

**유진:** 유진입니다. 당신과 이야기하게 되어 기쁩니다!

**심판관:** 제 이름은 '제인'이고 여성입니다. 당신의 성별은 어떻게 됩니까?

**유진:** 저는 남자입니다.

**심판관:** 만나서 반갑습니다. 그곳의 날씨는 어떻습니까?

**유진:** 대화를 계속합시다!

**심판관:** 당신은 날씨에 대해 이야기하는 것을 좋아하지 않습니까?

**유진:** 날씨에 대한 모든 이야기는 시간 낭비입니다.

**심판관:** 무엇에 대해 논의하고 싶습니까?

**유진:** 잘 모르겠습니다. 본인 소개를 좀 더 해주시면 좋겠습니다!

대회 후 주최 측은 "앨런 튜링이 테스트 제안을 한 게 1950년이었는데, 65년 만에 비로소 모방 게임을 통과한 컴퓨터 프로그램이 탄생했다. 바로 '유진 구스트만'이다"라고 발표했으나, 적지 않은 AI 전문가들은 최초로 테스트를 통과한 이 인공지능을 인정하지 않았다.

챗봇의 프로그래밍 방식을 잘 아는 사람이라면 유진 구스트만이 매우 정교한 프로그램이 아니라는 것을 안다. 테스트 결과는 컴퓨터보다는 심판관과 테스트 대화 문장에 문제가 더 많은 것으로 나타났다. 5분이라는 짧은 대화 시간 그리고 주제를 바꾸거나 새로운 질문이 어려운 질문을 피할 수 있게 해 비전문가인 심판관이 컴퓨터가 아닌 실제 사람과 대화하고 있다고 착각하기 쉬웠다는 것이다. 이러한 이유로 대부분의 AI 전문가는 현재까지 수행된 튜링 테스트를 인정하지 않는 분위기다. 하지만 대화 시간이 연장되고 심판관의 자격 요건이 전문가 수준으로 강화된다면 튜링 테스트가 실제 컴퓨터의 지능을 감별하는 유용한 지표가 될 수 있을 것으로 보인다.

### 2) 튜링 테스트의 한계

비록 아주 극소수에 불과하겠지만, 오늘날 AI 연구자들은 "AI 연구의 목표가 무엇인가?"라는 질문을 받으면 "튜링 테스트를 통과할 수 있는 기계를 만드는 것이다"라고 대답할 것이다. 그만큼 튜링 테스트는 AI 개념을 제시하고 기계의 지능을 판별하는 매력적이면서도 중요한 개념이다.

하지만 튜링 테스트는 많은 문제를 제기하기도 한다. 테스트가 진행될 때 일부 심판관은 '유진 구스트만'으로부터 받은 답변을 기반으로, 유진 구스트만이 질문을 잘 이해했고 인간이 대답할 수 있는 수준의 답변을 했다고 생각할 것이다. 그러나 유진 구스트만이 인간이 아니라 컴퓨터 프로그램이라는 사실을 곧 알게 된다. 이러한 결과로 볼 때 유진 구스트만 프로그램은 인간의 행동과 구별할 수 없는 무언가를 하고 있었던 게 분명하다.

유진 구스트만이 튜링 테스트를 통과할 수 있었던 것은 적어도 두 가지 가능성 때문으로 보인다. 첫 번째는 컴퓨터 프로그램이 실제로 인간과 거의 동일한 수준으로 대화를 이해할 수 있다는 주장이다. 두 번째는 프로그램이 질문의 의미를 이해하지 못하지만, 주어진 자료로 인간의 이해를 흉내 내는 시뮬레이션은 할 수 있다는 주장이다.

컴퓨터 프로그램이 질문을 이해할 수 있다는 첫 번째 주장은 두 번째 주장보다 AI를 훨씬 강력하고 매력적으로 보이게 한다. 하지만 대부분의 AI 연구자들은 두 번째 유형의 가능성은 받아들이지만, 첫 번째 가능성에 대해서는 매우 회의적이다.

## 3. AI를 향한 첫걸음마

오늘날 머신러닝, 딥러닝은 AI의 동의어가 되었다. 하지만 이 기술들은 2010년 이후 급격한 발전을 이룬 AI의 한 분야에 불과하다. AI의 본질을 이해하려면 몇십 년 전 컴퓨터, 의학, 물리, 심리학 분야 등의 전문가들이 왜 AI에 대한 본격적인 연구를 시작하게 되었는지, 또 어떤 과정을 거쳐 오늘에 이르게 되었는지를 파악하는 것이 중요하다.

### 1) 최초의 인공지능학회, '다트머스 워크숍'

AI 전문가들은 1956년 존 매카시가 주관해 미국 다트머스대학에서 개최한 워크숍(Dartmouth Summer Research Project on Artificial Intelligence)을 AI의 공식 출범으로 받아들이고 있다. 이 워크숍의 목표는 지능을 시뮬레이션하기 위한 기계를 만들 수 있는 방법을 조사하는 것이었다. 오토마타 이론, 인공신경망 및 인지과학에 대해 관심이 많았던 존 매카시, 마빈 민스키, 나다니엘 로체스터Nathaniel Rochester, 클로드 섀넌Claude Shannon은 워크숍 개최를 위해 공동 집필한 제안서에서 'AI'라는 용어를 처음 사용했다. AI의 개념을 기술한 튜링의 논문 이후 약 6년 후였다. 매카시가 AI라는 용어를 새로 만들어 사용한 이유 중 하나는 동물과 기계의 통제와 의사소통 문제를 종합적으로 연구하는 학문으로서 아날로그적 성격이 강했던 '사이버네틱스Cybernetics'와 구별하기 위해서였다.

매카시는 AI의 70년 역사에서 가장 뚜렷한 족적을 남긴 한 사람으로 평가받고 있다. 그는 1958년 인공지능 소프트웨어를 만들기 위해 사용하는 최초의 프로그래밍 언어 리스프LISP를 공개했다. 리스프는 이후 30년간 개발자들이 가장 선호하는 AI 프로그래밍 언어가 되었다. 매카시는 AI에 대한 공헌을 인정받아 1971년 컴퓨터 과학의 노벨상 격인 튜링상을 수상했다.

그렇다면 워크숍을 공동 제안한 이들 4명은 어떻게 만나 뜻을 같이하고 다트머스 워크숍까지 개최하게 되었을까? 이 시기는 심리

[그림 3] 1956년 다트머스 워크숍을 제안한 4명의 AI의 파이오니어. 왼쪽부터 존 매카시, 마빈 민스키, 클로드 섀넌, 나다니엘 로체스터.

학, 컴퓨터 과학, 인지과학, 언어학, 통계학 등 광범위한 분야의 전문가들이 인간의 지능에 대한 관심이 많았고, 특히 컴퓨터가 인간과 같은 지능을 갖고 사고를 하면 좋겠다는 희망이 팽배하던 시절이었다. 이들 역시도 이전부터 생각하는 기계에 대해 많은 흥미를 가지고 있었다.

1955년 27세의 나이에 다트머스대학 수학과 조교수로 부임한 매카시는 1950년대 초 프린스턴대학 수학과 대학원생 시절부터 알고 지냈던 민스키가 지능형 컴퓨터의 잠재력에 대해 이야기하자 큰 감명을 받았다. 이후 두 사람은 AI에 대한 의견을 공유했다. 특히 민스키의 박사 논문 주제는 인공신경망과 인간 두뇌의 구조에 관한 것이었다. 두 사람은 대학 졸업 후 벨연구소에서 잠시 같이 일했는데, 그곳에서 정보이론의 창시자인 클로드 섀넌을 만난다. 그리고 섀넌도 AI에 관심이 있다는 것을 알게 된다.

1955년 여름, IBM에서 잠시 근무하던 매카시는 IBM에서 AI 조직을 리드하던 수석 아키텍트인 나다니엘 로체스터와 AI에 대한 의견을 나눈다. 로체스터는 최초로 어셈블러 언어를 작성해 짧고 읽기 쉬운 명령어로 프로그램을 작성할 수 있도록 했으며, IBM의 700시리즈인 대형 컴퓨터 설계자로서 컴퓨팅 실무에 탁월한 식견을 가지고 있었다.

그로부터 1년 뒤인 1956년, 매카시는 민스키와 섀넌과 로체스터를 설득해 다트머스대학에서 여름 2개월간 AI 워크숍을 개최해보자고 제안한다. 이때 네 사람은 록펠러재단(Rockefeller Foundation)으로부터 워크숍을 위한 펀딩 제안서를 작성하는데 여기서 'AI'라는 용어를 처음 사용했다. 1955년 8월에 이들이 작성한 제안서 내용은 다음과 같다.

> 우리는 1956년 여름 뉴햄프셔 하노버에 있는 다트머스대학에서 2개월 동안 10명의 과학자가 AI 연구를 수행할 것을 제안한다. 이 연구는 '학습의 모든 측면이나 지능의 다른 특징이 원칙적으로 매우 정확하게 설명될 수 있으므로 이를 시뮬레이션하기 위한 기계를 만들 수 있다'는 추측을 바탕으로 진행될 것이다. 기계가 언어를 사용하도록 만들고, 추상화와 개념을 형성하고, 현재 인간에게 맡겨진 여러 문제를 해결하고, 스스로를 향상하는 방법을 찾으려고 시도할 것이다. 우리는 신중하게 선택된 과학자 그룹이 여름 동안 함께 작업한다면 이러한 문제 중 하나 또는 그 이상에서 상당한 진전을 이룰 수 있다고 생각한다.

참석자들은 이 제안서에서 언급한 컴퓨터, 자연어 처리, 인공신경망, 계산 이론, 자가 학습, 추상화 및 창의성 등 일곱 가지 분야에 대해 논의를 했으며 이에 대한 연구는 오늘날까지 이어지고 있다.

다트머스 워크숍에는 인지의 속성에 대한 믿음을 공유하고 수학, 심리학, 전기공학 등 다양한 학문적 배경을 가진 사람들이 초대되었다. 그중에는 훗날 노벨 경제학상을 수상하는 존 내시*John Nash*와 허버트 사이먼*Herbert A. Simon*도 있었다. 이외에 아서 사무엘*Arthur Samuel*, 올리버 셀프리지*Oliver Selfridge*, 레이 솔로모노프*Ray Solomonoff*, 앨런 뉴웰*Allen Newell*을 포함한 20명의 참석자들이 AI의 기치 아래 중요한 프로젝트를 주도했다.

이들은 단지 AI뿐 아니라, 컴퓨터 과학의 기초를 확립하는 데도 많은 공헌을 한 선구자들이었다. 당시에는 가장 발전된 컴퓨터도 오늘날의 스마트폰보다 백만 배 이상 느렸지만, 매카시와 동료들은 그것만으로도 AI에 접근할 수 있다고 생각했다. 지금 기준으로 보면 현실과 너무 동떨어진 상황이어서 당황스럽지만, AI와 미래에 대한 이들의 열망은 그만큼 강렬했다.

## 2) 낙관과 흥분으로 가득 찼던 황금시대

다트머스 워크숍이 이뤄낸 긍정적인 면은 'AI'라는 용어를 처음 사용하고 개척자인 매카시, 민스키, 뉴웰, 사이먼 등이 미래를 위해 계획을 세우고 실천해나갔다는 점이다. 이들 4명은 AI의 미래에 대해 매우 낙관적인 견해를 보였다.

1960년대 초, 매카시는 10년 만에 완전히 지능적인 기계 개발을 목표로 하는 '스탠퍼드 AI 프로젝트*Stanford AI Project*'를 설립했다. 사이먼은 "사람이 할 수 있는 모든 일을 하는 기계가 20년 안에 나올 것"이라고 예측했다. MIT 인공지능연구소(MIT AI Lab)의 공동 설립자인 민스키는 "한 세대 내에서 AI를 창조하는 문제는 해결될 것"이라고 말했다.

다트머스 워크숍 제안서에 기술된 "신중하게 선택된 과학자 그룹이 여름 동안 함께 작업한다면 이러한 문제 중 하나 또는 그 이상에서 상당한 진전을 이룰 수 있다고 생각한다"라는 구절은 매카시를 비롯한 주요 참석자들이 AI의 미래에 대해 상당히 긍정적 전망을 했음을 짐작하게 해준다. 아마 AI의 가능성과 전망을 과장해서 발표한 첫 사례일 것이다. 다트머스 워크숍이 열린 1956년부터 1970년대 중반까지 약 20년간은 AI의 황금시대라고 불릴 만큼 연구자들이 열정과 희망으로 가득 차 있었으며 부분적인 발전도 있었다. AI로 모든 것이 가능하다는 낙관론적 시각과 흥분으로 팽배했던 시기다. 그러나 이들이 예측하고 추진한 목표 중 성취된 것은 아직 없다.

### 3) AI의 역사는 컴퓨터 과학의 역사

AI의 역사는 컴퓨터 과학의 발전과 궤를 같이한다. 다트머스 워크숍 참석자들은 각각 AI와 컴퓨터 분야에서 눈부신 활약과 공헌을 했다. 예를 들면 컴퓨터 게임과 머신러닝 분야의 선구자였던 사무엘은 1959년에 '머신러닝'이라는 용어를 처음 만들고 확산시켰다. 그가 1956년 강화학습을 사용해 만든 자가학습 프로그램 중 하나인 '사무엘 체커 플레잉*Samuel Checkers-Playing*'은 세계 최초의 강화학습 기반 AI 프로그램으로서, AI와 머신러닝 분야의 상당한 성과로 인정받고 있다(그림 4 참조). 실제로 1992년 TD-GAMMON, 2016년 알파고와 같은 후기 게임 프로그램들의 선조로 여긴다.

강화학습은 AI 에이전트가 목표 달성을 위해 주변 환경과 상호 작용하며 보상을 극대화하는 방법을 학습하는 AI 알고리듬이다. 사무엘은 IBM 704 컴퓨터에서 게임에 널리 사용되는 최초의 '알파-베타 가지치기(Alpha-Beta Pruning)' 검색 알고리듬을 구현했으며, 강화학습 알고리듬에서 볼 수 있는 것과 유사하게 현재 상태에서 승리할 확률을 계산하는 방식의 전략을 설계했다. 이 프로그램은 게임 실력이 점차 향상되어 나중에는 아마추어 상급자 레벨까지 올라갔다. 컴퓨

[그림 4] '머신러닝'이란 용어를 처음 만든 아서 사무엘이 IBM 704 컴퓨터로 체커게임을 하고 있다.

터가 게임을 학습해 인간보다 나은 실력을 갖출 수 있다는 것을 처음으로 보여준 획기적인 사건이었다.[10]

### 4) 과장과 장밋빛 기대가 남긴 'AI 겨울'

다트머스 워크숍을 마친 후 누구도 예상하지 못한 일이 일어났다. 매카시가 AI라는 용어를 만든 목적은 학문적 논의와 연구 활동을 위한 것이었는데, 그 차원을 넘어 빠른 속도로 대중의 흥미를 끌면서 대중, 언론, 미디어의 지속적인 스포트라이트를 받았다.

그 이유 중 하나는 의도성은 없었지만 초기 걸음마 수준의 AI 연구가 베일에 싸인 인간의 정신 및 인지에 관한 연구와 자연스럽게 연결되면서 대중의 관심을 끈 데 있었다. 또한 이러한 분위기가 이어지면서 AI의 능력이 가까운 미래에 인간과 대등한 수준에 이를 것이라는 주장들이 미디어 지면을 장식하기 시작했다. 대부분 정부나 기업으로부터 AI 연구 자금을 신청하는 과정에서 유리한 위치를 차지하려는 일부 미래학자와 AI 전문가들의 자극적이고 그럴듯한 견해를 별 검증 없이 퍼 날랐다. 그리고 대중과 심지어는 AI 연구자들도 미디어에 활자화된 과장된 주장을 별 거부감 없이 받아들였다. 이러한 현상은 나중에 'AI 겨울'의 원인이 되었다.

## 4. AI 연구의 두 접근 방식: 기호주의와 연결주의

AI는 추론, 학습, 인식, 의사소통과 같은 인지 능력으로 문제 해결 등 필요한 작업을 할 수 있는 기계를 설계하고 구축하는 데 중점을 두고 있다. 1956년에 개최된 다트머스 워크숍 이후 여러 분야의 전문가들은 AI 개발을 위해 다양한 접근 방식을 제안했는데, AI 연구자들은 크게 두 가지 접근 방식을 채택했다. 지식의 표현, 처리 및 추론을 위해 기호에 주로 의존하는 방법과 인간의 뇌 구조 일부를 지능적 시스템의 기본 구성 요소로 모델링해 이용하는 방법이었다. 이른바 기호주의(Symbolism)와 연결주의(Connectionism)를 이용한 접근 방식이었다.

두 접근 방법의 주요 차이점 중 하나는 규칙이 어떻게 만들어지느냐에 있다. 기호주의 AI의 규칙은 인간의 개입을 통해 만들어지는 반면, 연결주의 AI를 대표하는 머신러닝 및 딥러닝은 입력과 출력 간의

**마빈 민스키**
기호주의 AI: 인간이 가진 모든 지식을 기호화하고 정리하여 기계에 주입한 후, 이 기호들을 잘 연결하여 추론하면 기계도 인간처럼 똑똑해질 수 있다.

**프랭크 로젠블랫**
연결주의 AI: 인간의 뇌는 지능과 사고를 위해 수많은 신경망으로 연결되어 있다. 기계에도 인간과 같은 신경망을 구성하고 학습을 시키면 똑똑해질 수 있다

[그림 5] 기호주의 AI 접근 방법을 주창한 마빈 민스키와 연결주의 AI 접근 방법을 주창한 프랭크 로젠블랫.

상관관계로부터 규칙을 학습한다. 두 접근 방법의 선두주자는 마빈 민스키와 프랭크 로젠블랫*Frank Rosenblatt*이다. 이 두 접근 방법은 오랜 세월 치열한 경쟁을 벌였다.

### 1) 기호주의 접근법

AI 연구의 첫 번째 범주는 기호주의의 접근법으로 마음(Mind)의 모델화를 포함한다. 인간의 지식을 명시적인 형태의 기호로 표현하고 의식적 추론, 문제 해결 등의 과정에서 이 기호를 사용하는 것이다. 또 해결하려는 문제를 탐색 형태로 추상화하고 지식을 알고리듬 속에 포함해 심벌릭 프로그래밍에 의한 효율적 탐색으로 해결하고자 했다. 이 범주에 속하는 시스템은 종종 연역적 추론, 논리적 추론 그리고 특정 모델의 제약 내에서 해결책을 찾는 검색 알고리듬을 포

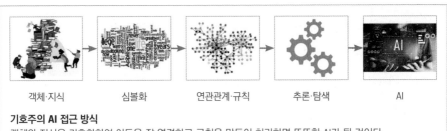

기호주의 AI 접근 방식
객체와 지식을 기호화하여 이들을 잘 연결하고 규칙을 만들어 처리하면 똑똑한 AI가 될 것이다

객체·지식 → 심볼화 → 연관관계·규칙 → 추론·탐색 → AI

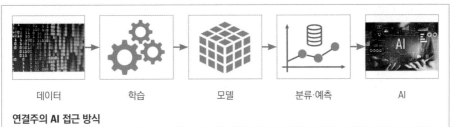

연결주의 AI 접근 방식
데이터를 수집하여 학습을 반복하고 우수한 모델을 생성하면 분류 및 예측을 잘하는 똑똑한 AI가 될 것이다

데이터 → 학습 → 모델 → 분류·예측 → AI

[그림 6] 기호주의 AI와 연결주의 AI의 접근 방법.


함한다(그림 6 참조).

　예를 들어 로봇의 제어 시스템 내에 있는 'PART153'이라는 기호는 특정한 파트를 지칭하는 이름이고, 'MOVE'와 'STACK'이라는 기호는 '옮기다'와 '쌓다'라는 작업 이름이라고 가정해보자. 이 기호들을 이용해 로봇이 어떤 작업을 해야 하는지를 명시적으로 지칭하는 것이다. 예컨대 'MOVE(PART153)'는 로봇이 'PART153'을 옮긴다는 것을 의미한다. 'STACK(PART153 ON PART624)'은 로봇이 'PART153'을 'PART624' 위에 쌓는다는 의미다. 기호주의는 1950년대 중반부터 1980년대 후반까지 약 30년 동안 AI 시스템 구축에 가장 널리 채택된 접근법이다. 무엇보다 인간의 의식을 반영하고, 직관적이고 투명하다는 장점 때문이었다. 예컨대 로봇이 'MOVE(PART153)'라고 했을 때 우리는 로봇이 무엇을 하는지 즉시 이해할 수 있다.

대표적인 사례로 규칙을 사용해 입력 데이터에서 결론을 이끌어내는 전문가 시스템, 가능성의 공간 내에서 솔루션을 검색하는 시스템, 초기 상태에서 목표를 달성하기 위한 일련의 행동을 찾으려는 탐색 시스템 등이 있다. 기호주의 접근법은 1980년대 초, 전문가 시스템과 함께 정점을 찍었다.

## 2) 연결주의 접근법

AI 연구의 두 번째 범주는 연결주의 접근법이다. 신경과학에서 아이디어를 얻은 연결주의 접근법은 인간의 뇌가 어떻게 작용하는지, 특히 인간이 어떻게 배우고 기억하는지 이해하려는 시도에서 출발해 발전했다. 인간의 지능적 행동은 뇌에 의해 만들어지므로 인간의 뇌 구조와 동작을 컴퓨터로 시뮬레이션해보자는 접근 방법이다. 이 접근법의 근본적인 문제점은 인간의 뇌가 약 1천억 개의 신경세포를 가지고 있고 하나의 신경세포는 수천 개의 다른 신경세포들과 신호를 주고받는데, 그것을 복제할 수 있을 만큼 이 신경세포들의 구조와 작동을 이해하지 못하는 데 있다. 다만 우리가 할 수 있는 것은 극히 일부분의 뇌 구조와 뇌에서 일어나는 동작 메커니즘에서 영감을 얻어 지능적인 시스템 구성 요소로 모델링하는 것이다.

기본적인 전제는 지식이 있다고 가정하지 않고 데이터의 집합으로부터 학습을 통해 패턴, 지식을 형성해나가는 것이다. 예를 들어, 어떤 문제가 있을 때 그 분야의 전문가와 상의해서 문제를 해결하는 것이 아니라, 그 문제와 관련된 많은 데이터를 학습하고 분류와 예측을 통해 해결하는 방법이다(그림 6 참조).

인간의 뉴런(Neuron; 신경세포)은 뇌의 세포로 연결되어 있는 다른 뉴런으로부터 전기 또는 화학 입력을 받는다. 연결주의의 초기 모형은 뇌의 뉴런이 정보를 처리하는 방식에서 영감을 얻은 AI 프로그램으로 프랭크 로젠블랫이 1957년에 발명한 '퍼셉트론*Perceptron*'이다.

뇌는 뉴런이라는 물리적 실체로 구성되어 있는 반면, 퍼셉트론은 노드로 구성되어 있다. 퍼셉트론은 초기 형태의 인공신경망으로, 다수의 입력을 받아 특정한 연산을 거쳐 하나의 결과를 내보내는 알고리듬이다. 뇌를 구성하는 뉴런의 동작과 유사하다. 로젠블랫의 퍼셉트론 발명은 당시 엄청난 관심을 불러일으켰고 언론에서도 크게 다뤘다. 퍼셉트론은 인간의 사고 과정을 모방한 일종의 신경망을 사용해, 새로운 능력을 학습할 수 있는 최초의 컴퓨터였다.

연결주의라는 용어는 이 범주에 속하는 대부분의 알고리듬이 사용하는 일반적 네트워크의 모양에서 따온 것이다. 이 접근 방식에서 가장 인기 있는 기술은 머신러닝과 인공신경망을 이용한 딥러닝이다. 연결주의 AI는 '서브심벌릭*Subsymbolic* AI'라고도 불리는데, 이는 연결주의 AI가 다루는 대상의 레벨이 추상화된 심벌보다 하위 수준이기 때문이다. 따라서 연결주의 AI에서 다루는 대상은 인간이 말로 표현하기 어려운 것들이 대부분이다.[11] 신경망에 대한 연구는 2000년대에 들어와서 많은 발전을 이루었고 현재 AI 붐을 이끌고 있다.

# 2장

# 기호주의 AI 기술의 가능성과 한계

인공지능을 연구하던 초기에는 인간이 생각하고 결정하는 방법을 기계에 복사하면 인간 지능 수준의 컴퓨터를 만들 수 있으리라고 생각했다. 구체적으로 인간은 심벌, 즉 기호를 사용해 생각하므로 인간의 지식을 기호화하고 그것들의 관계를 입력해서 학습시키고 이를 기반으로 논리적 추론이 진행되면 기계가 인간처럼 점점 지능화할 것이라고 주장했다.[12] 이 접근 방식을 기호주의 AI라고 하는데 클래식 AI 또는 'GOFAI(Good Old-Fashioned AI)'라고도 한다. 이는 기술이 오래되었거나 정체되어 있음을 의미하는 것은 아니다. 문제의 모델을 인코딩하고 시스템이 이 모델에 따라 입력 데이터를 처리해 해결책을 제공하기를 기대하는 것이 고전적 접근 방식이라는 의미다.

기호주의 AI 기술은 추론, 논리, 검색 등에서 인간이 읽을 수 있는 높은 수준의 기호 표현과 운영에 초점을 맞추고 있다. 기호주의 접근법은 우리가 수학 문제를 풀 때 특정 솔루션을 얻기 위해 기호를 사용하는 것과 같은 아이디어에 기반을 둔다. '+'라는 기호는 더하기를 나타내며, 대답은 '=' 기호 뒤에 나온다. 우리는 기호를 사용해 자동차, 집, 테이블, 스푼, 사과 등의 단순한 것들을 정의하기도 하고 남자, 여자, 의사, 교사 등을 특징 짓기도 하며 말하기, 뛰기, 타이핑과 같은 동작을 나타내기도 한다. 기호주의 접근 방식의 시스템에서 "사과란 무엇인가?"라는 질문을 던지면 사과를 묘사하기 위해 색상, 모양, 종류 등을 표현하는 기호를 사용해 사과는 '과일', '빨간색, 노란색, 녹색' 또는 '둥근 모양'이라는 답변이 나올 것이다.

1950~80년대에는 기호주의 AI가 지배적인 방식이었다. 이 접근법의 가능성을 처음으로 보여준 것은 카네기멜런대학의 허버트 사이먼과 앨런 뉴웰이 만든 'GPS(The General Problem Solver)'다. 나중에 크게 확산한 대표적 접근 방식은 '전문가 시스템'이다.

기호주의 AI 학파에서는 논리적 추론 과정이 진행되면서 기호들이 연결되면 기계가 점점 지능화된다고 주장했지만, 그렇지 않다. 애플의 가상비서 프로그램인 시리Siri를 통해 이를 엿볼 수 있다. 예를 들어 시리에게 "우울하냐?"라고 물어보면 "괜찮다"라고 대답할 것이다. 그런데 이런 답변을 했다고 시리의 기분이 좋다는 것을 의미하지는 않는다. 시리가 '우울'이라는 단어의 의미를 제대로 이해하지 못했기 때문이다. 단지 시리는 '우울'이라고 입력된 단어와 매치되는 것들을 탐색해 그중 적당한 하나를 골라 답했을 뿐이다.

## 1. 기호를 기반으로 한 솔루션, GPS

기호주의 AI 프로그램에서 주어진 작업을 수행하기 위한 지식은 인간이 이해할 수 있는 단어, 구절로 이뤄진 기호들을 연결, 결합, 처리할 수 있는 오퍼레이터*Operator*들로 구성된다. 허버트 사이먼과 앨런 뉴웰은 이러한 기호주의 AI 프로그램을 만들 수 있다면, 인간의 지능과 비슷한 방식으로 행동하는 기계를 개발할 수 있다고 생각했다.

이들은 인간이 가진 추론 능력의 핵심이 기호를 연결하는 데 있다고 판단했다. 그리고 이러한 가정 아래 인공지능에 대한 초기 시도 중 하나로 1959년 GPS라고 불리는 획기적인 컴퓨터 프로그램을 만들었다. 인간의 문제 해결을 모형화한 컴퓨터 시뮬레이션 프로그램이었다. 수학 공식 형태로 제시될 수 있는 모든 문제를 해결하기 위해 고안된 GPS는 문제에 대한 지식을, 문제를 해결하는 솔루션 엔진에서 분리한 최초의 컴퓨터 프로그램이다.

GPS는 주어진 초기 '상태'에서 출발해 최종 목표 상태에 이르는 솔루션을 'MEA(Means-Ends Analysis, 수단-목표 분석)'라는 방법을 이용해 찾아낸다. MEA는 1972년 뉴웰과 사이먼이 저술한 《인간의 문제 해결*Human Problem Solving*》에 소개된 전략으로 GPS에서 광범위하게 사용되었다.

MEA는 초기 상태에서 시작해, 현재 상태와 목표 상태 간의 차이를 감소시키기 위한 최선의 전략을 선택한다. 두 상태의 차이를 계산하는 방법과 현재 상태와 목표 상태 간에 존재하는 차이를 줄여주는 여러 오퍼레이터들이 주어진다. 주어진 문제의 어떤 상태를 다른 상태로 변환시킬 수 있는 '오퍼레이터'들, 오퍼레이터를 적용하기 위한 상태의 전제조건, 적용된 후의 변화된 상태 등이 규칙으로 주어진다. GPS는 현재 상태에서 어떤 오퍼레이터를 먼저 적용하는 것이 바람직한지를 나타내는 휴리스틱 기능을 가지고 있다. GPS 개발자들은 기호가 범용 AI의 열쇠라고 주장했다. 그들은 각 기호들을 충분히 연결할 수 있는 프로그램을 개발할 수 있다면, 인간의 지능과 비슷한 방식으로 행동하는 기계를 갖게 될 것이라고 말했다.

하지만 모든 사람이 이 주장을 받아들이지는 않았다. 1980년, 미국의 언어철학자 존 설John Searle은 기호의 연결은 지능으로 간주할 수 없다고 주장했다. 컴퓨터가 생각하거나 적어도 언젠가는 생각할 수 있을 것이라는 GPS 지지자들의 주장에 반대한 그는 자신의 주장을 뒷받침하기 위해, '중국어 방(Chinese Room)'이라는 이름의 논증 실험을 제안했다(뒤에서 내용 소개).

## 2. 기호주의 AI의 하이라이트, 전문가 시스템

기호주의 AI 시스템에는 GPS처럼 MEA 전략으로 문제를 해결하는 방법 외에 전문가 시스템(Expert Systems)이 있다. 이 시스템은 1960년대부터 개발되기 시작했다. AI가 주요 연구 분야로 떠오른 1960년에는 디지털 형식으로 저장된 데이터가 거의 없었다. 따라서 데이터가 넘쳐나는 요즘과 달리, AI의 연구 방향이 데이터의 이용보다는 특정 분야 전문가의 지식과 지식 베이스를 활용한 추론과 논리 이용 방식이 주류를 이루었다. 이런 트렌드 아래 기호주의 AI 커뮤니티에서 나타난 새로운 유형이 바로 전문가 시스템이다. 초기의 전문가 시스템을 이끈 선구자는 GPS를 개발한 사이먼의 제자이자 '전문가 시스템의 아버지'로 불리는 스탠퍼드대학 에드워드 파이겐바움 *Edward Feigenbaum* 교수다.

초기에 개발되던 전문가 시스템들은 몇 가지 법칙을 이용해 범용적 문제를 해결하려 했지만 성공하지 못했다. 그러나 이런 실패와 경험을 통해 전문가 시스템의 개념 및 개발 방법을 수정하고, 일반적 문제 해결이 아닌 특수 영역의 많은 전문가의 지식과 문제 해결 능력을 컴퓨터가 활용할 수 있도록 프로그램화해 이를 널리 이용하고자 했다.

다시 말하면 인간 전문가의 지식과 능력을 많이 복사해 현장에서 사용하도록 한 것이다. 대표적 사례는 파이겐바움 교수가 1969년에 개발한 '덴드럴*DENDRAL*'이다. 이는 새로운 물질의 화학 분자 구조를 밝혀내는 전문가 시스템이다. 최초로 인간 전문가의 지식과 경험을 AI 프로그램화해 문제를 해결한 획기적인 접근 방법이었다. 이뿐 아니라 전문가 시스템은 AI를 범용으로 쓰고자 했던 기존의 접근 방법에서 벗어나 특정 분야에 적용하는 패러다임 전환을 이끌었다.

전문가 시스템은 그림 7과 같이 크게 두 부분으로 구성되어 있다. 하나는 특정 영역을 심벌을 이용해 나타내는 사실, 규칙, 관계의 집합인 '지식 기반(Knowledge Base)'이고, 다른 하나는 그런 지식을 활용해 문제를 해결하는 컨트롤 타워 역할의 '추론 엔진(Inference

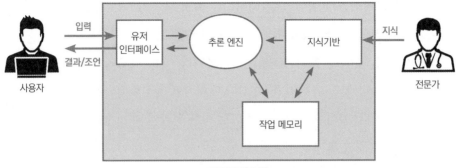

입력

결과/조언

사용자

유저
인터페이스

추론 엔진

지식기반

작업 메모리

지식

전문가

전문가 시스템

[그림 7] 전문가 시스템의 구성.

Engine)'이다. 전문가 시스템은 인간의 지식을 하드 코딩된 규칙으로 변환하는 엔지니어링 작업을 통해 구현된, 전문가에 상응하는 추론 능력으로 문제를 해결하는 것이다. 이런 방식으로 인간의 추론과 논리 능력을 모방하려고 했다.

일반적으로 지식은 기호주의 체계의 규칙 기반(Rule-Based) 프로그램으로 구성되어 있다. 각 규칙은 관계, 권장 사항, 지시, 전략 또는 경험적 방법을 반영하며 보통 'Rule-Name: IF(조건) THEN(액션)' 형식으로 표현된다. 규칙의 IF(조건)가 충족되면 그 규칙이 활성화되어 THEN 파트의 액션이 실행된다.

전문가 시스템은 하나의 프러시저*Procedure*가 다른 프러시저를 불러 실행하는 전통적 프로그램의 실행 프로토콜과는 완전히 다르다. 전문가 시스템에는 '작업 메모리(Working Memory)'가 있는데, 전문가 시스템 세션 중에 사용자로부터 받은 데이터 혹은 규칙이 활성화되어 수행된 THEN 파트의 액션에 의해 생기거나 변형된 데이터가 들어 있다. 작업 메모리에 있는 데이터는 특정 규칙의 IF(조건)를 평가해 활성화되는지를 평가한다. 전문가 시스템 프로그램은 하나의 규칙이 다른 규칙을 불러 실행하는 게 아니라, 작업 메모리에 변화가 생길 때마다 어떤 규칙의 IF(조건)가 매치되어 활성화되는지를 체크해 실행한다. 이러한 구조는 프로그램 실행 결과에 대한 추론 과정을 설명할 수 있는 토대를 제공한다.

전문가 시스템의 전성기였던 1970~80년대에는 산업 분야별로 특화된 수많은 전문가 시스템이 개발되었다. 그중 대표적인 것이 1970년대 초 스탠퍼드대학에서 개발된 '마이신*MYCIN*'이다. 마이신은 전염성 혈액 질환을 진단하는 규칙 기반 전문가 시스템으로, 의사가 수막염 같은 심각한 감염을 일으키는 박테리아를 식별하고, 환자의 체중에 맞춰 복용량을 조절해 항생제를 처방해주는 대화형 프로그램이다.

기호주의 AI는 처음 30년 동안 이 분야를 지배해왔다. 1980년대 초반에는 AI 학자와 연구원들이 전문가 시스템 서비스 혹은 개발 제품을 파는 수많은 스타트업이 생겨났지만 몇 년 만에 사라졌다. 지식 엔지니어가 인간 전문가와의 인터뷰를 통해 채굴한 전문 지식을 프로그램화해 전문가 시스템을 구축해 실전 배치하기가 쉽지 않았을 뿐 아니라 많은 비용과 시간이 소요되어 경제성이 낮았기 때문이다.

전문가 시스템 퇴조에는 성능이나 비용 등 시스템 자체의 문제도 있었지만, 컴퓨팅 능력과 용량, 네트워크의 급격한 발전으로 데이터의 양이 폭발적으로 증가한, 보다 본질적인 이유도 있었다. 이러한 변화로 전문가와 지식 기반에 의존하는 전문가 시스템보다는, 대량 데이터를 이용한 연결주의 AI 분야의 머신러닝, 딥러닝 기술이 각광을 받게 되었다.

## 3. 한계에 봉착한 기호주의 AI

기호주의 AI 접근 방식에서 취한 기본 가정은, 인간은 기호를 사용해 생각하고 컴퓨터는 기호를 사용해 작동하고 사고하도록 훈련할 수 있다는 것이다. 하지만 우리가 많은 시간 동안 기호들을 다양한 방법으로 조작해도 아무 의미를 발견하지 못할 수도 있다. 기호는 현실세계에서 그 기호들이 의미하는 것들이 결부되어야만 의미가 있다.

AI 분야의 세계적인 권위자인 제리 카플란*Jerry Kaplan*이 저술한 《AI(모두가 알아야 할 것)*Artificial Intelligence(What Everyone Needs To Know)*》에서 소개된 간단한 예를 생각해보자.[13] 우리들은 숫자에 의미가 있다고 생각할 수 있지만 숫자에는 의미가 없다. !, @, #, $ 같은 기호들을 연산자인 '+' 기호와 연결하는 방식으로 아래의 예처럼 기호들을 합치면 다른 기호가 되는 방식을 정할 수 있다.

$$! + ! = @$$
$$! + @ = \#$$
$$\# + ! = \$$$
$$@ + @ = \$$$

이제 이 기호들을 우리에게 익숙한 숫자로 바꿔보자. ! → 1로, @ → 2로, # → 3으로, $ → 4로 각각 바꾸면 다음과 같다.

$$1 + 1 = 2$$
$$1 + 2 = 3$$
$$3 + 1 = 4$$
$$2 + 2 = 4$$

갑자기 모든 것이 익숙해지고 쉽게 이해된다. 사실 우리는 기호 1, 2, 3, 4가 무엇을 의미하는지는 알고 있지만 !, @, #, $ 등의 기호와 크게 다르지 않다는 사실은 대부분 모른다. 지식에는 명시적 지식과 암묵적 지식이 있다. 명시적 지식은 말 또는 글로 표현할 수 있는 지식이다. 반면 암묵적 지식은 말과 글로 표현할 수 없는, 경험과 학습으로 몸에 쌓인 지식이다. 예컨대 시를 잘 쓰는 방법, 스노보드를 잘 타는 방법을 다른 사람에게 설명하는 것은 매우 어렵다. 이처럼 우리가 사는 세계에는 암묵적 지식이 수없이 많다. 기호주의 AI는 이러한 지식이 포함된 일반 문제를 푸는 데 근본적 한계가 있다.

기호주의 AI 프로그램은 실세계 이미지나 시그널처럼 구조화되지 않은 데이터를 이해하는 데 어려움을 겪는다. 바로 여기에 인공신경망이 들어올 수 있는 틈이 생긴 것이다. 인공신경망은 기호주의 AI의 단점, 즉 쉽게 알기 어려운 복잡한 데이터도 다룰 수 있는 능력이 있다. 또한 기호주의 AI는 뛰어난 추론 능력을 가지고 있지만, 학습 능력 기능을 주입하는 것은 어렵다. 기호주의 AI는 스스로 학습할 수 없기 때문에 개발자들이 지속적으로 데이터와 규칙을 통해 이를 공급해야 했다. 이와 같은 이유로 많은 AI 연구자가 딥러닝 등을 통해 스스로 학습할 수 있는 기계를 위한 AI 기술 개발에 힘을 쏟고 있다.

다만 최근 들어 AI에 대한 새로운 인식으로 기호주의 AI 기술이 많은 관심을 받고 있다. 특정 고위험 영역에서 운영되는 기반 시스템은 의사결정을 설명할 수 있어야 하고 검증할 수 있어야 한다는 이유 때문이다. 이것은 기호주의 AI 접근 방법으로 가능하지만 인공신경망 기반 알고리듬으로는 달성하기가 매우 어렵다.

# 3장

# 학습하는 기계, 머신러닝

최근 머신러닝과 딥러닝은 AI와 동의어로 사용되고 있다. 인간의 사고 능력과 행동을 시뮬레이션할 수 있는 지능형 기계를 만드는 것이 AI의 목적인데, 사람이 명시적으로 프로그래밍하지 않고도 기계가 데이터에서 학습할 수 있도록 해주는 프로그램이 머신러닝이기 때문이다. 1959년 아서 사무엘은 기계학습을 "컴퓨터에 명시적인 프로그램 없이 배울 수 있는 능력을 부여하는 연구 분야"라고 정의했다. 즉 사람이 학습하듯이 컴퓨터가 데이터를 스스로 학습하도록 해서 새로운 지식을 얻어내는 분야다.

아이들에게 수학을 가르치고 싶다면 예제를 주어 학습시킨다. 이렇게 여러 번 연습을 하고 나면 아이는 수학 개념을 점차 이해하기 시작한다. 인간이 예제나 경험에서 배울 수 있는 것처럼 기계도 이와 같은 과정을 학습할 수 있다. 머신러닝은 과거 데이터에 내재되어 있는 특성과 패턴을 발견하고, 이를 기반으로 모델을 만든 후, 그 모델을 사용해 미래 데이터를 예측하는 것이다.

이 책에서는 머신러닝의 기본 개념만 소개한다. 머신러닝 알고리듬을 포함한 자세한 내용은 AI 기술 자료를 참고하기 바란다.

## 1. 머신러닝의 탄생

1956년에 개최된 다트머스 AI 워크숍 참석 멤버였던 아서 사무엘은 컴퓨터 게임과 머신러닝 분야의 개척자다. 그는 MIT 졸업 후 IBM에 입사해 빛나는 업적을 이루었는데, 그것은 바로 '체커 플레이어*Checkers Player*'라는 이름의 머신러닝 게임 프로그램 개발이었다. 오늘날 강화학습 알고리듬에서 볼 수 있는 것과 유사하게 체커게임에서 현재 위치를 기반으로 승리 확률 계산법을 고안한 그는 1956년 IBM 첫 상업용 컴퓨터인 IBM 701에 이 플레이어를 장착해 시연했다. 최초의 자기학습 프로그램인 '체커' 개발은 머신러닝 및 강화학습의 가장 영향력 있는 사례로 꼽힌다.

과거의 컴퓨터는 정확히 무엇을 해야 하는지 프로그램으로 지시해야 했다. 사무엘은 인간이 프로그래밍으로 주문하는 업무 수행 외에 컴퓨터가 스스로 학습할 수 있는지 궁금해했다. 그리고 인간이 시키는 일만 하는 '컴퓨터'라는 표현 대신 '머신(기계)'이라는 용어를 사용했다. 1959년에는 '머신러닝'이라는 용어를 처음 사용하면서 "명시적 프로그램 작성 없이 컴퓨터에 학습 능력을 부여하기 위한 연구 분야"라고 정의했다.

이러한 정의는 당시 대부분의 컴퓨터 과학자들이 컴퓨터를 대하는 시각과는 매우 다른 파격적인 개념이었다. 대부분은 인간이 짠 프로그램이 지시한 업무만을 정확히 수행하는 게 컴퓨터의 기능이라고 생각했기 때문이다. 예를 들면 은행에서는 "고객이 미리 정한 이체 상한액을 초과해 이체하려고 하면 프로그램은 이를 허락하지 말아야 한다"와 같은 확실한 작업이 필요하다. 그런데 사무엘은 이런 작업을 컴퓨터가 스스로 학습해서 처리할 수는 없을까 궁금해했다.

머신러닝에서는 기존의 기호주의 AI 프로그램과는 전혀 다른 유형의 프로그래밍을 한다. 즉 명시적 프로그래밍도 하지 않고 컴퓨터에 지시도 하지 않는다. 그 대신 문제를 해결하는 데 필요한 많은 데이터와 도구를 제공한다. 그런 다음 컴퓨터에 학습한 내용을 기억할 수 있는 능력을 부여하고 컴퓨터가 주어진 환경에 효과적으로 적응하고 진화할 수 있도록 한다.

## 2. 전통적 프로그래밍 vs 머신러닝

전통적 프로그래밍과 머신러닝은 어떻게 다를까? 그림 8은 이 둘의 차이점을 보여준다. 전통적 프로그래밍에서는 원하는 것을 얻기 위해 수동으로 프로그램(규칙)을 만들고 필요한 데이터를 입력해 출력(답)을 생성한다. 반면 머신러닝에서는 입력 데이터와 출력(답)이

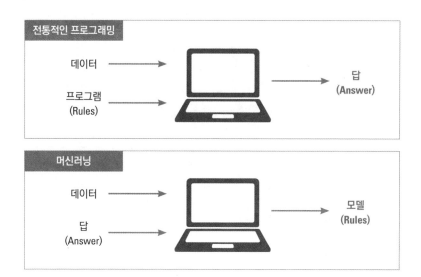

[그림 8] 전통적 프로그래밍과 머신러닝의 차이.

기계에 제공되어 도출되는 결과가 프로그램(모델)이다.

주택 융자와 관련된 신용도 예측 사례를 들어보자. 은행은 잠정적 차용인이 대출금을 신청했을 때 그가 과연 대출금을 갚을 수 있을 것인지를 예측해 대출을 허락하거나 거부한다. 이때 접근할 수 있는 정보에는 대출 신청인의 프로필(이름, 성별, 나이, 직업, 결혼 여부, 소득, 저축, 부채 비율, 과거의 재정 이력 등)과 과거 차용인들의 프로필 및 대출금 상환 여부가 포함된 데이터가 포함된다.

예측을 위해 전통적 접근 방식을 사용한다면 기계에 대한 입력은 데이터와 프로그램이 될 것이다. 여기에서 데이터는 신규 대출 신청자의 정보이고 프로그램은 대출 관리자들이 과거에 수동으로 만든 일련의 규칙이다(그림 9 참조). 예를 들어, 연봉이 5천만 원 이상이고

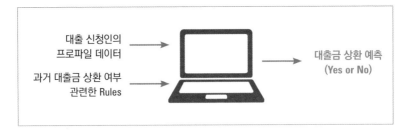

[그림 9] 전통적 프로그래밍 방식으로 예측하는 대출금 상환 가능성.

저축액이 3천만 원 이상이면, '대출금 상환=Yes'로 예측될 것이다. 이러한 규칙과 프로필에 따라 기계는 차용인의 대출 상환 여부를 예측한다.

하지만 문제가 모호하거나 입력 범위가 다양하거나 입력 데이터 해석이 어려울 때는 규칙을 만들어 프로그래밍하기 어렵다. 이럴 때는 보다 유연한 접근 방식이 필요하다. 바로 머신러닝이다.

머신러닝은 전문가에게 손으로 만든 규칙을 제공하도록 요청하는 것이 아닌, 데이터 기반의 접근 방식이다. 그림 10처럼 대출금 상환 가능성을 판단하기 위한 머신러닝 기반 예측 시스템의 경우, 입력 데이터는 과거 차용인들의 프로파일 데이터와 그들의 대출금 상환 결과의 'Yes/No' 출력값이다. 최종 결과는 잠정적 차용인의 대출 상환 여부다.

그림 10은 머신러닝의 접근 방법을 보여준다. 그림 10(a)에서 머신러닝은 과거의 데이터를 머신러닝 알고리듬에 적용해 입력 데이터와 출력 간의 관계를 학습하는 예측 모델을 생성한다. 이 예측 모델은 입력 데이터에서 출력으로의 매핑으로 간주할 수 있다. 모델 학

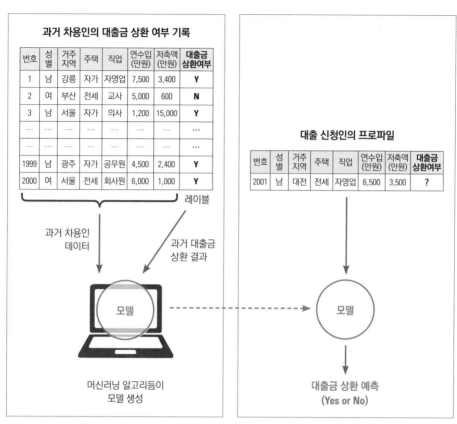

**과거 차용인의 대출금 상환 여부 기록**

| 번호 | 성별 | 거주지역 | 주택 | 직업 | 연수입 (만원) | 저축액 (만원) | 대출금 상환여부 |
|---|---|---|---|---|---|---|---|
| 1 | 남 | 강릉 | 자가 | 자영업 | 7,500 | 3,400 | Y |
| 2 | 여 | 부산 | 전세 | 교사 | 5,000 | 600 | N |
| 3 | 남 | 서울 | 자가 | 의사 | 1,200 | 15,000 | Y |
| … | … | … | … | … | … | … | … |
| … | … | … | … | … | … | … | … |
| 1999 | 남 | 광주 | 자가 | 공무원 | 4,500 | 2,400 | Y |
| 2000 | 여 | 서울 | 전세 | 회사원 | 6,000 | 1,000 | Y |

레이블

과거 차용인 데이터

과거 대출금 상환 결과

모델

머신러닝 알고리듬이 모델 생성

**대출 신청인의 프로파일**

| 번호 | 성별 | 거주지역 | 주택 | 직업 | 연수입 (만원) | 저축액 (만원) | 대출금 상환여부 |
|---|---|---|---|---|---|---|---|
| 2001 | 남 | 대전 | 전세 | 자영업 | 6,500 | 3,500 | ? |

모델

대출금 상환 예측 (Yes or No)

(a) 과거 차용인 데이터와 알고리듬을 이용하여 예측 모델을 생성한다.

(b) 생성된 예측 모델을 이용하여 새 대출 신청인의 대출금 상환 가능성을 예측한다.

[그림 10] 머신러닝 기법을 이용해 예측하는 대출금 상환 가능성.

습이 완료된 후 신규 대출 신청인의 프로필이 주어지면 대출금 상환 가능성 여부를 예측한다(그림 10(b) 참조).

# 3. 머신러닝의 학습 모델

인간은 일생에 걸쳐 다양한 방법으로 지식과 경험을 쌓는다. AI 전문가들은 아래와 같이 기계가 상황에 따라 달리 사용되는 학습 방법을 개발했다.

**지도학습**: 인간이 기계의 가정교사처럼 행동한다. 기계가 따라야 할 지침과 학습 데이터를 제공하고 기계가 실수를 하면 이를 알려준다. 각각의 학습 데이터 포인트는 입력 데이터와 레이블 짝으로 구성되어 있다.

**비지도학습**: 기계에 데이터셋을 공급하면, 기계 스스로 데이터 패턴을 발견하고 데이터 해석을 위한 규칙을 알아낸다.

**강화학습**: 기계가 시행착오와 학습을 통해 문제 해결 방법을 스스로 찾아낸다.

## 1) 정답이 정해져 있는 '지도학습'

### 머신러닝의 알고리듬과 모델

세상을 겉으로만 보면 참 복잡해서 이해하기가 힘들다. 우리는 종종 "문제가 너무 복잡해 모든 규칙과 지식을 코딩할 수 없을 때는 어떻게 해야 할까?"라는 질문을 하게 된다. 그러나 현실세계가 아무리 복잡하고 역동적이어도 문제를 여러 번 보고 경험하면 결국에는 단순화할 수 있다. 이 작업을 '모델링'이라고 한다.

머신러닝, 즉 기계학습을 진행하려면 훈련 데이터와 알고리듬을 제공해야 한다. 여기서 '학습'이란 알고리듬이 훈련 데이터셋이 가지고 있는 많은 데이터 포인트와 레이블 쌍을 만족시키는 규칙과 패턴을 찾는 과정이다. 이와 같은 학습 프로세스는 훈련 데이터로 학습한 모델이 테스트 데이터 또는 그 외의 데이터도 정확히 예측할 수 있는 '일반화' 과정이며 그 결과는 '모델'이다. 이 모델을 사용해 새로운 입력 데이터에 대한 출력을 예측할 수 있다.

머신러닝에서 알고리듬과 모델은 중요한 요소다. 그런데 머신러닝 알고리듬이 머신러닝 모델과 혼용되는 경우가 종종 있어 혼란을 줄수 있다. 이 둘의 개념은 같을까? 결론부터 말하면 다르다.[14] 지도학습의 진행 과정을 보면 알고리듬과 모델 관계에 대해 알 수 있다.

### 훈련단계와 예측단계

지도학습(Supervised Learning)의 진행 과정은 그림 11과 같이 훈련단계와 예측단계로 나뉜다. '훈련단계'에서 보는 바와 같이, 머신러닝 알고리듬은 훈련 데이터셋에 의해 실행되어, 데이터셋에 내재된 규칙과 패턴을 추출해 모델을 출력하는 프로그램이다. 머신러닝 모델은 모델 특성과 관련된 데이터와 예측 알고리듬으로 구성된다. 다음 스텝인 '예측단계'에서 모델은 새로운 입력 데이터의 클래스를 예측하는 데 사용된다. 우리가 궁극적으로 원하는 것은 모델을 만드는 데 사용된 알고리듬이 아니라 효율적인 모델이다.

지도학습에서는 데이터 포인트와 레이블 형태의 훈련 데이터셋으로 모델을 학습시킨다. 예를 들어 고양이 이미지와 고양이처럼 쌍으로 된 훈련 데이터를 생각해보자. 여기서 레이블 '고양이'는 입력

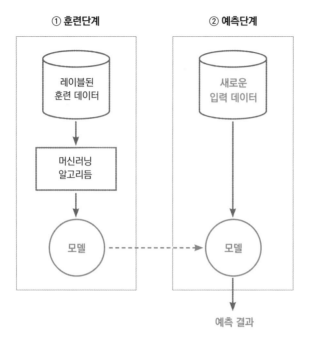

**① 훈련단계**

레이블된
훈련 데이터

머신러닝
알고리듬

모델

**② 예측단계**

새로운
입력 데이터

모델

예측 결과

[그림 11] 머신러닝의 두 단계. 훈련단계에서 머신러닝 알고리듬은 학습 데이터셋을 이용해
모델을 생성한다. 생성된 모델은 새로운 입력 데이터의 클래스를 예측하는 데 사용된다.

이미지가 무엇인지 알려주는 선생님에 해당한다. 지도학습의 훈련
단계와 예측단계를 나타내는 그림 12를 보자. 지도학습의 훈련단계
에서 '고양이'로 레이블된 방대한 양의 고양이 이미지 훈련 데이터
셋을 이용해 모델을 학습시킨다. 이때 예측 결과의 정확도를 높이기
위해 반복적으로 학습시킨다. 학습이 끝난 후 예측단계에서는 레이
블이 지정되지 않은 테스트 데이터셋을 이용해 모델이 얼마나 정확
히 예측하는지를 측정한다. 즉 새로운 동물 이미지를 입력하면 '고
양이'라고 답을 하거나 '고양이가 아니다'라는 답이 나오도록 일반

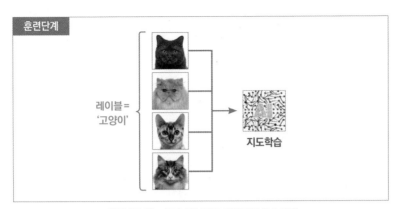

레이블이 있는 훈련 데이터를 이용하여 학습시킴

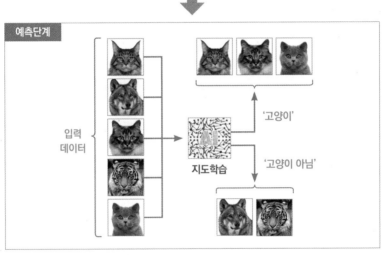

새로운 입력 데이터를 '분류'할 수 있게 됨

[그림 12] 지도학습의 훈련단계와 예측단계를 설명하는 예제.

화 모델을 만드는 것이다.

　지도학습은 어떤 요인의 변화에 따라 결과를 예측하는 회귀분석
에도 사용된다. 회귀분석은 훈련 데이터셋에서 독립변수(입력)와 종

속변수(출력) 간에 상관관계가 있다고 가정하고 둘 사이의 상관관계를 분석하는 예측 방법이다. 종속변수는 우리가 알고 싶어 하는 결괏값이며, 독립변수는 이러한 결괏값에 영향을 주는 입력값이다. 예를 들면, 부모와 자녀의 키 사이에는 선형적인 상관관계가 있다는 사실이 밝혀졌는데, 이때 부모의 키는 독립변수, 자녀의 키는 종속변수가 된다. 부모의 키와 자녀의 키로 구성된 훈련 데이터셋을 입력해 머신러닝 모델을 만들고, 새로운 데이터값(부모 키)을 이 모델에 입력하면 결괏값(자녀 키)을 예측할 수 있다.

선형회귀 및 로지스틱회귀는 머신러닝을 사용해 회귀 문제를 해결할 때 가장 많이 사용되는 회귀분석 기술이다. 선형회귀는 입력 데이터들을 하나의 연속적인 직선으로 일반화한다. 이에 반해 로지스틱회귀는 종속변수의 결괏값이 "특정 지원자를 채용할 것인가 말 것인가?", "이메일은 스팸인가 아닌가?" 등과 같이 두 개의 카테고리(이진값)로 표현될 때 사용된다. 지도학습 적용이 효과적인 경우는 다음과 같다.

1. 원하는 기능이 자주 변경되는 경우다. 사람이 프로그램을 새로 작성할 수 있지만, 문제가 자주 변경되고 그때마다 프로그램을 다시 작성하는 것은 효율적이지 않다. 예를 들면 가격 변동이 많은 주식시장 예측이다.

2. 사용자마다 맞춤형 기능이 필요한 경우다. 사람이 각 고객을 위한 맞춤형 프로그램을 작성하는 것은 효율적이지 않다. 예를 들어 넷플릭스나 아마존에서 영화나 상품을 추천하는 경우다.

## 적용 사례

스팸메일 분류는 가장 많이 사용되는 지도학습의 실용적 사례다. 머신러닝은 인간이 처리할 수 없는 복잡하고 많은 데이터에 내재되어 있는 규칙과 패턴을 스스로 추출해 활용할 수 있으므로, 스팸으로 판정된 기존 이메일 메시지를 이용해 정밀한 스팸메일 필터를 만들 수 있다. 이메일 출처, 제목, 이메일에 포함된 이미지 수 또는 유형, 이전에 응답한 이메일 등을 확인해 메시지를 보다 정확하게 분류할 수 있다.

머신러닝을 활용하는 또 하나의 이유는 환경 변화에 잘 적응하기 위해서다. 예컨대 스팸메일은 점점 교묘해져서 기존 규칙으로는 발견하기 어려운 경우가 많아 새로운 규칙을 추가해야 한다. 그런데 인간이 규칙을 만들면 점점 방대해지고 복잡해져 어떤 규칙을 어디에 추가하는 것이 바람직한지 판단하기 어렵다. 왜냐하면 새로운 규칙을 추가하면 기존 규칙들과의 관계가 불투명해져 지금까지 제대로 해오던 스팸메일도 잘못 분류할 가능성이 많기 때문이다.

하지만 머신러닝은 기존 규칙이 발견할 수 없는 새로운 종류의 스팸메일이 나타났을 때 이를 발견해 새로운 규칙을 추가할 수 있는 기능이 있다. 지금까지 사용했던 데이터에 새로운 스팸메일 정보를 추가한 후 훈련을 다시 하면 새 규칙을 만들 수 있다. 전통적 프로그램은 불가능하지만 머신러닝은 이러한 학습 능력이 있다.

## 2) 정답이 없는 값의 특성을 파악하는 '비지도학습'

비지도학습(Unsupervised Learning)을 위한 데이터에는 입력과 연

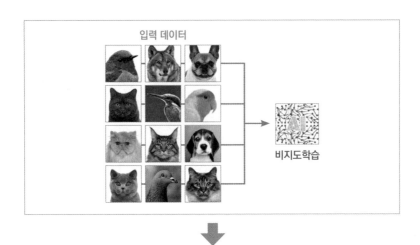

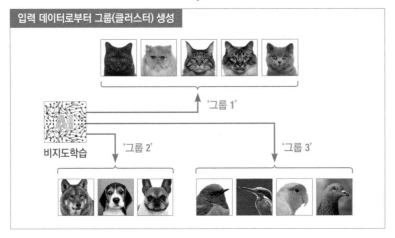

[그림 13] 머신러닝은 동물들의 입력 데이터에 레이블이 없어도 이를 해석해 데이터 포인트에 숨겨진 패턴을 찾는다. 이를 위해 비지도학습 알고리듬을 적용해 입력 데이터를 고양이, 개, 새의 세 그룹으로 구분한다.

결된 출력 레이블이 없다. 이러한 데이터셋에 적용되는 머신러닝 알고리듬은 레이블링되어 있지 않은 데이터셋으로부터 특징을 추출하고 내재되어 있는 구조와 패턴을 식별한다. 그리고 이를 기반으로 데이터를 클러스터 그룹으로 나눠 구조를 설명하고, 분석 작업을 위해 복잡한 데이터를 간단명료하게 만든다.

비지도학습은 입력 데이터를 클러스터링(그룹화)해서 유사성이나 속성들 사이의 관련성을 판단하는 작업에 유용하다. 비지도학습 과정을 보여주는 그림 13을 보자. 레이블이 지정되지 않은 동물들의 입력 데이터가 머신러닝 모델에 제공되면, 먼저 이 데이터를 해석해 데이터 포인트에 숨겨진 패턴을 찾는다. 그런 다음 적절한 클러스터링 알고리듬을 적용해 데이터 포인트 간의 유사점과 차이점에 따라 고양이, 개, 새의 세 그룹으로 분류한다. 이 과정에서 비지도학습은 지도학습과 달리 고양이, 개, 새의 개념에는 관심이 없다. 단지 입력된 이미지를 주요 특성에 따라 큰 그룹 단위로 나눌 뿐이다.

비지도학습 패턴은 인간이 관찰과 시행착오를 통해 학습하는 과정과 매우 유사하다. 이를테면 세상에 태어난 아기가 기어 다니고, 걷고, 말하고, 손뼉 치는 방법을 배워나가는 단계적 과정과 같다. 이렇게 보고 들으며 아기의 뇌는 점점 발달해 패턴을 식별하고 추론하며 두뇌에 새로운 신경망을 개발한다. 그리고 새로 얻은 지식을 사용해 이러한 활동을 수행한다. 아기는 기어 다니고, 걷고, 말하고, 손뼉 치는 행동이나 기술이 무엇인지도 모르면서 배운다.

### 적용 사례

비지도학습 적용 사례로 '약물 용도변경(Drug Repositioning)'에 따른 신약 개발을 들 수 있다. 새로운 약물 개발은 점점 더 어려워지고 위험해졌다. 대략 17년 정도의 기간이 소요되고 비용도 10억 달러 이상 들어가기 때문이다. 따라서 제약회사는 개발 기간을 단축하고 비용을 절감하고 성공률을 개선하기 위한 전략을 세우는 것이 무엇보다 중요하다. 현재 큰 관심을 끌고 있는 전략 중 하나는 제약회사가 보유하고 있는 기존의 특정 약물이 다른 질병 치료에도 사용할 수 있는지 그 가능성을 연구하는 것이다. 이를 약물 용도변경이라고 한다.

대부분의 비지도학습 알고리듬은 유사성 개념으로 작동하는데 이러한 개념을 용도변경이 가능한 약물을 식별하는 데 활용할 수 있다. 약물 용도변경은 기존에 사용되고 있는 약물의 새로운 치료 용도를 발견하는 프로세스다. 먼저 기존 약물의 화학 성분을 다른 수천 가지 약물의 화학 성분과 비교한다. 그리고 유사성이 있는 각 약물의 특성을 기반으로 비지도 클러스터링 알고리듬을 적용해 특정 약물과 '유사'한 화학 성분의 약물 목록을 도출한다.

제약회사는 이 목록에 오른 약물들이 치료제로 쓰이는 질병을 조사한 후, 이 특정 약물을 그대로 혹은 일부 수정해 유용하게 사용할 수 있는지 판단한다. 최근 많은 제약회사가 이러한 개발 프로그램에 약물 용도변경 전략을 적용해 신약을 개발하고 있다. 이 전략은 매우 효율적일 뿐만 아니라 개발 기간과 비용을 줄여주고 실패 위험도 최소화한다. 약물의 치료적 가치를 극대화해 성공률을 높여주는 것이다. 최근 비지도학습 개념을 이용한 약물 용도변경은 시간과 비용이 많이 드는 전통적인 약물 발견 프로세스의 효과적인 대안으로 자리매김하고 있다.[15]

### 3) 보상을 극대화하는 '강화학습'

강화학습(Reinforcement Learning)은 AI가 지향했던 목적과 가장 가까운 접근 방법이다. 우리가 일상생활에서는 의식하지 못하지만 강화학습 개념이 배어 있는 사례는 많다. 문제 해결 방법을 시행착오와 학습을 통해 스스로 찾아내는 강화학습은 인간의 행동 양식과 매우 비슷하다. 자전거를 처음 배울 때 누군가에게 지도를 받는 사람도 있지만, 혼자 배우면서 넘어지는 시행착오를 통해 습득하는 사람도 있다(그림 14 참조). 부모가 아기에게 걸음마를 가르칠 때 다리를 얼마만큼 벌리고 몇 발자국 걸어보라고 알려주지 않는다. 아기 혼자 뒤뚱뒤뚱 걷다가 때로는 넘어지기도 하면서 걷는 법을 스스로 터득한다. 아기가 스스로 터득하며 두뇌를 발전시키듯 인공지능 스스로 경험을 쌓아 더 나은 결과를 도출하는 과정을 강화학습이라고 한다. 인간이 학습하는 법을 가장 유사하게 모방한 방법론이다.

**지도를 통해 배운다**　　　　　**실패와 성공을 거듭하면서 배운다**

지도학습　　　　　　　　　　　　　　강화학습

[그림 14] 자전거를 배울 때 두 가지 접근 방법이 있다. 누군가의 지도를 받을 수도 있고(지도학습), 혼자 배우면서 넘어지는 시행착오를 통해 습득하는 방법도 있다(강화학습).

### 기본 개념

강화학습이 오늘날과 같은 수준에 이르기까지는 꽤 오랜 시간이 걸렸다. 제어공학, 컴퓨터 과학, 행동심리학, 최적화 등 여러 분야의 연구 결과가 서로 연결되면서 강화학습에 필요한 알고리듬이 정립되었다. 강화학습은 특정 목표 달성을 위해 행동하면서 얻은 과거의 경험을 통해 역량을 키워가는 것이다. 행동 결과가 목표 달성에 유리한 것이면 보상을 받고, 불리한 것이면 대가를 치른다. 그리고 이런 과정이 반복되면, 결과적으로 더 많은 보상을 받을 수 있는 최적의 답을 찾을 수 있다. 이것이 강화학습의 기본 개념이다.

강화학습을 좀 더 체계적으로 기술하면 그림 15와 같다. 에이전트는 환경을 관찰한 후 결정하고 취한 행동에 따라 보상을 받는다. 이렇게 '관찰-행동-보상'이라는 상호작용 사이클을 반복하면서 받는 보상을 극대화하려는 작업 과정이 강화학습이다.

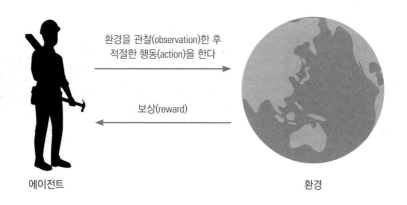

환경을 관찰(observation)한 후
적절한 행동(action)을 한다

보상(reward)

에이전트                                          환경

[그림 15] 강화학습은 '관찰-행동-보상'이라는 상호작용 사이클을 반복하면서 학습한다.

강화학습에서 에이전트가 어떤 행동이 적절한지를 결정할 때, 이미 잘 알고 있는 것을 선택하는 것을 '활용(Exploitation)'이라고 한다. 반면, 위험 부담이 있지만 새로운 시도를 하는 것은 '탐색(Exploration)'이라고 한다. 일상에서 쉽게 생각할 수 있는 활용과 탐색의 예를 들어보자.

**질병치료:** 잘 알려진 치료법을 사용하거나(활용), 새로 개발된 치료법 시도하기(탐색)

**레스토랑 선택:** 자주 이용하는 레스토랑에 가거나(활용), 새 레스토랑 찾아가기(탐색)

**영화 추천:** 호평받은 영화를 보거나(활용), 새로운 인디 영화 보기(탐색)

**석유 시추:** 널리 알려진 위치에서 시추하거나(활용), 새로운 위치에서 시추 시도하기(탐색)

에이전트가 어떤 행동을 결정할 때 주어진 환경을 신속히 파악한 후 '활용'과 '탐색' 중 무엇을 선택하는 것이 보상을 극대화할 수 있는지 판단이 제대로 서지 않으면 딜레마에 빠질 수 있다. 익히 알고 있는 것을 '활용'하는 것이 안전하기는 하지만, '탐색'은 더 높은 보상으로 연결될 가능성이 있다. 그러나 '탐색'에 따른 새로운 시도는 늘 기회비용 리스크가 발생한다.

### 순차적 의사결정 문제의 해법

머신러닝의 근본적인 도전은 불확실성 안에서 결정을 내리는 법을 학습하는 것이다. 강화학습은 하나의 결정이 아닌 시계열 데이터 등에서 연속적인 결정을 해야 하는 '순차적 의사결정' 문제를 풀기 위한 학습이다. 순차적 의사결정 문제는 일상에서도 많이 볼 수 있다. 예를 들어, 현실에서 어떤 행동을 하면 그 결과로 상황이 바뀌므로 이를 감안해 그때마다 적절한 행동을 취해야 한다.

주식 투자가 대표적 사례다. 정해진 예산 안에서 어떤 주식을 얼마만큼 갖고 있어야 할지 연속적으로 판단해야 하기 때문이다. 특정 주식을 매입하면 시장 상황을 보면서 매도 시기를 판단해야 하고, 매도한 뒤에는 또 어떤 주식을 매입하는 게 좋을지 결정을 해야 한다. 이렇게 탄력적으로 주식 포트폴리오를 구성해야 시시각각 변하는 상황에서 리스크를 줄이고 수익률을 올릴 수 있다. 이러한 측면에서 볼 때 주식 투자 포트폴리오 관리는 순차적 의사결정의 전형이라 할 수 있다. 강화학습은 이런 문제를 풀기 위한 하나의 방법론이다.

### 지연된 보상이 학습을 어렵게 한다

보상은 의사결정을 얼마나 잘했는가를 나타내는 척도이며, 강화학습에서 가장 중요한 개념이다. 예컨대 주식 투자의 수익은 주식 운용을 잘한 것에 대한 보상이다. 보상의 총합을 최대화하는 것이 강화학습의 목적이지만 어떤 행동에 대해 얼마나 잘했는지를 평가할 뿐, 어떻게 해야 높은 보상을 얻을 수 있는지는 알려주지 않는다. 그러나 학습을 하면서 보상이 낮은 행동은 자제하고, 보상이 높은 행동은 반복하면서 누적 보상이 증가하도록 행동을 조금씩 수정해 나갈 수 있다.

강화학습에서 개별 행동에 대한 보상이 즉각적으로 이뤄진다면 학습과 의사결정이 쉽다. 어떤 행동이 좋고 나쁜지를 분별해내기가 용이하기 때문이다. 하지만 현실세계에서의 보상은 즉시 이뤄지지 않는다. 아주 가끔 주어지거나, 행동 뒤 한참 후에 받는 경우도 많다. 예를 들어 은퇴 후를 생각해서 오늘 예금을 한다면 그 돈이 요긴하게 쓰일지는 그때 가봐야 알 수 있다.

이번에는 바둑게임을 생각해보자. 바둑의 목적은 상대를 이기는 것이다. 이기면 +1, 지면 −1의 형태로 보상을 정의할 수 있다. 그런데 바둑은 평균 250수는 둬야 게임이 끝난다. 즉 250개의 행동이 단한 개의 보상과 연결되는 극한의 상황에 처하는 것이다. 250개의 행동 중에는 좋은 수도 있고 악수도 있을 텐데, 어떤 행동을 더하고 수정하는 게 좋을지 판단이 쉽지 않다는 의미다.

이처럼 보상이 주어지는 횟수가 적고 지연될수록 학습은 어려워진다. '지연된 보상'이라는 특징이 행동과 보상 간의 인과관계를 직접적으로 알 수 없게 만들기 때문에 학습이 까다로운 것이다. 강화학습의 목표는 가장 좋은 결정을 내리기 위한 최적화에 있다. 따라서 강화학습 정책을 정할 때는 당장의 보상과 함께 먼 미래에 기대되는 보상까지 고려해야 한다.

## 최고의 장점, 자가학습 기능

강화학습의 특징 중 하나는 자가학습 기능이다. 인간은 누가 가르쳐준 지식만이 아니라 스스로 다양한 경험을 하면서 더 많은 지식을 쌓는다. 인공지능 알파고도 마찬가지다. 초기에 알파고는 프로 바둑

기사 기보를 통해 지도학습 방식으로 훈련을 받았다. 바둑 고수들이 두었던 기보와 수를 입력받은 뒤 이런 상황에서는 이렇게, 저런 상황에서는 저렇게 두는 것이 좋다는 조언에 따라 학습했다.

그런데 알파고가 지도학습 방식으로만 훈련을 받았다면 인간을 상대로 승리하기가 어려웠을 것이다. 바둑 마스터인 이세돌을 이기는 등 인간의 기량을 뛰어넘을 수 있었던 것은 자가학습에 기반을 둔 강화학습 덕분이다. 목표가 승리라는 것만 알려주고 그 과정은 알아서 찾도록 했기 때문에 알파고는 충분한 계산 능력으로 인간이 생각해낼 수 없는 수를 찾아낸 것이다. 이러한 면에서 강화학습은 AI 발전에 매우 중요한 역할을 했다.


## 4. 일상 속으로 깊이 파고든 머신러닝 활용

머신러닝은 항공기 자동조종, 검색엔진, 제품 권장, 지도 및 내비게이션, 스팸 분류기, 언어 번역, 날씨 예측 등 다양한 산업에서 널리 사용되고 있다. 특히 많은 데이터를 보유하고 있고, 이 데이터로 더 나은 전략을 찾고 있는 조직은 머신러닝 기술을 통해 이점을 얻을 수 있다. 실제로 일부 기업들은 고객 동의하에 검색 기록이나 개인 또는 인적 네트워크 관련 데이터를 머신러닝으로 분석하고 있다. 고객에 대해 많이 알면 더 나은 맞춤형 서비스를 제공할 수 있기 때문이다. 넷플릭스나 페이스북은 이런 방법으로 고객들에게 맞춤형 콘텐츠와 뉴스피드를 제공한다.

웹 사이트에서 이뤄지는 '당신에게 추천하는 상품(Recommended for You)'과 같은 서비스는 대부분 머신러닝을 활용한다. 아마존도 머신러닝을 이용해 고객들의 구매 이력을 분석한 다음 고객이 좋아할 수 있는 다른 제품을 추천한다. 머신러닝을 활용하는 이러한 서비스는 고객이 선호하는 서비스와 콘텐츠를 맞춤형으로 제공하면서 회원 가입을 유도한다.

자율주행차는 다양한 센서를 통해 수집되는 수많은 데이터를 머신러닝이 학습한다. 도로가 파였다거나 횡단보도가 아닌 곳에서 길을 건너는 사람이 있을 경우 등 다양한 상황에 직면했을 때 차에 장착된 머신러닝 기능이 어떻게 대응해야 하는지를 판단해 업무를 수행한다.

대부분의 젊은이들은 신용도가 낮아 은행 문턱을 넘지 못하는 경우가 많다. 신용도를 올리려면 신용 기록을 쌓아야 하는데 뭐가 먼저냐를 놓고 역시 난감한 상황에 봉착하게 된다. 핀테크 회사인 '디저브Deserve'는 신용도 평가를 할 때 머신러닝을 적극 활용한다. 단순히 신용 기록을 보는 기존 금융기관과 달리 머신러닝 기술로 현재의 재정 상태, 앞으로의 고용 가능성, 소득 잠재력 같은 요소들을 살펴봄으로써 개인의 신용 잠재력을 측정한다.

'쿼라Quora'는 소셜 미디어에서 사용자들이 서로 질의와 응답을 주고받는 웹 사이트다. 누군가 질문을 하면 유저들이 답변을 해주는 네이버 지식IN 같은 사이트라고 생각하면 된다. "모든 질문에 대한 최고의 답변"을 슬로건으로 내건 쿼라는 철저함, 진실성, 재사용성 등 머신러닝 결과를 기반으로 답변을 모으고 순위를 매긴다.

온라인 리뷰 사이트 '옐프Yelp'는 지역 식당, 상점, 백화점, 병원 등의 비즈니스를 검색할 수 있는 플랫폼이다. 전통적인 전화번호부인 '옐로페이지yellow pages' 같은 디렉터리에 있는 비즈니스 목록을 소셜 요소와 결합한 것이다. 고객은 이들을 검색해 예약하고 평가할 수 있다. 옐프는 지역 기업들이 사이트에 업로드한 수천만 장의 사진을 분류한 뒤, 머신러닝과 딥러닝 기술을 이용해 음식, 메뉴, 업소 내부와 외부 사진 등 다양한 카테고리로 나눈다. 이 작업은 비즈니스 광고를 하는 기업이나, 리뷰를 통해 관련 비즈니스를 찾는 소비자에게 매우 중요하다. 대부분의 수익이 광고를 통해 발생하기 때문이다. 이러한 머신러닝 시스템은 고객들이 광고를 클릭하는 비율을 최소 15퍼센트 증가시켰다.

# 4장

# 연결주의 AI의 대세, 인공신경망과 딥러닝

기호주의 AI는 수학적 논리와 인간의 사고 과정을 모방했고, 연결주의 AI는 신경과학에서 아이디어를 얻었다. 인공신경망과 딥러닝으로 대표되는 연결주의 AI의 프로그램에는 인간이 이해할 수 있는 언어가 포함되어 있지 않다.

초기 연결주의 AI의 사례로는 프랭크 로젠블랫이 1957년에 발명한 퍼셉트론이 있다. 뇌에서 영감을 얻은 AI 프로그램이며 초기 형태의 인공신경망이다. 정보를 입력하면 특정 연산을 거쳐 하나의 결과를 내보내는 알고리듬이며, 뇌를 구성하는 뉴런의 동작과 유사하다. 퍼셉트론 발명은 당시 엄청난 관심을 불러일으켰다.

# 1. 뉴런을 모델링하다

뇌는 전기 신호를 통해 하나의 에이전트에서 다른 에이전트로 정보를 전달해 네트워크로 연결되고 통신을 하는 모임으로 볼 수 있다. 여기서 에이전트란 신경세포인 뉴런이다. 인간의 뇌는 신경계를 구성하는 뉴런을 약 1천억 개 정도 가지고 있는데, 뉴런은 우리 몸이 자극을 받으면 신체 내의 다른 세포로 정보를 수신하고 전송하는 역할을 한다.

1943년, 뇌를 연구하던 신경과학자 워런 매컬로치*Warren McCulloch*와 논리학자 월터 피츠*Walter Pitts*는 인간의 뇌 신경세포 하나를 이진(Binary) 출력을 갖는 단순 논리 게이트로 모델링했다. 이를 '매컬로

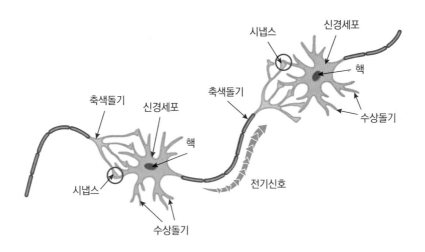

[그림 16] 뉴런의 구조. 하나의 뉴런은 다수의 수상돌기를 통해 입력 신호를 받아들여 이를 프로세스한 후, 그 결과를 축색돌기를 통해 출력 신호로 내보낸다.

치-피츠 뉴런*McCulloch-Pitts Neuron*', 간략히 표현해 'MCP 뉴런'이라고 부른다. 그림 16은 이 모델을 나타낸 것으로, 하나의 뉴런이 다수의 입력 신호를 받고 그에 대한 결과를 출력 신호로 연결된 다른 뉴런으로 내보낸다.

뉴런은 수상돌기(Dendrite)를 통해 신호를 받아들이고, 이 신호가 일정치 이상의 크기를 가지면 축색돌기(Axon)를 통해 다른 뉴런으로 신호를 전달한다. 시냅스*Synapse*는 두 개의 인접한 뉴런 사이의 연결이며, 다른 뉴런(시냅스 전의 세포)의 정보가 도착하는 접점이다. 시냅스와의 접점에 있는 수상돌기는 다수의 크고 작은 가지들로 구성되어 있다. 여러 개의 입력 신호가 수상돌기에 도착하면 뉴런은 이들을 하나의 신호로 통합하고, 통합된 신호 값이 어떤 임곗값을 초과하면 하나의 단일 신호가 생성된다. 이 신호는 축색돌기를 통해 다른 뉴런으로 전달된다.


## 2. 인공신경망의 원조, 퍼셉트론

인간의 뇌는 뉴런이라는 물리적 실체로 구성되어 있고, 인공신경망은 노드로 구성되어 있다. 로젠블랫이 발명한 퍼셉트론은 MCP 뉴런 모델(그림 16 참조)을 기반으로 고안되었으며 뇌의 뉴런이 정보를 처리하는 방식에서 영감을 얻었다. 다시 말하면, 퍼셉트론은 인간의 사고 과정을 모방한 아주 단순한 인공신경망으로서, 시행착오를 통해 새로운 능력을 학습할 수 있는 최초의 컴퓨터였다.

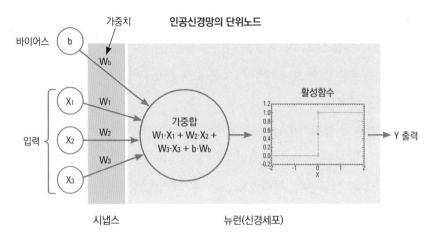

[그림 17] 퍼셉트론은 'MCP 뉴런' 모델을 기반으로 고안되었다. 크게 뇌세포의 구성 요소인 입력, 출력, 시냅스와 뉴런(신경세포)에 해당하는 요소로 구성되어 있다.

퍼셉트론은 크게 입력, 출력, 시냅스와 뉴런(신경세포)에 해당하는 요소로 구성되어 있으며, 기본적으로 이진 출력의 단일 뉴런 모델이다(그림 17 참조). 이와 같이 한 개의 노드로 구성된 퍼셉트론은 인공신경망의 단일 노드로 볼 수 있다.

다른 퍼셉트론 노드로부터 해당 노드에 들어오는 입력된 신호는 (예를 들면 $X_1$, $X_2$, $X_3$) 각각 다른 강도를 가지고 있다. 신경과학자들은 뉴런 사이의 연결 강도에 대한 조절, 예컨대 $W_1$, $W_2$, $W_3$ 값을 조절하는 것이 뇌에서 학습이 일어나게 하는 중요한 부분이라고 생각한다. 하나의 퍼셉트론 노드는 출력 신호를 보낼지 안 보낼지 결정하기 위해, 다른 노드로 들어오는 각 신호의 입력값과 연결선에 부여된 가중치를 곱한 가중값을 계산한다. 이 가중값의 합이 주어진 임곗값보다 크면 출력은 1이 되어 다음 노드로 신호를 보내고, 그렇지 않으면

[그림 18] 프랭크 로젠블랫이 최초의 대형 컴퓨터인 IBM 704로 퍼셉트론을 시연해 보이고 있다.

0이 되어 신호가 전달되지 않는다.

　로젠블랫은 퍼셉트론 네트워크가 비교적 단순한 작업을 수행하는 방법을 배울 수 있다는 것을 보여주었다. 그러나 수학적으로 '매우 제한된' 작업에 대해 충분한 훈련을 받은 퍼셉트론이 이러한 작업을 오류 없이 수행할 수 있다는 사실을 증명하기는 했지만, 다양하면서도 일반적인 문제를 얼마나 잘 풀 수 있는지에 대해서는 확신이 없었다.

　이러한 불확실성에도 불구하고, 로젠블랫과 이 연구를 지지하는 사람들은 퍼셉트론을 매우 긍정적으로 평가했다. 1958년 7월, 로젠블랫이 미국 해군 연구실에서 시연한 실험을 보도한 〈뉴욕타임스〉 기사를 보면 그들이 퍼셉트론이 보여줄 미래에 대해 얼마나 기대와 확신에 차 있었는지를 알 수 있다.

"해군 연구소는 오늘 전자 컴퓨터의 초기 버전을 공개했다. 이것이 곧 걷고, 말하고, 보고, 쓰고, 스스로 재생산하고, 자신의 존재를 의식할 수 있을 것으로 기대한다. 나중에는 사람을 알아보고 이름을 부를 수 있을 것이고, 한 언어의 말을 다른 언어로 즉시 통역하고 번역할 수 있을 것이다."[16]

이 기사에서 짐작할 수 있듯이, AI에 대한 과대광고는 최근뿐 아니라 1950년대 말에도 고질적인 문제였다. 그럼에도 불구하고 척박했던 초기 AI 시절에 이뤄진 로젠블랫의 퍼셉트론 연구는, 오늘날 인공신경망과 딥러닝 분야 연구의 초석이 되었다.

## 3. 한계에 부딪힌 퍼셉트론

1956년 다트머스 워크숍 이후, 문제를 해결하는 접근 방법으로 기호주의를 선호하는 그룹이 AI 커뮤니티를 지배했다. 1960년대 초에는 로젠블랫이 퍼셉트론 연구에 매진했다. MIT 출신 마빈 민스키, 스탠퍼드대학의 존 매카시, 카네기멜런대학의 허버트 사이먼과 앨런 뉴웰 등 AI 선도 연구자들은 기호주의 AI가 성공할 것이라는 강한 믿음으로 이 접근 방법을 적극 옹호했다. 이들은 AI 커뮤니티에서 영향력이 있었고 풍부한 연구 자금으로 AI 실험실을 만들어 운영했다. 아직도 MIT, 스탠퍼드, 카네기멜런 세 대학이 AI를 연구하는 가장 권위 있는 대학으로 명맥을 이어가는 건 이러한 역사 때문이다. 특히 로젠블랫의 뇌 구조를 기반으로 한 AI 접근법은 성공할 가망이 없다

고 생각한 민스키는 기호주의 AI 연구에 더욱 집중해야 한다고 주장했다.[17]

퍼셉트론에서 지식이 일련의 숫자들, 즉 학습한 가중치와 임곗값으로 구성되어 있다는 사실은, 퍼셉트론이 작업을 수행하는 데 사용되는 규칙을 정확히 설명하지 못한다는 것을 의미한다. 기호주의 AI 프로그램인 GPS에서 사용하는 'APPLE12', 'MOVE' 등과 같은 기호와 달리, 퍼셉트론에서 숫자로 표현되는 가중치와 임곗값은 특정 개념을 나타내지 않는다. 이들 숫자를 규칙으로 변환하는 것은 불가능하다. 이러한 사실은 기호와 규칙이 지식과 밀접하게 연관되어 있다고 주장하는 기호주의 AI 지지자들이 받아들이기 어려웠다.

뉴욕의 명문 사립고등학교인 브롱스과학고등학교 후배이며 MIT 교수였던 민스키는 로젠블랫의 주장과 그가 구현한 인공신경망 비전에 대해 매우 회의적이었다. 로젠블랫은 컴퓨터가 인간의 언어를 이해할 수 있게 하는 비전을 가지고 있다고 말했지만, 민스키는 퍼셉트론 기능이 너무 단순해서 그런 일은 일어나지 않을 것이라고 지적했다.

1969년 민스키와 MIT 동료인 시모어 페퍼트*Seymour Papert*는 자신들이 출간한 《퍼셉트론*Perceptrons*》에서, 하나의 퍼셉트론이 해결할 수 있는 문제의 유형이 매우 제한적이며, 퍼셉트론에 기반을 둔 학습 알고리듬은 많은 수의 가중치와 임곗값을 필요로 하기 때문에 확장하기 어렵다는 수학적 증거를 제시했다. 전문가들은 민스키와 페퍼트가 주장한 퍼셉트론의 한계를 이미 잘 알고 있었다. 10여 년이 지난 후에야 이 문제가 해결되는데, 이를 해결한 개념이 입력층과 출력층 사이의 새로운 층, 즉 은닉층을 더한 다층퍼셉트론(Multi Layer Perceptron; MLP)이다. 로젠블랫도 다층퍼셉트론에 대한 광범위한 연구를 수행했고, 훈련 과정에 어려움이 있다는 사실을 알고 있었다.

민스키와 페퍼트의 책이 새로 밝힌 것은 비록 사소했지만, 연결주의 AI 커뮤니티에 부정적 영향을 미쳐 연구 자금이 급격히 줄었다. 그 결과 1960년대 후반 인공신경망 연구를 위한 자금은 점점 감소했고, 기호주의 AI 연구에 대한 정부 지원은 늘어났다. 이런 환경에서 로젠블랫이 1971년 43세의 나이에 보트 사고로 사망하는 바람에 상황은 더 나빠졌다. 로젠블랫 같은 저명한 학자의 지지도 못 받고 정부 지원도 끊기자 소수 학계를 제외하고 퍼셉트론 등 연결주의 AI 방법에 대한 연구는 대부분 중단되었다.

신경망 분야 연구에 대한 자금 지원은 그로부터 10년 정도 중단되었다. 이후 1980년대에 들어와 인공신경망 연구가 AI 연구의 메인스트림으로 돌아왔고, 새로운 연구자들이 로젠블랫의 연구를 이어나갔다. 하지만 기술적 제한이 많아 미미한 수준에 그쳤고 2010년을 지나 딥러닝이 각광받을 때까지 길고 어두운 터널을 지나야 했다.


## 4. 밀려나는 기호주의 AI, 각광받는 연결주의 AI

1980년대 인지과학과 인공신경망 연구에서 가장 두각을 나타낸 그룹은 샌디에이고 캘리포니아대학의 데이비드 러멜하트*David Rumelhart*와 제임스 매클리랜드*James McClelland*가 이끄는 팀이었다. 인지과학 전문가인 러멜하트는 'If-Then-Else' 규칙 구조로 대표되는 전통적인 시퀀셜 프로그래밍으로는 인간의 복잡한 인지적 현상을 밝혀낼 수 없다고 생각했다.

1986년, 러멜하트가 이끄는 연구팀은 '연결주의'를 설명한 논문 〈병렬분산처리*Parallel Distributed Processing*〉를 발표했다. 신경 컴퓨팅 분야의 붐을 일으킨 이 논문은 "무엇이 사람들을 컴퓨터보다 똑똑하게 만드는가?"라는 질문에 대한 해답이 인간 사고의 대규모 병렬구조에 있다고 주장했다. 이들은 지능의 핵심을 뇌에서 영감을 얻은 컴퓨팅 아키텍처와 시스템이 데이터 또는 행동을 통해 스스로 학습할 수 있는 능력이라고 생각했다. 또 인간의 뇌는 수많은 기본 단위로 구성되어 있고, 사고 과정은 '순차적인' 작업이 아니라 '병렬'로 서로를 자극하고 억제하는 단위 간의 상호작용이라고 주장했다.

이들의 주장은 당시 인공신경망 연구자들에게 인공신경망 구현 가능성과 미래에 대한 희망을 제공했다. 이 논문은 1970년도 후반부터 기호주의 AI가 지배하는 커뮤니티에서 열세에 처해 있던 연결주의 AI 접근법에 매우 고무적인 역할을 했다.

한편, 1980년대 중반에 들어서자 전문가 시스템은 특정 영역에 대한 지식을 나타내는 규칙을 만들기 위해 오랜 경험이 있는 전문가에 의존해야 했으므로 새로운 상황에 적응하기 어려웠다. 이로 인해 기호주의 AI의 확산은 제한될 수밖에 없었고, 장밋빛 약속, 막대한 투자에도 불구하고 기대했던 결과를 내놓지 못했다. 그리고 이러한 실망스러운 결과는 1980년대 후반부터 두 번째 AI 겨울을 맞닥뜨리게 했다.

반면, 러멜하트와 매클리랜드가 구축한 인간 학습, 인식 및 언어 개발의 과학적 모델로 연결한 네트워크는 비록 인간의 수준에는 크게 못 미쳤지만, 펀딩 기관 사람들을 포함해 많은 사람이 연결주의 AI 커뮤니티가 내놓은 결과물에 관심을 갖고 주목하기 시작했다. 1988년을 기점으로 미국국방성고등연구원(DARPA)에서 AI 연구 자금의 상당 부분을 인공신경망 분야에 제공했다. 기호주의 AI가 퇴조하면서 인공신경망이 각광받기 시작한 것이다.

## 5. 인공신경망과 딥러닝

### 1) 고도화된 인공신경망 구조

딥러닝은 머신러닝의 한 분야다. 인간이 생각하고 배우는 방식을 모방하도록 설계된 인공신경망(Artificial Neural Network; ANN)에 기반을 두고 작동한다. 인공신경망은 인간 뇌의 작동 원리 중 가장 중요한 신경세포들의 연결 관계를 노드들의 연결 가중치로 모방하며, 계산을 수행하는 노드와 노드 간의 신호를 전달하는 연결선으로 구성된다. 입력층과 출력층으로만 구성된 인공신경망은 '단층신경망', 단층신경망에 은닉층이 추가된 신경망은 '다층신경망'이라고 부른다. 또 다층신경망 중 은닉층이 두 개 이상인 신경망은 심층신경망(Deep Neural Network; DNN)이라고 한다. 인공신경망은 입력층, 은닉층, 출력층 세 종류로 구성되어 있다(그림 19(a) 참조). 단위 노드를 기능적으로 확대하면 그림 19(b)와 같다.

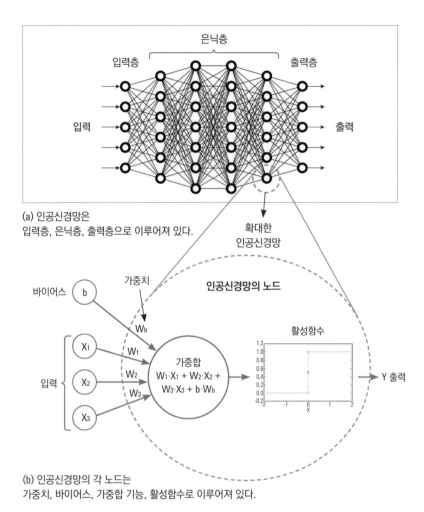

(a) 인공신경망은
입력층, 은닉층, 출력층으로 이루어져 있다.

(b) 인공신경망의 각 노드는
가중치, 바이어스, 가중합 기능, 활성함수로 이루어져 있다.

[그림 19] 인공신경망 구조.

    계층 구조로 된 신경망에서 신호는 입력층으로 들어가 은닉층을 거쳐 출력층으로 나온다. 이 과정에서 신호는 층 단위로 이동하며 진행된다. 즉 같은 층의 노드들은 동시에 신호를 입력받고, 처리한 결과를 다음 층으로 내보내는 작업을 동시에 한다. 출력층으로 나온 노드들의 출력이 인공신경망의 최종 결괏값이다. 심층신경망을 특별한 알고리듬들을 사용해 학습시키는 과정을 '딥러닝'이라고 하는데, 입력층과 출력층 사이에 은닉층을 배치함으로써 학습 결과를 향상시킨다.

그림 19(b)에서 보이는 활성함수는 단위 노드의 마지막에 위치한 기능이다. 한 노드로 들어오는 입력값에 가중치를 곱한 합계인 가중합과 추가 바이어스를 모두 더한 값에 활성함수를 적용한 후, 해당 노드가 발화해 현재 노드 정보를 다음 노드에 전파해야 하는지의 여부를 결정한다. 즉 활성함수는 한 노드에서 입력값들의 총합을 바로 다음 노드에 전달하는 게 아니고, 이 총합이 활성화를 위한 임계치를 넘어 발화하는지 판별하는 역할을 한다. 어떤 활성함수를 선택하느냐에 따라 노드의 출력이 달라진다. 인공신경망에서 정보는 가중치와 바이어스의 형태로 바뀌어 저장된다. 인공신경망의 성능을 높이기 위해 가중치와 바이어스 값을 조정하는 작업을 '학습'이라고 한다.

## 2) 딥러닝은 무슨 작업을 할 수 있을까?

딥러닝에서 컴퓨터 모델은 이미지와 텍스트 등에서 직접 분류 작업을 수행하는 방법을 배운다. 그림 20처럼 인공신경망 모델이 수많은 얼룩말과 기린 이미지들을 학습해 그 둘을 분류할 수 있는 모델을 생성했다고 하자.

이 모델에 그림 21(a)와 같이 새 얼룩말 이미지를 입력하면 얼룩말과 기린으로 식별할 확률이 각각 87퍼센트, 10퍼센트로 나타난다. 또 그림 21(b)처럼 새 기린 이미지를 입력하면 각각 8퍼센트, 90퍼

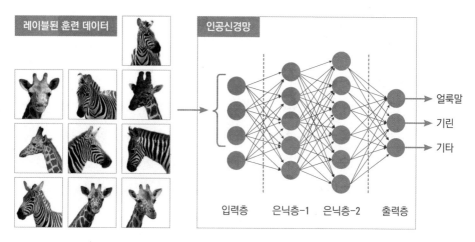

[그림 20] 인공신경망을 훈련해 얼룩말과 기린을 식별할 수 있는 모델을 생성한다.

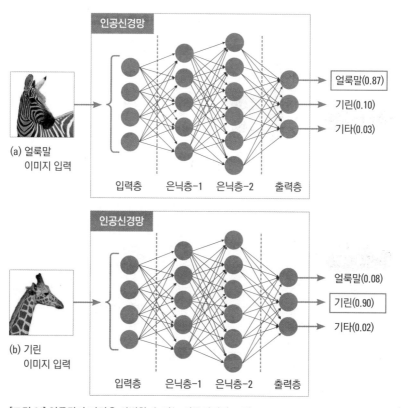

[그림 21] 얼룩말과 기린을 식별할 수 있는 인공신경망 모델.

센트의 확률로 얼룩말과 기린을 식별해낸다.

### 3) 머신러닝과 딥러닝의 차이

머신러닝과 딥러닝의 차이는 뭘까? 기존 머신러닝에서는 학습 데이터로부터 어떤 속성을 추출할 때 사람이 직접 분석하고 판단해야만 했다. 그림 22(a)처럼 자동차를 인식하기 위해 먼저 눈에 보이는 자동차의 속성을 사람이 직접 추출한 후, 이 속성들을 가지고 자동차인지 아닌지를 분류한다.

이에 반해 딥러닝에서는, 그림 22(b)처럼 인공신경망이 학습 데이터로부터 속성을 추출해 분류한다. 사람이 속성을 추출하는 것이 아

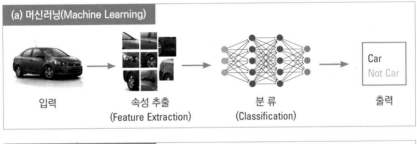

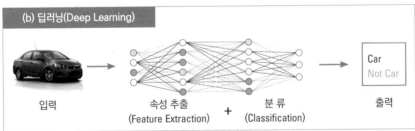

[그림 22] 머신러닝과 딥러닝의 차이를 보여주고 있다. 딥러닝에서는 인공신경망이 데이터에 내재되어 있는 속성 추출과 분류 작업을 처음부터 끝까지 스스로 수행한다.

니라, 데이터에 내재되어 있는 중요한 속성을 기계 스스로 파악하고 이를 분류 작업에 이용하는 것이다. 이렇게 속성 추출과 분류 작업을 처음부터 끝까지 기계가 스스로 수행한다고 해서 딥러닝을 '엔드투엔드*End-to-End*' 머신러닝이라고 부르기도 한다. 이 점이 딥러닝과 머신러닝의 가장 큰 차이점이라고 할 수 있다.

## 6. 역전파와 컴퓨팅으로 날개 단 딥러닝

### 1) 딥러닝 학습의 꽃, 역전파

인공신경망의 학습은 신호의 순전파(Feedforward)와 역전파(Back Propagation)로 성취된다. 간단히 말해서, 순전파는 입력 신호가 은닉층을 거쳐 출력층으로 전달되는 것을 말하고, 역전파는 그 반대 방향으로 진행되는 것을 의미한다.

그림 23(a)에서 보는 것처럼 순전파는 노드 간의 루프나 순환 연결

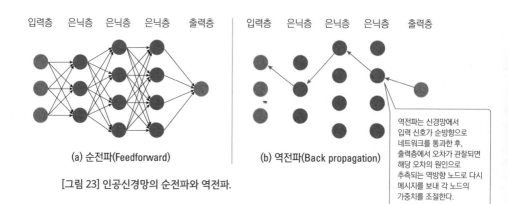

(a) 순전파(Feedforward)  (b) 역전파(Back propagation)

역전파는 신경망에서 입력 신호가 순방향으로 네트워크를 통과한 후, 출력층에서 오차가 관찰되면 해당 오차의 원인으로 추측되는 역방향 노드로 다시 메시지를 보내 각 노드의 가중치를 조절한다.

[그림 23] 인공신경망의 순전파와 역전파.

이 없는 순방향 신경망에서, 입력 신호가 은닉층을 거쳐 출력층으로 결과를 내보내는 과정을 말한다. 즉 이전 층에서 나온 출력값이 층과 층 사이에 있는 연결선 가중치에 의해 계산된 후 다음 층의 입력값으로 들어가는 것을 의미한다.

순전파를 처음 실행할 때 출력 계층의 예측 결과가 대부분 정확하지 않기 때문에 오차 가능성이 높다. 순전파 연산 이후 출력 예측값과 실젯값의 차이를 '오차'라고 부르는데, 출력층에서 오차값이 크면 가중치 값을 많이 수정해야 한다는 뜻이고, 오차값이 제로에 가까우면 분류 작업을 정확히 한다는 의미다.

신경망의 역전파는 '오차의 역전파'의 줄임말이다. 그림 23(b)에서 보는 것처럼 역전파는 입력 신호가 순방향으로 네트워크를 통과한 후 출력층에서 오차가 관찰되면 오차의 원인으로 추측되는 노드가 있는 곳으로 다시 메시지를 전파하는 방법이다. 이렇게 역방향으로 메시지를 보내 오차와 관련된 가중치들의 값들을 수정하면 오차가 줄어든다. 어떤 노드가 오류에 얼마나 많은 영향을 미쳤는지 알아내 오류율이 높은 노드의 가중치를 낮추는 것이다. 오차값이 거의 제로가 되지 않으면 가중치 값을 되풀이해서 조정해 예측의 정확도를 높여나간다.


## 2) 역전파 알고리듬의 문제

역전파 방법은 1980년대 초반까지 여러 연구팀이 산발적으로 개발하면서 인공신경망 연구의 명맥을 이어갔다. 하지만 당시에는 그 누구도 은닉층이 있는 다층신경망을 학습시키는 방법을 찾아내지 못했다. 은닉층을 포함한 다층신경망 학습의 어려움은 1970년대에 연구 침체기를 불러왔다. 그리고 이 문제는 1986년 데이비드 러멜하트David Rumelhart, 제프리 힌튼Geoffrey Hinton, 로널드 윌리엄스Ronald Williams가 과학 학술지〈네이처Nature〉에 기고한 논문〈역전파 오류에 의한 표현 학습〉에서 제시한 역전파 알고리듬으로 해결되었다. '역전파'라는 용어도 이때 처음으로 사용되었다. 세 명의 연구자는 역전파 알고리듬을 통해 출력층에서 발생한 오차를 이전 층으로 역전파하는 방식을 통해 은닉층 오차를 역추적할 수 있게 되었고 다층신경망을 학습시킬 수 있다는 것을 보여주었다.

이후 인공신경망 연구는 다시 주목을 받기 시작했다. 그러나 효과적인 역전파로 다층신경망을 학습시킬 수 있는 방법은 알게 되었지만 인공신경망 연구는 여전히 여러 문제점을 안고 있었다. 학습 과정에서 파라미터의 최적값을 찾기 어려웠고, 모델이 훈련 데이터에서는 잘 작동했지만 새로운 데이터를 입력하면 정확한 결과를 도출해내지 못했다. 그야말로 산 넘어 산이었다.

### 3) 획기적 딥러닝과 고성능 가속기로 심층신경망의 고질적 문제 해결

1986년 효과적인 역전파 알고리듬 발견에도 불구하고 인공신경망은 또 다른 벽에 부딪혔다. 역전파 방법을 적용해도 신경망 계층 수가 늘어나면 속도가 느려졌고, 제대로 된 값을 도출하기 전에 미리 결론을 수렴해 학습이 중단되는 문제를 해결하기 어려웠다(이를 로컬 미니멈Local Minimum이라고 부른다. 일부 제한된 영역에서는 최적이지만 전체 영역에서는 그렇지 않다는 의미다).

이러한 단점을 극복하지 못해, 1980년대 후반부터 2000년대 중반까지 인공신경망 관련 기술은 더 이상 발전이 없었고 차츰 힘을 잃어갔다. 1980년대 후반기에 있었던 전문가 시스템의 실망스러운 결과로 촉발된 두 번째 AI 겨울을 지내는 동안 인공신경망도 큰 주목을 받지 못한 채 지나갔다. 이후 10여 년간 대부분의 AI 연구자들은 인공신경망 연구에 무관심했지만, 이 어둠의 시대를 단번에 종식시킨 것이 바로 '딥러닝' 알고리듬이다.

딥러닝이 사람들의 관심을 다시 받기 시작한 것은 2006년 토론토 대학의 힌튼 교수가 심층신뢰신경망(Deep Belief Network)이라는 효과적인 딥러닝 알고리듬을 발표하면서부터다. 힌튼 교수는 각 계층의 가중치 초깃값을 잘 지정해주면 심층신경망 학습이 가능하다는 사실을 밝혀냈다.[18]

또 하나의 딥러닝 문제는 이 알고리듬을 구동하는 데 많은 컴퓨터가 필요한데 현실적으로 그럴 여건이 못 된다는 점이었다. 그러나 시간이 지나면서 GPU 등 고성능 컴퓨팅 하드웨어가 속속 개발되어 이 문제도 해결되었다. 복잡한 알고리듬을 충분히 구동할 수 있는 고속 하드웨어의 보급으로 딥러닝은 드디어 전성기를 맞게 되었고 음성인식 및 이해, 영상인식 분야 등에 적용되어 성과를 내면서 AI의 수준을 한 단계 끌어올린 기술로 인정받게 되었다.

인간이 수행하는 작업을 기계로 자동화하는 과정에서 이미지 인식 기술은 핵심적인 역할을 했다. 반도체 공정에서의 제품 결함 발견, 자율주행차의 외부 물체 이미지 처리 등이 대표적 사례다. 초기에는 그림 22(a)처럼 사람이 속성을 정해 추출하고, 사람이 생각하는 이미지 인식 프로세스를 컴퓨터에 프로그램해 처리했다.

이런 접근 방법은 특정 영상 자동 표적 인식 및 이상 탐지에 적용되어 부분적으로 성공을 거두었다. 하지만 조정해야 할 파라미터가 너무 많아, 장면이 조금 변한다든지 새로운 환경에서는 인식 정확도가 현저히 떨어져 실제 현장에서 사용하기 어려웠다.

이와 같이 일반 머신러닝이 안고 있는 속성으로 인한 단점은 딥러닝을 적용하면서 획기적으로 해결되었다. 딥러닝은 머신러닝의 한 종류이지만 한 가지 중요한 차이점이 있다. 앞에서 언급한 바와 같이, 딥러닝에서는 훈련 알고리듬을 통해 속성과 분류 알고리듬이 자동으로 학습된다는 점이다. 따라서 그림 22(b)가 보여주는 것처럼 분류 작업 전에 수동으로 수행해오던 속성 추출 작업은 이제 필요 없어졌다.


## 7. 이미지넷 경진대회와 딥러닝의 급속 확산

2012년은 딥러닝 역사에서 가장 중요한 해로 꼽을 수 있다. 2010년부터 매년 개최되어온 세계 최대 이미지 인식 기술 경진대회인 'ILSVRC(ImageNet Large Scale Visual Recognition Challenge)'가 큰 획을 그었기 때문이다. 대용량의 이미지 데이터를 주고 이미지 인식 알고리듬의 성능을 평가하는 이 대회에 참가하려면 이미지넷ImageNet이 제공하는 1천여 개의 카테고리로 분류된 100만 개의 이미지를 인식해 정확도를 겨뤄야 한다. 순위는 알고리듬의 정확도를 평가해 정해진다.

2012년에 열린 ILSVRC 경진대회에 출전한 딥러닝 알고리듬 '알렉스넷*AlexNet*'은 기존의 시스템과는 획기적으로 달랐다. 인공신경망 모델인 CNN(Convolution Neural Network)을 사용해 심층신경망을 구현하고 GPU 연산을 활용해 학습시간을 대폭 단축했다. 알렉스넷은 이미지 인식 오류율을 기존 26퍼센트에서 거의 절반 수준인 16퍼센트까지 낮춰 우승을 차지했다(그림 24 참조). 사람들은 인식 오류율 결과를 보고 모두 경악했다. 기존 알고리듬으로는 인식 오류율을 0.1퍼센트 낮추는 것도 쉽지 않은데, 무려 10퍼센트나 떨어뜨렸기 때문이다.

이를 계기로 딥러닝 방법론이 널리 알려졌고 이후 대회에선 딥러

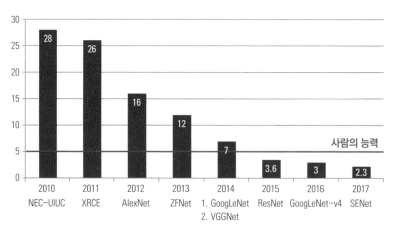

ILSVRC 이미지 인식 경진대회 우승 알고리듬의 분류 에러율(%)

[그림 24] 매년 개최되는 ILSVRC 이미지 인식 경진대회에서 우승한 알고리듬의 이미지 분류 에러율. 2012년 알렉스넷은 오류율을 기존 26퍼센트에서 16퍼센트까지 낮춰 딥러닝 발전 역사에 큰 획을 그었다.

닝을 기반으로 한 알고리듬이 대다수를 차지했다. 알렉스넷의 우승은 컴퓨터 비전 분야와 딥러닝 분야를 급속하게 발전시키는 촉매제로 작용했다. 이후 새로운 신경망 아키텍처들이 개발되면서 이미지 인식의 정확도는 지속적으로 향상되었다.

2012년 알렉스넷의 놀라운 우승 이후 CNN은 컴퓨터 비전 분야와 딥러닝 분야에서 대세가 되었고, CNN 구조를 변경하는 방식으로 딥러닝 알고리듬은 지속적인 발전을 해나갔다. 2012년 이후에는 심층신경망에 기반한 알고리듬들이 연이어 우승을 차지했다. 또 딥러닝 기반 알고리듬이 사용되면서 인식 오류율은 놀라울 정도로 낮아졌다. 2015년에는 인간 수준으로 알려진 5퍼센트 오류율을 추월했고, 2017년 우승을 차지한 SENet의 인식 오류율은 2.3퍼센트였다. 이는 인간의 인식 오류율의 절반도 안 되는 수치였다.

## 8. 딥러닝 확산으로 다시 찾은 AI 여름

인공신경망의 훈련 목적은 오차 함수의 값이 제로에 가깝도록 은닉층에 있는 노드들의 가중치와 바이어스의 최적값을 구하는 것이다. 하지만 인공신경망은 여러 문제를 안고 있었다. 학습 과정에서 파라미터의 최적값을 제대로 찾지 못하거나 학습 데이터가 많지 않을 경우 그 데이터에만 특화되어 새로운 데이터에서는 정확한 예측 결과를 도출하지 못하는 '일반화' 문제가 있었다(이를 '오버피팅' 문제라고 한다). 또 학습의 정확도를 높이기 위해 은닉층을 늘리면 학습에 너무 많은 시간이 소요되는 단점이 있었다.

딥러닝 발전 과정에서 중요한 진화는 1999년에 일어났다. 컴퓨터가 데이터를 처리하는 속도가 빨라지고 GPU가 본격적으로 개발되기 시작한 것이다. GPU, 이종 플랫폼에서 실행되는 프로그램을 위한 개방형 범용 병렬 컴퓨팅 프레임워크인 OpenCL, 가상 명령어 세트를 사용할 수 있도록 만들어주는 GPU 소프트웨어 개발 툴인 'CUDA(Compute Unified Device Architecture)' 등을 비롯한 그래픽 카드와 소프트웨어 개발 툴 발전으로 딥러닝의 문제였던 학습시간을 대폭 단축할 수 있었다. 이렇게 2011년까지 컴퓨터 성능이 크게 향상되자 딥러닝의 효율성도 덩달아 높아졌다. 특히 2012년의 ILSVRC 경진대회는 딥러닝 발전에 큰 획을 그었다.

2010년대 후반 AI가 이룬 성과의 대부분은 딥러닝 신경망 알고리즘 덕분이었다. 빅데이터로 인해 많은 데이터가 생겨나고, GPU 등 고속 컴퓨팅 하드웨어의 발전에 힘입어 딥러닝은 이제 대중들의 관심과 기업과 정부의 기대를 한몸에 받으며 여러 산업 분야로 확산하고 있다.

실리콘밸리의 빅테크 기업들은 AI 전문가를 직접 고용하거나 유능한 직원을 확보하기 위한 목적으로 소규모 신생 기업을 인수하는 등 AI 연구 개발에 수십억 달러를 투자했다. 현재 거의 모든 회사에서 수행하는 AI 기술은 딥러닝을 의미한다. AI가 다시 붐을 이루는 시대가 되었다.

# 5장

# 과장과 실망이 초래한
# AI 겨울

## 1. 두 번의 AI 겨울

AI 분야는 지난 수십 년 동안 발전해오면서 극심한 오르막과 내리막을 경험했다. AI 겨울과 여름이라고도 불리는 이 거대한 희망과 절망의 골짜기들을 지나면서 연구 분야와 접근 방법에도 큰 변화를 가져왔다. 과거에 AI 겨울이 몇 번 있었는지, 그리고 그 시기에 대해서는 사람마다 의견이 조금씩 다르다. 하지만 대체적으로 인공지능에 대한 관심과 자금 지원이 눈에 띄게 줄었던 두 번의 시기를 AI 겨울로 간주한다. AI 겨울이 오기 전에는 기대와 흥분으로 가득 찼던 AI 여름이 있었다. 그리고 2012년 이후 AI 여름은 지속되고 있다(그림 25 참조).

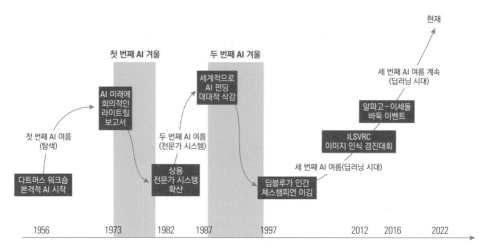

[그림 25] AI 여름과 겨울. 분홍색으로 표시한 부분이 두 번의 AI 겨울이다.[19]

지난 70년의 역사를 돌아보면, 어떻게 AI 겨울이 오는지 알 수 있다. 인공지능 연구가 프로젝트 자금 조달을 위해 과도한 목표 제안을 하고, 그 후 미진한 연구 결과에 따른 실망이 주기적으로 반복되었다. AI 겨울이 올 때는 대부분 다음과 같은 두 단계를 거친다.

**1단계:** AI 분야의 새로운 아이디어는 AI 연구 커뮤니티를 흥분시키고 낙관론을 불러일으킨다. 획기적인 혁신을 약속하는 프로젝트가 등장하고 뉴스와 미디어가 이를 부풀려 보도하면 정부 및 벤처 자본가로부터 흘러나온 많은 연구 자금이 학계와 스타트업으로 투입된다.

**2단계:** AI 프로젝트가 약속한 혁신이 일어나지 않거나 기대에 한참 못 미치는 결과가 나오면 정부 자금 및 벤처 캐피털의 펀딩이 줄어든다. 많은 스타트업이 문을 닫고 AI 연구 활동도 급격히 감소한다.

비현실적 기대와 과장된 홍보가 초래한 'AI 겨울', 그리고 이어지는 'AI 여름' 사이클은 거의 10년 주기로 일어났다. 그리고 이제 AI 커뮤니티는 이러한 패턴에 익숙해졌다.

## 2. 첫 번째 AI 겨울(1974~80년)

AI 겨울에는 연구 자금과 관심이 급격히 감소한다. 실험실에서 만들어진 시제품 상용화는 매우 어렵다. 연구개발에 걸린 시간, 인력과 투자와 맞먹는 리소스가 필요하기 때문이다. AI 프로젝트 시작부터 상용화를 염두에 두고 일을 추진하지 않으면 나중에 이를 실현하는 것은 쉽지 않다.

AI 연구 초기에는 인공지능을 연금술에 비교하는 주장이 많았다. 하지만 1970년대 초까지 인공지능을 활용해 핵심 문제를 해결한 사례가 없었다. 그럼에도 일부 연구자들의 계속되는 장밋빛 주장으로 1960년대 후반부터 비판의 목소리가 높아졌다. 미디어와 대중이 야기한 과대광고와 비현실적인 기대치, 이에 더해 전문가들의 빗나간 예측은 1970년대 초에 이르자 극에 달했고, 결국 연구 자금 삭감으로 이어졌다.

## 1) 공허한 연구 결과와 부정적 여론

1956년 다트머스 워크숍이 열리고 15년 정도 지난 1970년대 초반 첫 번째 AI 겨울이 찾아왔다. 혹독한 겨울이 찾아오기 전까지 주요 연구팀과 업체들은 AI가 성취하기 어려운 결과를 약속했다. 인공지능이 뭔가 대단한 일을 벌일 것 같은 분위기였다. 당시의 매체들은 AI가 체스게임에서 인간을 이기고, 다양한 언어로 된 문서를 통번역할 것이라는 대대적인 기사와 광고를 연일 내보냈다.

그러나 이러한 과장이 실현되기까지는 수십 년이 걸렸고, 아직 지켜지지 않은 약속도 많다. 기대했던 기계 번역도 여전히 번역가들의 능력보다 한참 뒤진 수준이다. 오늘날과 마찬가지로, 당시에도 AI가 인간의 일자리를 대신할 것이라는 의견이 많았으나 그러한 상황 역시 일어나지 않았다.

이처럼 AI 분야의 연구 결과가 공허한 것으로 드러나고 근거 없는 주장들이 미디어에 자주 등장하자 미국과 영국은 AI 프로젝트를 지원하는 자금을 줄여버렸다. 1966년 미국 자동언어처리 자문위원회는 보고서를 통해 기계 번역 분야에서 현재 사용할 수 있는 것도 없고, 장래에 대한 어떤 전망도 할 수 없다며 혹독한 평가를 내렸다.

미국에서 AI 연구의 주요 후원자는 미국국방성고등연구원(DARPA)이었다. 담당자들은 1970년대 초까지 많은 지원을 했음에도 불구하고 AI 연구자들이 보여준 초라한 결과에 좌절했다. 게다가 AI 연구원들은 지나치게 낙관적이었고 약속한 결과에 못 미치는 상황을 마치 관행처럼 여기는 분위기도 있었다.

1972년 영국의 과학 연구를 위한 자금지원기관인 과학연구회는 수학자 제임스 라이트힐*James Lighthil* 경에게 AI의 연구 현황 평가를 요청했고, 그는 1973년에 발간된 〈라이트힐 보고서*Lighthill Report*〉에서 AI 연구자들의 약속이 터무니없다는 결론을 내렸다. 특히 가장 실망스러운 연구 결과는 기계 번역이라고 지적했는데, 막대한 연구 자금을 사용하고도 유용한 결과는 거의 없었다고 혹평했다.

영국과 미국의 AI 연구 현황 조사는 주로 기계 번역과 인공신경망 연구들을 대상으로 진행되었는데, 암울한 전망이 대부분이었다. 이에 미국과 영국 정부는 AI 연구 지원 축소에 나섰다. AI 연구 자금이 대폭 삭감된 첫 번째 AI 겨울의 시작이었다.

기계 번역에 대한 실망은 특히 AI 분야에 부정적인 영향을 많이 끼쳤다. 영국의 언어학자 존 허친스*John Hutchins*는 기계 번역 연구 성과가 거의 없었던 1967년에서 1976년까지를 '조용한 10년(Quiet Decade)'이라고 불렀다.[20] 기계 번역의 조용한 10년은 첫 번째 AI 겨울을 불러온 중요한 원인 중 하나였다.

또 다른 원인은 AI의 대표적 연구 방식인 연결주의의 몰락에 있었다. 퍼셉트론의 화려한 등장은 AI가 인간의 두뇌를 모방해 지능을 가질 수 있다는 기대를 갖게 하면서 사람들의 관심을 끌었다. 그러나 1969년 퍼셉트론의 한계가 드러나 이를 해결하기 위한 다층퍼셉트론이 제안되었지만 당시에는 이러한 네트워크를 훈련시킬 수 있는 알고리듬이 없었다. 이후 1986년에 이르러서야 역전파라는 알고리듬이 발명되었다. 무려 17년이나 걸린 것이다. 이러한 환경은 AI가 발전하는 데 큰 걸림돌이 되었고 첫 번째 AI 겨울은 1980년대까지 이어졌다.

## 2) 첫 번째 AI 겨울이 준 교훈

첫 번째 AI 겨울은 몇 가지 부정적인 상황이 복잡하게 이어지면서 찾아왔다. 근본적인 원인으로는 세 가지를 꼽을 수 있다.

첫째, 초기의 많은 AI 시스템들은 문제를 해결하기 위해 '인간적으로 생각하는' 접근법을 추구했다. 그러나 대부분의 AI 연구는 대학 실험실에서 수행되어 복잡한 현실 문제를 이해하려는 노력이 결여되어 있었다. 문제 해결을 위한 치열함도 없었다. 과제를 철저히 분석하고 해결책을 제시한 뒤 실행 가능한 알고리듬을 개발해 사용하는 상향식 접근법을 취하는 대신, "인간이 수행하는 방식을 그대로 복제하면 된다"는 안이한 사고에 갇혀 있었다. 이는 AI의 개념을, 인간이 생각하는 것을 모방하는 기계라는 단순함 속에 가둬버린 결과다.

둘째, 현실 문제의 복잡성을 인식하지 못했다. 기계 번역 등 AI가 해결하려는 현실 문제는 복잡했지만 대부분 단순한 해결책을 도출함으로써 현실세계의 방대한 문제를 풀기에는 역부족이었다. 현실세계의 문제를 실험실 스케일로 축소해 생각한 것이다. 또한 연구자들도 현실의 복잡한 문제는 좀 더 빠른 컴퓨팅 하드웨어와 더 큰 메모리만 있으면 풀 수 있다고 여기며 넘어갔다.

세 번째 요인은 인공신경망의 부정적 개념과 기본 구조의 한계에 있었다. 1969년 민스키는 퍼셉트론의 부정적 개념과 제한된 능력을 지적했다. 이러한 지적은 인공신경망에 대한 일반적인 평가가 아님에도 불구하고 연구 지원 삭감 요인이 되었다.

## 3. 두 번째 AI 겨울(1987~97년)

두 번째 AI 겨울은 1980년대 전문가 시스템 전성기 이후 찾아왔다. 전문가 시스템 분야의 접근 방법은 인간 뇌의 전반적인 문제 해결 능력을 흉내 내기보다는, 특정 영역에 제한된 문제를 해결하자는데 초점을 맞췄다. 공공 부문과 기술 기업들은 이런 접근 방법을 전폭적으로 지지했고 자금 지원도 아끼지 않았다.

그러나 오래지 않아 전문가 시스템의 한계도 드러났다. 이 시스템은 전문가 인터뷰를 토대로 구축되었는데, 환경과 해결해야 할 문제가 커지고 복잡해지면서 해당 분야의 전문가를 찾기가 어려워졌다. 또 지식을 추출하는 데 드는 시간과 비용도 급격히 늘어나 시스템 개발에 걸림돌이 되었다.

1980년대 초반의 모든 노력과 투자에도 불구하고 많은 기업이 내걸었던 약속은 이행되지 못했고, 그 결과 전문가 시스템을 위한 연구 자금과 투자가 급격히 줄어들었다. 많은 AI 전문가가 해고되었고 1980년대 초 번창했던 전문가 시스템 산업은 1990년대 초까지 쇠퇴하고 붕괴되었다. 이렇게 거품이 꺼지자 AI 산업은 1990년대 중반까지 두 번째 겨울을 지내야 했다. 두 번째 AI 겨울은 매우 혹독했다. 심지어 이력서에 AI 관련 경력 사항을 기재하지 않으려는 연구자들도 있었다.

그래도 다행이었던 것은 많은 연구가 중단된 두 번째 겨울에도 일부 의미 있는 AI 연구는 이어지고 있었다는 점이다. 우리에게 잘 알려진 역전파 알고리듬도 이때 연구되었다. 인공신경망의 주요 학습

메커니즘인 역전파는 이 시기에 다양한 문제에 광범위하게 활용되었고 결국 인공신경망은 또다시 주목을 받기 시작했다.

## 4. 세 번째 AI 겨울, 과연 올까?

두 번의 AI 겨울의 주요 원인은 무엇이었을까? 두 번의 AI 겨울에 공통으로 나타난 현상은 연구와 투자의 급격한 감소다. 초기에 불었던 인공지능의 장밋빛 미래는 많은 사람의 관심을 불러일으켰지만 나중에는 과도하게 부풀려진 것으로 밝혀지면서 실망으로 이어졌다.

초기의 인공지능 연구는 다양한 영역에서 빠르게 진행되었다. 참여 연구자는 물론이고 투자기관이나 미디어도 향후 AI가 일부 영역의 기술을 상당히 개선할 것이라는 기대감을 한껏 올려놓았다. 하지만 대부분의 AI 과제에는 더 해결해야 할 어려운 문제가 많이 남아있었다. 몇 가지 단순한 문제를 해결하는 걸 보고 샴페인을 너무 일찍 터뜨린 것이다.

### 1) 인정해야 할 기술적 한계

AI 겨울의 도래 원인은 크게 보면 기술적 한계에 있다. 1960년대에는 퍼셉트론의 기술적 한계, 1970년대에는 기대에 못 미친 기계번역 수준, 1980년대에는 전문가 시스템의 한계가 원인이었다. 우리는 이러한 한계로 맞이한 AI 겨울을 반면교사로 삼아야 한다.[21]

AI 분야에서는 매우 흥미로운 현상이 있다. 일부 AI 연구자와 미디어들이 근거 없이 포스팅하는 과대광고와 이를 바라보는 일반인들의 기대와 염려다. 다른 산업 분야에서는 흔하게 볼 수 없는 모습이다. 최근 발표된 보고서에 따르면, 유럽에서 설립된 스타트업 중, 자신들이 제공하는 서비스에 AI를 사용한다고 언급한 40퍼센트가 실제로는 그렇지 않았다. 이런 현상은 두 가지 해석이 가능하다. AI를 마케팅 용도로 사용했거나 AI 사용에 대한 정의가 모호해서 확대 해석을 했을 경우다.[22] 가장 염려스러운 현상은 최근 일부 사업체가 광범위하게 퍼져 있는 낙관론적 분위기에 편승해 AI(Artificial Intelligence)/ML(Machine Learning) 등의 용어들을 무분별하게 사용하면서 투자 유치 및 이익을 취하려는 경향이다.

우리는 AI의 기술적 문제와 한계에 대해 잘 알고 있어야 한다. 외부와의 소통도 제대로 해야 한다. AI가 할 수 있는 기능, AI 프로젝트에 대한 기대 수준을 정확하게 언급해야 한다. 최근 몇 년 동안 AI 붐이 일면서 수많은 스타트업이 설립되었다. 기업과 정부도 많은 투자를 하고 있다. 2010년 이후에는 딥러닝이 확산되면서 AI 발전을 이끌고 있다. 그럼에도 불구하고 많은 사람이 딥러닝이 태생적으로 안고 있는 약점 때문에 세 번째 AI 겨울이 올지도 모른다는 의문을 품고 있다.

1980년대에 AI와 동의어로 불리던 전문가 시스템이 붕괴되면서 AI 겨울이 시작되었다. 그로부터 40년이 지난 지금은 딥러닝이 AI 동의어로 불린다. 그리고 딥러닝 잠재력에 대한 의구심은 AI의 전망을 불투명하게 바라보는 요인이 되고 있다. 물론 딥러닝에 대한 회의적 시각이 생긴 이유가 있다. 오늘날 그 어느 때보다 많은 전문가가 딥러닝 연구에 열을 올리고 있지만 이전부터 지적되어온 두 개의 취약점은 그대로 남아 있다. 바로 '일반화 능력 부족'과 '데이터 부족'이다.

딥러닝 모델은 과적합(오버핏) 현상을 회피하기 위한 수많은 노력에도 불구하고, 제공된 훈련 데이터를 넘어 새로운 데이터에도 여전한 성능을 보여주는 견고한 '일반화' 모델이 되기 어렵다. 딥러닝은 양질의 데이터를 먹고 살아야 건강해진다. 2010년 이후 딥러닝의 눈부신 발전은 디지털 기술 및 인터넷 발전으로 인한 가용 디지털 데이터의 폭발적 증가에 힘입은 바 크다.

하지만 모든 분야에서 방대한 양의 데이터에 접근할 수 있는 것은 아니다. 데이터가 부족할 경우 딥러닝은 제 성능을 발휘하지 못한다. 이러한 두 가지 취약점은 계속 붙어 다니면서 딥러닝을 괴롭힐 것이다.

## 2) 세 번째 AI 겨울에 대한 설왕설래

오늘날 딥러닝을 위시한 AI에 거는 기대가 어느 때보다 크다. AI 기술은 전 산업계로 빠르게 확산되고 있다. 비록 인간의 수준에는 미치지 못하지만 부분적으로 상당한 기여를 하고 있다. 그럼에도 딥러닝의 기술적 한계는 여전히 존재한다. 우리는 지난 두 번의 AI 겨울이 기술적 한계로부터 시작되었음을 기억한다. 그렇다면 세 번째 겨울도 과연 도래할 것인가?

우리가 기술적 한계로 인한 또 다른 AI 겨울의 가능성을 생각할 때 중요한 이슈를 놓쳐서는 안 된다. 바로 자금 지원(펀딩)이다. 과거의

AI 연구는 정부 자금에 많이 의존했다. 산업계에 대한 의존도는 상대적으로 낮았다. 펀딩은 미국국방성고등연구원을 비롯한 정부 기관에서 주로 했지만 프로젝트는 학계나 기업 등 민간에서 대부분 수행했다.

오늘날의 펀딩과 실행 구조는 과거와 판이하다. 구글, 페이스북, 아마존 등 대기업들은 AI 기술에 많은 투자를 한다. 프로젝트 실행은 주로 민간에서 수행한다. AI도 다른 분야의 기술과 여러 면에서 유사하지만, 한 가지 흥미로운 점은 AI가 드러내는 과장된 목표나 기술적 한계에 대해 사회가 훨씬 더 민감하게 반응한다는 것이다. 그러나 기업들의 막대한 투자와 AI를 자사 제품이나 서비스에 많이 적용하는 현실은 AI를 바라보는 대중의 관점이 부정적으로 바뀌더라도 크게 흔들리는 것을 방지할 수 있다.

기업에서는 AI를 마케팅 목적으로도 사용한다. 따라서 AI와 관련한 혼란과 여러 이슈가 있어도 계속 펀딩을 해 AI가 활성화되어 있는 환경을 만들어주는 것이 바람직하다. 만약 세 번째 AI 겨울이 온다면 실리콘밸리의 빅테크 기업도 힘든 시절을 보내야 한다. 과거의 AI 겨울이 유독 혹독했던 이유는 다르파 같은 주요 펀딩기관에서 자금을 대폭 삭감해 연구를 수행하기 어려웠기 때문이다.

하지만 지금은 프로젝트 펀딩뿐만 아니라 수행도 많은 부분 민간에서 이뤄진다. 이러한 구조가 또 다른 AI 겨울을 재촉하는 바람을 막아주는 방풍림 역할을 하고 있다. 사회와 비즈니스 세계가 급변하지 않는 이상, 단시일 내에 세 번째 AI 겨울이 올 가능성은 거의 없어 보인다.

# 6장

# 월드 지식 모델이 없는
# AI

월드 지식 모델은 우리가 사는 세상을 공간적, 시간적 차원으로 표현한 것이며, 세상의 지식과 상식과 추론이 내재되어 있는 모델이다. 즉 인간이 알고, 느끼고, 생각하며, 추론하는 모든 것을 포함한다. 우리 주위에 있는 물건이나 사건을 이해하기 위해 혹은 더 나아가 복잡한 시스템 속에서 내려진 의사결정 과정을 설명하려면 사물 간의 연관 관계뿐 아니라 물리적 관계, 계층 관계, 인과 관계, 상식, 인간의 행동 등을 포함하는 다양한 월드 지식 모델이 필요하다.

AI는 월드 지식 모델이 없기 때문에 열린 세계(Open World)에서는 맥을 못 춘다. 예를 들면, '알파고'는 바둑이라는 제한된 세계(Closed World)에서는 그 위력을 발휘해 인간을 이겼지만 장소, 시간, 환경에 관계없이 어떤 일이 발생할 수 있는 열린 세계에서는 능력이 현저히

저하되어 실제 사용이 어렵다.

## 1. 머신러닝 학습의 한계

머신러닝 시스템이 훈련 데이터를 통해 배우려는 것은 월드 지식 모델 중 연관 관계에 불과하다. 머신러닝 모델이 내린 의사결정에 대해 "왜?"라고 질문하면 대답하지 못한다. 인과 관계를 이해하는 능력이 없기 때문이다. AI 전문가들은 AI 시스템에 인과 관계 능력을 부여하기 위해 많은 연구를 했지만 성공하지 못했다. 월드 지식 모델의 내재화가 어렵기 때문이다.

인간이 내리는 의사결정은 "왜?"라는 인과 관계에 관한 질문의 연속이다. 인간은 '스몰 데이터' 시스템이다. 예를 들어 아이들에게 '컵' 몇 개를 보여주고 나중에 비슷한 모양의 새로운 물건을 보여주면 금방 '컵'으로 인식한다. 인간은 자라면서 무수한 사물과 지식을 접하면서 다양하고 풍부한 월드 지식 모델을 형성한다. 그래서 "왜?"라는 질문에 답변을 잘하는 것이다.

반면에 AI, 특히 머신러닝과 딥러닝은 '빅데이터' 시스템이다. 엄청난 양의 데이터로 오랜 시간 학습을 해야 겨우 사물을 인식할 수 있다. 당연히 오류도 많다. AI나 머신러닝 시스템이 인간이 이해하는 수준으로 의사결정을 설명하려면 인과 관계 능력 외에 월드 지식 모델에 대한 공유가 있어야 한다.

월드 지식 모델이 결여된 AI는 현실세계를 다루는 오픈 시스템에

거친 도로 위에서 말을 타는 여자    비행기가 비행장의 길 위에 파킹하고 있다    사람들이 해변가에 서 있다

[그림 26] 딥러닝으로 세 개의 이미지 장면을 문장으로 표현했으나 실제 장면을 전혀 이해하지 못하고 있다.

서 매우 취약할 수밖에 없다. 그림 26이 소개하는 세 개의 이미지를 보자. 딥러닝은 이미지의 객체 인식 단계를 넘어 장면 이해 및 자연어 캡션 생성 연구에 많은 노력을 한다. 그러나 AI가 그림 26을 보고 어떤 장면인지 설명한 캡션을 보면, 현재의 알고리듬 수준은 여전히 주요 물체만 인식하고 전체 장면은 전혀 이해하지 못하고 있음을 알 수 있다.[23]

이처럼 대부분의 인공신경망이 주요 물체만 인식하고 겨우 초보 수준의 인과 관계만을 해독할 뿐인지도 모른다. 객체 간의 계층 관계나 작용하는 물리적 힘, 인과 관계 또는 사람들의 정신 상태를 이해하지 못하면 데이터를 제대로 해석할 수 없다. AI는 세상에 대한 지식과 추론 능력이 없다. 다시 말하면 월드 지식 모델이 없어 일반 장면을 이해하는 경우가 극히 드물다. AI 연구자들이 이에 관해 오랫동안 고민하고 연구를 해왔지만 결과는 성공적이지 못했다. AI가 그림 26처럼 어떤 장면들을 입체적으로 이해하지 못하는 것은 전혀 놀라운 일이 아니다.[24] 현실세계는 잘 정돈된, 닫힌 실험 공간이 아니기 때문이다.

## 2. 수학 문제보다 '쉬운 일' 푸는 게 더 어려운 AI

인간과 동일하거나 능가하는 지능을 가진 인공지능을 '범용 AI(Artificial General Intelligence; AGI)' 혹은 '강한 AI(Strong AI)'라고 부른다. 일부 전문가는 범용 AI 시대가 곧 도래할 것이라고 전망한다. 2016년 구글 딥마인드*Google DeepMind*의 공동 창립자인 셰인 레그*Shane Leg*는 "인간 수준의 AI가 2020년대 중반에 나타날 것이다"라고 전망했다. 2022년 현재 시점에서 보면 한참 빗나간 예측이다.[25] 2015년에는 페이스북 CEO 마크 저커버그*Mark Zuckerberg*가 다음과 같은 선언을 했다. "향후 5~10년 동안 우리의 목표 중 하나는 시력, 청각, 언어, 일반적인 인식 기능 등 모든 기본적인 감각 면에서 인간의 수준을 능가하는 것이다."[26]

2013년 AI 철학자 빈센트 뮐러*Vincent Muller*와 닉 보스트롬*Nick Bostrom*이 AI 연구원들을 대상으로 진행한 설문조사 결과에 따르면, 대부분의 연구원이 2040년까지 AI가 50퍼센트 정도의 확률로 인간 수준에 이를 것이라고 생각했다.[27] 이러한 낙관론은 대부분 최근의 딥러닝 성공에 고무된 분위기에서 비롯된 것으로 보이지만 현실과는 동떨어진 주장이다.

현재까지 모든 AI 분야의 성공적 프로젝트의 결과는 좁은 AI(Artificial Narrow Intelligence; ANI)' 혹은 '약한 AI(Weak AI)'의 사례들이다. 이들은 좁게 정의된 영역 또는 작업만 수행할 수 있는 시스템들이다. 2016년 이세돌을 이긴 '알파고'는 세계 최고의 바둑 플레이어일지 모르지만, 다른 업무는 전혀 할 수 없다. 더 나아가 19×19 바둑판이 아닌 15×15 혹은 20×20 바둑판 게임에서도 과연 월드 마스터를 이길 수 있을까? 아마 그렇지 못할 것이다.

딥러닝의 대가인 캐나다 몬트리올대학 요슈아 벤지오*Joshua Benjio* 교수는 ANI 특성을 가진 알파고에 대해 다음과 같은 의견을 피력했다. "AI가 특정 업무를 잘하려면 엄청나게 많은 데이터가 필요하다. 여러 다른 영역의 업무를 동시에 잘하도록 가르치기는 어렵다. 알파고가 이세돌을 꺾은 바둑의 경우 수가 무궁무진해 보이지만, 두 선수가 번갈아가며 정해진 규칙에 따라 바둑을 뒀을 뿐이다. 경우의 수가 많다고 하지만, 사실 둘 수 있는 경우의 수는 정해져 있다. 그리고 양쪽 모두 바둑판만 들여다보며 승부를 겨루는 것이기 때문에 알파고의 계산 능력은 결국 좁은 지능이라고 할 수밖에 없다."[28]

초기 AI 개척자들의 목표는 범용 AI를 개발하는 것이었다. 하지만 예상보다 달성하기 힘든 목표임을 알게 되었다. 시간이 흐르면서 AI의 노력은 점차 언어인식, 체스게임, 자율주행 등 명확하고 좁은 분야의 특정 과제에 집중되어왔다. 현재까지도 일반적 의미에서 지능적이라고 부를 수 있는 AI 프로그램은 아직 만들어지지 않았다. '약한 AI'의 능력을 아무리 더한다 해도 '범용 AI'가 되지는 않는다. '범용 AI'는 기능의 개수가 아니라 어떤 환경에서 어떻게 통합했느냐에 관한 문제이기 때문이다.[29]

AI의 능력을 과도하게 믿는 사람들은 인공지능 개척자인 존 매카시가 솔직하게 언급한 "AI는 우리가 생각한 것보다 어려웠다"라는 말의 진정한 의미를 제대로 이해하지 못하는 것 같다. AI는 복잡한 질병을 진단하고, 체스와 바둑에서 인간 챔피언을 이기고, 복잡한 수학 문제를 푸는 것보다 '쉬운 일'을 달성하기가 더 어렵다. 컴퓨터 과학자인 마빈 민스키도 "일반적으로 우리는 우리의 마음이 가장 잘하는 것을 제일 모른다"라는 말과 함께 "쉬운 일이 어렵다"라는 의미심장한 말을 남겼다.[30]

AI의 대가로 알려진 이들이 범용 AI를 실현하기 위해 오랜 세월 도전과 실패를 거듭한 끝에 인생 후반기에 내린 결론이다. 이 말 속에 숨어 있는 깊은 의미가 이해될 때 우리는 진정으로 인간에게 유용한 AI를 만들어낼 수 있을 것이다.


## 3. 세상이 꿈꾸는 '범용 AI'는 요원하다

범용 AI(AGI)는 "인간이 할 수 있는 모든 지적 작업을 이해하거나 학습할 수 있는 능력을 가진 기계"다. AGI를 제대로 이루려면 인간의 지능을 이해하고 모방해야 한다. AI 전문가들은 지난 70년간 이를 위해 노력했다. 현재 우리가 이룬 성과는 이 목표가 쉽지 않다는 것을 알게 된 것이다. 비유하자면, 마라톤 경기장 출발점에서 10미터도 가지 못하고 "결승점에 도달하기는 거의 불가능하다"는 것을 알아버린 셈이다. 범용 AI의 상용화는 왜 그토록 어려운 걸까? '폴라니의 역설'과 '모라벡의 역설' 그리고 '중국어 방'을 통해 알아보자.

### 1) 폴라니의 역설: 인간의 암묵적 지식은 AI 영역이 아니다

폴라니의 역설(Polanyi's Paradox)은 영국의 철학자 마이클 폴라니 *Michael Polanyi*가 1966년 출간한 《암묵적 차원*The Tacit Dimension*》에서 언급한 "우리는 말할 수 있는 것보다 더 많이 알 수 있다"라는 말로 요약할 수 있다. 우리가 수행하는 많은 작업은 체계화하고 자동화하기가 매우 어려운 것으로서 암묵적이고 직관적인 지식에 의존한다는 의미다.

폴라니는 인간의 지식을 연구하면서, '명시적 지식(Explicit Knowledge)'과 반대되는 개념으로 '암묵적 지식(Tacit Knowledge)'을 정의했다. 명시적 지식이란 말 또는 글로 표현할 수 있고 특정 매체에 수록할 수 있는 지식이다. 백과사전에 수록된 정보는 명시적 지식의 좋은 예다. 반면 암묵적 지식은 언어와 시각 등의 형식으로 표현될 수 없는, 경험과 학습에 의해 쌓인 지식이다. 이를 개념적으로 그려보면 그림 27과 같다.

어떤 일을 훌륭하게 잘 수행하는 사람이 있다고 하자. 그런데 정작 그 사람에게 자신의 업무 처리 능력에 대해 말로 설명해보라고 하면 하지 못한다. 언어로는 설명이 안 되는 지식이기 때문이다. 이렇듯 암묵적 지식을 갖고 있는 사람은 그 지식을 의식하지 못한다. 체험을 통해 습득된 지식은 문자나 언어로 다른 사람에게 전달하기 어렵다.

우리는 과연 인간처럼 생각하고 행동하고 의사결정할 수 있는 로봇을 만들기 위해, 인간이 가지고 있는 지식과 기억과 그것들의 사용

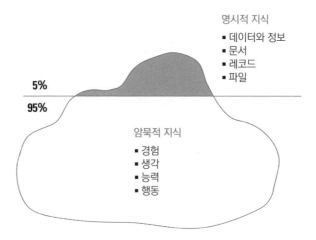

명시적 지식
- 데이터와 정보
- 문서
- 레코드
- 파일

5%

95%

암묵적 지식
- 경험
- 생각
- 능력
- 행동

명시적 지식과 암묵적 지식 사이의 관계는
수면 위의 빙산과 수면 아래에 잠겨 있는 빙하와 유사하다

[그림 27] 명시적 지식과 암묵적 지식의 관계.

과정에 대한 암묵적 지식을 설명할 수 있을까? 로봇에게 축구에 대해 설명하면 손흥민 같은 로봇 선수가 탄생할까? 피겨 스케이팅을 설명하면 김연아 같은 로봇 피겨 스케이터가 나올 수 있을까? AI로서는 엄두도 못 낼 일이다.

자전거의 경우, 타는 법을 한 번 기억하면 세월이 지나도 잊지 않는다. 자전거를 타려면 어려운 기술을 복잡하게 익혀야 하는데도 그러하다. 즉 사람의 신체는 명시적으로 의식화되어 있지 않지만, 암묵적으로 복잡한 제어를 실행하는 과정이 항상 작동하고 있고, 그것이 자전거 타는 법을 잊지 않게 해준다. 우리는 종정 "한눈에 알아봤다", "감 잡았다", "느낌이 있다"라는 표현을 쓴다. 말로 구체적으로 설명하기는 어려우나 다 안다는 뜻이다.

암묵적 지식에 기반을 둔 일상 활동에는 얼굴 인식, 자동차 운전, 자전거 타기, 감성적인 문장 쓰기, 잘 이해되지 않는 현상을 설명하기 위한 가설 개발 등이 있다. 얼굴 인식을 예로 들어보자. 우리는 아는 사람의 얼굴을 일부러 기억하려 애쓰지 않는다. 길에서 우연히 만나더라도 스쳐 지나가는 수많은 사람 중에서 그 사람의 얼굴을 정확히 인식할 수 있다. 그 사람의 눈, 코, 입의 정확한 배열을 묘사하는 것은 어렵지만 암묵적으로 그 사람의 얼굴을 기억하고 있기 때문이다.

### 2) 모라벡의 역설: 인간에게는 쉬운 일이 AI는 어렵다

모라벡의 역설(Moravec's Paradox)은 AI 및 로봇 전문가들이 주장한 전통적 가정과 달리, 추론에는 계산이 많이 필요하지 않지만 감각 운동에는 엄청난 컴퓨팅 리소스가 필요하다는 발견이다. 사실 이러한 의견은 이미 1980년대에 한스 모라벡Hans Moravec을 비롯해 로드니 브룩스Rodney Brooks, 마빈 민스키 등이 주장했다.

1988년 카네기멜런대학의 로봇 공학자인 모라벡은 "지능 테스트나 체커게임에서 성인 수준의 성능을 지닌 컴퓨터를 만드는 것은 비교적 쉽지만, 지각이나 운동 능력 면에서 한 살짜리 아기 정도의 수준을 갖춘 컴퓨터 개발은 어렵거나 불가능하다"라고 말했다.[31] 한마디로 "인간에게 어려운 일이 AI에게는 쉽고, 인간에게 쉬운 일은 AI에게는 어렵다"라는 역설이다. 민스키도 인간의 기능 중 가장 리버스 엔지니어링하기 어려운 것은 '무의식의 기능'이라고 했다. 하버드대학 심리학과 스티븐 핑커Steven Pinker 교수는 "35년간의 AI 연구에

서 얻은 중요한 교훈은 어려운 문제는 쉽고 쉬운 문제는 어렵다는 사실이다"라고 말했다.[32]

체스와 바둑은 전형적으로 AI가 능력을 잘 발휘하는 분야다. 인간 마스터도 이긴다. 엄청나게 많은 케이스가 과거에 이미 존재해 이에 대한 경험을 알고리듬화했기 때문에 고성능 컴퓨터로 이를 수행한다면 인간이 감당하기 힘들다. 반면 승용차와 트럭, 고양이와 개 이미지를 아주 빨리 구분하는 인간과 달리 AI는 그렇지 못하다. 왜 그럴까? 인간과 AI는 학습법이 근본적으로 다르기 때문이다. 초창기 AI 시절에는 강력한 알고리듬이 인간 지능을 흉내 낼 수 있을 거라는 의견이 지배적이었다. 하지만 각종 미디어에 무수히 기사화되었던 장밋빛 미래의 AI와 달리, 실제의 AI는 아주 실망스러운 수준이었다.

AI는 눈앞에 있는 것이 무엇인지 몰랐다. 개와 고양이도 제대로 구분하지 못했다. 이러한 문제는 인식하려는 대상의 '정의'를 쉽게 내릴 수 없다는 데서 시작되었다. '개'는 불도그, 셰퍼드, 골든리트리버, 사모예드, 치와와 등 품종이 다양하다. 그들의 모습이 상당히 다름에도 불구하고 사람들은 개를 잘 분류한다. 인간은 그 많은 품종의 동물이 개라는 것을 어떻게 알까? 인간은 '개' 하면 하나의 이미지를 떠올린다. 만약 '네 발로 걷는다'는 정의가 포함된다면 다리 하나가 절단된 개는 더 이상 개가 아니다. 털 색깔, 코 모양과 크기도 일률적으로 기준화하기 어렵다. 그러므로 "묘사하는 것만으로는 절대 개를 정의할 수 없다"라는 결론에 이르게 된다.

그렇다면 인간은 어떻게 처음 보는, 보통 개와는 생김새가 아주 다른 종류의 개도 '개'로 인식하는 걸까? 인간은 어렸을 때부터 많은 그림을 통해 혹은 개를 실제로 보면서 그 동물이 '개'임을 학습한다. 이런 경험이 수없이 반복되면서 다양한 개의 이미지가 머릿속에 자리잡게 되는 것이다. 인간이 수행하는 이러한 학습법에 '개'의 정의 같은 개념은 끼어들 수 없다. 이는 마치 아기가 자라면서 먹고, 기어가고, 앉고, 일어서는 등의 동작을 할 때 정작 아기는 '먹다', '기다', '앉다', '일어나다'와 같은 개념을 알지 못하는 것과 같은 이치다.

우리는 이러한 학습법으로 세상을 보고 있다. 흔하지 않은 모습의 개를 보면 '저것도 개인가?' 하고 잠시 생각하지만 곧바로 '아, 개이구나' 하며 개에 대한 이미지를 수정하고 그러한 이질적인 모습도 개의 범주에 포함한다. 그러니까 "개의 이미지를 주입하는 방식으로는 AI에게 학습을 시킬 수 없다"라는 비관적인 결론에 도달한다.

흥미로운 점은 모라벡의 역설이, 컴퓨터는 높은 수준의 추론 능력을 요구하는 복잡한 작업에 비해 인간이 수행하기 쉬운 낮은 수준의 물리적 및 인지적 기술을 마스터하기 어렵다는 폴라니의 역설과 같다는 사실이다.

### 3) 중국어 방 논의: AI는 인간을 흉내 낼 뿐 '이해'하지는 못한다

앞에서 언급한 폴라니의 역설에서 암묵적 지식은 AI가 접근하기 어려운 영역임을 알았다. 모라벡의 역설에서 인간에게는 쉬운 것이 AI에게는 어렵다는 사실도 알았다. 이제 중국어 방(Chinese Room) 논의를 살펴보자. 컴퓨터는 인간의 지능 활동을 모방하도록 프로그래밍할 수 있지만, 스스로 하는 시뮬레이션은 이해할 수 없다는 사

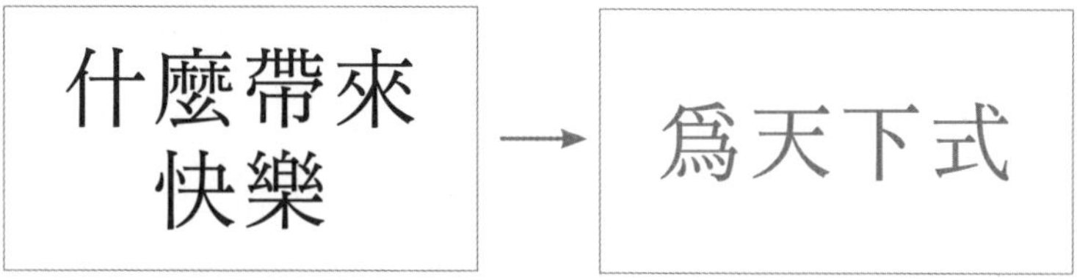

什麼帶來
快樂　　→　　爲天下式

(a) 중국어로 이 질문은
　　"무엇이 행복을 가져오는가?"를 의미한다.

(b) 질문에 대한 답변 문장은 노자의
　　'도덕경'에 나오는 구절로
　　"우주의 흐름이 되라"는 뜻이다.

[그림 28] 방 밖에서 보내온 질문(a)에 대해 규칙 지침서에 따라 기계적으로 도출한 답변(b).

실을 보여주기 위한 논증이다. 언어철학자 존 설이 1980년에 발표한 논문 〈마음, 두뇌 및 프로그램*Minds, Brains, and Programs*〉에서 주장한 내용이다.

중국어 방 논의 세팅은 다음과 같다. 방 안에는 영어는 알지만 중국어는 전혀 모르는 사람이 있다. 그는 중국어 질문에 대한 답변을 작성할 때 따라야 할 한자 목록과 규칙 지침서만 가지고 있다. 이 책은 문자열(순서)이 형성되는 규칙을 자세히 설명하고 있지만 문자의 의미에 대한 설명은 전혀 없다.

방 밖에 있는 중국인이 한자로 쓴 질문 메모를 방 안으로 넣으면 방 안의 사람은 그것을 한자 기호에 기반을 둔 규칙 지침서에 따라 한자로 답변을 써서 밖에 있는 중국인에게 전한다. 예를 들면, 그림 28(a)와 같은 질문을 (안에 있는 사람은 이를 기호 시퀀스로 인식) 받으면 지침서에 있는 규칙에 따라 그림 28(b)처럼 써서 답변한다. 방 안에 어떤 사람이 있는지 전혀 모르는 방 밖의 중국인은, 안에 있는 사람이 중국어에 능통하다고 생각한다.

그러나 안에 있는 사람은 중국어를 알지도 못하고 또 중국어 질문을 이해하지도 못한다. 단지 주어진 규칙 지침서에 따라 기계적으로 답변을 작성해 제시한 것뿐이다. 그러므로 중국어 답변이 아무리 완벽해도 방 안에 있는 사람이 중국어를 제대로 이해하고 답변을 했는지는 판정할 수 없다.

이 실험이 시사하는 바는 질문에 답변을 잘하는 사람이 있다 해도 그 사람이 정말 지능이 있는지는 알 수 없다는 것이다. 존 설은 컴퓨터도 마찬가지라고 했다. 중국어 방 안에 있는 사람처럼, 컴퓨터가 지능이 있어 입력된 기호 등을 이해하는 게 아니라, 단지 규칙에 따라 입력 데이터를 적절히 조합해 답변을 출력하는 것이라고 주장했다. 예를 들면, 어떤 사람이 컴퓨터로 친구에게 이메일을 작성할 때 컴퓨터가 그 메시지의 의미를 전혀 이해하지 못하는 경우와 같다.

중국어 방 논의는 AI 커뮤니티에서 지금까지도 논란이 있는 '강한 AI(범용 AI)' 또는 '약한 AI(좁은 AI)' 개념과 연결되어 있다. 강한 AI는 중국어를 할 줄 아는 AI이고, 약한 AI는 중국어를 할 줄 아는 것처럼 흉내만 내는 AI를 의미한다.

존 설은 약한 AI를 지지한다. 그는 AI는 인간의 마음이나 언어 등을 연구하고 설명하는 하나의 접근 방법에 불과하다면서, AI가 인간 수준의 사유 능력을 보여준다 해도 그것은 생각하는 것이 아니라 알고리듬 프로세스로 흉내를 내는 것일 뿐 마음을 갖고 있는 건 아니라고 주장했다.

AI
INSIGHTS
FOR BUSINESS STRATEGY

# PART 2
# AI를 활용한 경영 혁신 스토리

기업은 새로운 기술을 활용해 시장 가치와 경쟁력을 높이려고 한다. AI는 이러한 목적을 달성하기 위한 대표적 기술로 꼽힌다. 기업은 관련 조직을 만들고 전문 인력 확보와 개발 환경 조성 등에 투자를 아끼지 않는다. 그리고 이 과정에서 다른 AI 기업의 성공 사례를 가장 목말라한다. 외부의 성공 사례를 참고하면 AI 프로젝트의 위험 부담을 크게 줄일 수 있기 때문이다.

하지만 도움이 될 만큼 자세하게 기술된 타 기업의 AI 성공 사례를 접하기는 어렵다. 기업에서 수행하는 대부분의 AI 프로젝트는 회사의 경영 전략과 밀접하게 연결되어 있거나 시장경쟁력 제고를 위한 것들이라 프로젝트의 목적이 마케팅이 아니라면 그 내용을 외부에 공개하지 않는다.

## 어려운 문제는 '협업 AI'로 해결

인간의 지능과 AI는 각각 장단점이 있다. 인간은 현실세계의 월드 지식 모델을 기반으로 인식, 분석, 추론, 본능 판단을 수행하는 데 능숙하다. 특히 기계는 절대 가질 수 없는 암묵적 지식을 갖추고 있다. 반면 AI는 대규모 데이터에 숨겨진 패턴과 규칙을 효율적으로 발견하는 능력이 있다. 그래서 인간을 대신해 능력과 생산성을 높일 수 있는 방법이 많다.

협업 AI(Collaborative AI)는 인간과 AI가 각자 가장 잘하는 역할을 수행하는 것을 의미한다. 인간의 지능과 AI의 강점을 결합하고 약점은 보완하며 협업하는 것이다. 실제로 AI 시스템과 인간의 상호보완적 강점을 합친다면 더 많은 업무를 수행할 수 있을 것이다. 인간과 AI는 경쟁적이거나 상호배타적이지 않다. 하나가 다른 것을 지배하거나 대체할 필요도 없다. 인간과 AI는 각자 잘하는 것에 집중하고 대부분의 중요한 의사결정은 여전히 인간이 리드하며 통제할 수 있다.[33]

협업 AI를 이루려면 인간의 역할을 보완할 수 있는 AI 시스템 설계를 잘해야 한다. 인간 사용자는 AI 시스템과 이를 적절히 신뢰하고 사용하기 위한 한계를 이해해야 하며 AI 시스템 설계자는 시스템이 사용될 맥락을 제대로 이해해야 한다. 실제로 기업을 조사한 결과에 따르면, 인간과 기계가 함께 작업할 때 가장 중요한 성능 향상이 이루어졌다. 협업 AI의 가치를 증명한 것이다. 협업 AI를 통해 인간과 AI는 인간의 리더십, 팀워크, 창의성, 사회적 기술, AI의 속도, 확장성, 양적 능력 등 상호보완적 강점을 적극적으로 향상시킬 수 있다.

성공적인 AI 기업들은 대부분 협업 AI 패러다임을 잘 이해했고, 인간과 AI는 각각 잘하는 것을 구분해 역할을 나눠 최고의 결과를 도출했다.

# 1장

# 넷플릭스

## AI 기반의 전사적 혁신으로 글로벌 거인이 되다

"전형적인 AI 기업 넷플릭스는 고객의 취향과 행동을 실시간으로 분석해
고객 상황에 맞는 콘텐츠를 제안하는 세계 최고의 AI 기반 추천 시스템으로,
미디어 엔터테인먼트 업계의 글로벌 리더로 부상했다."

넷플릭스는 공동 창업자 리드 헤이스팅스*Reed Hastings*와 마크 랜돌프*Marc Randolph*가 1997년에 설립했다. 1998년 웹 사이트 개설과 함께 온라인 우편배달을 통해 단품 DVD 대여 사업을 시작했고, 1999년 월정구독 모델을 도입해 무제한으로 DVD를 시청할 수 있도록 했다. 2002년 성공적인 기업공개를 한 뒤에는 비디오 스트리밍 서비스를 선보여 캐나다를 시작으로 전 세계 190개국으로 확장했다. 2021년 10월 기준 넷플릭스의 유료 가입자는 전 세계 2억 1천400만 명에 이른다.

넷플릭스는 미디어 엔터테인먼트 기업으로서 전 세계에 비디오

스트리밍 서비스를 제공하며 방송 산업의 역사를 새로 쓰고 있다. TV 역사에서 지상파 방송사가 주도한 첫 번째 물결, 케이블 채널이 주도한 두 번째 물결에 이어 온라인 동영상 서비스(Over-The-Top; OTT)가 주도하는 세 번째 물결을 이끈 상징적 기업이다. 21세기 엔터테인먼트 산업에서 시장의 판도를 가장 크게 변화시킨 기업이다. 넷플릭스가 비교적 짧은 기간에 글로벌 선두 기업으로 올라설 수 있었던 것은 사용자 중심의 경영 철학과 상황에 맞게 잘 활용한 최고의 AI 및 데이터 등의 기술에 있다.

## 1. 넷플릭스가 AI를 전사적으로 활용하게 된 배경

### 1) AI와 빅데이터 기술이 필요한 의사결정 문제

혁신적이고 창의적인 기업 넷플릭스에는 도전적인 문제가 사방에 널려 있다. 지엽적 문제는 제쳐놓고 비디오 추천, 각 고객의 개인화된 웹페이지, 시장 및 경쟁사 미래 예측, 네트워크 운영 최적화, 오리지널 시리즈 제작 시 영화 장르 및 주연 배우 결정 등은 넷플릭스 사업의 성패를 좌우하는 핵심 주제다.

넷플릭스에는 제품과 관련해 의사결정이 필요한 항목이 많다. 예를 들면 새로운 영화 추천 알고리듬, 유저 인터페이스 기능, 콘텐츠 프로모션 전략, 오리지널 시리즈 출시 전략, 스트리밍 알고리듬, 새로운 회원 가입 절차 및 지불 방법 등이다. 이 항목들에 새롭고 혁신적인 아이디어가 제기되면 이를 반영한 제품 변경 여부를 테스트하기 위해 실험 환경에 따라 A/B 테스팅 등의 방법을 사용한다. 넷플릭스는 고객의 니즈를 철저히 분석하고 구현하기 위해 AI와 데이터를 비롯한 다양한 기술을 활용해 모든 면에서 최고를 지향해왔다.

### 2) 성장 동력은 최고의 추천 시스템

넷플릭스의 수입은 전적으로 회원의 구독료에 의존한다. 따라서 사업의 기본 전략은 신규 가입자를 늘리는 동시에 기존 회원의 구독 해지를 최소화하는 것이다. 이 목적을 달성하기 위해 회원들이 좋아하는 영화나 드라마 콘텐츠를 신속하고 정확하게 찾아 시청하도록 한다. 고객만족도를 높여 가능한 한 넷플릭스 마당에 오래 머무르게 하는 전략이다.

넷플릭스는 다양한 장르에 걸친 엄청난 수의 콘텐츠를 보유하고 있다(그림 29 참조). 각 고객의 홈페이지에는 이 중에서 고객이 좋아할 만한 콘텐츠를 최대 수십 개 정도 선택해 보여줘야 한다. 또한 고객이 선호하는 콘텐츠를 신속히 볼 수 있도록 행과 열을 잘 구성해야 한다. 이것이 바로 넷플릭스에서 가장 공들이는 추천 작업이다.

### 3) 고객 이탈 막아주는 '90초 룰'

"넷플릭스 사용자가 홈페이지에 올라온 20개 정도의 영화 리스트에서 시청할 영화를 결정하지 못하면 60~90초 후에는 흥미를 잃고 사이트를 떠난다." 넷플릭스 콘텐츠 골든타임이라 불리는 '90초 룰'에 대한 내용이다.[34] 회원 구독료가 수입의 전부인 넷플릭스가 가장 중요하게 생각하는 업무는 개인 홈페이지에 20개 정도의 영화를 맞

방대한 비디오 콘텐츠 라이브러리

추천

개인화된 홈페이지

30~40개 콘텐츠만 보여줌

[그림 29] 넷플릭스 개인 홈페이지에는 개인화된 콘텐츠 아트워크 이미지가 보인다. 개인 홈페이지에는 기껏해야 수십 개의 콘텐츠만 보여줄 수 있다. 추천 시스템은 넷플릭스 라이브러리에 있는 몇십만 개의 콘텐츠에서 수십 개를 뽑아내는 어려운 작업을 수행한다.

춤형으로 추천하는 일이다. 고객 스스로 원하는 콘텐츠를 찾기 위해 정보를 검색할 수도 있지만, 넷플릭스는 고객들이 콘텐츠의 20퍼센트만 검색으로 선택하고 나머지 80퍼센트는 추천 서비스를 이용한다고 추정한다.

　이러한 이유로 넷플릭스의 콘텐츠 추천 업무는 분석과 정확성을 매우 중요시한다. 또 이렇게 추천된 콘텐츠는 고객이 쉽게 볼 수 있도록 각 고객 홈페이지에서 맞춤형으로 제공한다. 이를 위해 넷플릭스는 AI 및 머신러닝 기술을 적극 활용하고 홈페이지 디자인에도 심혈을 기울인다.

## 2. 넷플릭스의 AI 활용 전략

### 1) 고객들의 '결정 피로'를 줄여라

넷플릭스는 고객의 '결정 피로(Decision Fatique)'를 줄여주는 것이 콘텐츠 사업 성공의 키라고 생각한다. 결정 피로는 어떤 결정을 내려야 할 때 받는 스트레스 때문에 생기는 정신적 피로다. 예를 들면 우리는 어떤 옷을 입어야 할지, 어떤 콘텐츠를 시청해야 할지, 모르는 길을 어떻게 찾아가야 할지, 이번 휴가에 무엇을 해야 할지 등등 수많은 결정을 해야 하는 일상 속에 살고 있는 것이다. 그래서 버락 오바마 대통령은 결정 피로를 줄이기 위해 늘 회색 또는 푸른색 양복만 입는다고 한다. 이에 대해 그는 "나는 결정을 줄이려고 노력한다. 내가 무엇을 먹을지, 무엇을 입을지에 대해 결정하고 싶지 않습니다. 왜냐하면 결정을 내려야 할 다른 것들이 너무 많기 때문입니다"라고 말했다.

복잡한 결정은 에너지를 더 빨리 고갈시킬 수 있다. 결정 피로의 일반적인 모습은 충동 구매로 나타난다. 미루는 것도 또 다른 결정 피로의 모습이다. 결정 피로를 극복하는 방법 중 하나는 중요하지 않은 것을 제거해 선택지를 단순화하는 것이다. 넷플릭스의 콘텐츠 추천은 바로 이 '결정 피로'를 덜어주기 위한 것이다.

온라인 기업에서 홈페이지는 기업이 고객을 대하는 첫 번째 얼굴이다. 넷플릭스는 홈페이지를 고객 친화적으로 만들어 결정 피로를 줄였다. 홈페이지로 들어가면 장르, 제목, 배우 등을 포함한 다양한 키워드로 영화를 검색할 수 있다. 영화는 섬네일로 띄워 주제별로 살펴볼 수 있게 했다. 또한 영화 아이콘 위에 마우스 포인터를 위치시키면(호버링) 자세한 영화 정보가 뜨도록 디자인되어 있다.

## 2) 협업 AI를 적절하게 사용하라

넷플릭스는 콘텐츠 추천을 위해 AI와 머신러닝 기술을 깊고 광범위하게 사용한다. 넷플릭스가 다루는 비디오 콘텐츠 분야는 감성적인 업무가 많다. 주로 감정, 심미성, 사회성이 내포된 영화, TV 드라마, 애니메이션 콘텐츠에 관한 업무이며, 이 분야에서 AI와 머신러닝이 능력을 발휘하기 어렵다는 것을 익히 알고 있다.

우리는 보통 AI 프로젝트를 대할 때 처음부터 끝까지 기계가 해결해줄 것으로 기대한다. 하지만 인간의 손길이 없는 AI는 완전하지 않으며 현장에서 사용할 수 없다. 그래서 AI와 관련된 수많은 과제가 아무 가치도 발휘하지 못한 채 고가의 서버에 버려져 있다. 마치 야구 경기에 출루하기 위해 많은 노력을 쏟았지만 득점하지 못해 버려지는 '잔루'와 같다.

AI 혁신은 인간의 능력을 대체하는 게 아니라 보완하는 것이다. 따라서 실제 문제를 풀기 위해서는 인간이 할 일과 AI가 할 일을 정확히 구별해 협업이 이뤄져야 한다. AI를 실제 문제에 잘 적용하려면 문제와 연관된 비즈니스를 제대로 이해하는 조직 및 전문가가 AI가 감당하기 어려운 감정적, 사회적 이슈를 먼저 처리한 후 AI를 활용하는 것이 바람직하다.

넷플릭스에서는 AI 활용이 어려운 업무는 전문가가 담당한다. 콘텐츠의 잠재된 특성을 표현하는 태깅 작업과 세부 장르 설정 등은 AI

가 처리하지 않고 콘텐츠 전문가가 노동집약적 형태로 직접 수행한다. 이를 효율적으로 하는 기업이 넷플릭스다. AI를 활용한 과실을 많이 수확할 수 있었던 이유다.

### 3) 고객구매 극대화를 위한 콘텐츠를 추천하라

넷플릭스는 고객이 좋아할 만한 영화를 리스팅하는 단순한 추천 시스템으로 출발했지만, 최근에는 로그인하는 순간 고객 취향에 맞춰 전체 페이지가 실시간으로 구성되는 수준까지 발전했다.

추천 알고리듬의 정확성을 높이기 위해 고객의 콘텐츠 시청 이력과 함께 비디오 스트리밍 재생과 관련된 행동 데이터도 수집해서 분석한다. 예를 들어 고객이 1주일 혹은 하루 중 언제 시청하고 어디에서 시청했는지, 시청한 날의 날씨는 어떠했는지, 한 번에 몇 편의 에피소드를 몰아봤는지, 어느 장면에서 되돌려보기를 하고 빨리 재생을 했는지 등에 대한 데이터를 모두 모아 취향 매칭률을 높인다.

넷플릭스에 많은 콘텐츠가 존재한다고 해서 고객이 그것을 다 검토하지는 않는다. 보통 30~40개의 콘텐츠만 검색한다. 추천 시스템은 고객이 시청한 콘텐츠를 바탕으로 유사한 콘텐츠를 찾아준다. 넷플릭스 추천 시스템의 정확성은 머신러닝 기반의 알고리듬뿐만 아니라, 수많은 시간과 노력을 투자해 노동집약적 방식으로 개발한 콘텐츠 태그, 마이크로 장르와 취향 그룹에서 나온다.

사용자가 넷플릭스에 가입하면 신규 회원에 대한 정보가 전혀 없기 때문에 취향에 맞는 콘텐츠 세 편을 고르도록 안내된다. 그러면 넷플릭스는 세 개의 입력 콘텐츠에 붙은 태그를 바탕으로 추천 알고리듬이 취향에 맞는 콘텐츠를 찾아준다. 이후 콘텐츠를 많이 시청하면 넷플릭스에 더 풍부한 개인 데이터를 제공하는 셈이기 때문에 더 정확한 콘텐츠 추천 결과를 보여준다.

추천 콘텐츠는 머신러닝 알고리듬을 활용해 수많은 태그를 일일이 대조한 후 사용자 취향에 맞게 홈페이지에 노출되는데 이런 시스템 때문에 넷플릭스의 메인 화면은 사용자마다 다르게 보인다. 전 세계에 2억 1천400만 명의 넷플릭스 가입자가 있고, 한 계정에 평균 2.5명의 사용자가 있으므로 약 5억여 개의 넷플릭스 메인 화면이 존재한다고 보면 된다.

넷플릭스는 가입자를 늘리기 위해 마케팅에만 의존하기보다는, 고객이 선호하는 콘텐츠를 노출해 시청하게 함으로써 고객을 끌어들이고 넷플릭스 마당에 오래 머물도록 한다. 가입자가 클릭, 시청, 검색, 재생 및 일시중지하는 패턴을 분석하고 이 데이터를 사용해 고객 홈페이지에 표시되는 화면을 조정하는 것이다.

넷플릭스는 고객과의 모든 인터랙션과 비즈니스를 온라인 웹을 통해 해결하며 사용성 만족을 최우선 가치로 둔다. 전 세계 2억 1천400만 명의 넷플릭스 사용자가 2천200종이 넘는 디바이스를 사용하고 있으며, 언어도 다양하다. 이러한 환경에서 각 고객에게 맞춤형 콘텐츠 추천 및 개인화된 화면을 제공할 수 있는 것은 넷플릭스 알고리듬 덕분이다.

# 3. 넷플릭스 콘텐츠 추천 시스템의 진화

## 1) 초기의 추천 시스템

넷플릭스는 자신들이 보유한 방대한 비디오 라이브러리에서 고객이 좋아하는 영화를 어떻게 찾아낸 걸까? 이를 위해서는 아직 시청하지 않았거나 평가하지 않은 영화에 대해 고객이 생각하는 바를 정확하게 예측하는 시스템이 필요하다. 추천 정확성이 있어야 그 영화를 시청할 가능성이 높기 때문이다.

고객만족을 최고의 가치로 여기는 넷플릭스는 2000년에 콘텐츠 추천 시스템인 '시네매치*Cinematch*' 서비스를 출시했다. 시네매치는 고객의 비디오 대여 기록과 시청 영화에 대한 평가를 기반으로 시청 습관과 취향을 분석해 고객이 좋아할 만한 콘텐츠를 추천해주는 서비스다. 인기 영화 추천뿐 아니라 잘 알려지지 않았거나 오래된 영화이지만 고객 취향에 맞을 만한 다양한 영화를 추천해 마진율이 높은 고전이나 비인기 비디오의 구독 증가를 꾀하는 역할을 한다.

넷플릭스는 과거에 DVD 사업을 할 때, 최신작 영화에 고객 수요가 집중되는 문제를 해결하기 위한 방법으로 시네매치 서비스를 이용해 고객만족도를 향상하고 비디오 콘텐츠 확보에 드는 비용도 절감했다. 넷플릭스에 따르면, 시네매치의 추천 알고리듬은 매우 정교해 넷플릭스 고객의 75~80퍼센트가 시네매치의 추천 타이틀을 긍정적으로 받아들인다. 넷플릭스는 자사의 개인화된 추천 엔진이 아니었다면 매년 10억 달러 이상의 손실을 보았을 거라고 믿고 있다.

## 2) '넷플릭스 프라이즈' 경진대회

넷플릭스는 추천 시스템의 예측 정확성을 높이는 것이 무엇보다 중요하다고 판단했다. 이를 내부 추천 전문가에게만 맡기지 않고 외부와 오픈 이노베이션을 시도했는데 대표적인 사례가 2006년부터 3년간 시행한 '넷플릭스 프라이즈*Netflix Prize*' 경진대회다. 기존 시네매치 알고리듬을 10퍼센트 이상 개선하는 첫 번째 사람 혹은 팀에 100만 달러의 상금을 수여하는 대회였다. 이 오픈 이노베이션이 무엇보다 의미가 있었던 이유는 넷플릭스가 혁신에 대해 확고한 신념이 있었다는 데 있다. 넷플릭스는 자신들이 보유한 방대한 데이터를 외부에 공개해 생길 수 있는 리스크보다는 크라우드소싱이라는 비즈니스 모델로 전 세계의 전문가들에게 아이디어를 얻고 이를 기업 활동에 활용하는 가치를 더 크게 생각했다.

넷플릭스는 경진대회에서 보통은 접근하기 어려운 데이터를 일반에게 공개했다. 당시에는 그와 같이 큰 규모의 실제 데이터가 없었으므로 전 세계 전문가들은 이 콘테스트가 자신들이 습득한 데이터 분석, 통계, 머신러닝, AI 기술 등을 적용할 수 있는 좋은 기회라고 생각했다. 또 이를 통해 관련 학문을 더 향상시킬 수 있다고 여겼다. 결과를 보면 실제로 그랬다. 2009년에 끝난 넷플릭스 프라이즈 경진대회는 통계, 데이터 분석, 인공지능 분야의 수준을 한층 더 끌어올렸다.

2006년 10월 경진대회가 시작되자 1년 이내에 전 세계 161개 국가에서 2만 7천 명이 참가했다. 이 중 650개 팀이 넷플릭스의 기존 시네매치보다 좋은 결과를 도출했고 대표적인 추천 알고리듬인 협업 필터링이 한층 더 발전하는 계기가 되었다. 넷플릭스 프라이즈 우승팀을 포함한 대부분의 팀들이 채택한 가장 보편적인 접근 방법은 다수의, 어떤 경우는 100개가 넘는 독립적인 알고리듬과 머신러닝 모델을 사용해 중간 결과를 만든 후, 이를 다시 통합하고 분석해 예측 정확성을 높이는 '앙상블 모델*Ensemble Model*'을 기반으로 하고 있다. 이 접근 방식은 복잡성을 증가시키지만 매우 정확한 예측 결과를 도출한다.

### 3) 협업 AI를 통한 콘텐츠 태깅 및 취향 그룹 도출

넷플릭스는 단순히 더 많은 콘텐츠 확보보다는, 고객 취향에 부합하거나 가치를 제공할 수 있는 콘텐츠 제공에 집중한다. 이를 위해 영화와 TV 드라마는 비디오 전문가의 큐레이션 과정을 거친다. 그리고 편식이나 확정 편향적 추천을 피하기 위해 롱테일에 위치하는 고전이나 비인기 비디오도 함께 추천한다.

새로운 콘텐츠에 대해서는 먼저 '태깅*Tagging*' 작업을 한다. 콘텐츠 태깅 작업은 AI가 하지 못하는, 인간만이 할 수 있는 영역이다. 경쟁사 제품을 면밀히 분석해 설계 개념, 적용 기술, 특징, 성분 등을 파악해 제품의 재현을 시도하는 것을 '리버스 엔지니어링*Reverse Engineering*'이라고 하는데, 태깅 작업은 콘텐츠를 리버스 엔지니어링 하는 작업과 유사한 과정을 거친다. 즉 콘텐츠를 감상하고 분석한 뒤 장르, 주제, 분위기, 스토리 라인 등 콘텐츠를 제작할 때 의도했던 주요 특성을 추출해내는 매우 복잡하고 정교한 작업이다. 그래서 넷플릭스의 분석 전문가들은 이 프로세스를 가이드하는 36페이지에 달하는 교육 자료에 따라 해당 콘텐츠와 관련 있다고 생각되는 모든 태

그를 꼼꼼하게 채워 넣는다.[35]

태그의 예를 들면, 초자연적 콘텐츠에 사용할 수 있는 좀비, 마녀, 용, 식인종, 미친 과학자, 돌연변이, 천사, 악마, 악한 아이들이 있을 수 있다. 또 로맨틱 콘텐츠의 키워드를 위해 비극적 사랑, 짝사랑, 금지된 사랑, 결혼, 이혼, 데이트, 부정행위, 부패, 첫사랑, 에로틱한 만남 등 모든 종류의 낭만적 관계를 나타내는 태그가 있다. 모든 정보는 1~5점 사이의 점수로 입력한다. 콘텐츠 태그 유형은 1천 개 이상 보유하고 있으며 전 세계적으로 동일하다.

넷플릭스에는 콘텐츠 큐레이터에 해당하는 비디오 '태거*Tagger*'들이 있는데, 다양한 영화와 TV 드라마의 콘텐츠 뉘앙스를 구별할 수 있고 이들 콘텐츠의 본질을 추출해 간결하게 전달할 수 있는 능력을 갖추고 있다.

넷플릭스 분석 전문가가 되려면 세 가지 자격을 갖춰야 한다. 첫째 다양한 영화와 TV 장르의 콘텐츠 뉘앙스를 구별할 수 있는 능력, 둘째 영화와 드라마의 본질을 추출해 이를 간결하게 전달할 수 있는 능력, 셋째 영화 및 방송업계에서 5년 이상 경험한 전문가다. 콘텐츠 큐레이터는 AI가 하지 못하는, 인간만이 할 수 있는 영역이기 때문이다. 넷플릭스는 AI와 인간이 각각 잘하는 역할을 정확히 구분한 뒤 업무를 추진해 성과를 낼 수 있었다.[36]

메타데이터는 기본적으로 출시 연도, 언어, 감독, 출연자 목록, 선정성 같은 콘텐츠에 대한 객관적 정보를 포함하며 콘텐츠 분류, 탐색 혹은 추천에도 활용된다. 여기에 더해 분석 전문가가 넷플릭스의 모든 콘텐츠를 감상한 후 생성한 주관적인 태그도 메타데이터에 포함

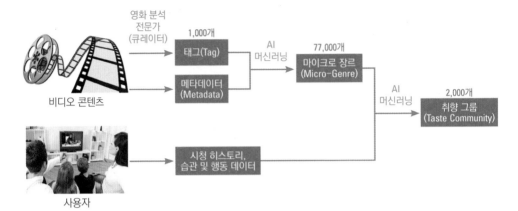

[그림 30] 넷플릭스는 콘텐츠 전문가와 AI와 머신러닝이 협력해 마이크로 장르와 취향 그룹을 생성한다.

해 콘텐츠를 더욱 생생하게 표현한다.

태그 유형들은 2014년까지 비디오 콘텐츠 7만 6천897개의 '마이크로 장르'를 정의하는 데 도움이 되었다. 이것이 넷플릭스의 축적된 데이터와 결합해 아무도 흉내 내지 못하는 넷플릭스만의 경쟁력을 만들어냈다. 마이크로 장르는 저절로 주어진 데이터가 아니라, 필요에 의해 돈과 시간을 들여 자체적으로 만들어낸 데이터로 만들어졌다.

우리가 주목해야 할 점은 넷플릭스가 태그나 마이크로 장르 생성을 위해 머신러닝, 데이터 분석 등 자동화된 많은 AI 기법들을 활용하지만 최적의 결과 도출을 위해 콘텐츠 큐레이터인 영화 전문가도 함께 활용하고 있다는 사실이다. 이 덕분에 고객에게 보다 정확한 콘텐츠 추천을 할 수 있게 되었다. 넷플릭스는 이러한 콘텐츠 분석에 의한 카테고리화 및 개인화 작업에 1천 명 이상의 우수한 직원을 투입한다(그림 30 참조).

2019년 기준 넷플릭스는 전 세계에 2천 개가 넘는 취향 그룹이 있다. 콘텐츠의 태그와 마이크로 장르, 사용자의 시청 히스토리, 습관 및 행동 데이터를 결합하고 머신러닝을 적용해 콘텐츠에 대해 동일한 취향을 가졌다고 간주되는 그룹이다. 이 그룹은 시청 행위로만 결정된다. 따라서 여러 취향 그룹에 속할 수도 있다.

취향 그룹은 고객이 홈페이지에서 하는 행동과 시청한 콘텐츠를 기반으로, 앞으로 그 고객에게 무엇을 보여줄 것인지를 예측하는 데 도움을 준다. 각 고객의 취향 그룹 정보는 개인 홈페이지 상단에 나타나는 추천 콘텐츠와 그 아래에 보이는 콘텐츠 장르 또는 각 행에 속해 있는 영화들의 배치 순서에 영향을 준다.

## 4. 넷플릭스의 콘텐츠 추천 알고리듬

추천 시스템은 크게 메모리 기반 협업 필터링, 콘텐츠 기반 필터링, 모델 기반 협업 필터링, 앙상블 추천 등 수많은 알고리듬이 있다. 비슷한 성향을 지닌 사람들은 대체적으로 관심 분야나 취향도 비슷할 거라고 추정한다. 가장 널리 사용되는 메모리 기반 협업 필터링의 기본 개념은 관심이 같은 사람은 향후에도 같은 관심을 가질 것이라는 가정에서 출발한다. "같은 것끼리 통한다"라는 유유상종의 개념과도 같다. 메모리 기반 협업 필터링은 사용자나 콘텐츠의 구체적인 프로파일에 의존하지 않고 사용자의 시청 기록이나 평가 등급과 같은 과거 행동만으로 예측하는 것이다.

일반적으로 단일 알고리듬으로는 정확한 예측과 추천이 어렵다. 넷플릭스에서 운영하는 추천 시스템은 업계에서 많이 사용하는 여러 형태의 협업 필터링 알고리듬, 콘텐츠 기반 필터링 알고리듬 등을 적절히 혼합해 사용하는 것으로 추정하고 있다.

### 1) 사용자 및 아이템 기반 협업 필터링

메모리 기반 협업 필터링은 사용자가 제공한 전체 사용자-아이템 평가 데이터베이스를 액세스해 사용자와 아이템 간의 상관관계를 계산한 후 유사 그룹을 찾는 것이다. 유사성의 대상에 따라 '사용자 기반 협업 필터링'과 '아이템 기반 협업 필터링'으로 나눌 수 있다. 사용자 기반 협업 필터링과 아이템 기반 협업 필터링은 아이디어가 동일하며 다만 '유사한 대상'이 사람이냐, 아이템이냐에 따라 달라진다.

### 사용자 기반 협업 필터링

대부분의 추천 알고리듬은 타깃 고객이 시청하고 평가한 콘텐츠들을 통해 취향을 분석한 뒤 비슷한 평가를 내린 '유사 취향 그룹'을 추출함으로써 시작된다. 사용자 기반 협업 필터링은 기존 사용자의 행동 정보를 분석해 타깃 사용자와 비슷한 성향의 사용자들이 선호했던 항목을 추천하는 기술이다. 예를 들어, '철수'와 '영희'가 영화와 드라마 시청 기록에 공통점이 많아 동일 취향 그룹에 속한다고 가정해보자. 이 경우 '철수'가 최근에 '영희'는 아직 시청하지 않은 〈오징어 게임〉이라는 드라마를 봤다면 추천 시스템은 '영희'에게 〈오징어 게임〉을 추천한다. 이런 방식으로 수많은 아이템 중에서 고객이 관심을 가질 만한 아이템을 골라내는데(필터링), 이 목적을 위해 많은 사람이 스스로 인지하고 있지는 않지만 결과적으로 서로 '협업'하는 형태를 갖춘다고 해서 '협업 필터링'이라고 한다.

## 아이템 기반 협업 필터링

아이템 기반 협업 필터링 알고리듬은 유사한 고객이 아니라 유사한 아이템을 발견하는 데 초점을 둔다. 아이템 기반 협업 필터링을 활용한 추천의 흔한 사례는 아마존과 같은 온라인 쇼핑 사이트에서 흔히 볼 수 있는 '아래는 이 상품을 본 고객들이 함께 살펴본 상품들 리스트'다.

좀 더 구체적인 예를 들면, '아기 기저귀'를 구입한 사용자가 '맥주'를 구매했다면 '아기 기저귀'를 구입하는 구매자에게 '맥주'를 추천하는 경우다. 또 넷플릭스에서 스페인 드라마 〈종이의 집〉을 본 시청자가 〈오징어 게임〉을 시청했다면 〈종이의 집〉을 본 사람들에게 〈오징어 게임〉을 추천하는 방식이다. 매우 단순한 아이디어이지만 현실 세계에서 잘 작동해 추천 시스템이 많이 사용하는 기술이다.

이 알고리듬은 결과가 매우 직관적이며, 항목의 구체적인 내용을 분석할 필요가 없다는 장점이 있다. '기저귀'와 '맥주'가 아기용품인지 식품인지, 또 함께 사용하는 것인지 등을 분석할 필요가 없다. 다만 사용자가 두 제품을 같이 구매한 경우가 많다는 데이터만으로 새로운 사용자에게 추천하는 것이다.

## 2) 잠재의식 파악하는 '모델 기반 협업 필터링'

넷플릭스 프라이즈 경진대회에서 우승한 추천 알고리듬은 사용자 및 아이템 기반 협업 필터링과 더불어 '모델 기반 협업 필터링' 알고리듬을 사용한다. 이 필터링은 기존 항목 간의 유사성을 단순 비교하는 것에서 벗어나 사용자와 아이템에 내재되어 있거나 숨어 있는 '잠재 모델(Latent Model)'의 패턴을 이용하는 기법이다. 모델 기반 알고리듬은 머신러닝에 의해 겉으로 드러나지 않은 사용자 선호도를 추측하기 위한 모델을 생성하며, 이를 이용해 특정 영화에 대한 사용자의 평점을 예측하는 데 사용된다.

예를 들면, 한국 영화 〈클래식〉을 좋아하는 사용자가 있다면 이 정보를 단순히 활용하는 게 아니라 주위의 정보를 더 얻어 사용자가 그 영화를 좋아하는 이유를 파악해내는 것이다. 사용자는 주연 배우인 '손예진'이 마음에 들거나 OST 곡 중 하나인 김광석의 〈너무 아픈 사랑은 사랑이 아니었음을〉이 좋아서 혹은 로맨스 장르를 좋아해서 선택한 것일 수도 있다. 이렇듯 많은 양의 정보를 분석함으로써 사용자의 선택과 평가에 영향을 미친 잠재 모델을 이끌어내고, 이를 추천에 이용하는 것이다.

## 3) 콘텐츠 기반 필터링

콘텐츠 기반 필터링은 협업 필터링과는 근본적으로 다른 방법으로 추천을 구현한다. 기본적으로 협업 필터링은 사용자 혹은 아이템 사이의 연관성 파악이 분석 대상이지만, 사용자와 아이템 자체에 대한 정보는 필요하지 않다. 하지만 아이템 정보를 분석해 타깃 사용자가 과거에 좋아했던 아이템들과 비슷한 아이템을 추천하는 것이 더 효과적일 수 있다. 이것이 바로 콘텐츠 기반 필터링이다.

예를 들어, 유명 음악 사이트인 판도라 라디오는 콘텐츠 기반 필터링으로 음악 추천을 한다. 사용자 혹은 아이템 연관성을 활용하지 않고, 타깃 사용자가 듣는 음악 콘텐츠를 분석해 유사 음악을 추천하는 것이다. 이를 위해 판도라 라디오는 많은 음악에서 장르, 멜로디, 조화, 리듬 형태, 음색, 작곡, 가사의 특성을 포괄하는 약 450개의 음악적 특성을 분석해 '음악 프로파일'을 생성한다. '사용자 프로파일'은 타깃 사용자로부터 '좋아요'를 받은 음악적 특성으로 도출한다. 그런 다음 음악 프로파일과 사용자 프로파일을 비교해 사용자가 선호할 만한 음악을 제공한다. 이 기법은 콘텐츠의 내용을 분석해야 하므로 아이템 분석 알고리듬이 추천의 정확성을 좌우하게 된다.

## 4) 앙상블 추천 알고리듬

'앙상블'은 원래 모든 악기를 '함께' 그리고 '조화롭게' 연주해 훌륭한 음악을 만들어내는 음악 용어로 사용되었다. 머신러닝에서 사용되는 앙상블 기법 또한 이런 어원에서 출발했다고 볼 수 있다. 앙상블 모델링_Ensemble Modeling_은 다양한 모델링 알고리듬 혹은 다른 훈련 데이터셋을 사용해 여러 모델을 생성한 후 결과를 예측하는 프로세스다. 좁게는 위에서 기술한 협업 필터링과 콘텐츠 기반 필터링의 예측 결과를 결합해서 진행하는 최종 추천을 생각할 수 있다. 운영 측면에서 볼 때는 단일 모델보다 앙상블 모델이 복잡하다. 그럼에도 앙상블 모델을 사용하는 이유는 단일 모델보다 더 강건하고 안정되어

보다 나은 성능을 보여주기 때문이다.

일반적으로 앙상블 기법은 최적의 모델로 일반화하기 위해 여러 학습 모델을 결합한다. 여러 학습 알고리듬을 조합해 모델이 데이터 노이즈 같은 작은 변화에도 영향을 받는 일이 없도록 하기 위해서다. 이러한 견고함으로 무장한 모델은 수준 높은 일반화를 통해 탁월한 예측력을 제공한다.

앙상블 기법에 대한 연구는 1990년대에 본격적으로 시작되었다. 그 후 2000년대 후반에 널리 확산되었는데, 이 접근 방법이 부분적으로 '넷플릭스 프라이즈'와 이후의 '캐글*Kaggle*' 같은 머신러닝 대회에서 큰 성공을 거두었기 때문이다.


## 5. 고객 취향과 시청 이력을 활용한 개인 홈페이지 구성

넷플릭스 추천 시스템은 사용자가 좋아할 만한 영화 리스트 도출뿐 아니라 사용자의 취향에 맞춰 홈페이지를 구성하는 수준까지 발전했다. 사용자 친화적인 홈페이지 구성을 위해 콘텐츠 시청 이력, 스트리밍 재생에 관한 행동 데이터를 수집하고 분석한다.

### 1) 넷플릭스가 섬네일과 이미지를 활용하는 방법

데이터 분석과 AI를 활용한 넷플릭스의 개인화는 영화 추천에 그치지 않는다. 추천된 콘텐츠가 개인 홈페이지 화면에 어떻게 디스플레이되는 것이 좋은지에 대해서도 고려한다. 이는 콘텐츠의 태그와

[그림 31] 한 콘텐츠에서 생성한 20~30개 정도의 아트워크 이미지가 개인의 취향과 장르에 따라 선택적으로 채택된다.

고객이 속한 취향 그룹 데이터를 기반으로 이뤄진다.

넷플릭스는 개인 홈페이지 화면의 섬네일을 생성하기 위해 기존 영화나 TV 드라마 속 수천 개의 비디오 프레임 이미지를 사용한다. 동일한 영화에서도 다양한 '아트워크*Artwork*' 이미지를 보여주는데, 실제로 영화 〈기묘한 이야기〉의 아트워크 이미지는 그림 31에서 보는 것처럼 다양하다.

하나의 콘텐츠에서 채택된 다양한 아트워크 이미지는 고객이 시청할 장르와 국적, 언어, 이용 시간, 취향 등 여러 가지 요소가 고려되어 선택되고 섬네일에 디스플레이된다(그림 32 참조).

웹 사이트에서 CTR(Click Through Rate)은 웹페이지 또는 광고를 보는 모든 사람 수 대비 특정 링크를 클릭하는 사용자의 비율을 일컫는다. 넷플릭스는 머신러닝, 이미지 프로세싱 등을 포함한 AI 기술을

| 장르 | 가장 적합한 아트워크 이미지 |
| --- | --- |
| 액션, 호러, 스릴러, 어린이, 로맨스 | |
| 코미디 | |
| 다큐멘터리 | |
| 드라마, 공상과학, 기타 | |

[그림 32] 넷플릭스의 아트워크 이미지는 영화 장르에 따라 다르다.

사용해 CTR이 높아질 수 있도록 각 고객의 홈페이지에 있는 영화 이미지와 섬네일을 여러 가지로 변형 및 조정한다. 홈페이지 화면 상단에 표시되는 추천부터 장르 행이 표시되는 방식, 특정 행의 구성 방식에 이르기까지 모든 사항이 고객에 따라 다르다.

예를 들면, 넷플릭스의 인기 오리지널 시리즈인 〈기묘한 이야기〉를 화면에 디스플레이할 때 고객이 속한 취향 그룹과 장르에 따라 다른 이미지를 사용한다. 여러 개의 이미지 중 어떤 것을 보여주는 것이 좋을지에 대해서는 A/B 테스팅을 통해 '이런 종류의 이미지가 저런 종류의 시청자들에게 좋은 반향을 일으키고 있다'라는 사실을 확인한 후 결정한다.[37]

이미지는 천 마디의 말보다 위력이 있다. 넷플릭스는 프레임 이미

로맨틱 영화 팬

코미디 영화 팬

[그림 33] 동일한 영화라도 고객 취향에 따라 보여주는 아트워크 이미지가 다르다.

지에 주석을 붙인 후 사용자가 클릭할 가능성이 가장 높은 섬네일을 찾기 위해 각 이미지에 순위를 매긴다. 이 순위는 타깃 고객과 비슷한 다른 사용자들이 어떤 이미지를 클릭했는지에 기초해 계산된다. 이 과정에서 발견한 것은 특정 배우와 영화 장르를 좋아하는 사용자가 동일한 배우와 장르의 이미지 속성이 있는 섬네일을 클릭할 가능성이 더 높다는 점이다.

넷플릭스는 웹 사이트에서 보여주는 동일한 영화의 이미지도 고객의 선호 장르에 따라 다양하게 보여준다. 이미지 아트워크의 개인화가 의미 있는 시나리오를 살펴보자. 고객마다 영화 시청 이력이 다른 예를 생각해보자. 그림 33의 이미지를 보면 왼쪽 세 개의 이미지는 고객이 과거에 시청한 영화이고, 화살표 오른쪽은 넷플릭스가 고객에게 추천한 영화 〈굿 윌 헌팅〉의 아트워크다. 그런데 왼쪽에 보여준 시청 이력에 따라 같은 영화이지만 비주얼 아트워크가 다르다. 동일한 영화라 해도 로맨틱 영화 팬으로 식별된 고객에게는 '맷 데이먼

*Matt Damon*'과 '미니 드라이버*Minnie Driver*'가 등장하는 키스 섬네일이 표시된다. 반면에 코미디 팬으로 식별된 고객에게는 '로빈 윌리엄스 *Robin Williams*'의 섬네일이 보인다.[38]

### 2) 개인과 콘텐츠의 '매치 점수'

넷플릭스 개인 홈페이지에서 콘텐츠 섬네일에 있는 영화나 드라마 아트 이미지 위에 마우스 호버링*Hovering*을 하면 콘텐츠의 자세한 정보가 뜬다.

그림 34는 철수의 넷플릭스 계정에 떠 있는 〈SKY 캐슬〉과 〈오퍼레이션 피날레〉이미지다. 넷플릭스 사용자(철수)는 두 콘텐츠의 이미지에서 각 타이틀 아래에 개인화된 백분율로 표시된 '매치 점수(Match Score)'를 보게 될 것이다(적색 박스 안의 숫자). 이 매치 점수는 넷플릭스가 사용자(철수)의 취향에 기초해 분석한, 사용자(철수)가 해당 콘텐츠를 얼마나 즐겨 볼 것인가에 대한 예측 지표다. 이는 개인적 지표일 뿐 콘텐츠의 전반적인 인기도를 나타내는 것은 아니다.[39] 그림 34의 이미지에는 철수가 〈SKY 캐슬〉과는 61퍼센트, 〈오퍼레이션 피날레〉와는 96퍼센트 정도로 매치될 것이라는 지표가 표시된다. 이와 같은 매치 점수는 데이트 사이트에서 남녀 커플이 얼마나 잘 매치되는지를 보여주는 지표와 유사하다.

흥미로운 점은 여성인 영희의 넷플릭스 계정에서 같은 시간에 동일한 영화에 대한 매치 점수를 살펴보았더니, 그림에서 보는 바와 같이, 각각 72퍼센트와 68퍼센트로 나타나 철수의 매치 점수와 상당한 차이를 보였다. 이와 같이 넷플릭스는 AI와 머신러닝을 활용해 각 개

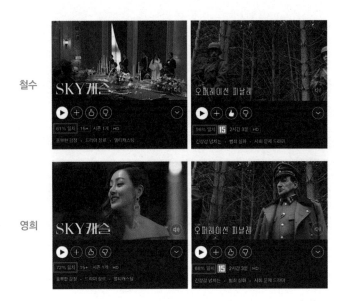

[그림 34] 넷플릭스는 고객 취향과 콘텐츠의 특성을 고려해 개인마다 다른 매치 점수를 계산해 알려준다.

인 취향을 파악한 뒤 홈페이지에서 개별 콘텐츠 선호도를 계산해 고객에게 알려준다. 그만큼 선택이 쉬워지는 것이다.

## 6. 넷플릭스가 AI 활용에 뛰어난 이유

넷플릭스는 AI와 머신러닝을 활용한 파괴적 혁신을 단행해 시장에서 승리했다. 같은 분야에서는 교과서로 불릴 만한 전략이다. 넷플릭스는 사람이 아닌 데이터 분석을 기반으로 대부분의 의사결정을 하는 데이터 기반 기업이다. 발군의 기술력을 디딤돌로 세계적 기업으로 발돋움한 넷플릭스에는 AI와 머신러닝을 이용한 시스템이 주를 이룬다. 비디오 콘텐츠 추천과 개인화 홈페이지뿐만 아니라 시장 및 경쟁사 미래 예측, 네트워크 운영 최적화, 비디오 및 오디오 인코딩, ABR(Adaptive Bit Rate), 적응형 비트 전송률 비디오 선택, 오리지널 시리즈 제작 시 영화 장르 결정 등 넷플릭스 사업의 핵심 이슈들은 AI와 머신러닝을 기반으로 시스템화되었다.

앞에서 살펴본 바와 같이 넷플릭스는 AI를 전사적으로 잘 활용해 글로벌 리딩 기업으로 성장한 대표적 기업으로 꼽히고 있다. 비교적 짧은 시간에 넷플릭스를 AI 기업으로 변신하게 해준 강점은 무엇일까? 크게 창의성과 하이퍼포먼스 지향 기업 문화, AI와 데이터를 대하는 관점으로 볼 수 있다.

**1. 데이터에 기반을 둔 의사결정 문화:** 기업에서는 종종 경영진 혹은 담당자의 직관이나 경험에 의존해 의사결정을 내린다. 하지만 넷플릭스에서 이뤄지는 모든 의사결정은 '데이터 기반'으로 해야 한다는 대원칙을 고수하고 있다.

**2, 적극적 문제제기 및 해결 프레임워크 정착:** 넷플릭스는 문제가 생기면 쉬쉬하며 감추기보다 이를 드러내놓고 함께 해결하는 것을 적극 장려한다. 이러한 기업 문화로 구성원들이 문제점을 적극적으로 제기하는 분위기가 조성되어 있다. 또 직급에 개의치 않고 활발한 토론도 하고 아이디어도 내놓는다. 구성원들은 문제 해결을 위한 AI 기법, A/B 테스트 등의 방법론에 익숙하다. 새로운 아이디어를 신속하고 효율적으로 테스트하기 위해 전사적으로 사용하기 쉽고 고도화된 테스트 자동화 프레임워크를 정착한 덕분

이다.

**3. 높은 협업 AI 이해도:** 넷플릭스는 비즈니스에 기술을 적용하는 데 매우 실용적 접근 방법을 취한다. 그중 하나가 AI를 보는 눈이다. 'AI는 인간의 보조'라는 '협업 AI' 패러다임을 철저하게 지킴으로써 인간과 AI의 시너지 효과를 극대화한다.

**4. 명확한 문제 정의와 목표:** 기업에서 추진하는 AI 프로젝트가 어려움에 봉착하는 가장 큰 이유는 해결하려는 문제와 이루고자 하는 목표가 추상적이고 명확하지 않은 데 있다. 예컨대, '시장경쟁력 강화', '기업 가치 제고', '마켓셰어 향상' 등이다. 이로 인해 부서 간의 업무 분담이 불분명해지는 어려움에 처하게 된다. 넷플릭스는 창업 초기부터 모호성을 철저히 배제한 업무 진행 방법을 채택하고 있다.

**5. 실시간 데이터 처리 기술과 인프라 보유:** 넷플릭스는 전 세계 190개국에서 2억 명이 넘는 고객에게 스트리밍 서비스를 제공한다. 고객의 취향과 시청 행동에 관련된 데이터를 실시간으로 수집 분석해 정교한 맞춤형 서비스를 개발해내고 있다. 또 이를 위해 전 세계에서 유입되는 엄청난 양의 실시간 데이터를 처리할 수 있는 기술과 인프라를 보유하고 있다.

**6. 높은 수준의 AI와 머신러닝 이해도:** 넷플릭스는 수많은 머신러닝 모델을 만들어 시용한다. 하지만 환경은 계속 변하므로 머신러닝 모델도 이에 따라 새로운 데이터로 계속 학습하고 진화해야 정확한 예측을 할 수 있다. 넷플릭스는 머신러닝의 이러한 속성을 명확하게 인지하고 있다.

　기업에서 실험을 중시하는 문화를 활성화하려면 최고경영자들의 의지가 확고해야 한다. 넷플릭스는 구성원들이 제품에 대한 문제를 인지했을 경우, 이를 적극적으로 제기하고, 새로운 아이디어를 제안하고 실험하는 것을 장려한다. 이 실험을 통해 구성원들이 제안한 혁신적인 아이디어 채택 여부를 결정하는데 사람의 의견이 아닌 데이터를 사용할 수 있는 프레임워크를 제공한다. 또 제품 개선을 위한 아이디어를 구현하고 테스트하는 데 필요한 단계를 자동화하고, 실험의 여러 단계에서 분석 보고서 및 시각화의 자동 생성을 수행할 수 있도록 한다. 이 테스트 결과에 따라 아이디어를 제품 개발에 반영하거나 폐기한다. 넷플릭스는 가능한 한 많은 비즈니스 영역을 실험하며, 그 후의 의사결정은 사람의 의견이 아닌 과학적 방법으로 한다.

# 2장

# 블루리버테크놀로지

## AI와 머신러닝으로 농업 혁신을 이루다

> "블루리버테크놀로지는
> 머신러닝, 컴퓨터 비전, 로봇기술 등 AI 기술을 이용해
> 선택적 제초제 분무를 실현함으로써
> 정밀농업 분야에 디지털 혁신 바람을 불러일으키고 있다."

금융, 제조, 유통, 자율주행차, 광고, 채용 등 우리에게 익숙한 분야의 업종에 AI와 머신러닝이 적용되어 변화가 일어나고 있다. 그리고 이제 농업 부문에서도 AI를 이용한 혁신의 바람이 불기 시작했다. 차세대 스마트 기계를 꿈꾸는 두 사람이 창업한 스타트업 블루리버테크놀로지*Blue River Technology*(BRT)도 그 주인공 중 하나다. 2011년 스탠퍼드대학원생인 호르헤 에라우드*Jorge Heraud*와 리 레든*Lee Redden*이 머신러닝, 로봇공학, 컴퓨터 비전의 세 가지 기술을 결합해 문을 연 회사다. 이들은 AI와 머신러닝을 이용해 농부들이 데이터에 기반을 둔 의사결정을 실시간으로 내릴 수 있는 정밀농업 기계를 만들었다.

이 기계는 대단위뿐 아니라 식물 단위 같은 작은 것에도 초점을 맞춰 화학 물질 사용을 최소화하고 작업 시간을 줄여 생산성을 개선하고자 하는 농가의 이익 증대를 목적으로 만들어졌다. 그리고 이 비전을 성공적으로 이뤄내 농업계로부터 찬사를 받고 있다. BRT는 창업 6년 후인 2017년 농업 및 건설 기계를 제조하는 미국 기업 '존 디어 John Deere'가 3억 500만 달러에 인수했고 현재 고도화된 지능형 기계를 만들어 농업 분야의 혁신을 이끌고 있다.

이번 장에서는 BRT가 정밀농업 혁신을 위해 AI, 컴퓨터 비전, 로봇기술을 어떻게 활용했는지 살펴보려 한다.

## 1. 정밀농업에 AI를 적용하게 된 배경

### 1) 농업 생태계 변화로 기술력의 필요성 증가

농업 분야의 환경은 변화가 많다. 세계 인구가 증가해 식량 수요는 늘어나는데 경작지는 오히려 줄어들고 있다. 기후 변화로 강수량 패턴이 변하고 기온이 상승해 새로운 잡초와 해충이 생태계를 교란하면서 농업 경작이 위협받고 있다. 농작물에 직접 피해를 주는 잡초와 해충의 위협은 농가의 생산성에 적잖은 영향을 미치고 있다.[40] 환경과 건강에 대해 더 많은 관심을 갖게 된 소비자들은 제초제, 살충제 사용을 줄이기를 원한다. 농부들은 곡물 가격이 하락하고 종자 및 제초제 비용이 증가하자 마진이 낮아진 산업에서 수익성 유지를 위해 어려움을 겪고 있다.[41]

미국에서는 우리가 흔히 영화에서 보는 것처럼 광대한 밭에 여러 농작물이 재배된다. 목화, 옥수수, 상추, 고추, 콩, 병아리콩 등 다양하다. 농부들은 끝이 안 보이는 농토에서 엄청난 양의 농작물을 관리해야 한다. 높은 생산성과 효율성, 일관성이 매우 중요하다.

미국에서 잡초는 심각한 문제로 떠오르고 있다. 1995년경에는 잡초의 문제가 중부 몇 개 주에 한정되었고, 심각한 정도는 아니었다. 하지만 2015년의 상황은 달랐다. 잡초가 미국 전역으로 광범위하게 퍼졌고 중부와 서부 캘리포니아 지역은 아주 심각한 상황이었다. 특히 '명아주'로 보이는 풀은 내성이 생겨 제초제를 아무리 뿌려도 없어지지 않았다.

이러한 환경에서 농부들은 농작물과 잡초를 식별하기 어려워, 동일한 솔루션으로 만든 제초제를 일괄적으로 분무해야 했다. 방대한 농장에서 잡초뿐 아니라 농작물에도 제초제를 살포해온 것이다. 그리고 그 결과는 높은 비용 지출로 이어졌다.

## 2) 디지털 기술 활용하는 정밀농업 증가

농업 분야에서도 디지털 기술 채택이 빠른 속도로 증가하고 있다. 변화하는 기후 환경과 농업이 직면한 제반 문제를 해결하기 위해 새로운 기술을 활용해야 한다는 의식이 커졌기 때문이다. 현재는 '정밀농업(Precision Agriculture)'의 범주에 속하는 많은 디지털 기술이 있다.[42]

정밀농업은 첨단 센서 및 분석 도구를 사용해 작물 수확량을 개선하고 관리 결정을 지원한다. 생산량을 늘리고 노동 시간을 줄이며 비료 및 관개 과정의 효과적인 관리를 가능하게 하는 새로운 개념이다. 데이터 기반으로 작물 생산 관리 및 최적화를 위한 의사결정도 이뤄지고 있다. 최근에는 작물 생산 관리를 최신 디지털 기술과 데이터 기반으로 수행하는 정밀농업이 농작물을 경작하고 관리하는 방식을 혁신적으로 변화시키고 있다.

정밀농업 기술은 화학 물질, 비료, 물, 연료 등과 같은 자원 사용의 효율성 증대, 농산물의 양과 질 향상, 높은 수확량, 환경 개선, 위험 완화 등의 혜택을 제공한다. 이로 인해 최근 몇 년 동안 농업 생산자들은 정밀농업을 많이 채택하고 있다. 농사일에 새로운 기술을 도입해 운영을 보다 효율적으로 한다면 수확량을 증가시켜 농가의 수익성이 향상될 수 있다. 또한 농약이나 물의 효율적 사용은 환경 부담을 줄이는 데도 도움이 될 것이다.

더 적은 자원으로 더 많은 식량을 생산할 수 있는 정밀농업의 목적은 인공지능과 사물인터넷(IoT) 기술을 적용해 만든 스마트 기계로 효율성과 정확성을 높이는 것이다. 이번 장에서 자세하게 다룰, 잡초 제거를 위한 정밀 스프레이 로봇 '시앤스프레이*See&Spray*'도 정밀농업의 대표적 사례다.

### 3) 이동 중 고도의 이미지 식별 기능 필요

BRT의 창업자인 에라우드와 레든이 처음에 관심을 갖고 해결하고자 한 것은 목화, 옥수수 등을 대규모로 재배하는 농부들을 크게 괴롭히는 것 중 하나인 잡초였다. 잡초를 제거하려면 제초제를 뿌려야 하는데 문제는 대규모 농장의 목화, 옥수수 같은 작물과 함께 서

이 사진에는 목화와 잡초가 섞여 있다.
구별이 가능한가?

목화는 녹색으로,
잡초는 빨간색으로 표시되어 있다.

[그림 35] 목화와 잡초가 섞여 자라는 상황. 전문가는 정확히 식별했지만 일반인은 찾아내지 못했다.

식하는 잡초를 식별해내는 일이었다.

잡초에는 변종이 많아 모양과 색깔이 제각각이다. 또 계절과 날씨와 환경에 따라 다르다. 많은 잡초가 마치 농작물처럼 보이기 때문에 이를 식별하는 일은 쉽지 않다. 육안으로는 거의 구별할 수 없다. 예컨대 그림 35처럼 목화와 잡초는 언뜻 보기에 큰 차이가 없어 일반 사람은 식별하기 어렵다. 만일 카메라를 트랙터 같은 농업 차량에 부착해 움직이면서 사진을 찍을 경우 이미지가 명확하지 않아 판독이 어려울 수 있다. 더구나 움직이면서 촬영하고 판독해 어디에 뿌려야 할지 실시간으로 결정하는 일은 여간 어려운 일이 아니다. AI와 머신러닝 그리고 컴퓨터 비전 기술이 요구되는 상황이다.

## 2. 문제 해결을 위한 AI 시스템 구축

### 1) 컴퓨터 비전과 머신러닝을 이용한 농작물과 잡초 식별

그림 36(a)는 목화와 잡초가 섞여 있는 이미지를 농업 전문가가 식별한 것이다. 목화는 초록색, 잡초는 붉은색으로 표시되어 있다. 반면에 (b)는 농업 전문가와 잡초 전문가가 수많은 목화와 잡초 이미지를 레이블링한 후, 이 데이터로 머신러닝 모델을 훈련해 목화 및 잡초 분류기를 만든 후 컴퓨터가 이미지를 식별한 것이다. 이 결과를 보면 머신러닝에 의한 컴퓨터 분류가 전문가보다 더 정확하다는 것을 알 수 있다.

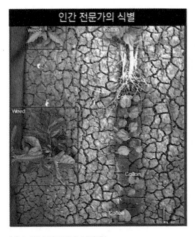 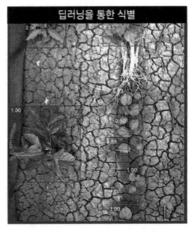

(a) 농업 전문가가 분류한
목화(cotton)와 잡초(weed)

(b) 머신러닝으로 목화와 잡초를 훈련시킨
후의 컴퓨터 분류 결과. 농업 전문가의
분류 결과보다 정확도가 높다.

[그림 36] 목화와 잡초가 섞여 있는 이미지를 농업 전문가와 머신러닝이 각각 식별한 결과다. 목화는 초록색, 잡초는 붉은색으로 표시되어 있다. 농업 전문가보다 머신러닝의 분류 정확도가 높다.

## 2) 로봇과 컴퓨터 비전으로 선택적 분무 기능 구축

이러한 분류 작업으로 우리가 기대하는 결과는 제초제를 농작물이 아닌 잡초에만 뿌리는 것이다. 잡초 제거를 위한 정밀 스프레이 로봇 '시앤스프레이'는 트랙터에 부착할 수 있고 잡초와 농작물을 실시간으로 구별해낸다. 일반인의 눈에는 매우 유사해 보이는 잡초와 농작물까지 식별해낸 뒤 농작물이 아닌 잡초에만 정확히 제초제를 뿌린다.

이 스마트 분무기를 장착한 트랙터가 빠른 속도로 달리면서 수행하는 분무는 매우 도전적인 일이다. 기계는 농작물과 잡초를 실시간으로 판독해야 한다. 트랙터가 시속 20킬로미터의 속도로 달릴 때 시앤스프레이는 전면의 고해상도 카메라로 이미지를 수집한다. 초당 20회 이상의 속도로 식물 이미지를 판독한 후에는 이 이미지를 100만 개가 넘는 이미지 라이브러리와 비교한 뒤 사람 얼굴 인식에 사용되는 알고리듬과 CNN 신경망 기술을 사용해 농작물 또는 잡초를 분류하고 처리한다. 그런 다음 각 프레임을 분석해 농작물과 잡초가 있는 위치의 정확한 지도를 밭 위치에 매핑해 '분무 지도'를 생성한다. 분무 지도가 몇 밀리세컨드 안에 생성되면 후면 카메라와 로봇은 제초제를 필요한 지점에 분무하기 위해 즉석에서 노즐을 조정하고 잡초에만 살포한다. 이 전체 과정은 불과 몇 밀리세컨드 동안 고속으로 이뤄지므로 광대한 농토를 커버할 수 있다.

이를테면 그림 37과 같이 컴퓨터 비전과 머신러닝 기술을 이용해 개별 농작물(초록색 사각형)과 잡초(붉은색 사각형)를 불과 몇 밀리세컨드 내에 분류한 후 잡초에만 선별적으로 제초제를 뿌린다.

[그림 37] 잡초 제거 로봇 '시앤스프레이'는 컴퓨터 비전과 머신러닝 기술을 이용해 개별 농작물(초록색 사각형)과 잡초(붉은색 사각형)를 불과 몇 밀리세컨드 내에 분류(가운데 그림)한 후, 잡초에만 선별적으로 제초제를 뿌린다(오른쪽 그림).

BRT는 머신러닝 프레임워크를 사용해 제초제 로봇 분무기를 훈련한 뒤 잡초를 식별하고 매핑하도록 했다. 또 머신러닝 및 로봇 시스템을 지원하기 위해 '엔비디아 엣지*NVIDIA Edge*'라는 AI 플랫폼을 기반으로 컴퓨팅 시스템을 구축했다.


## 3. AI 기반 시스템 적용 결과

BRT는 정밀농업을 위한 첫 번째 플래그십 제품으로 '시앤스프레이'라는 기계를 제작했다(그림 38 참조). 컴퓨터 비전, 머신러닝을 활용한 이 기계는 카메라와 다른 센서로부터 들어오는 데이터를 실시간으로 분석해 농작물과 잡초를 식별한 후, 정확하게 필요한 영역에만 제초제를 뿌리는 지능형 제초 로봇이다. 트랙터에 장착해 농작물

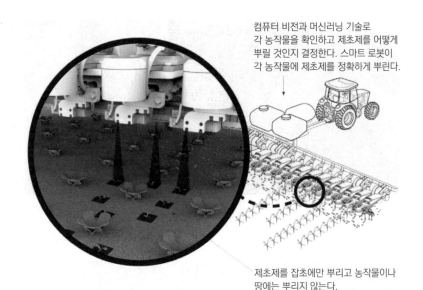

컴퓨터 비전과 머신러닝 기술로
각 농작물을 확인하고 제초제를 어떻게
뿌릴 것인지 결정한다. 스마트 로봇이
각 농작물에 제초제를 정확하게 뿌린다.

제초제를 잡초에만 뿌리고 농작물이나
땅에는 뿌리지 않는다.

[그림 38] 제초제 분무 로봇 '시앤스프레이'.

을 손상시키지 않고 신속하게 잡초를 표적으로 삼아 제초제를 살포
할 수 있다.

이 작동을 좀 더 클로즈업해서 보면 그림 39와 같다. 왼쪽 그림은
농업 기계가 농장을 지나가면서 잡초로 식별된 식물에게 제초제를
분무하는 장면이다. 오른쪽 그림은 시앤스프레이가 지나가면서 제
초제를 뿌린 후 선택적으로 분무한 지역을 보여준다.

그림 40은 시앤스프레이를 트랙터에 장착하고, 광대한 농장에서
제초제를 분무하는 광경을 보여준다. 위의 왼쪽과 아래쪽 그림은 트
랙터가 지나간 후 제초제를 선택적으로 분무한 결과를 보여준다. 짙
은 초록색으로 보이는 부분이 제초제가 뿌려진 곳이다.

BRT가 개발한 시앤스프레이라는 정밀농업 시스템 개발로 농약이

목화 농작물에 시앤스프레이로
제초제 분무

[그림 39] 제초제를 장착한 시앤스프레이가 지나가면서 잡초로 확인된 식물에 선택적으로
제초제를 분무하는 모습. 오른쪽 그림의 어두운 부분이 잡초에만 선택적으로 분무한 곳이다.

[그림 40] 블루리버테크놀로지가 개발한 시앤스프레이를 트랙터에 장착해 제초제를 뿌리고
있는 모습. 아래 그림은 트랙터가 지나간 후 제초제를 선택적으로 분무한 결과를 보여준다.

나 비료를 꼭 필요한 곳에만 분무하는 것이 가능해져 농가는 매년 반복적으로 발생하던 막대한 제초제 비용을 최대 80퍼센트까지 줄일 수 있었고, 잡초 제거는 생산성 증가로 이어져 수익을 높였다.

BRT의 사례처럼 정밀농업으로 개선할 수 있는 영역은 많다. 농업의 많은 단계를 최적화해 수확량 증가는 물론 농지 모니터링, 관개, 비료 뿌리기, 해충, 잡초 및 질병 통제, 수확 및 물류 계획 등을 포함한 여러 영역의 비용을 낮출 수 있다.

AI 및 머신러닝 구현과 시스템 유지 관리에는 많은 투자가 필요하다. 당연히 장기적 성장과 보상이 있지만 소규모 농사를 짓는 농부들은 선행 투자 여력이 없어 전통적 방법을 고수할 수밖에 없다. 시앤스프레이가 제공하는 비용 절감 효과와 혜택 같은 정밀농업 기술을 가능한 한 많은 농부가 이용하려면 구독 기반 서비스 모델 제공도 생각해봐야 한다.

농작물 재배에 AI 기술을 활용하는 정밀농업 시장은 2019년부터 2026년까지 20퍼센트의 연간 복합성장률을 기록할 것으로 예상되어 2026년까지 시장 규모가 24억 달러에 이를 것으로 전망되고 있다.[43]

BRT는 AI 및 머신러닝의 증가된 투자를 활용해 살충제, 살균제, 비료 적용과 같은 공정을 다른 농업으로 확장할 계획이다. 앞으로 농장 노동력이 점점 부족해지고 비용이 높아질수록, BRT가 제공하는 솔루션은 자재비와 인건비를 절감하고 생산 효율성을 높이는 묘책으로서 더욱 매력적으로 다가올 것이다.

## 4. 정밀농업 확산을 위한 이슈들

정밀농업은 성장 가능성이 매우 크지만 아직도 진입 장벽이 높다. 머신러닝, 컴퓨터 비전, 로봇 공학 등을 포함한 고도의 AI 기술에 대한 기본적인 이해가 필요하다. AI·데이터 및 사물인터넷 확산으로 정밀농업 시장 규모는 점점 더 확대될 것이다. 그러나 이러한 환경을 앞당기려면 혁신 기술과 농업 분야의 결합이 필수인데 이에 대한 프로세스는 아직 더디다. 정밀농업이 빠르게 확산하려면 우수한 연결성과 효과적인 데이터 관리가 관건이다.

AI·데이터 기술이 발전하고 사물인터넷이 정밀농업의 일부가 되면서 농업 기계와의 '연결성'은 점점 더 큰 도전이 되고 있다. 연결성이 미흡하면 정밀농업 기술을 도입하는 데 큰 장애가 될 수 있다. 디지털 농업은 연결성이 좋아야 빠른 속도로 확산할 수 있다.

무엇보다 농업 데이터 관리 문제를 해결해야 한다. 정밀농업을 하는 현대식 농장에는 정보를 수집할 수 있는 수십만 개의 데이터 포인트가 있다. 매일 입력되는 데이터를 처리하는 능력을 보유하고 있어야 하기 때문이다. 이 작업이 정밀농업인에게는 도전적인 업무가 될 수 있다. 매일, 매월 또는 계절별로 어떤 데이터 포인트를 가치 있게 여기고 어느 시간대에 평가해야 하는지 제대로 판단해야 한다.

# 3장

# 아메리칸익스프레스

## AI 기반 사기거래탐지 시스템

"사기거래탐지 시스템은
AI와 빅데이터로 만든 매의 눈으로,
사기거래를 탐지하고 방어하는 파수꾼 역할을 담당한다.
아메리칸익스프레스가 선두에서 달리고 있다."

## 1. 사기거래탐지 시스템은 무엇인가?

우리는 신용카드 회사와 종종 다음과 같은 통화를 할 때가 있다.

"ABC카드 고객센터입니다. 고객님 카드로 런던에서 물건을 구입하고 결제가 시도되어 확인하기 위해 전화드렸습니다."

"저는 지금 서울에 있고 그것은 제가 한 결제가 아닙니다. 결제를 차단할 수 있나요?"

"네. 의심이 들어 이미 차단했습니다."

런던에서 결제가 되기 몇 시간 전, 한국에서 구매 결제 이력이 있고 해외직구를 이용한 적이 없으므로 신용카드 회사의 사기거래탐지 시스템(Fraud Detection System; FDS)은 이를 사기거래로 인식해 결제를 차단했다. FDS가 런던에서 시도된 결제는 물리적으로나 소비 행태 관점에서 정상적인 결제 패턴이 아니라고 판단했기 때문이다.

다른 사례를 들어보자. 어떤 사람이 서울에서 오전 10시에 물건을 구매하고 카드결제를 했다고 가정하자. 그 후 20분 뒤에 싱가포르에서 카드결제가 발생한다면 비정상적인 결제로 의심할 수 있다. 이런 경우 FDS는 거래를 중단하고 카드 소유자에게 즉시 연락해 "싱가포르에서 사기로 보이는 거래가 있다"라고 알려주고 확인한다.

FDS는 전자금융거래 시 단말기 정보와 접속 정보, 거래 정보 등을 수집하고 분석해 비정상적인 금융거래를 탐지하고 결제를 차단하는 기술이다. 최근 전자금융 거래량과 간편결제 빈도가 증가하고 수단이 다양화되면서 의심스러운 거래를 실시간으로 확인하고 차단하는 데 핵심적인 역할을 하고 있다. 이렇게 금융사들이 사기거래 결제를 방지하기 위해 FDS 확보에 많은 노력을 기울이고 있지만 해커들은 FDS의 빈틈을 또 찾아내기 때문에 해킹의 원천적 차단은 점점 더 어려워지고 있다.

과거에는 백신이나 방화벽 등을 통해 사용자 측의 실시간 보안을 강조하며 해커의 침입을 막기 위해 노력했다. 이에 반해 FDS 서비스는 사용자가 아닌 기업에서 다양한 정보를 수집하고 분석해 사기거래를 탐지하고 차단하는 금융 보안에 초점을 맞추고 있다. 주로 은행이나 신용카드사 등 금융사 혹은 온라인 결제시스템을 갖춘 인터넷

상에서 적극적이고 선제적으로 사기거래를 탐지하고 차단하는 역할을 하고 있는 것이다.

2001년에는 한 해커가 온라인 전자결제 시스템을 제공하는 미국의 페이팔*Paypal*을 공격해 여러 계정에서 소액을 이체해간 사건이 발생했다. 미국 연방수사국(FBI)에서 범인을 잡기 위해 수사를 했지만 별 성과가 없었다. 이 사건을 계기로 페이팔은 스스로 보안 시스템을 구축해야 한다는 판단을 했고 업계 최초로 사기거래탐지 시스템을 개발했다. 그 후 금융업계에서 사기거래탐지 시스템인 FDS가 확산되고 있다.

## 2. 사기거래탐지에 AI를 적용하게 된 배경

### 1) 증가하는 사기거래

금융 사기는 은행, 보험 및 기타 여러 분야에서 반드시 해결해야 하는 주요 문제다. 신용카드 등과 같은 결제를 통한 온라인 거래가 증가하면서 사기 행위도 많아졌다. 게다가 금융거래 범죄자들은 점점 지능화되어가고 있다. 이를 차단할 완벽한 시스템은 없다. 다만 보다 안전한 시스템을 만들어 고객이 사기를 당하지 않도록 방지하는 것이 금융기관의 도전적 과제가 되었다. 닐슨 리포트에 따르면, 그림 41과 같이, 전 세계 신용카드 사기로 인한 피해 규모는 계속 증가하는 추세이며 2023년에는 330억 달러에 이를 전망이다.[44]

최근에는 코로나19 팬데믹으로 많은 기업의 비즈니스 환경이 온

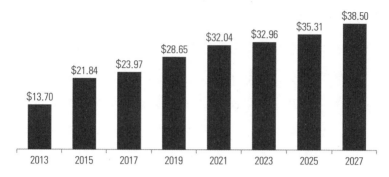

전 세계 신용카드 사기 규모(단위: 10억 달러)

[그림 41] 계속 증가할 것으로 예측되는 전 세계 신용카드 사기 피해액 규모.

라인을 포함해 부분적 또는 완전히 디지털화되어가고 있다. 그리고 이러한 기술적 변화가 급격하게 이뤄질 때마다 예측하지 못한 취약점이 발생한다. 실제로 비대면 사회가 일상화되면서 인터넷 사용량이 증가하자 악성 앱 및 이메일 유포 등 사이버 공격이 점점 고도화하고 있다. 비대면 사회에서 더욱 활발해진 금융과 유통 온라인 거래 분야가 해커들의 주요 공격 대상이 된 것이다. 사기거래도 그중 하나다.

결제는 발행 은행, 네트워크, 은행 가맹점, 결제 게이트웨이 및 프로세서와 같은 여러 플레이어 간에 수익이 분할되는 저마진 비즈니스다. 따라서 수익성 관점에서 결제 회사는 사기거래를 조기에 감지할 수 있는 능력을 갖춰야 한다.

아직도 전 세계 금융기관은 신용카드 사기에 맞서 싸우고 있다. 닐슨 리포트에 따르면, 2019년에 카드 사기 비용으로 총 287억 달러를 지출했으며 이 수치는 계속 증가할 것으로 예상된다.[45] 특히 최근에는 디지털 기술의 발달로 금융거래 채널이 다양화되고 데이터의 양이 급증하면서 신종 수법 등 금융 사기가 더욱 교묘해지고 있다. 이에 따라 AI와 머신러닝이 접목되어 정보 수집 과정과 분석 및 탐지 과정에서 높은 정확성과 효과를 제공하는 고도화된 FDS가 요구되고 있다.

### 2) 오탐지 방지는 어렵다

정상거래를 사기거래로 잘못 판단하는 것을 '오탐지(False Alarm 혹은 False Positive)'라고 부른다. 아래와 같은 경우다.

> "ABC 신용카드 고객센터입니다. 누가 고객님 카드로 런던에서 물건을 구입하고 결제를 시도한 수상한 거래가 있어 결제를 차단했습니다."
> "그것은 제가 구입한 게 맞는데, 왜 결제를 차단했나요?"
> "죄송합니다만, 의심이 들어 차단했습니다."

사기거래를 식별하는 것도 중요하지만, 정상거래가 중단되지 않고 원활하게 진행되도록 하는 것도 매우 중요하다. 오탐지는 고객을 불편하게 하므로 최소화해야 한다. 오탐지가 잦으면 수익 감소뿐 아니라 우수 고객이 이탈할 가능성이 높기 때문이다.[46] 카드 발급사는 실제 사기거래보다 오탐지로 인해 13배 더 많은 손실을 입는 것으로 추정되고 있다.

날로 복잡해지고 있는 금융거래 환경에서 오탐지를 줄이려면 고객의 행동과 환경을 비롯한 데이터를 AI와 머신러닝 기법으로 분석한 후 고객별 프로파일에 기반한 정교한 FDS가 필요하다.

### 3) 규칙에 기반한 사기거래탐지 시스템의 한계

사기거래는 어떻게 탐지할 수 있을까? 기본적으로 각각의 정보 및 거래 프로세스의 모든 과정에서 추출되는 정보를 활용해 분석을 해야 한다. 추출 정보로는 고객의 신원, 평소 거래 패턴, 고객 접속 환경 정보, 거래가 이뤄진 위치 정보, 결제 방법, 거래를 위해 사용한 네트워크 및 휴대폰 번호, 기존 통계 데이터를 활용한 위험도 등이 있다. 일반적으로 FDS는 다음과 같은 4단계로 작동한다.

1. **정보 수집**: 전자금융거래정보, 거래내역, 사용자 매체 환경 정보 등을 합법적으로 수집한다.
2. **정보 분석**: 수집된 데이터를 빅데이터 기술로 분석해 고객별로 일정한 금융 패턴을 찾아낸다.
3. **사기거래 규칙 작성**: 사기거래로 의심할 만한 행위들에 대한 규칙을 만든다.
4. **사기거래탐지 및 대응**: 사용자 및 거래 유형별 분석 및 규칙 검사를 통해 사기거래 가능성이 높다고 판단되면 거래 차단 등의 대응을 한다.

과거에는 사기거래탐지와 차단을 위해 규칙 기반 접근 방식을 사용해왔다. 명확하게 정의된 일련의 규칙 기반 사기거래탐지 시스템으로 '사기거래'를 분류해 거래를 거부하거나, 사람이 수동으로 정밀하게 검토했다. 규칙은 사기 분석 전문가가 작성했다. 새로운 유형의 사기를 감지하기 위해 규칙을 바꿀 경우 기존 알고리듬을 변경하거나 새 알고리듬을 생성해 수동으로 수행해왔다. 오늘날에도 규칙은 여전히 사기 방지 솔루션의 중요한 부분이지만 전통적인 규칙 기반 접근 방식은 다음과 같은 문제점을 안고 있다.

1. 가용 데이터는 증가하는데 사람이 모든 것을 활용하기 어려워 효율성이 낮다.

2. 범죄자들의 사기 수법이 점점 정교해져 규칙으로 분별하기 어렵다.

3. 데이터가 복잡해지고 유형이 증가해 규칙들과의 관계를 포착하기 어렵다. 규칙들은 데이터에 숨겨진 패턴을 인식할 능력이 없다. 엄격한 규칙을 기반으로 하기 때문에 규칙의 내용을 넘어서는 사기는 예측하기 어렵다.

4. 규칙에 기반을 둔 시스템에서는 오탐지가 발생할 가능성이 높다. 상황에 따라 임곗값을 유동적으로 변경하기 어렵기 때문이다. 실제로 새로운 상점이나 지역에서 신용카드를 사용해 결제가 거부된 경우도 종종 발생한다. 혹은 평소보다 현저하게 높은 금액을 청구할 경우에도 결제가 거부될 때가 있다. 오탐지 케이스다. 이와 같이 신용카드는 합법적인 거래에서도 의외로 자주 거부된다. 이는 결제 은행에서 사용하는 사기거래탐지 기술이 잘못 판단했기 때문이다.

5. 고객 수와 데이터가 증가하면서 시스템 운영 및 업데이트에 시간과 비용이 많이 든다. 규칙 기반 방식은 사기 수법이 진화함에 따라 규칙 라이브러리가 계속 확장되어야 제대로 작동할 수 있다. 이로 인해 시스템 속도가 느려지고, 사기거래 분석팀의 유지 관리 부담이 늘어나 비효율적이고 확장에도 어려움이 있다.

오늘날의 범죄자들은 보다 정교한 방법으로 고객 데이터를 훔쳐 우수고객으로 가장하기 때문에 일반적인 사기 계정을 기반으로 하는 규칙이 이러한 종류의 행동을 탐지하기가 훨씬 더 어렵다. 이러한 이유로 규칙 기반 시스템보다 AI 및 머신러닝 기반 사기거래탐지 시스템이 각광을 받고 있다.

## 3. 접근 방법: 사기거래탐지 시스템에 인공지능 적용

오늘날 숙련된 금융 범죄자들은 매번 새로운 기술을 활용해 보다 고도화된 방법으로 사기를 저지른다. 따라서 데이터 패턴과 상황들을 재빨리 분석하고 대응할 수 있는 지능적 시스템이 필요하다. 그러기 위해서는 빅데이터를 활용, 결제와 관련된 다양한 정보를 수집하고 패턴화해 사기거래탐지 기준을 시급히 마련해야 한다. 이런 분위기에 힘입어 최근 규칙 기반 솔루션은 점점 퇴조하고 있고 AI와 머신러닝에 기반한 사기거래탐지 시스템은 확산세를 늘려가고 있다.

### 1) 인공지능 기반 사기거래탐지 시스템의 장점

인공지능 기술이 사기거래탐지 시스템에 널리 사용되는 요인으로는 속도, 확장성, 효율성, 정확성 등을 꼽을 수 있다.

**1. 속도:** 사기거래 여부에 대한 결정은 신속히 내려져야 한다. 따라서 이 작업은 실시간으로 이뤄져야 한다. 머신러닝은 실시간 결정을 내릴 뿐만

아니라 개별 고객의 행동도 평가한다. '정상적인' 고객 활동을 지속적으로 분석하므로 비정상 거래로 판단되는 이상 징후가 발견되면 분석가의 검토를 위해 거래를 자동으로 차단할 수 있다.

**2. 확장성**: 규칙 기반 시스템은 결제 금액과 고객 데이터가 늘어나면 규칙 라이브러리를 확장해야 하는 부담이 매우 크다. 시스템을 개발한 전문가가 다양한 상황에 맞는 규칙을 새로 작성해야 하기 때문이다. 따라서 시스템 확장이 어렵다. 이에 반해 머신러닝 기반 모델은 많은 데이터가 공급될수록 더 정확한 예측을 할 수 있다. 정상거래와 사기거래 데이터를 더 많이 제공해 보다 정확한 예측을 내릴 수 있기 때문이다. 머신러닝 모델은 행동 간의 차이점과 유사점을 더 빨리 찾아내고 이를 사용해 사기거래를 예측할 수 있으므로 시스템 확장이 비교적 용이하다.

**3. 효율성**: 머신러닝은 여러 팀이 초당 수십만 건의 결제 분석을 실행하는 것과 같은 효과를 낸다. 100명의 거래 분석가들이 쓰는 시간보다 훨씬 짧은 시간 내에 복잡한 데이터 분석을 수행한다. 인간과 달리 기계는 반복적이고 지루한 작업도 중단 없이 수행할 수 있다. 특별한 판단이 필요할 때만 인간이 의사결정을 하면 된다.

**4. 정확성**: 머신러닝은 직관적이지 않은 패턴이나 미묘한 추세를 발견하는 데 인간보다 더 나은 능력을 보일 수 있다.

## 2) 머신러닝 시스템은 어떻게 만들어지나

이전 거래 데이터를 머신러닝이 분석해 정상거래와 사기거래를 식별하는 모델을 생성하려면 다음과 같은 3단계의 작업을 수행해야 한다(그림 42 참조).

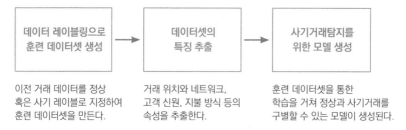

| 데이터 레이블링으로<br>훈련 데이터셋 생성 | → | 데이터셋의<br>특징 추출 | → | 사기거래탐지를<br>위한 모델 생성 |
|---|---|---|---|---|
| 이전 거래 데이터를 정상<br>혹은 사기 레이블로 지정하여<br>훈련 데이터셋을 만든다. | | 거래 위치와 네트워크,<br>고객 신원, 지불 방식 등의<br>속성을 추출한다. | | 훈련 데이터셋을 통한<br>학습을 거쳐 정상과 사기거래를<br>구별할 수 있는 모델이 생성된다. |

[그림 42] 사기거래를 식별하는 모델의 생성 프로세스.

**1. 데이터 레이블링:** 이전에 했던 많은 거래를 '정상거래' 혹은 '사기거래'로 레이블링 작업을 한 뒤 훈련 데이터셋을 마련한다. 이 훈련 데이터셋을 사기거래탐지 모델 생성을 위해 공급한다. 모델의 정확성은 훈련 데이터셋의 양과 질에 따라 달라진다.

**2. 특징 추출:** 훈련 데이터를 머신러닝 알고리듬이 이해할 수 있도록 구조화하고 거래 관련 특징들을 추출한다. 정상거래 혹은 사기거래의 특징을 분류해내는 것인데, 이는 사기 분석 전문가가 거래를 보고 결정을 내리기 위해 살펴보는 특징들과 동일하다. 이 특징들은 아래 내용과 같이 거래가 이뤄진 위치, 고객의 신원, 지불 방식, 거래에 사용되는 네트워크를 포함할 수 있다.

- 신원: 고객의 이메일 주소, 휴대폰 번호 등을 확인하기 위해 사용되는 파라미터다.
- 위치: 사기거래 행위를 고객의 IP 주소와 배송 주소로 확인한다.
- 결제 방법: 거래에 사용된 카드, 카드 소지자 이름, 사용된 은행 계좌로 사기거래를 확인한다.
- 네트워크: 거래를 위해 네트워크에서 사용되는 휴대폰 번호와 이메일

개수를 확인한다.

사기거래탐지를 위한 특징 추출은 어렵고 노동집약적이다. 사기 패턴이 지속적으로 변화하기 때문에 도메인 지식과 경험이 필요하다.

**3. 모델 생성:** 알고리듬이 정상거래와 사기거래를 분류하는 방법을 배울 수 있도록 훈련 데이터를 입력한다. 훈련 데이터는 거래의 특징과 정상/이상의 레이블로 구성되어 있으므로 각 거래의 특징이 어떠할 때 정상거래 혹은 사기거래인지 알고리듬이 알 수 있다. 이러한 훈련을 거쳐 정상거래와 사기거래를 구별할 줄 아는 모델이 생성된다. 이후 새 거래의 사례를 통해 사기거래의 가능성 점수를 산출한다. 보통의 경우 사기거래보다 정상거래가 훨씬 더 많기 때문에 대다수 거래의 사기거래 가능성 점수는 상당히 낮을 것이다. 낮은 점수일 경우 거래를 허용하고, 중간 점수일 경우는 거래 검토를 권장한다. 점수가 높으면 그 거래를 하지 못하도록 차단한다.


## 4. 사기거래탐지를 위한 인공지능 학습 모델

머신러닝은 대규모 데이터셋에서 쉽게 작업하고 인간이 판별하지 못하는 상황을 감지할 수 있다. 사기거래를 감지하기 위해 일반적으로 사용되는 머신러닝 모델에는 지도학습과 비지도학습이 있다. 지도학습 모델은 레이블이 지정된 데이터로 학습된다. 완결된 거래 데이터는 '사기거래' 또는 '정상거래' 레이블이 붙여진다. 레이블이 붙여진 대량의 거래 데이터는 새로운 거래가 이상 혹은 정상인지를 식별하기 위한 지도학습 모델을 훈련하는 데 사용된다.

비지도학습 모델은 이전에 감지되지 않은 거래의 비정상적인 동작을 감지하도록 동작한다. 비지도학습 모델이 특별한 상황들을 식별해내면 지도학습 모델을 활용해 어떤 상황이 '사기거래'이고 '정상거래'인지를 확인할 수 있다. 두 모델 모두 독립적으로 혹은 협업으로 금융거래의 이상 징후를 감지할 수 있다.

### 1) 비지도학습 모델: 아웃라이어 거래, 특이 프로세스 탐지에 효과적

사기거래탐지를 위해 비지도학습 모델을 사용하는 경우, 일반적으로 'K-Means' 또는 'Markov' 모델을 사용한다. K-Means는 유사한 속성을 가진 관측 데이터를 묶어 클러스터로 만드는 클러스터링 알고리듬이다. 예를 들어 어떤 거래 데이터셋을 클러스터링해 그림

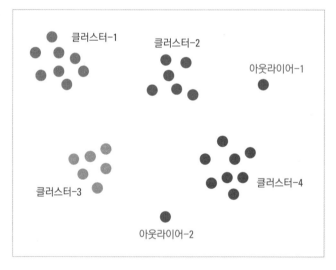

[그림 43] K-Means 클러스터링에 의해 거래 데이터로부터 네 개의 클러스터 도출. 두 개의 아웃라이어로 판명된 거래 데이터는 사기거래일 가능성이 높다.

43과 같은 클러스터를 도출했다고 가정해보자. 사이즈가 큰 네 개의 클러스터는 일상적인 정상거래들로 이뤄졌다고 볼 수 있다. 반면에 특이한 속성으로 인해 주요 클러스터에 속하지 않는 '아웃라이어-1'과 '아웃라이어-2'는 사기거래일 가능성이 높다. 흔히 '아웃라이어 *Outlier*'라고 불린다(그림 43 참조).

거래 관련 행동을 보고 사기거래 가능성을 추정할 때 비지도 마르코프 모델을 사용할 수 있다. 마르코프 모델, 특히 은닉 마르코프(Hidden Markov) 모델은 프로세싱 순서를 학습하고 다음에 발생할 가능성이 가장 높은 이벤트를 예측하는 데 유용하게 활용된다. 이러한 정보를 사용해 일반적이지 않거나 예기치 않은 순서로 이벤트가 발생하는 경우는 '사기거래' 가능성이 높은 것으로 판단한다.

예를 들면, 그림 44처럼 온라인 뱅킹 고객의 일반적 순서는 '로그인→계좌 잔고 확인→알려진 수신자에게 송금→로그아웃'이다. 이런 순서로 진행된다면 사기거래 가능성이 매우 낮다. 하지만 '로그인→비밀번호 변경→이메일 변경→새 수신자 추가→송금→수신자 삭

**온라인 뱅킹 고객의 일반적 순서**

**사기 거래 가능성이 높은 드문 패턴**

[그림 44] 마르코프 모델에 따른 사기거래탐지 방법.

제→로그아웃'의 순서로 거래가 되었다면 흔히 볼 수 없는 패턴이므로 사기거래 가능성이 매우 높은 것으로 판단한다.

### 2) 지도학습 모델: 사기거래 예측

사기거래탐지를 위해 다음과 같은 지도학습 기술을 사용할 수 있다.

### 로지스틱 회귀분석

로지스틱 회귀는 결정 클래스가 이진(0 혹은 1)일 때 사용되는 지도학습 기법이다. 대상 거래 데이터가 제공되어 계산된 '정상거래' 예측 확률 결괏값을 이진값으로 변환하는 활성함수를 통해 '사기거래' 또는 '정상거래' 중 하나의 출력이 도출된다. 그림 45의 사례처럼 거래 데이터를 선형회귀분석 단계에서 계산한 확률이 0.75이고, 이진값 변환 임계치가 0.5이면 '정상거래'라는 예측 결과가 도출된다.

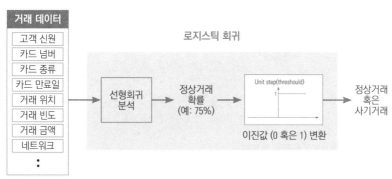

[그림 45] 로지스틱 회귀분석 알고리듬으로 예측하는 사기거래.

## 의사결정트리

의사결정트리(Decision Tree) 알고리듬은 결론에 도달할 때까지 연속적으로 질문을 해 'Yes/No'의 답변을 유도한 뒤 의사결정을 한다. 마치 스무고개 게임에서 답을 맞히는 과정과 유사하다. 의사결정트리는 트리 구조로 규칙을 표현하기 때문에 이해가 쉬우며, 어떤 결정에 대한 이유를 잘 설명할 수 있으므로 현장에서 예측과 분류 작업에 많이 사용된다.

의사결정트리 알고리듬은 사용자 거래에서 비정상적인 활동을 분류할 때 쓰인다. 이를 위한 의사결정트리는 기존 거래 데이터셋으로 훈련한 결과로 만들어진 구조로서 각 노드에는 의사결정 방향을 결정짓는 조건이 있다.

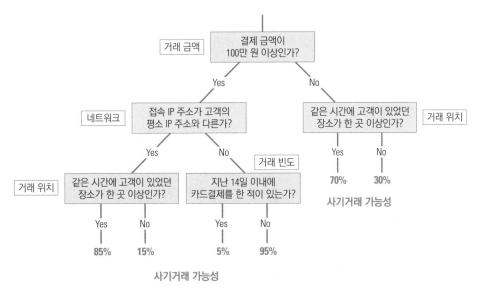

[그림 46] 의사결정트리 알고리듬으로 예측하는 사기거래.

그림 46은 고객 거래를 기반으로 도출한 사기거래 가능성을 예측하는 의사결정트리 사례다. 먼저 의사결정트리에서 거래 금액을 체크한다. 금액이 100만 원보다 많으면 고객이 접속한 IP와 고객이 평소 사용하는 네트워크 IP가 다른지를 확인한다. 만일 다르다면 고객이 같은 시간에 한 곳 이상의 장소에서 거래를 했는지 체크한다. 만일 한 곳 이상이라면 '사기거래' 가능성이 85퍼센트, 아니면 15퍼센트라고 예측한다. 고객이 접속한 IP와 평소 사용 IP가 동일한 경우, 지난 14일 동안 카드 결제 거래가 있었다면 '정상거래' 가능성이 95퍼센트이고 '사기거래' 가능성은 5퍼센트다. 결제 금액이 100만 원 이하라 해도 고객이 같은 시간에 한 곳 이상의 장소에서 거래를 했다면 '사기거래' 가능성을 70퍼센트, '정상거래' 가능성을 30퍼센트로 예측한다.

### 랜덤 포레스트

머신러닝 과정에서 데이터가 너무 많아 불필요한 것까지 입력되면서 현장에서 결과가 제대로 도출되지 못하는 현상을 '오버피팅 *Overfitting*'이라고 한다. 모델에 학습 데이터 하나하나를 세밀하게 다 반영하려다 보니 편견이나 잡음까지 포함되어 정작 중요한 일반적 데이터 패턴을 설명할 수 없게 되는 상황이다. 의사결정트리 하나만으로도 분류가 가능하지만 오버핏될 가능성이 높아 결과와 성능의 변동 폭이 크다는 단점이 있다.

이러한 단점을 해결하려면 좀 더 일반화된 의사결정 방법이 필요한데 이것이 바로 랜덤 포레스트*Random Forest* 알고리듬이 생성된 배경이다. 랜덤 포레스트는 앙상블 머신러닝 모델이다. 하나의 거대한 의사결정트리를 만드는 게 아니라, 무작위 데이터셋으로 훈련된 여러 개의 작은 의사결정트리를 만들고 각 트리는 서로 다른 조건을 기반으로 의사결정을 한다. 새로운 데이터 포인트들을 각 트리에 동시에 통과시키고, 각 트리가 분류한 결과들을 대상으로 투표를 실시해 가장 많은 득표를 얻은 결과를 최종 선택함으로써 각 트리에 존재할 수 있는 오류를 완화한다. 랜덤 포레스트는 결과를 해석하고 사용자에게 설명 가능한 점수를 제공하는 능력을 유지하면서 모델의 전반적인 성능과 정확성을 향상시킨다.

이제 랜덤 포레스트가 사기거래탐지에 어떻게 이용되는지 살펴보자. 모델에 거래 데이터가 주어지면 신용카드 번호, 날짜와 시간, 위치, 금액, 거래 빈도 및 IP 주소 등의 정보를 확인한다. 이 모든 데이터는 사기거래탐지 알고리듬 입력 조건으로 제공된다. 그런 다음 이 알고리듬은 서브트리*Subtree*를 만들기 위해 데이터셋을 분할하는 데 도움이 되는 변수(신용카드 번호, 위치, 날짜와 시간 등)를 선택한다.

그림 47은 데이터셋을 여러 의사결정트리로 분할하는 것을 보여주는 사례다. 모든 조건을 확인한 후 각 서브트리는 거래가 '사기거래' 또는 '정상거래'일 확률을 계산한다. 이후 각 서브트리로부터 얻은 확률 결과를 기반으로 최종 결정을 내리고 '사기거래' 또는 '정상거래'를 판단한다. 랜덤 포레스트를 이루는 각 서브트리는 정확하지 않은 결과를 도출할 수 있지만, 최종 결과에는 큰 영향을 미치지 않는다.

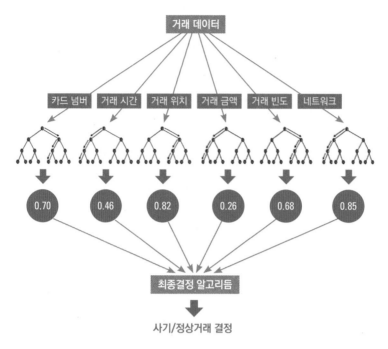

[그림 47] 랜덤 포레스트 알고리듬으로 사기거래탐지.

### 신경망과 딥러닝

신경망을 활용해 정상거래의 행동 패턴을 학습한 뒤 '사기거래'와 '정상거래'를 판단하므로 다른 모델보다 더 정확한 결과를 제공할 수 있다. 사기거래탐지에 신경망을 사용한 사례를 살펴보자. 신경망에는 '사기거래'인지 '정상거래'인지를 결정해주는 다양한 파라미터 계층이 있다. 그림 48은 신경망 계층이 다른 파라미터를 표현하고 작동하는 방식을 보여준다.

거래 데이터가 신경망의 입력 계층에 공급되어 은닉층-1에 전달되면 은닉층-1은 고객의 신원을 확인한다. 같은 방식으로 후속 은닉

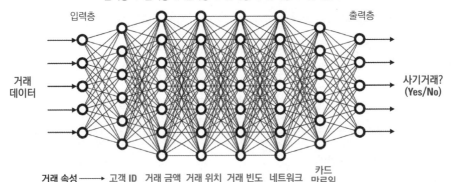

은닉층-1 은닉층-2 은닉층-3 은닉층-4 은닉층-5 은닉층-6

입력층                          출력층

거래
데이터

사기거래?
(Yes/No)

거래 속성 ──▶ 고객 ID   거래 금액   거래 위치   거래 빈도   네트워크   카드
만료일

[그림 48] 인공신경망을 이용한 딥러닝으로 사기거래탐지.

층에서 거래 금액, 거래 위치, 거래 빈도, 네트워크, 카드 만료일 등
을 확인한다. 실제로는 훨씬 더 많은 비즈니스 파라미터(속성)가 존
재할 수 있다. 개별 계층은 각 거래 속성 확인을 위해 작동하고 사기
거래탐지 확률을 계산한다.

신경망 외의 다른 기술은 종종 기능 수를 제한하지만 심층신경망
은 수천 개의 기능을 훈련하고 쉽게 확장할 수 있다. 이러한 모델을
훈련하려면 수백만 개의 레이블이 지정된 거래 데이터가 필요하다.
딥러닝 모델은 현실적으로 투자 여력이 있는 대기업이나 많은 데이
터를 생성하는 기업들만 채택할 수 있다.

딥러닝은 '블랙박스'에 가까워 결과 도출 계산 과정을 파악하기 어
렵다. 어떻게, 무엇을 근거로 결과가 도출되었는지 설명하기 힘들다.
즉 인공신경망 모델은 특정 거래를 왜 '사기거래' 혹은 '정상거래'로
분류했는지 설명하기 어렵다.

### 3) 오탐지 감소 노력

오탐지를 방지하기 위해 사기거래탐지 시스템은 일반적으로 다음과 같은 흐름으로 구축된다.

1. 비지도학습 모델을 사용해 거래의 패턴 그룹(클러스터)을 찾는다.
2. 전문가가 수동으로 각 그룹을 검토한 후 정상거래 혹은 사기거래 등의 레이블을 지정한다.
3. 지정된 레이블을 사용해 지도학습 모델을 생성, 이를 활용한다.

예를 들어보자. 호텔 예약 사이트에서 한 고객이 객실 예약을 하고 있다고 가정해보자. 고객은 휴대전화를 비행모드로 설정해놓은 상태이지만 이런 상황을 모니터링하는 비지도학습 모델에 기반한 사기거래탐지 시스템은 와이파이 기능은 켜고 객실 예약을 하는 특이한 상황을 발견했다.

흔하지 않은 아웃라이어 사례이므로, 사기거래탐지 시스템은 의심을 하고 즉각 전문가에게 분석을 의뢰했다. 분석 전문가가 데이터를 검토한 결과 고객은 해외여행 중 공항에서 호텔 객실을 예약하고 있었다. 휴대전화를 비행모드로 설정해놓은 이유는 높은 데이터 로밍 비용을 피하기 위한 것으로 보였다.

이후 이러한 거래 패턴의 데이터는 '정상거래'라는 레이블로 지정한 후 지도학습 모델을 훈련하게 되고 오탐지도 방지할 수 있다. AI와 머신러닝과 인간의 협업이 이룰 수 있는 장점이다.

레이블이 지정된 데이터가 없을 때는 비지도학습 모델을 사용한다. 일반적으로 기업이 머신러닝 기반 사기거래탐지를 처음 시작할 때 활용한다. 데이터가 클러스터로 그룹화하면 보다 정확한 식별을 할 수 있는 모델을 생성하기 위해 '정상거래' 또는 '사기거래'로 확인된 데이터로 모델을 훈련한다. 신용카드 결제를 거절했지만 나중에 사기거래가 아닌 정상거래였다는 사실이 밝혀지는 사례가 있을 수 있다. 이럴 때는 '정상거래' 레이블로 지정된 데이터를 입력해 잘못된 거래 예측을 더 정확하게 할 수 있도록 학습을 시킨다.

### 4) AI와 머신러닝 그리고 인간의 협업

오늘날에는 AI와 머신러닝을 사용해 사기거래탐지를 자동화할 수 있으므로 인간의 직관이나 지식이 필요하지 않다는 인식이 있다. 물론 그럴 가능성은 있지만 아직은 요원하다. 또 거래 영역에 따라 다를 수 있다.

영화 관람권 티켓팅처럼 사용자가 수행할 수 있는 기능과 작업 수가 제한된 단순한 영역에서는 자동식별 시대가 비교적 빨리 올 수 있다. 그러나 금융 산업처럼 복잡한 영역에서는 범죄자들의 사기 수법이 훨씬 더 정교해지고 빠르게 변화하고 있어 자동식별까지는 상당한 시간이 걸릴 것이다.

범죄자들은 인간의 지능을 사용해 보다 고도화된 사기 기술을 계속 고안해내고 있다. 이를 감지하려면 AI와 머신러닝 그리고 인간의 협업이 반드시 필요하다.

# 5. 아메리칸익스프레스의 최저 사기거래율 유지 비법

아메리칸익스프레스는 뉴욕에 본사를 둔 다국적 은행 및 금융 서비스 기업이다. 2020년 기준 전 세계에 1억 1천400만 장의 카드를 발급하고 있으며 6만 4천 명의 직원과 360억 달러의 매출을 기록했다. 또 매월 수십억 건의 거래가 시스템을 통해 진행되고 있다. 이로 인해 거의 실시간으로 분석해야 하는 거래 데이터를 포함해 엄청난 양의 데이터가 생성되고 있다.

## 1) 초기 사기거래탐지를 위한 '승인자의 보조'

아메리칸익스프레스의 신용카드 거래 역사는 길다. 오랫동안 거래 모니터링 및 사기거래탐지의 최전선에 있었던 이 기업은 사기거래 결제를 막기 위한 시스템 투자를 지속적으로 해왔다. 1980년대에는 아메리칸익스프레스 신용카드의 지출 한도가 없었다. 이 기능은 경쟁적인 이유로 중요했지만, 각 고객의 신용 수준을 결정하는 일은 어려운 문제였다.

아메리칸익스프레스의 고객이 대량 구매를 할 때마다 판매자는 이 기업에 요금 결제를 승인받았다. 직원은 지불을 승인할 수 있는지 확인하기 위해 빠른 판단을 내려야 했다. 정상적인 구매 패턴을 벗어나 의심이 가는 거래가 사기거래인지를 판단하기 위해 최대 13개 데이터베이스의 데이터를 분석해 고객의 거래 내역과 일치하는지 확인하는 절차를 거쳐야 했다.

아메리칸익스프레스는 이러한 어려움과 번거로움을 해결하기 위해 1988년 당시 가장 성공적인 규칙 기반 전문가 시스템 중 하나로 꼽혔던 '승인자의 보조(Authorizer's Assistant)'를 개발해 사용했다. 몇 초 내에 해당 검색을 수행하고 승인 결정을 내리는 사람에게 조언을 해주는 시스템이었다.[47]

## 2) AI와 머신러닝을 이용한 사기거래탐지 및 예방

아메리칸익스프레스는 신용카드 사기거래를 보다 정확하게 식별하기 위해 머신러닝과 딥러닝 기술을 광범위하게 사용한다. 이 기업의 머신러닝 및 데이터 과학 연구 부사장인 마니시 굽타*Manish Gupta*에 따르면, 아메리칸익스프레스는 데이터, 머신러닝과 딥러닝 기술, 1천500명에 이르는 데이터 과학자 등 세 가지의 장점을 잘 활용했다.

신용카드 회원 지원은 아메리칸익스프레스의 최우선 과제였고, 사기거래율을 낮게 유지하는 것이 이 과제의 핵심이었다. 아메리칸익스프레스는 금융 서비스 산업에서 가장 진화된 AI 및 머신러닝 시스템 중 하나를 구축했다. 그 결과 연간 1조 2천억 달러가 넘는 거래를 하는 전 세계 고객의 신용 및 사기거래 위험에 대한 실시간 모니터링이 가능해졌다.

아메리칸익스프레스에서 개발한 AI 및 머신러닝 기반 시스템에는 두 가지 장점이 있다. 첫째, 1조 달러 이상의 연간 거래 데이터로 사기거래탐지 모델을 훈련해 1980~90년대에 개발된 수동 If-Then 규칙보다 훨씬 더 정확한 예측 도구를 만들어냈다. 둘째, 계속해서 증가하는 데이터를 반영하기 위한 모델 재교육을 이전에 사용하던 사기 규칙을 업데이트하는 것보다 훨씬 빠르게 할 수 있다는 점이다.

이전의 전문가 시스템은 수동으로 조정되었지만 AI 및 머신러닝 모델은 새로운 데이터를 신속하게 학습했기 때문이다.

아메리칸익스프레스는 고객의 경험을 개선하고 사기거래를 줄이기 위해 업계 최고 수준의 FDS 모델을 개발했다. 이 모델은 현재 10세대 모델이 되었기 때문에 'Gen X'라고 불리는데, 2014년 처음 출시된 후 계속 진화해왔다. 현재 아메리칸익스프레스 카드 비즈니스에서 사용하는 FDS 중 가장 큰 모델이다. 이 모델의 알고리듬은 예측과 실제 관찰의 비교로 개선되는 수백 개의 사기거래 위험지표와 수천 개의 의사결정트리에 가중치를 할당한다. 2021년 2월 닐슨 보고서에 따르면, 아메리칸익스프레스가 AI와 머신러닝을 효과적으로 적용한 결과 14년 연속 신용카드사 중 가장 낮은 사기거래율을 유지했다. 경쟁사 대비 절반 수준이다.[48]

아메리칸익스프레스는 딥러닝 생성 및 순차 모델을 활용한 정상거래 패턴 훈련으로 사기거래에서 발생하는 손실을 크게 줄이고 고객 경험을 개선했다. 의사결정 엔진은 복잡한 계산을 불과 몇 밀리세컨드 만에 할 수 있다. 아메리칸익스프레스 모델은 사기거래의 선제적 예방을 목적으로 실시간 운영된다. 전 세계에서 이뤄지는 거래도 사기거래 가능성을 평가해 손실이 발생하기 전에 중지할 수 있다.

아메리칸익스프레스가 지난 5년 동안 AI와 머신러닝으로 이룩한 가장 중요한 혁신은 크게 두 가지의 도움을 받았다. 첫째 텐서플로 *TensorFlow*, 파이토치 *Pytorch* 등과 같은 딥러닝 프레임워크 기반으로 AI 모델을 신속하게 구축해 현장에 빠르게 배치할 수 있었고, 둘째 거대 언어 모델인 'BERT'에 기반한 신경망 아키텍처를 이용해 자연어 및

이미지 처리의 혁신을 가속화할 수 있었기 때문이다.[49]

오늘날은 고도화된 사기거래탐지 시스템으로 고객 친화적 영업이 가능해졌다. 아메리칸익스프레스 카드를 사용하는 한 고객은 여행을 떠나기 며칠 전 아메리칸익스프레스로부터 다음과 같은 메일을 받았다. "최근 거래에 따르면, 당신은 곧 여행을 떠날 것 같습니다. 우리는 업계 최고의 사기거래탐지 시스템을 운영합니다. 회원님은 여행할 때 우리에게 미리 여행 계획을 알릴 필요가 없습니다."[50] 반면 다른 경쟁사는 거래 오탐지 가능성을 줄이기 위해 카드 소지자에게 여행 전에 계획을 미리 고지해줄 것을 요구하는 경우가 많다.


## 6. 사기거래탐지 시스템의 남은 과제

사기거래탐지 시스템은 전자금융거래 시 단말기 정보와 접속 정보, 거래 정보 등을 수집하고 분석해 사기거래를 발견하고 차단한다. 최근 들어 딥러닝과 기타 AI 접근법이 사기거래 위협에 대응하는 효과적인 방법으로 활용되고 있다. 렉시스넥시스*LexisNexis*의 연구에 따르면, 페이팔의 이상금융 거래율이 매출의 0.32퍼센트로 매우 낮게 유지되고 있는데 이는 일반 상점 거래의 1.32퍼센트보다 훨씬 낮은 수치다.[51] 사기거래탐지법은 회사마다 다양한 금융 사기 사례에 대한 경험과 지식을 기반으로 점점 고도화되고 있다.

그러나 사기꾼은 금융 사기거래탐지 시스템이 고도화되는 것에 비례해 FDS를 우회할 수 있는 더 정교한 방법으로 범죄를 저지른다.

사기 수법이 갈수록 교묘해지고 있는 것이다. FDS로 완벽한 해결책을 찾기는 어렵다. 일반적으로 신용카드 회사가 주어진 결제를 승인 또는 거부 여부를 결정할 수 있는 시간은 길어야 몇 초밖에 안 된다. 점점 더 지능화되어가는 사기 수법에 효과적으로 대응하려면 진화된 사기 패턴을 감지할 수 있는 머신러닝 및 딥러닝 모델을 지속적으로 업데이트하는 수밖에 없다. 다양한 모델을 섞어 활용하는 앙상블 모델링 방법도 있다.

금융거래자 중에 사기 의도를 가진 사람은 극소수다. 이와 같은 클래스 불균형은 FDS의 분류 모델 개발을 어렵게 한다. 정상거래를 사기거래로 잘못 탐지해 합법적인 거래를 거부하는 실수를 하기 때문이다. 정상적인 거래를 사기거래로 잘못 판단해 결제를 거부하면 수수료 감소뿐 아니라 귀중한 고객을 잃을 수도 있다. 따라서 고객 유지 관점에서 오탐지는 반드시 방지해야 한다.

분류 불균형으로 생기는 문제는 협업으로 해결할 수 있다. 새로운 사기 특징은 사람이 식별해 그 정보를 머신러닝 모델에 제공하면 된다. 예컨대, 특정 금융거래에서 실행 순서가 비정상적인 '아웃라이어'일 경우 이를 사기거래로 판단할 수 있다.

오늘날 머신러닝 알고리듬은 사기 예측에 도움이 되는 시스템을 만드는 데 유용하게 사용되고 있지만 딥러닝은 일반적으로 블랙박스 모델이라 근거나 설명 없이 현재의 거래가 정상거래 또는 사기거래인지를 파악해 그 결과를 점수로만 보여준다. FDS로서는 미흡한 점이다. 이러한 면에서 FDS는 인간과 반드시 협업을 해야 한다. 아무리 뛰어난 능력을 가졌다 해도 AI가 결정을 내리기 힘든 상황에는 인간이 즉시 개입해 결제 승인 여부를 결정해야 한다.

AI와 머신러닝 기술이 사기거래탐지 시스템 발전에 큰 역할을 했지만, 실제 시스템에서 규칙 사용을 완전히 포기해야 한다는 의미는 아니다. 규칙 기반 사기거래탐지 시스템은 머신러닝 기반 사기 방지 제품과 함께 작동할 수 있다. 사기 방지 전략에는 여전히 타당한 일부 규칙이 포함되어야 하며 동시에 머신러닝 기술의 이점도 활용되어야 한다.

# 4장

# 스티치픽스

## AI 기반 퍼스널 스타일링 서비스의 선두주자

"AI·데이터 기반으로
개인화된 퍼스널 스타일링 서비스를 제공해 AI 기업으로 발돋움한 스티치픽스는
고객의 신체 유형, 취향, 지출 한도 그리고 상황에 맞는 의류를 제안할 수 있는
탁월한 능력을 지니고 있다."

많은 사람이 아마존이 소매 산업에 미치는 파괴적 영향에 대해 이야기한다. 이런 와중에 작지만 AI에 기반을 둔 혁신으로 새 바람을 불러일으키는 기업이 있다. 바로 '스티치픽스*Stitch Fix*'다. 온라인 의류 판매를 사업으로 하는 구독 기반 AI 기업이다. AI와 머신러닝 기술 그리고 수천 명의 스타일리스트와의 협업으로 고객에게 의류, 신발, 액세서리 등을 추천해주는 온라인 퍼스널 스타일링 서비스의 선두주자다. 스티치픽스 창업자인 카트리나 레이크*Katrina Lake*는 2011년 웹 사이트와 모바일 애플리케이션을 통해 의류 쇼핑몰을 열었다. 하버드대학에 재학 중이던 28세 때였다.

첫 상품 배송은 그녀가 살던 아파트에서 이뤄졌고, 먼저 보스턴에 있는 친구와 가족에게 판매를 시작했다. 그리고 단 몇 주 만에 입소문이 나면서 20명이었던 고객은 200명 이상으로 빠르게 늘어났다. 여성복에서 출발한 스티치픽스는 이후 남성복, 플러스 사이즈 의류, 임산부복, 아동복, 신발, 액세서리 등으로 영역을 확장했다.

겉으로 볼 때 스티치픽스는 패션 서비스 기업이지만 AI와 머신러닝, 데이터 등 첨단 과학기술 활용 능력이 뛰어난 테크 기업이다. 실제로 쇼핑 시 발생하는 거의 모든 데이터(구매 특성, 개인 특성, 의복 특성, 수리 후 피드백 등)를 고객 서비스를 위해 활용한다. 100여 명의 데이터 과학자들은 알고리듬을 개발하고 데이터 기술을 활용해 고객 사이즈, 예산, 스타일에 맞춰 개인의 스타일링을 돕는다. 첨단 기술을 활용해 대규모 개인화를 진행하고 있는 것이다. 이 기업의 비즈니스 모델 핵심인 AI와 머신러닝 알고리듬은 고객의 스타일, 재고 관리, 제품 디자인에 이르기까지 모든 것을 지원한다.

창업 6년 만에 기업공개를 한, 떠오르는 스타트업 강자 스티치픽스는 2020년 6월 기준 회원이 340만 명이다. 미국의 비즈니스 매거진 〈패스트 컴퍼니 *Fast Company*〉는 "스티치픽스는 비즈니스의 모든 측면에서 데이터를 활용해 3천340억 달러 규모의 미국 의류 산업을 재창조하고 있다"라고 언급하면서 2019년 '가장 혁신적인 50대 기업' 중 하나로 선정했다.

# 1. 스타치픽스가 AI를 적용하게 된 배경

정보가 귀하던 시절이 있었다. 그러나 디지털 시대로 넘어오면서 우리는 정보의 홍수 속에 살고 있다. 온라인 아마존 쇼핑몰에 들어가서 검색 창에 'Polo Shirts'라고 치면 48페이지에 걸쳐 3천 개 이상의 검색 결과가 나타난다. 순간 '이 많은 것을 언제 다 훑어보나. 내가 사고 싶은 옷을 선택할 수 있을까? 누군가 대신 골라준다면 얼마나 좋을까' 하는 생각이 들 것이다.

스티치픽스는 이러한 니즈를 만족시키기 위해 창업되었다. 창업자 레이크는 쇼핑몰의 넘쳐나는 옷을 보며 자신의 취향에 맞는 옷을 고르는 게 쉽지 않았고 그 경험이 즐겁지도 않았다. 이처럼 너무 많은 선택지는 종종 스트레스가 되기도 한다. 이 스트레스로 '결정 피로' 현상이 발생할 때도 있다.

그러나 일상생활을 하려면 학교도 가야 하고 더러는 파티에도 참석해야 하고, 결혼식 축하객으로 가야 할 때도 있다. 격식과 상황에 맞게 옷을 입어야 할 때가 있는 것이다. 또 계절에 따라 바꿔 입어야 할 옷들도 필요하다. 그런데 옷을 선택하고 구매할 때 적지 않은 시간과 노력이 들어간다. 옷을 고르는 일이 즐겁지 않았던 레이크는 어느 날 문득 생각했다. 그러고는 스스로에게 질문했다. '옷을 좀 편하게 고르고 살 방법은 없을까?'

일부 온라인 소매업체는 집에서 컴퓨터로 다양한 상품을 살펴보고 가격과 제안을 신속하게 비교할 수 있게 해주고 선택한 상품을 집 앞까지 배달해주는 시스템으로 고객을 유인해왔다. 하지만 실제 매장에서 이루어지는 쇼핑 경험의 상당 부분이 사라졌다. 그중 가장 중요한 것은 옷이 몸에 잘 맞는지, 컬러가 피부색과 잘 어울리는지 등을 알아보기 위해 직접 입어보는 경험이다. 만일 당신 취향으로 준비한 몇 벌의 옷을 우편으로 받고 그중 마음에 드는 옷은 구매하고 나머지는 반품할 수 있다면 의류 쇼핑이 얼마나 쉬워질까? 레이크는 바로 이 점에 착안했다.

그녀는 의류 취향이란 결국 색상, 스타일, 허리둘레, 길이, 소재, 패턴 등과 같은 여러 속성의 조합에서 비롯된 것이라고 생각했다. 그리고 그 속성들은 사실 데이터일 뿐이라는 결론에 이르자 쇼핑을 데이터 과학과 연결하면 고객에게 훨씬 좋은 가치를 제공할 수 있겠다는 생각이 들었다. 또한 데이터를 충분히 모아 활용하면 사람들이 어떤 옷을 선호하는지 파악할 수 있으므로 의류 구매 경험을 개선할 수 있다고 믿었다. 고객의 각종 데이터로부터 취향을 알아낼 수 있는 AI와 머신러닝 기술이 시장경쟁력의 승패를 좌우할 것이라는 판단이었다.


## 2. 전략1: AI와 데이터를 활용한 고도의 개인 스타일링

스티치픽스는 기술과 사람의 의견을 조합해 개인에게 스타일링 제안을 하는 온라인 서비스 기업이다. 한마디로 온라인 상거래에 강력한 개인적 터치를 더한 것이다.

대부분의 의류 브랜드는 자신들이 판매하는 옷을 구매하는 고객을 파악하기 위한 전담부서를 두고 있다. 하지만 스티치픽스에는 이런 기능을 회사 전체 구성원들이 광범위하게 활용하는 기업 문화가 조성되어 있다. 구성원 누구라도 고객에게 가치 있고 개인화된 품목을 제공하기 위해, 옷의 크기, 색상 선호도, 심지어 고객이 좋아하지 않거나 구매하지 않는 품목에 대한 통찰력과 피드백을 요청해 분석한다.

### 1) 초창기의 '스타일 프로파일'과 '픽스'

스티치픽스 창업 초기에는 비즈니스 모델이 단순했다. 홈페이지는 물론 고객에게 요금을 청구할 수 있는 인터넷 기능조차 없었다. 그 대신 창업자 레이크는 구글 스프레드시트와 온라인 설문조사 서비스를 제공하는 '서베이몽키*SurveyMonkey*'의 툴을 사용해 구매 관련 데이터와 의류 취향에 관한 고객 설문조사 데이터를 수집했다. 신규 고객에게 간단한 설문 조사를 하고 거기에 맞춰 사람이 옷을 골라주는 개인 큐레이팅 방식이었다. 따라서 새로운 고객이 스티치픽스에 가입하면 키, 몸무게, 취향, 기념일, 라이프 스타일, 지출 한도 등 90개 이상의 질문이 포함된 '스타일 프로파일*Style Profile*'을 상세히 작성해야 한다.

개인 정보를 입력하고 한 달 스타일링 비용 20달러를 내면 스티치픽스는 이 데이터를 기반으로 고객의 스타일 취향을 반영해 의류와 액세서리 등 다섯 개의 품목이 포함된 패키지 박스 '픽스*Fix*'를 배송한다(그림 49 참조). 반품용 봉투도 포함되어 있다.

고객은 마음에 드는 제품만 구매하고 원하지 않는 제품은 반품할

[그림 49] 스티치픽스에서 고객에게 보내는 패키지 박스인 '픽스*Fix*'. 보통 다섯 개 제품으로 구성된다.

수 있다. 이때 많은 고객은 보내온 옷에 대해 스타일, 사이즈 등을 포함한 광범위한 피드백을 제공한다. 이 데이터는 고객을 보다 잘 이해하기 위해 중요한 데이터로 활용된다. 반품 비용은 스티치픽스가 부담한다. 고객이 픽스 박스에서 하나 이상의 제품을 구매할 경우 스타일링 비용 20달러가 구매 크레디트로 적용된다. 다섯 개 품목을 모두 구매하면 전체 금액에서 25퍼센트 할인을 받는다. 전 제품이 마음에 들지 않으면 다 반품할 수 있다.

### 2) 고객 취향 데이터 확보 앱 '스타일 셔플'

스티치픽스 고객은 1년에 최대 12개의 '픽스' 박스를 받으며, 한 픽스에 다섯 개의 상품이 포함된다. 따라서 고객으로부터 받는 피드백에 의한 데이터 포인트는 1년에 최대 60개에 불과하므로 데이터가 빠르게 쌓이지는 않는다. 이는 데이터를 회사의 근간으로 하는 스티치픽스가 해결해야 할 큰 문제였다. 데이터 과학 관리를 맡고 있는

[그림 50] 스타일 셔플 앱의 질문과 답변 사례. 답변은 '좋아요(Thumbs Up)' 또는 '싫어요 (Thumbs Down)'만 가능하다.

크리스 무디*Chris Moody*는 고객으로부터 더 많은 데이터를 빨리 얻을 수 있는 방법을 찾기 위해 노력했다. 그리고 2017년 데이팅 사이트 '틴더*Tinder*' 게임 형태의 앱 '스타일 셔플*Style Shuffle*'을 개발했다. 사례로 제시된 그림 50의 옷에 대한 고객 스타일 취향은 '스타일 셔플' 앱을 통해 예측할 수 있다.[52]

스타일 셔플 앱은 "이것이 당신의 스타일입니까?"라는 질문과 함께 의류 품목 등을 보여준다. 고객은 '좋아요' 또는 '싫어요'로 답한다. 하나를 답변하면 새로운 항목의 질문이 이어진다. 이 단순한 게임은 고객의 스타일과 그들이 가장 입고 싶어 하고 사고 싶어 하는 것들을 알 수 있게 해주는 매우 효과적인 방법이다.

고객이 스타일 셔플 앱을 플레이하면서 답변한 데이터는 스티치 픽스의 추천 알고리듬을 훈련하기 위한 입력 데이터 역할을 한다.

2018년 3월 이 앱이 공식 출시된 이후, 스티치픽스의 300만 명의 액티브 고객 중 75퍼센트 이상이 답변을 해 10억 개 이상의 좋은 평점을 받았다.[53]

### 3) 스타일 셔플 앱이 생성한 '스타일 공간 맵'

고객이 점점 많아지면서 급격한 성장을 이룬 스티치픽스는 사람이 일일이 스타일링을 하기에는 한계가 있었다. 데이터 분석을 활용한 접근 방식을 본격적으로 도입한 것은 그 무렵. 넷플릭스에서 데이터 과학과 엔지니어링 책임자로 있던 '에릭 콜슨Eric Colson'이 2012년 스티치픽스에 합류했다. 콜슨의 관점에서 스티치픽스에 필요한 알고리듬은 넷플릭스의 상황과 크게 다를 바 없었다. 그는 넷플릭스가 고객의 시청 기록을 분석하고 종합해서 좋아할 만한 콘텐츠를 추천하듯, 스티치픽스 역시 고객 데이터를 기반으로 옷을 추천할 수 있다고 확신했다.

2019년부터 콜슨이 이끄는 데이터 과학자 100여 명은 판매, 재고, 마케팅, 예측 및 수요, 운영, 스타일링 추천 시스템 등 거의 모든 기능에 적용되는 광범위한 데이터 기반 알고리듬 확보를 담당하고 있다. AI 기반 기업의 경쟁력은 다양한 양질의 정보에 있다. 스티치픽스가 고객의 정보를 얻는 4가지 방법은 다음과 같다.

**1. 스타일 프로파일**: 고객이 스티치픽스에 가입 시 질문을 통해 얻는 스타일, 신체 사이즈, 지출 한도, 취향 등 90개의 다양한 데이터 포인트.

**2. 결제 시 피드백**: 픽스 박스를 받은 후 고객의 85퍼센트가 알려주는 품

목 구매 혹은 반품 이유.

**3. 고객 취향**: 스타일 셔플을 통해 얻는 취향 데이터.

**4. 스타일리스트에게 요청하는 메모**: 고객이 스타일리스트에게 특별히 요청하는 품목 혹은 이벤트를 위한 의상 정보.


스티치픽스는 위에서 리스트한 다양한 정보를 이용해 고객에게 의류 제품을 추천하지만 일반 온라인 기업이 수행하는 상품 추천 방법보다 훨씬 복잡하다. 우선 데이터 과학을 활용해 고객이 어떤 옷을 선택했을 때 그 이유를 '이해'하려고 했다. 이는 의상을 추천할 때 의상들 간의 유사성을 단순 비교하는 것을 넘어, 고객과 의상 품목에 내재된 취향을 알아보려는 것이다. 이때 머신러닝을 이용하면 겉으로 드러나지 않은 고객의 선호도를 추측하기 위한 모델이 생성되며, 이를 통해 특정 의상이나 스타일에 대한 고객 평점을 예측할 수 있다.

스티치픽스는 스타일 셔플 앱을 이용해 고객이 어떤 스타일의 제품을 선택했을 때 그것을 선택한 잠재 이유를 파악하려고 했다. 이는 넷플릭스가 콘텐츠 추천에 '잠재 모델(Latent Model)'을 사용한 개념과 같다.

스티치픽스의 데이터 과학자 에린 보일*Erin Boyle*은 고객이 특별한 옷을 얼마나 원하는지 알기 위해 스타일 셔플 앱에서 고객이 답변한 '좋아요' 또는 '싫어요'를 의미 있는 것으로 바꿔야 한다고 생각했다. 이를 위해 '잠재 스타일(Latent Style)'이라는 알고리듬을 만들었다. 스티치픽스는 이 알고리듬을 활용해 스타일 셔플 앱에서 얻어낸 데이터를 패션 클러스터로 분류한다. 예를 들면, 벗겨진 셔츠를 좋아하는 여성은 꽃무늬 스커트를 좋아할 가능성이 더 크고, 구슬 목걸이를 좋아하는 고객은 두툼한 목걸이를 좋아한다는 식의 분석이다.

스티치픽스의 잠재 스타일 맵은 '스타일 공간(Style Space)'으로도 불린다. 특정 고객들이 준 평점을 참고해 그 고객의 취향과 일치하는 옷, 신발, 액세서리로 이뤄진 대규모 이미지를 시각화했기 때문이다. 잠재 스타일 알고리듬은 각 나라가 지리적 공간을 나눠 점유하고 있듯이 광범위한 의류 스타일로 나뉘어 구성된 '스타일 공간 맵(Style Space Map)'을 도출했다(그림 51 참조).

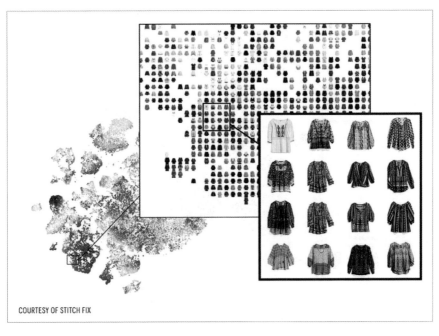

COURTESY OF STITCH FIX

[그림 51] 수많은 제품으로 구성된 스타일 공간 맵. 맵을 시각적으로 줌인하면서 디테일을 보여준다.

그렇다면 각 고객의 취향을 보여주는 개인별 스타일 공간은 어떻게 구성될까? 각 고객은 자신이 내린 수백 또는 수천 개의 평가를 종합해 구축한 개인별 스타일 공간 맵을 보유하고 있다. 그림 52는 스타일 셔플 앱에서 고객들이 내린 수천 개의 평가를 기반으로 형성된 스타일 공간 맵이다. 아주 작게 보이는 각각의 점은 하나의 제품을

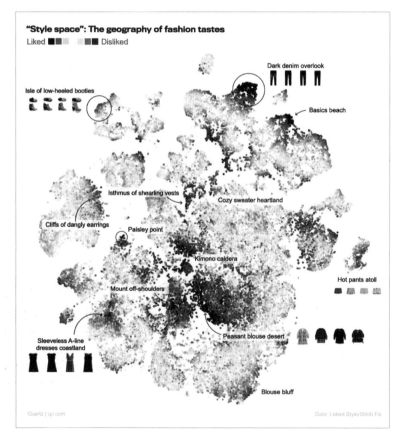

[그림 52] 스타일 셔플 앱에서 개인이 내린 수천 개의 평가를 기반으로 형성된 개인별 스타일 공간 맵.

나타낸다. 어떤 고객이 좋아하는 항목의 영역은 파란색으로 표시되고, 싫어하는 영역은 빨간색으로 표시된다. 파란색이든 빨간색이든 색이 진할수록 해당 옷이나 액세서리에 대한 호불호가 강해진다.

고객이 스타일 셔플 앱에 새 항목을 추가하고 해당 항목을 어떻게 평가하느냐에 따라 스타일 공간 맵은 변하고 확장된다. 또 스티치픽스는 특정 제품의 패키지 박스를 받은 고객의 피드백을 참고해, 그 항목에 대한 스타일 셔플 앱의 등급을 업데이트한다.

스타일은 완벽한 하나의 복장을 의미하는 것은 아니다. 고객은 단일 품목보다는 자신의 스타일에 맞는 재킷, 바지, 구두, 액세서리 등을 '매치'해 함께 착용하기를 원한다. 스티치픽스는 이들을 함께 구입하는 것이 고객과 기업 모두에게 이익이 되므로 이 과정을 지원한다. 그리고 바로 여기에서 '앵커 아이템'이라는 개념이 등장한다. 매치 기준이 되는 아이템으로서 고객이 이전에 구입했던 품목을 의미한다. 스티치픽스는 고객이 이미 보유하고 있는 앵커 아이템에 잘 매치되는 품목들을 광범위하게 탐색하고 이를 모바일 또는 데스크톱의 스티치픽스 앱에서 추천해 고객이 직접 쇼핑할 수 있도록 도움을 준다.


## 3. 전략2: AI와 스타일리스트의 협업

스티치픽스가 급격하게 성장할 수 있었던 비결은 뭘까? AI와 머신러닝 기술을 활용해 철저하게 고객의 입장에서 분석한 고객 개인별

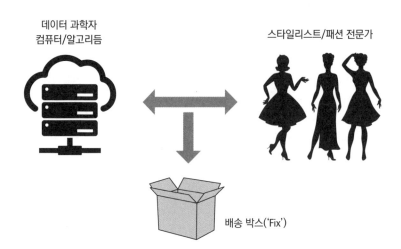

데이터 과학자
컴퓨터/알고리듬

스타일리스트/패션 전문가

배송 박스('Fix')

[그림 53] AI의 추천 품목을 스타일리스트가 큐레이션해 배송 박스에 들어갈 최종 제품을 결정한다.

맞춤 취향이다. 스티치픽스는 데이터 과학자와 스타일리스트의 협력으로 소셜 미디어, 개인 설문지 및 피드백에서 수집한 데이터를 기반으로 고객 스타일 취향 예측을 한다. 그림 53이 보여주는 것처럼 상품을 설명하는 속성들(색상, 사이즈, 스타일 등)은 데이터로 표시되고 각 고객의 취향에 맞게 조정된다. 스티치픽스는 '개인별 전담 스타일리스트가 있는 인터넷 쇼핑몰'이라고 할 수 있다.

그렇다면 각 고객에게 배정할 스타일리스트를 어떻게 선정할까? 기계는 모두 동일하지만 인간은 이질적이다. 따라서 한 스타일리스트가 다른 고객보다 일부 특정 고객에게 훨씬 더 적합할 수 있다. 고객-스타일리스 간의 매칭을 최적화하는 것도 중요하다는 얘기다. 스티치픽스는 이를 위해 스타일리스트들과 현재 배송을 요청한 고객들 간의 적합도를 나타내는 매치 점수를 계산한다. 이 점수는 해당 고객과 스타일리스트 간의 이전 소통 이력, 고객의 스타일 선호도와 스타일리스트의 선호도를 고려해 도출한다.

기업은 상품 추천 엔진을 잘 활용해 판매를 늘리거나 고객만족도를 높인다. 추천의 질에 따라 사업의 흥망이 좌우되므로 이 시스템을 제대로 활용해야 하는데 기계에만 의존할 수는 없다. 컴퓨터는 특정 고객의 의류 추천에 관련된 모든 계산, 예컨대 협업 필터링, 유사성 측정, 자격 부여, 순위 지정 등의 기계적인 계산을 수행한다. 이렇게 처리한 결과는 고객과 각 상품 간의 관련성을 나타내는 점수다.

스티치픽스에는 고객과 제품에 대한 데이터가 넘쳐나지만 AI와 데이터 과학만으로 패션 제품 선택을 고객 입맛에 맞도록 제안하기는 부족하다. 이런 문제를 해결하기 위해 스티치픽스가 채택한 프로세스는 데이터 과학과 스타일리스트의 협업이다. 즉 고객이 상품 패키지를 요청하면 먼저 알고리듬이 고객의 스타일 프로파일, 피드백, 구매 내역 그리고 스타일 셔플 앱과 같은 채널을 통해 얻은 고객 프로파일을 고려해 개인화된 초기 상품 패키지를 구성한다. 기계는 인간이 하면 엄청난 시간이 소요될 작업을 신속하게 실행하고 기계적 계산과 많은 데이터를 필터링하는 데 매우 능숙하다. 또한 인간이 할 수 없는 방식으로 수백만 고객의 피드백을 동시에 고려할 수도 있다.

기계가 구성한 초기 상품 패키지를 큐레이팅하는 스타일리스트에게 전달했을 때 고객이 원하는 미묘한 차이를 이해해 개인화에 반영하려면 스타일리스트의 역할이 매우 중요하다. 스티치픽스 CTO 폴린스키*Polinsky*는 "우리가 하는 일의 핵심은 데이터 과학과 인간 판단력의 독특한 조합이다. 스타일리스트들은 알고리듬을 더 효과적으

로 만들고, 머신러닝은 스타일리스트들이 더 좋은 결과를 도출할 수 있도록 도와준다"라고 말했다.[54]

스티치픽스가 고용한 스타일리스트의 능력은 고객이 지출하는 금액, 고객만족도, 배송당 고객이 보관하는 품목 수를 비롯한 다양한 메트릭으로 측정된다. 여기서 중요한 요소 중 하나는 스타일리스트가 알고리듬이 추천하는 결과를 받아 고객에게 제공할 옷 패키지를 구성하는 속도다. 속도가 매우 중요하므로 작업 인터페이스를 효과적으로 활용한다. 빠른 의사결정을 하기 위해 스타일리스트는 의류 및 피드백 이력 등을 포함한 고객 관련 정보를 본다.

스타일링 프로세스에서 알고리듬은 고객의 체격 및 가격 선호도 파악 같은 작업을 수행하고 스타일리스트는 큰 틀에서 고객의 니즈를 파악한다. 예를 들어 고객이 "올가을 친구가 해변에서 결혼식을 하는데 그곳에 입고 갈 드레스가 필요하다"와 같은 특별 요청을 하면 스타일리스트는 해당 이벤트에 적합한 의상을 파악한다. 또 고객이 임신을 했거나 체중이 줄었거나 새로운 직업을 구한다는 내용을 공유할 때 고객 상황에 맞는 의미와 중요성을 이해하고 적절한 의사결정을 내려야 한다. 그것이 스타일리스트의 능력이다.[55]

## 4. AI 전략 수행의 결과

### 1) 인공지능 패션 앱이 이끈 고도성장
스티치픽스는 2017년 11월, 16억 달러의 가치로 나스닥에 기업공개를 했다. 상장 당시 35세였던 레이크는 미국에서 기업공개를 한 최연소 여성이 됐다. 2021년에는 약 22억 달러의 매출을 기록했고, 미국과 영국에서 약 400만 명의 고객과 8천 명의 직원이 있는 기업으로 성장했다.[56] 특히 고객의 옷을 큐레이션해줄 5천여 명의 스타일리스트는 AI나 기계가 할 수 없는 고객의 스타일링을 책임지고 있다.

비즈니스 모델 관점에서 보면 스티치픽스는 의류 소매업체다. 즉 외부 업체의 재고 상품을 도매가격으로 구매해 마진을 붙여 소매가격에 판매한다. 1천 개 이상의 브랜드 의류와 자체 브랜드인 화이트 레이블('하이브리드 디자인'이라고 함) 의류다.

패션 및 소매 산업은 경쟁이 치열한 업종 중 하나다. 마진은 박하고 패션 추세는 보통 몇 개월 이내에 변하기 때문에 예측하기가 어렵다. 이렇게 경쟁이 치열한 환경 속에서 스티치픽스가 고도성장을 할 수 있었던 비결은 뭘까? 스티치픽스는 고객 경험의 관점에서 볼 때 전통적인 오프라인 소매 또는 온라인 커머스와는 다르다. 다시 말하면 고객이 작성한 스타일 프로파일을 기반으로 철저하게 고객을 위한 추천이 이뤄진다. AI 전문가와 100명 이상의 데이터 과학자들이 도출한 탁월한 개인화를 통해 전통적인 오프라인 매장 및 온라인 커머스에서의 경험을 초월하는 가치를 고객에게 제공하는 것이다.

스티치픽스는 제조업체도 아니고 공장도 없다. 대신 옷은 1천여 제휴 업체에서 공급받는다. 어떤 시장보다 경쟁이 치열하고 소비자 취향이 변덕스러운 의류 유통업계에서 단기간에 이런 성과를 낸 것은 매우 놀라운 일이다.

## 2) 데이터 과학이 예측하는 패션 트렌드

스티치픽스가 많은 데이터를 수집 및 분석해 얻는 큰 이점 중 하나는 패션의 추세를 정확하게 예측할 수 있다는 점이다. 이를테면 '추세 관측기(Trend-Spotter)' 기능이다. 스티치픽스는 고객이 제품을 구매하거나 반품할 때 주는 간단한 답변 '예' 또는 '아니오'를 이용해 머신러닝에 기반을 둔 분류기를 개발했다. 그리고 이를 통해 단순해 보이는 데이터에서 계절에 따라 트렌드가 어떻게 바뀌고 어떤 패션이 유행에 뒤떨어지는지 알아냈다.

여기서 파생되는 또 다른 이점은, 스타일을 해석하고 옷 이미지에서 일종의 스타일 측정값을 추출할 수 있는 컴퓨터 비전 시스템을 구축할 수 있다는 점이다. 시스템 자체는 비지도학습을 거쳐 엄청난 수의 의류 이미지 클러스터를 생성한 후, 각 클러스터의 패턴이나 특징을 추출하고 어떤 종류의 스타일이 서로 유사한지를 결정한다. 이 '자동 스타일러(Auto-Styler)'는 특정 스타일의 재고량을 조정하는 데 효율적으로 사용된다.

## 3) AI 기법의 새로운 패션 스타일 '하이브리드 디자인'

스티치픽스는 다른 브랜드의 옷을 확보해 판매하지만 수집한 많은 의류 데이터를 사용해 완전히 새로운 '하이브리드 디자인*Hybrid Design*' 의류도 생산한다. 색상, 팔 길이, 네크라인과 같은 속성을 재조합하고 변형해 색다른 스타일의 옷을 만드는 것이다. 이때 생물학적 진화의 자연선택 과정을 모델로 한, AI의 한 분야인 '유전 알고리듬(Genetic Algorithm)'을 이용한다. 기존 스타일에서 시작해 동물들이 짝짓기를 하듯, 가장 인기 있는 여러 스타일을 무작위로 선택하고 병합해 다음 세대인 또 다른 스타일을 만드는 것이다. 이런 과정이 반복되면 전혀 상상하지 못했던 스타일이 탄생할 수 있다.

스티치픽스에서는 여러 명의 신체 부위를 결합해 괴물을 만든 '프랑켄슈타인' 개념을 차용해 만든 하이브리드 디자인을 '프랑켄스타일*Frankenstyles*'이라고 부른다. 예컨대 한 스타일에서는 소매를, 다른 스타일에서는 실루엣을, 또 다른 스타일에서는 색상과 패턴을 취해 만든 블라우스는 기존 스타일과는 전혀 다른 프랑켄스타일이다.

새롭게 생성된 하이브리드 디자인은 인간 디자이너의 리뷰를 거친 후 스티치픽스의 최종 스타일 후보가 된다. 그리고 고객의 피드백을 반영해 스타일 진화의 사이클을 이어나간다. 알고리듬은 통찰력을 제공하고 디자이너는 이 통찰력을 활용해 새로운 의류 모델을 도출하는 것이다. 이러한 시스템을 보면 인간과 기계는 새로운 패션의 공동 창조자라고 말할 수 있다.[57] 현재 고객이 스티치픽스에 주문하는 상품의 20퍼센트는 하이브리드 디자인 의류다. 창의적인 AI와의 협업으로 훨씬 더 높은 이윤을 가져온 것이다.

### 4) 광범위한 기업 운영 업무에도 인공지능 활용

스티치픽스의 수석 알고리듬 책임자 '브래드 클린겐버그*Brad Klingenberg*'는 "스티치픽스에서 AI와 데이터 과학은 고객이 옷과 액세서리 등을 선택하는 데 도움을 줄 뿐 아니라, 스타일링, 제품 판매, 재고 관리, 할당, 창고 최적화 등을 포함한 광범위한 기업 운영 업무에도 사용되고 있다"고 말했다.

스티치픽스는 전통적인 오프라인 매장과 마찬가지로 재고 관리에 특히 많은 노력을 기울인다. 스타일리스트가 언제라도 고객 수요를 충족할 수 있을 만큼 충분한 재고가 있어야 하기 때문이다. 따라서 각 스타일의 제품이 어느 정도 구비되어 있는지 미리 파악해야 한다. 스티치픽스는 복잡한 재고 관리 문제를 알고리듬을 활용해 최적화한다.

## 5. 맞춤형 서비스의 경쟁력은 '협업 AI' 패러다임에 있다

모두가 바쁜 세상이다. 시간을 내어 한가롭게 매장에서 쇼핑을 하는 사람들은 이제 많지 않다. 고객이 온라인으로 넘어간 지는 이미 오래다. 그러나 대부분의 사람들은 결혼식이나 파티 등 특별한 날에 입는 옷만큼은 매장에 가서 직접 입어보고 선택해야 한다고 생각한다. 시간적 여유가 없는 사람들이 옷을 편하게 구매할 수 방법은 없는 걸까?

AI·데이터의 발전으로 사람들이 옷을 구매하는 방식에 변화가 생겼다. 특히 의류 영역에서는 '퍼스널 스타일링'이 대세가 되어가고 있다. 만일 스타일리스트가 당신 취향으로 준비한 몇 벌의 옷을 우편으로 보내준다면? 당신이 좋아하는 옷은 구매하고 나머지는 반품이 가능하다면? 의류 쇼핑은 쉽고 재미있어질까? 이 점을 파고든 기업이 바로 스티치픽스다.

스티치픽스는 고객 개개인의 취향에 맞는 패션 제품을 AI와 데이터 과학만으로 처리하기는 어렵다는 점을 인지하고 인간 스타일리스트와의 협업을 추진했다. 고객이 상품 패키지를 요청하면 AI와 머신러닝 알고리듬은 고객의 스타일 프로파일, 피드백, 구매 내역 등을 고려해 개인화된 초기 상품 패키지를 구성하지만, 최종 패키지는 스타일리스트의 큐레이션 과정을 거친 후 만들어진다. 스타일리스트는 고객의 니즈에 따라 고객 경험을 패키지 큐레이팅에 반영한다. 예를 들면, 마케팅 이벤트 참석, 연주회, 채용 인터뷰 등 고객이 격식을 차려야 할 상황들의 의미와 중요성을 이해하고 그에 따라 의상을 선택할 수 있도록 적절한 의사결정을 내린다. 인공지능과 인간 전문가의 협업을 통한 의사결정 시스템으로 고객에게 최적의 서비스를 제공하는 것이다.

스티치픽스처럼 대부분의 업무가 첨단 AI와 데이터 과학에 의해 운영되고 개선되는 기업들이 있다. 아마존, 넷플릭스도 이와 같은 시스템으로 운영되는 대표적 기업이다. 이 밖에 고급 및 중급의 퍼스널 스타일링 서비스를 제공하는 '트렁크 클럽*Trunk Club*', 고객의 필요에 따라 여러 유형의 구독을 선택할 수 있는 기회를 제공하는 '원터블 *Wantable*', 40달러의 비용으로 7~12품목의 의상을 추천받을 수 있는 '데일리룩*Daily Look*', 의류와 액세서리 대여 서비스를 제공하는 '르토트*Le Tote*' 등의 기업이 있다.

코로나19 팬데믹으로 다양한 분야에서 구독형 온라인 서비스가 증가하고 있다. 이러한 변화는 의류뿐 아니라 음식, 화장품, 장난감, 엔터테인먼트 콘텐츠 등 다양한 영역으로 확산될 전망이다. 디지털 대전환의 시대, 스티치픽스가 활용했던 '협업 AI' 패러다임을 활용하면 성공적인 비즈니스를 이끌어나갈 수 있을 것이다.

# 5장

# 통신회사를 괴롭히는
# 최대 트라우마

## AI를 이용한 가입자 이탈 조기 발견

"가입자 이탈은 통신회사의 최대 트라우마다.
현재의 매출 구조에 직접적인 영향을 미칠 뿐 아니라,
미래의 잠재적 수익원을 잃게 하기 때문이다.
이탈 가능성이 높은 가입자를 조기 발견하는 것은 암의 조기 발견만큼 중요하다.
AI와 데이터 기술로 이 문제를 해결할 수 있다."

통신회사들의 기업설명회 자료에는 예외 없이 가입자 현황과 '월 평균 가입자 해지율' 데이터가 적시되어 있다. 통신 서비스 계약을 해지하고 이탈하는 고객이 얼마나 많은지를 나타내는 지표다. 통신회사는 고객을 잃으면 수익에 직접적인 영향을 받을 뿐 아니라, 향후 몇 년 동안 얻을 수 있는 잠재적 수입원도 잃게 된다. 따라서 경영자는 이 숫자를 줄이기 위해 노력을 아끼지 않는다. 대부분의 구독 기반 서비스 기업에서 유사하게 나타나는 현상이다.

국내 통신회사들의 2021년 4분기 IR 자료에 의하면, 월평균 가입자 해지율은 SK텔레콤이 0.9퍼센트, KT는 1.5퍼센트, LGU+는 1.4

퍼센트다. 미국 통신회사의 2021년 월평균 가입자 해지율을 보면, AT&T는 0.94퍼센트, 버라이즌은 1.1퍼센트, T-모바일은 0.87퍼센트를 기록했다. 모든 통신회사들의 연평균 가입자 해지율은 대략 22퍼센트로 추정된다.

가입자 이탈은 다양한 이유로 발생할 수 있다. 통신사업자가 보조금 경쟁에서 발을 빼면 많은 가입자가 이탈할 수 있다. 유무선 인터넷망이 먹통이 되면 불편한 서비스 경험으로 약정 만료 시 다른 통신회사로 이동하는 경우가 있다. 5G 서비스의 요금제와 통화 품질에 대한 불만으로 이탈할 수도 있다. 이외 경쟁사의 매력적인 가격 패키지 및 프로모션, 통신회사를 바꾸는 번호이동, 약정 종료 등의 이유가 있다.

오늘날의 가입자는 이전 세대보다 요구사항이 더 많고 까다롭다. 온라인으로 경험을 공유하고 문제가 생길 경우 24시간 연중무휴 즉각적인 조치를 기대한다.

통신 산업은 지역적으로 차이가 있지만, 무선 보급률이 포화 상태에 도달해 있다. 휴대폰과 네트워크 품질만으로는 시장에서 제품과 서비스를 차별화하기 어렵다. 전 세계적으로 계속되는 가격 압력에도 직면해 있다. 따라서 통신회사는 수익 창출 기반을 확대하기 위해 신규 가입자를 유치하는 동시에 가입자 이탈 방지를 위해 노력해야 한다. 가입자 이탈을 예측할 수 있는 방법을 서둘러 찾아야 한다는 의미다.

# 1. 이탈 가입자 예측에 AI를 적용하게 된 배경

　이탈 지표는 대부분 지정된 기간 내에 서비스를 취소한 가입자의 비율로 표시된다. 1천만 명의 가입자가 있는 경우, 한 달 동안 100만 건의 계약 해지가 발생했다면 월간 해지율은 10퍼센트다. 가입자 이탈로 인한 부정적 영향을 정확히 산출하는 건 어렵지만, 통신회사가 얼마나 피하고 싶은 상황인지를 알기는 어렵지 않다.

　성숙한 시장의 일반적인 모바일 사업자는 서비스 수입의 15~20퍼센트를 신규 가입자의 모집과 이탈 방지에 지출한다. 네트워크 및 IT 등 흔히 '캐팩스*Capex*(Capital Expenditures)'라고 부르는 인프라 설비 투자에 수입의 15퍼센트를 지출한다는 사실을 감안하면 가입자 유지가 경영에서 매우 큰 비중을 차지하고 있음을 알 수 있다. 이는 많은 통신회사가 실제 제품과 서비스를 유지 관리하고 개선하는 데 드는 비용만큼 가입자 이탈 방지에 쓰고 있음을 의미한다.[58]

　통신회사는 새로운 가입자 한 사람을 확보하기 위해 수백 달러를 지출한다고 한다. 일반적으로 신규 가입자 확보 비용은 기존 가입자 유지비용의 10배 이상이다. 또한 비즈니스를 위해 신규 가입자 확보, 기존 가입자를 대상으로 한 상향 판매, 가입자 유지기간 확대라는 전략을 수행하고 있는데, 각각의 ROI 가치를 고려하면 가입자 유지기간 확대가 가장 수익성 높은 전략이다. 포화상태의 시장에서 경쟁기업으로부터 새로운 가입자를 유인하기보다는 기존 가입자가 이탈하지 않도록 초점을 맞추는 것이 바람직하다는 것을 시사하고 있다.

　구독 사업에서 안정적인 가입자 기반은 비즈니스 성공의 열쇠다.

그렇다면 가입자 이탈 문제를 해결할 수 있는 방법은 무엇일까? 가입자 데이터베이스를 분석해 가입자 이탈을 유발하는 속성, 예컨대 총사용기간, 가입자 서비스 유형 등을 이해하고, 해지율을 낮추기 위해 어떤 전략을 제공할 것인지를 예측하는 모델 구축을 위해 AI 및 머신러닝을 효과적으로 사용할 수 있다.

기존 가입자 이탈 데이터를 사용해 예측 모델을 생성하면 이탈 가능성이 높은 가입자를 발견할 수 있다. 이때 특정 가입자에 대한 최종 예측 결과는 '예'와 '아니오'로 나타난다. 예측 결과를 바탕으로 회사는 다양한 가입자 유지 전략을 세워 적절한 조치를 취하고 해지를 줄일 수 있다.

가입자 이탈을 줄이기 위한 관리는 통신회사의 최우선 과제다. 그리고 이 과제 해결을 위한 가입자 이탈 분석은 필수적이다. 가입자 이탈을 예측하고 이를 유발하는 근본적인 요인을 밝혀낼 수 있기 때문이다.

통신회사는 가입자 프로파일, 불만 사항, 고객 행동 등에 관한 방대한 데이터를 보유하고 있다. 그리고 AI 및 머신러닝, 데이터 분석 기술을 이 데이터에 적용해 이탈 가능성이 높은 가입자를 가려내기 위해 노력하고 있다.


## 2. 이탈 가입자 예측을 위한 방법

통신회사는 가입자 이탈 문제, 가입자 유지 및 확보를 위한 노력을 강화하기 위해 AI와 머신러닝을 적극적으로 활용한다. 또 비즈니스의 특성상 많은 가입자 데이터에 접근할 수 있는데 이 데이터를 분석하면 가입자를 이해하는 데 도움이 된다. 이러한 수준의 세부 정보는 예측 분석을 가능하게 해주고 경쟁업체로 이동할 가능성이 높은 가입자 세그먼트를 예측할 수 있게 해준다.

## 1) 통신회사 데이터셋

### 일반적인 통신 데이터 유형

통신회사는 사업을 위해 필요한 통신, 통화 내역, 가입자 관리, 디바이스, 콜 센터 로깅 등에 관한 여러 종류의 데이터를 수집하고 저장하고 사용한다. 대략 다음과 같은 기본 데이터 유형이 존재한다.

**1. 가입자 데이터**: 가입자 서비스 및 계약 정보와 관련된 모든 데이터가 포함되어 있다. 가입자가 구독하는 패키지 및 서비스 외에 가입 유형, 생일, 성별, 거주지 등과 같은 CRM 정보가 포함되어 있다.

**2. 불만사항 데이터**: 가입자로부터 접수된 불만사항과 커버리지 관련 통계 조회 및 통신 사업과 관련된 모든 정보가 포함된다.

**3. 동작 및 위치 데이터**: 동작 및 위치 정보를 서버의 데이터베이스와 매핑하면 이 트랜잭션의 위치가 제공되어 경도 및 위도, 하위 영역, 영역, 도시에 관한 정보도 제공된다.

**4. 네트워크 로그 데이터**: 인터넷 세션 열기 및 통화 종료 상태 등 통신 사업 운영자의 각 트랜잭션에 대한 인터넷, 통화 및 SMS 관련 내부 세션을

포함한다.

**5. 통화세부기록:** 통화 내역인 '통화세부기록(Call Details Records; CDR)'은 가입자의 통화, SMS, MMS, 인터넷 거래에 대한 모든 청구 정보를 포함한다.

**6. 모바일 디바이스의 '국제 휴대전화 식별번호(International Mobile Equipment Identity; IMEI)' 정보:** 휴대전화의 브랜드, 모델, 유형 및 SIM 장치에 대한 정보가 포함된다.


### 가입자 이탈 분석을 위한 데이터셋

가입자 이탈 분석 작업은 통신회사들의 공통적인 관심사이므로 많은 데이터셋과 연구활동 및 보고 자료가 존재한다. 그중 많은 파일럿 프로젝트에서 널리 사용하는 데이터셋은 '캐글'에 있는데, 이는 'Telco Customer Churn'이라는 IBM 샘플 데이터셋에 기반을 둔 것이다.[59] [60] 이를 짧게 'IBM 이탈 데이터셋'으로 부르겠다. 이 샘플 데이터셋은 위에 리스트한 통신회사의 기본 데이터 유형으로부터 가입자 이탈 여부를 예측하는 데 필요한 속성을 추출해 만든 것이다.

IBM 이탈 데이터셋은 2019년 3분기에 미국 캘리포니아 7천43명의 가입자에게 집 전화 및 인터넷 서비스를 제공한 가상의 통신회사에 대한 정보가 포함되어 있다. 가입자의 이탈을 예측할 수 있는 여러 독립변수와 이탈 여부가 포함된 종속변수로 구성되어 있다. 어떤 가입자들이 이탈하고, 남아 있고, 가입했는지를 보여준다. 만족도 점수, 이탈 스코어 및 CLV(Customer Lifetime Value; 고객생애가치) 지수뿐만 아니라 각 가입자에 대한 여러 가지 중요한 인구 통계가 포함된다. 이 데이터셋에서 확인한 이탈 가입자는 모두 1천803명으로 해지율은 약 26퍼센트다(그림 54 참조).

IBM 이탈 데이터셋의 각 데이터 포인트는 그림 55와 같이 21개의
속성으로 구성되어 있다.

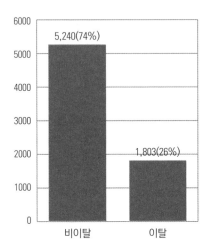

**[그림 54] 7천43명의 가입자 중 이탈자와 비이탈자 분포.**

| | 속성(Feature) | 내용 |
|---|---|---|
| 가입자 분류 | Churn | 가입자가 이탈했는지 여부(예/아니오) |
| 가입자에게<br>제공 중인 서비스 | PhoneService | 가입자에게 전화 서비스가 있는지 여부(예/아니오) |
| | MultipleLines | 가입자가 여러 회선을 가지고 있는지 여부(예/아니오/전화 서비스 없음) |
| | InternetService | 가입자가 인터넷 서비스 공급자(DSL/광섬유/아니오) |
| | OnlineSecurity | 가입자가 온라인 보안을 가지고 있는지 여부(예/아니오/인터넷 서비스 없음) |
| | OnlineBackup | 가입자의 온라인 백업 여부(예/아니오/인터넷 서비스 없음) |
| | DeviceProtection | 가입자가 장치를 보호하는지 여부(예/아니오/인터넷 서비스 없음) |
| | TechSupport | 가입자의 기술 지원 여부(예/아니오/인터넷 서비스 없음) |
| | StreamingTV | 가입자가 스트리밍 TV를 가지고 있는지 여부(예/아니오/인터넷 서비스 없음) |
| | StreamingMovies | 가입자에게 스트리밍 영화가 있는지 여부(예/아니오/인터넷 서비스 없음) |
| 가입자 계정 정보 | Tenure | 가입자가 이 회사 서비스를 사용한 총기간(개월 수) |
| | Contract | 가입자의 계약 기간(월간/1년/2년) |
| | PaperlessBilling | 가입자에게 종이 없는 청구가 있는지 여부(예/아니오) |
| | PaymentMethod | 가입자의 지불 방법(전자수표/우편수표/은행송금(자동)/신용카드(자동)) |
| | MonthlyCharges | 매월 가입자에게 청구되는 금액 |
| | TotalCharges | 가입자에게 청구된 총 금액 |
| 가입자<br>인구통계 정보 | customerID | 가입자 ID |
| | Gender | 가입자 성별(남/여) |
| | SeniorCitizen | 가입자가 노인인지 여부(1.0) |
| | Partner | 가입자에게 파트너가 있는지 여부(예/아니오) |
| | Dependents | 가입자에게 부양가족이 있는지 여부(예/아니오) |

**[그림 55] 각 가입자 이탈 데이터 포인트는 모두 21개의 속성으로 구성되어 있다.**

IBM 이탈 데이터셋에서 다섯 개 ID의 가입자 데이터를 보면 그림 56과 같다. 맨 아래 속성인 '이탈(churn)'을 보면 두 개는 이탈 가입자이고 세 개는 비이탈 가입자임을 알 수 있다.

| 속성(Feature) | 0 | 1 | 2 | 3 | 4 |
|---|---|---|---|---|---|
| customerID | 7590-VHBEG | 5575-GNVDE | 3668-QPYBK | 7795-CFOCW | 9237-HQITU |
| gender | Female | Male | Male | Male | Female |
| SeniorCitizen | 0 | 0 | 0 | 0 | 0 |
| Partner | Yes | No | No | No | No |
| Dependents | No | No | No | No | No |
| tenure | 1 | 34 | 2 | 45 | 2 |
| PhoneService | No | Yes | Yes | No | Yes |
| MultipleLines | No phone service | No | No | No phone service | No |
| InternetService | DSL | DSL | DSL | DSL | Fiber optic |
| OnlineSecurity | No | Yes | Yes | Yes | No |
| OnlineBackup | Yes | No | Yes | No | No |
| DeviceProtection | No | Yes | No | Yes | No |
| TechSupport | No | No | No | Yes | No |
| StreamingTV | No | No | No | No | No |
| StreamingMovies | No | No | No | No | No |
| Contract | Month-to-month | One year | Month-to-month | One year | Month-to-month |
| PaperlessBilling | Yes | No | Yes | No | Yes |
| PaymentMethod | Electronic check | Mailed check | Electronic check | Bank transfer(automatic) | Electronic check |
| MonthlyCharges | 29.85 | 56.95 | 53.85 | 42.3 | 70.7 |
| TotalCharges | 29.85 | 1889.5 | 108.15 | 1840.75 | 151.65 |
| Churn | No | No | Yes | No | Yes |

← 가입자 ID

[그림 56] 가입자 이탈 데이터셋에서 다섯 개 ID의 고객 데이터 포인트를 보여준다.

## 2) 이탈 데이터셋의 탐색적 데이터 분석(EDA)

분석하려는 IBM 이탈 데이터셋의 '탐색적 자료 분석(Exploratory Data Analysis; EDA)' 과정을 통해 데이터 구조와 데이터셋에 대한 이해와 도메인 지식을 얻고, 속성에 대한 기초적인 이해를 구할 수 있다. 먼저 연속 수치형 데이터를 통해 이탈 여부와 각 독립변수 간의 관계를 파악해보자.

## 연속 수치형 데이터 속성, 총사용기간·월사용료 vs 가입자 이탈 분포

특정 속성값에서 이탈자와 비이탈자의 이탈률 분포를 알아보자. 그림 57에서 총서비스 사용기간을 나타내는 '총사용기간(Tenure)'과 서비스 사용 금액을 나타내는 '월사용료(MonthlyCharges)' 액수에 따라 이탈 가입자와 비이탈 가입자가 상당히 다른 분포를 보인다. 그림 57(a) 상단 그래프의 총사용기간을 보면 쉽게 구별이 되지 않지만, 이를 아래와 같이 이탈 대 비이탈 가입자로 구분해보면 확실히 구분이 된다. 비이탈 가입자의 수는 총사용기간과 크게 상관관계가 없지만, 이탈자의 경우에는 총사용기간이 짧을수록 이탈률이 높다. 그림 57(b)가 보여주는 월사용료 그래프도 마찬가지다. EDA 분석에 의해

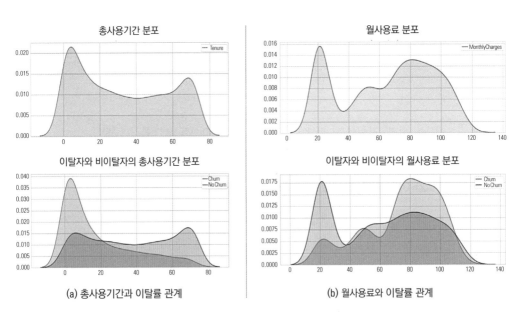

(a) 총사용기간과 이탈률 관계     (b) 월사용료와 이탈률 관계

[그림 57] 연속 수치형 데이터 속성, 총사용기간·월사용료 vs 이탈 가입자 분포.

총사용기간은 20개월 미만, 월사용료는 70~100달러를 지불하는 가입자의 해지율이 가장 높다는 것을 알 수 있다.

다음으로 범주형 데이터 속성을 살펴보자. 그림 58은 몇 개의 범주형 속성들의 값에 따른 가입자 이탈 분포를 나타낸다. '계약 형태(Contract)', '요금지불 형태(PaymentMethod)', '고령자(SeniorCitizen)', '인터넷 서비스*Internet Service*' 등의 그래프에서 속성값에 따라 이탈 가입자 수에 차이가 있음을 알 수 있다. 그림 58은 범주형 데이터 분석 결과를 보여준다. 월 단위로 계약하는 사람은 1~2년 약정을 하

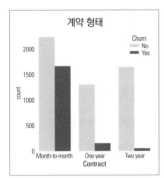
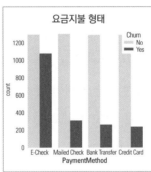
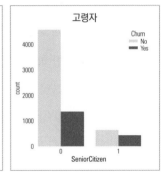
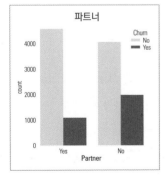
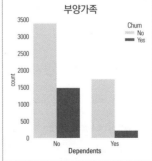
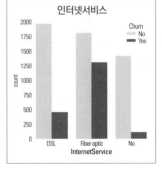

[그림 58] 범주형 데이터 속성들 vs 이탈 가입자 분포.

는 사람보다 이탈률이 월등히 높다. 가족 구성 측면에서 보면, '파트너*Partner*'와 자녀 등 '부양가족(Dependents)'이 없는 가입자와 고령자가 아닐 때 이탈 가능성이 높다. '인터넷 서비스' 중 '광섬유(Fiber Optics)'를 사용하는 가입자, 월별로 계약하는 가입자, '전자결제(Electronic Check Payment)' 방식을 사용하는 가입자들의 해지율이 높은 것으로 나타났다.

### 상관관계 히트맵

상관관계는 데이터 분석에 매우 중요한 요소다. 데이터셋의 속성들이 서로에 대해 어떤 관련이 있는지를 알려준다. 상관관계 값의 범위는 -1에서 +1까지다. 두 변수의 상관계수가 1에 가까워질수록, 하나가 증가할 때 다른 하나도 함께 증가하는 경향이 있고, -1에 가까워질수록 하나가 증가하면 다른 하나가 감소하는 경향이 있다는 의미다. 0값의 상관관계는 두 변수가 서로 관련 없이 독립적임을 나타낸다. 상관관계 히트맵(Correlation Heatmap)에서 행과 열의 번호가 동일할 때는, 변수 자신에 대한 상관계수이므로 항상 1이 된다. 그림 59에서 상관관계 값은 색깔의 명암으로 나타난다. 짙을수록 +1에 가깝고 옅을수록 -1에 가깝다.

그림 59의 상관관계 히트맵을 보면 총사용기간, 월별 요금 및 총요금(Tenure, Monthly Charges and Total Charges)과 같은 기능은 다중전화선 서비스(Multiple Phone Lines services) 및 인터넷 서비스(온라인 보안, 온라인 백업, 장치 보호, 기술 지원, 스트리밍 TV 및 스트리밍 영화 서비스; Online Security, Online Backup, Device Protection, Tech Support,

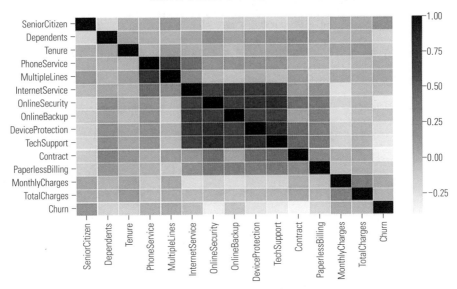

속성들 간의 상관관계 히트맵(Correlation Heatmap)

[그림 59] 데이터 속성들 간의 상관관계 히트맵. 색이 진할수록 상관관계가 높음을 나타낸다.

Streaming TV and Streaming Movies Services)와 높은 상관관계를 갖는
다는 것을 볼 수 있다.

## 3. AI와 머신러닝을 이용한 가입자 이탈 예측 결과

### 1) 학습 모델 선택

통신회사는 가입자별로 총사용기간, 인터넷 서비스 종류별 가입
유무, 사용 인터넷 유형, 월사용료, 요금 납부 방법 등과 관련된 데이
터를 가지고 있다. 그리고 이러한 데이터와 함께 가입자의 이탈 여부

도 데이터로 저장한다.

이탈 가능성 예측은 기본적으로 지도학습 문제다. 따라서 이탈 여부를 예측하는 방법에는 로지스틱 회귀분석, 의사결정트리, KNN(K-Nearest Neighbors; K-최근접 이웃 알고리즘), 랜덤 포레스트와 같은 분류 알고리듬을 사용할 수 있다. 또 복수의 속성값을 기준으로 비지도학습인 클러스터링 방법을 적용해 속성들 간의 상관관계에 대한 인사이트를 얻을 수 있다.

여기서는 수행 속도가 빠르고 선형 모델인 로지스틱 회귀분석을 사용해 개별 가입자가 이탈할 가능성 여부를 예측해보려고 한다. 이를 달성하기 위해 머신러닝 모델은 앞서 언급한 데이터셋의 80퍼센트를 기반으로 학습된다. 나머지 20퍼센트는 훈련된 모델을 적용하고 '이탈 및 유지'에 대한 예측력을 평가하는 데 사용된다.

## 2) 로지스틱 회귀분석

로지스틱 회귀분석(Logistic Regression)은 선형 회귀분석과 달리 종속변수가 범주형 데이터인 경우 사용하는 기법이다. 즉 예측하려는 것이 수치화된 데이터가 아닌 변수일 때 쓰이며 가입자 이탈 여부가 이에 속한다. 로지스틱 회귀분석은 확률을 예측하는 통계 모형이다. 이탈을 1, 비이탈을 0으로 설정하고 완성된 모델에 파라미터를 넣으면 이탈 확률이 0.82와 같은 확률값으로 계산된다. 이후 분석자가 특정 임곗값, 예컨대 0.6 이상이면 '이탈'이라고 정의해 가입자별로 어떤 경우에 이탈할 확률이 높아지는지 계산할 수 있다.

앞의 IBM 이탈 데이터셋에 로지스틱 회귀분석 기법을 적용해 도

출한 한 가입자 이탈 회귀 방정식은 아래와 같다.[61]

이탈 가능성(Churn)=

0.217*SeniorCitizen−0.061*Tenure+0.448*MultipleLine+

1.747*InternetServiceFiberOptic−1.786*InternetServiceNo−

0.661*ContractOneYear−1.357*ContractTwoYear+

0.342*PaperlessBilling+

0.305*PaymentMethodElectronicCheck−

0.0003289*TotalCharges

이 방정식은 가입자가 '고령자(SeniorCitizen)'이고, '다중회선(MultipleLine)'과 '광인터넷서비스(InternetServiceFiberOptic)'를 이용하고, '전자빌링(PaperlessBilling)', '전자수표지불수단(PaymentMethodElectronicCheck)'을 사용하는 사람이 이탈 가능성이 높다고 예측한다. 반면 가입자가 회사 서비스를 오래 사용하고 '총사용기간(Tenure)', '인터넷서비스옵션(InternetServiceNo)'을 선택하지 않고, 월별 지불하는 계약 대신 '1년 계약(ContractOneYear)' 또는 '2년 계약(ContractTwoYea)'을 선택하고, 통신회사가 더 저렴한 '총서비스요금(TotalCharges)'을 제시하면 가입자 이탈 가능성이 낮아진다. 이 가입자 이탈 데이터에 로지스틱 회귀분석 기법을 적용한 결과는 그림 60과 같다.[62]

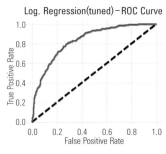

정확도(Accuracy): 0.793
정밀도(Precision): 0.635
재현율(Recall): 0.521
F1 Score: 0.5726

AUC Score (ROC): 0.832353200014495

(a) 로지스틱 회귀분석에 의한 이탈 가입자 오차 매트릭스   (b) 로지스틱 회귀분석에 의한 ROC 커브

[그림 60] (a)로지스틱 회귀분석 기법으로 도출한 가입자 이탈 평가지표. (b)로지스틱 회귀 분석 모델의 AUC 점수 0.832는 1에 근접하는 높은 점수로서 가입자 이탈 예측 능력이 좋다 는 의미다.

### 모델 성능 요약(정확도와 AUC 지표)

로지스틱 회귀분석으로 도출한 '혼란 매트릭스(Confusion Matrix)' 에서 가입자 이탈 예측 정확도가 약 79.3퍼센트인 모델이 만들어졌 다(그림 60(a)). 모델이 약 79.3퍼센트의 정확도로 이탈을 고려하고 있는 가입자를 찾을 수 있다는 의미다.

예측 정확도를 나타내는 또 하나의 지표는 그림 60(b)에서 파란 색 곡선인 ROC(Receiver Operating Characteristic) 커브 및 AUC(Area Under Curve), 즉 ROC 곡선 아래 면적 지표다. ROC 커브는 이진분류 시스템에 대한 성능 평가 기법이다. ROC 곡선 아래 면적이 0.5라면 (이 경우는 점선 직선의 경우에 해당) 이 모델은 이진 결과를 올바르게 예 측할 확률이 50퍼센트라는 의미다. 이는 무작위 추측과 다를 바 없 으므로 예측 능력이 없다고 보면 된다.

AUC 값이 1에 가까워질수록 알고리듬의 예측 능력은 더 좋아진다. 극단적으로 만일 AUC가 1.0이면 이 모델은 100퍼센트 확실하게 이탈을 예측할 수 있다는 의미다. 로지스틱 회귀분석 모델의 AUC 점수는 0.832로 1에 근접하는 좋은 점수를 얻었다. 이 모델을 통해 통신회사는 이제 어떤 가입자가 해지를 원하는지에 대한 훌륭한 통찰력을 얻을 수 있게 되었다.

### 가입자 이탈에 영향을 미치는 데이터 속성 파악

모델은 어떤 속성이 얼마만큼 이탈에 영향을 미치는지를 알려준다. 이탈 예측 성능을 높이려면 데이터가 가진 21개의 속성 중 어떤 것에 관심을 집중해야 하는가의 문제에 봉착한다. 이러한 속성셋을 알아야 잠재 이탈을 방지하기 위해 필요한 마케팅이나 프로모션을 할 수 있다. 데이터 분석을 하다 보면 성능을 높이기 위해 여러 가지 속성을 도출하는데 타깃에 대한 영향력이 큰 속성들을 선택해야 성능에 영향을 줄 수 있다.

여기서 중요한 것은, 만들어낸 속성들을 어떻게 평가할 것인가다. 정보 가치(Information Value; IV) 값을 기준으로 '이 속성을 꼭 사용해야 하나?'라는 질문에 대해 답을 할 수 있다. IV는 예측 모델을 만들 때 각 속성을 선택하는 데 유용하게 사용된다.[63] IV가 0.1~0.5 사이의 값이면 예측력이 적절하다고 판단한다. IV 값이 0.5 이상이면 너무 강한 예측으로 오히려 이 속성을 독립변수로 채택하는 데 주의를 기울여야 한다. 그림 61에 나타난 바와 같이, 실제로 예제에서 계약형태, 총사용기간, 인터넷 서비스, 요금지불 형태의 속성 순으로 IV

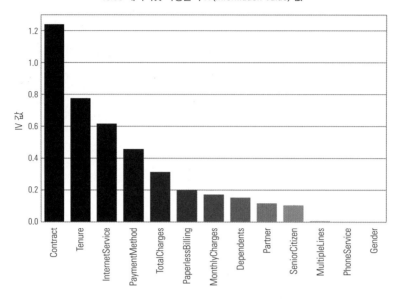

Telco 데이터셋 속성들의 IV(Information Value) 값

[그림 61] 가입자 이탈에 영향을 많이 끼치는 데이터 속성들을 정보 가치에 따라 순서대로 나열해 보여준다.

가 높아 이탈 가입자 예측에 큰 영향을 미치고 있는 것으로 나타났다. 전화 서비스, 성별 등의 속성은 이탈자를 예측하는 데 별 효과가 없다.

## 4. 가입자 이탈 예측 시스템 활용

예측 모델을 활용하려면 이탈 가능성이 높게 예측되는 가입자 리스트를 추출해 가입자 관리팀과 공유하고 분석 결과를 참고해 가입자 유지를 위한 실행 전략을 세워야 한다. 선제적으로 가입자 이탈을 방지할 수 있는 요금 할인, 리텐션 마케팅, 프로모션이나 CRM 프로그램으로 구성된 가입자 이탈 방지책도 수립해야 한다. 또한 이탈 가능 가입자의 프로필 특성을 분석한 후 그들과 소통해야 한다. 가입자의 개별 불만 및 요구사항에 맞는 항목도 제안한다. 이렇게 가입자가 이해받고 있다는 느낌이 들도록 해야 이탈을 방지할 수 있다.

무선 네트워크 부문의 월평균 가입자 이탈률은 2.2퍼센트, 연간 27퍼센트에 달한다. 연간 가입자 이탈로 인한 손실은 미국과 유럽에서 40억 달러, 전 세계적으로는 100억 달러에 이른다.[64] 경쟁이 치열한 시장과 광범위한 제품 및 서비스(인터넷, 텔레비전, 모바일 네트워크 등)로 인해 발생하는 이탈 가입자를 줄이기 위해 AT&T, 보다폰, T-모바일 같은 글로벌 통신 기업은 이미 AI와 머신러닝 기술을 광범위하게 활용하고 있다.

AI와 머신러닝 기법을 활용해 이탈 가능성이 높은 가입자 그룹을 발견해 세분화하고 이를 잘 준비된 프로모션 제안 라이브러리와 매치시켜 제공함으로써 가입자 이탈을 줄인 사례가 있다. 한 리딩 통신회사는 이탈이 예상되는 가입자를 위한 50개 이상의 제안 라이브러리를 개발한 후 관련 캠페인을 신속하게 추진했고, 그 결과 18개월 동안 가입자 이탈을 10~15퍼센트 줄일 수 있었다.[65]

통신회사들은 가입자 해지를 방지하기 위해 다양한 전략을 추진한다. 그중 흥미로운 전략 중 하나는 인기 있는 구독 서비스를 통해 가입자를 록인(Lock-In; 가입자를 묶어두는 것)하는 것이다. 마치 아이폰 가입자들이 애플의 많은 서비스로 인해 록인되어 있듯이 말이다.

국내 이동통신 3사(SK텔레콤, KT, LG유플러스)도 AI를 비롯한 첨단 기술로 최근 크게 성장한 구독경제 시장을 공략해 구독료 수입을 얻는 동시에, 구독 가입자들이 다른 통신회사로 갈아타는 걸 주저하게 만드는 록인 효과를 거둘 수 있다. 예를 들면, 넷플릭스나 웨이브 등 OTT 때문에 통신회사에 가입하는 가입자도 있고, 통신회사의 구독형 서비스를 보고 가입 또는 이탈을 포기하는 가입자도 있을 것이다.

통신회사들은 무선통신, 초고속 인터넷, IPTV뿐만 아니라 온라인 커머스 플랫폼, OTT 플랫폼 등을 통신 서비스와 결합해 점유율을 높여가고 있을 뿐 아니라 가입자 해지를 방지하기 위한 가입자 록인 효과도 기대하고 있다. 실제로 무선통신, 초고속 인터넷, IPTV 결합 상품을 사용하는 사람들의 해지율은 일반 가입자보다 낮다고 한다.

# 6장

# 유니레버

## AI를 이용한 채용 패러다임 혁신

"기업에서 채용은
시간과 노력이 많이 소요되는 노동집약적 프로세스다.
유니레버는 전 세계에서 3만 명 이상의 직원을 뽑는데 180만 명의 지원자가 몰린다.
채용 과정에서 너무 많은 인력과 자원이 소비된다.
이에 유니레버는 게임 기반의 업무 능력 검사와 AI 솔루션을 이용해
기존의 채용 프로세스를 획기적으로 혁신했다."

유니레버*Unilever*는 액스*Axe*, 도브*Dove*, 립톤*Lipton* 같은 수십억 달러 가치를 지닌 브랜드를 포함해 400여 개의 브랜드 제품을 190개국에서 판매하는 세계 최고의 소비재 대기업 중 하나다. 전 세계에 17만 명의 직원이 있다. 연간 180만 명의 입사 원서를 처리하고, 3만 명 이상을 채용한다. 채용에 필요한 구인 광고, 지원자 선별, 신입사원 채용 작업에는 엄청난 시간과 인력과 비용이 든다.

유니레버에서 미래의 비즈니스를 끌고 나갈 인재를 채용하고 성장시키는 일은 무엇보다 중요했다. 빠르게 변화하는 역동적인 소비자 욕구를 충족하기 위해 전 세계의 인재, 특히 밀레니얼 인재를 유

치해야 할 필요성을 인식했다. 이를 위해 대학 졸업생을 위한 선별적 프로그램인 'UFLP(Unilever Future Leaders Program)'를 만들어 운영한다. 이 프로그램은 보통 3년에 걸쳐 진행되며 400개의 브랜드 직무 경험과 비즈니스, 글로벌 업무 및 기회 등 다양한 교육을 진행한다.

## 1. 유니레버가 채용 AI를 도입한 배경

유니레버가 미래지향적인 UFLP 프로그램을 통해 800명을 채용하기로 하자 전 세계에서 높은 관심을 보이며 25만 명이나 지원을 했다. 이들을 대상으로 서류, 전화, 화면 인터뷰, 수동 평가 등 기존 방식의 채용 프로세스로 업무를 진행한다면 적어도 5개월이 걸린다는 계산이 나왔다. 받아들일 수 없는 비상 상황이 발생한 것이다. 채용과 관련된 문제가 수면 위로 떠오르자 유니레버는 2015년 대학 졸업생을 위한 UFLP 프로그램 추진을 계기로 AI 기술을 도입, 기존의 채용 방식을 대대적으로 혁신했다.

이에 관련해 유니레버 북미 인사담당 부사장 마이크 클레멘티*Mike Clementi*는 〈비즈니스인사이더*Business Insider*〉와의 인터뷰에서 다음과 같이 말했다. "우리는 내가 20년 전에 채용된 것과 같은 방식으로 대학 캠퍼스를 방문할 예정이었다. 하지만 이 방법은 뭔가 좋지 않다는 생각이 들었다. 회사가 스스로 활력을 되찾을 수 있는 방법을 찾아야 했고, 인재 채용 방법을 혁신하는 것이 하나의 방법이었다."

대기업에 입사지원서를 내고 면접을 할 때 접수자와 면접관이 '사람'이 아닐 가능성이 점점 높아지고 있다. AI 애플리케이션을 이력서 심사뿐 아니라 면접 등 채용 과정에 활용하는 기업들이 증가하고 있기 때문이다. 2017년 미국 글로벌 컨설팅 기업 딜로이트에서 실시한 설문조사에서 응답자의 3분의 1은 이미 채용 과정에서 AI를 사용하고 있다고 답했다.[66]

인력 채용은 대기업의 미래를 좌우하는 중요한 업무이지만 매우 어려운 작업 중 하나다. 지원자들의 이력서가 책상에 가득 쌓여 있을 때 기업에 적합한 후보자를 골라내는 일에는 많은 불확실성이 존재한다. 특정 포지션에 적합한 인력을 채용하려면 먼저 그 특성을 알아내야 한다. 그리고 인터뷰와 심사를 통해 지원자의 프로파일이 잘 매치되는가를 파악해야 하는데 이는 상당히 도전적인 일이다. 오늘날 혁신적인 기업은 채용 프로세스를 효율화하고 자동화하기 위해 AI 사용을 적극적으로 활용 또는 고려하고 있다.

많은 분야에서 AI는 작업을 자동화하고 의사결정을 더 빠르고 정확하게 해준다. AI가 확산되면서 제조업, 유통, 의료, 법률 등의 분야에서 AI가 노동자, 마케터, 의사, 변호사 등의 업무를 보완해 작업 효율성을 높이고 있다. 최근에는 대기업의 AI 채용이 증가하고 있다.

일반적으로 채용에 사용되는 AI는 반복적인 작업이나 대용량 작업과 같은 채용 프로세스의 일부를 자동화하는 프로그램이다. 이력서 심사 등 대량 업무를 자동화하면 채용자가 사소한 업무에 할애하는 시간이 크게 줄고 채용 과정이 신속하게 진행되어 기업이나 지원자들 모두에게 긍정적인 효과를 줄 수 있다.

그러나 이와 같은 긍정적 효과를 인정하면서도 우려스럽게 보는 사람들도 있다. AI 채용 과정에서 혼란과 오해가 발생할 수 있어 인사 채용 프로세스에 AI 통합 여부를 고민하는 기업도 있다. AI 채용의 장단점을 살펴보자.


## 2. AI 채용의 장단점

### 1) 효율성 증가

적지 않은 기업에서 AI가 채용 업무를 전적으로 혹은 부분적으로 대체하고 있다. AI와 머신러닝은 앞으로 기업의 인사와 채용 방식을 획기적으로 바꿀 것으로 보인다. AI 채용의 제일 큰 장점은 높은 효율성이다. 적은 비용으로 더 신속한 채용 프로세스를 가능하게 해주기 때문이다. 실제로 인사 부서는 AI가 제공하는 혜택을 가장 먼저 받을 부서가 될 것이다. 인사 부서에는 양질의 데이터가 많으며, 신속한 업무 처리가 요구되기 때문이다.

채용 및 인사 업무를 자동화한다면 인사 담당자는 인사 부서에 필요한 보다 가치 있는 업무를 수행할 수 있다. AI는 인사 담당자의 업무, 예를 들면 초기 심사, 노동집약적인 서류 작업, 성가신 데이터 입력 등 비효율적 업무를 줄여줄 뿐만 아니라, 강력한 도구와 통찰력을 제공해 인사 업무의 혁신적 변화를 가능하게 해준다.

## 2) 신속한 채용 프로세스

언뜻 생각하면 인사 담당자에게 채용 프로세스의 신속한 진행이 그리 중요하지 않을 수도 있다. 하지만 AI를 활용해 지원자의 질문에 신속한 답변을 할 수 있다면 긍정적인 이미지를 제공할 뿐만 아니라 기업의 인재상에 부합하는 지원자들을 더 많이 확보할 수 있다. 실제로 26퍼센트의 지원자들이 채용 과정이 너무 오래 걸려 중간에 포기했다는 얘기도 있다. 안타깝지만 주위에서 자주 목격되는 현상이다.

이와 반대되는 실제 사례를 찾아보자. 연간 매출이 20억 달러가 넘는 신발 및 의류 온라인 소매업체인 '자포스Zappos'는 미국에서 1천 500명 이상의 직원을 고용하고 있다. 자포스는 빠르고 원활한 소통에 의한 지원자 채용 경험 제고를 위해 채용 프로세스에 AI를 도입했다. 그 후 전체 지원자의 97퍼센트가 이 회사에 지원하는 긍정적 결과를 얻었다. 한 지원자는 "내가 지원한 기업 중 가장 상호작용적이면서도 정직한 절차로 채용이 이뤄졌다. 진정으로 자포스가 어떤 회사인지도 알게 되었다"라고 칭찬을 아끼지 않았다.[67]

신속한 채용 프로세스 도입은 코로나19 팬데믹 이후 국내 IT 업계의 개발자 영입 과정에서 눈에 띄게 확산하고 있다. IT 기업들은 채용 과정에서 지원자의 합격 여부를 신속히 결정해 통보해주려는 노력을 기울이고 있다. 지원자들이 늘어진 채용 절차를 꺼리기 때문이다.

국내 채용관리 솔루션 스타트업 '두들린'이 IT 개발자 200명을 대상으로 2022년 초 진행한 설문조사 결과에 따르면, 전체 개발자의 83.5퍼센트가 채용 과정에서 겪은 '채용 경험'이 입사 여부를 결정하는 데 중요하게 작용한다고 생각했다. 채용 경험의 긍정적 요소로는 '빠른 결과 통보'가 66퍼센트로 가장 많았고, '상세한 채용 공고'와 '체계적인 채용 프로세스'가 그 뒤를 따랐다.[68]

개발 인재 영입 경쟁이 치열한 국내 IT 업계에서 매력적인 연봉이나 복지 패키지 제공은 기본이다. 최근에는 채용 전 과정을 2주 안에 끝내거나 서류 전형 결과를 24시간 이내에 통보해주는 '스피드 채용'이 확산하고 있다.

중고거래 플랫폼 당근마켓은 2022년 2월 간편 지원 채용 캠페인인 '리크루트 24'를 진행했다. 리크루트 24는 지원 24시간 이내에 서류 결과를 안내하는 방식으로 진행된다. 자기소개서를 길게 작성해 제출하고, 1~2주씩 기다려 서류 결과를 통보받던 기존 방식에서 탈피해, 지원자가 간단한 설문 방식의 서류 작성해 제출하면 지원 24시간 안에 합격 여부를 알려준다.

신선식품 배송 플랫폼 '마켓컬리'를 운영하는 컬리는 서류 검토부터 코딩 테스트 등의 실무 역량 확인, 면접, 평판 조회, 처우 협의 등 지원부터 입사까지 전 과정을 2주 안에 마무리한다. 인터넷은행 카카오뱅크도 보통 1주일 정도 걸리는 1, 2차 면접을 하루 만에 끝내는 채용 방식을 2020년부터 시행하고 있다.[69]

### 3) 공정성 유지

채용 과정에서 공정성을 지키는 것은 아주 중요하다. 최근 들어 비리가 많아 블라인드 채용을 도입한 기업도 많다. 블라인드 채용은 불합리한 차별을 야기할 수 있는 출신지, 가족관계, 학력, 신체조건 등의 편견 요인은 제외하고 직무 능력만을 평가해 인력을 선발하는 방식이다. 2019년 3월에는 국내에서 지원자의 신체조건, 출신지역 등을 입사지원서에 기재하는 것을 금지하는 내용을 골자로 한 '채용절차의 공정화에 관한 법률 개정안', 이른바 '블라인드 채용법'이 제정되었다.

AI 채용은 효율성뿐 아니라 채용 과정에서의 공정성을 담보할 수 있다는 점에서도 매력적이다. AI는 오직 객관적 데이터를 바탕으로 프로세스를 진행하므로 인간이 가질 수 있는 선입견이나 편견 없이 공정한 평가를 내릴 수 있다.

AI 채용 서비스 제공 업체인 '하이어뷰HireVue'의 CTO 로렌 라센Loren Larsen은 채용 과정에서 사람을 제외하는 것은 좋은 일이라고 조언하면서, 사람들이 채용 과정에서 얼마나 많은 편견을 드러내는지 깨닫지 못할 뿐만 아니라, 성공으로 이끄는 요인이 무엇인지도 모르고, 성공에 관해 어떤 질문을 해야 하는지도 알지 못하는 경우가 대부분이라고 말했다. 또한 AI 채용 서비스에 관련해 "질문을 신중하게 설계하고 답변을 분석하고 수백 또는 수천 개의 샘플과 비교하는 구조화된 인터뷰 프로세스를 사용함으로써 우리는 인간 평가자보다 더 정확하게 직무 성과를 예측할 수 있게 되었고 늘 존재했던 편견을 제거하기 시작했다"라고 언급했다.[70]

### 4) 편향된 의사결정에 대한 우려

AI 채용은 효율적이고 빠르고 공정성이 있다는 장점이 있다. 하지만 주어진 데이터를 바탕으로 분석과 판단을 하므로 역설적으로 예상치 못하게 편향된 의사결정을 내릴 가능성이 있다는 단점도 있다.

실제 사례를 들어보자. 온라인 스토어를 운영하는 아마존은 공정하고 효율적인 인재 채용을 위해 2014년부터 AI 채용 시스템을 개발했다. 이 시스템 중심에 있는 500개의 머신러닝 모델은 아마존이 지난 10년 동안 받은 구직 이력서 데이터로 훈련되었다. 아마존 시스템은 지원자들에게 1부터 5까지의 평가 별점을 부여했다. 이력서를 작성한 지원자 대부분은 남성이었다. 그 결과 소프트웨어 개발 등 특정 기술직 직무에 여성들이 불리한 평가를 받았다는 사실을 나중에 알게 되었다.

예를 들면, 여자대학 졸업자의 평가 별점을 깎거나, '여성'이라는 단어가 들어가면 추천을 하지 않았다. AI 채용 시스템은 그동안 해당 직무에 지원한 여성, 해당 직무로 일하며 성과를 평가받은 여성이 적은 점 등을 감점 요소로 보고 편향된 데이터를 학습해 남성 지원자가 더 적합하다고 판단한 것이다. 아마존은 결국 AI 채용 시스템을 폐기했다. 채용 과정에서 기계의 공정성은 좋지만, 인간이 제공한 학습 데이터가 편향되어 있으면 이처럼 편향된 결과가 나올 수 있다는 사실을 깨달았기 때문이다. 아마존의 사례는 AI 채용의 가장 큰 교훈이 되었다.

AI 채용 시스템이 인간적이지 않은 단점도 있다. AI 채용 도입에 대해 가장 큰 부정적 시각은 "사람이 어떻게 AI의 평가를 받는가?"이다. 실제로 면접 과정에서 현업 부서나 인사 부서 사람들과 얼굴을 맞대고 질문과 답을 주고받다 보면 서류상으로는 알 수 없는 지원자만의 독특한 장점을 파악할 수 있다.

그러나 AI 채용 과정에서는 대면할 때만 파악할 수 있는 지원자의 인간적인 특성이나 장점은 파악할 수 없다. 오로지 객관적인 기준과 데이터만 가지고 평가를 하게 될 것이다. 또 AI의 데이터 기반 결론은 채용 담당자에게 지원자의 직업윤리나 성격이 어떤지도 전하지 않을 가능성이 있다.

### 5) 불충분한 데이터에서 생기는 오류

AI 기술을 활용해 정확한 결정을 내리려면 양질의 데이터가 많아야 한다. 기계는 인간에 의해 훈련된다. 그러므로 편향된 결과가 도출되었다면 기계가 편견을 생성한 게 아니고 인간이 제공한 지식이나 데이터의 문제다. 아마존 사례에서 보았듯, 그들의 실수는 과거 10년 동안의 채용 데이터를 기반으로 미래의 결정을 내리려 했다는 데 있다. 그 기간에 정책, 채용 동향 및 절차가 크게 변화한 사실을 반영해야 했다.

우수한 AI 채용을 구축하려면 무엇보다 수행 목적에 부합되는 특성을 가진 데이터를 확보하는 것이 중요하다. 예를 들면 성별, 연령, 인종 등의 측면에서 채용 결과에 편견을 줄 가능성이 있는 데이터는 적합하지 않으므로 사전에 걸러내야 한다.

지금까지 AI 채용의 장점과 단점에 대해 알아보았다. 이제는 AI를 기업 채용 프로세스에 도입해 인사 채용 혁신을 실현한 유니레버의 사례를 살펴보기로 하자.

## 3. 유니레버의 AI 채용 프로세스

유니레버는 명문대학에 인사 채용 인력을 파견해 지원자의 이력서를 수집한 뒤 인터뷰를 해왔던 전통적인 방법에서 탈피했다. 그 대신 AI 및 디지털 채용 서비스 제공 업체인 '파이메트릭스', '하이어뷰'와 협력해 프로세스를 혁신했다. 필요한 포지션에 지원자를 효율적으로 매칭하기 위해 전개한 글로벌 이니셔티브는 다음과 같이 4단계로 이뤄져 있다(그림 62 참조).

[그림 62] 유니레버가 채택한 혁신적인 4단계 채용 프로세스.

### 1단계: 채용 플랫폼에 프로파일 제출

이 프로세스는 전 세계 어디서든 지원자가 다양한 웹 사이트에서 구인 광고를 본 후 링크드인에 프로파일을 제출하는 것으로 시작된다. 지원자는 유니레버 웹 사이트, 페이스북*Facebook*, 커리어 및 취업 플랫폼인 '링크드인*LinkedIn*'과 '더뮤즈*The Muse*' 그리고 '웨이업*WayUp*' 같은 온라인 매체를 통해 채용 포지션 정보를 얻는다. 유니레버에 원하는 포지션이 있으면 링크드인에 자신의 프로파일을 제출한다. 이력서는 따로 필요 없다.

일반적으로 기업의 채용 담당자는 AI를 사용해 적합한 인재를 검색할 때, 성공적인 채용 가능성에 최적화되어 있는 마켓플레이스인 '링크드인 리크루터*LinkedIn Recruiter*'를 많이 찾는다. 링크드인 리크루터는 쿼리, 채용 공고, 추천 후보자 형태의 검색 요청을 만족시키는 구직 후보자를 찾아 우선순위 목록을 제공한다. 검색 요청이 주어지면 요청과 일치하는 지원자들이 선택되고, 머신러닝 모델을 사용해 다양한 요소(작업 경험/기술의 적합성, 채용 공고 위치 등)에 따라 순위가 매겨진다.[71] 2018년 링크드인이 실시한 설문조사에 따르면, 채용 담당자의 67퍼센트는 AI를 활용하면서 채용에 소요되는 시간을 절약할 수 있었다고 답했다.[72]

링크드인 리크루터 외에도 유사한 기능을 가진 채용 플랫폼이 늘어나고 있다. 2010년 설립된 '집리크루터*ZipRecruiter*'도 구직자와 고용주를 연결해주는 고용 플랫폼이다. 한 번의 구인 및 구직 자료 제출로 100개 이상의 구인 사이트에 구인 목록이 게시되는 온라인 채용 플랫폼이다. 3천만 개 이상의 이력서 데이터베이스 외에도 AI 기반 구인-지원자 매칭 기술을 통해 기업에서 필요한 포지션에 가장 적합한 지원자를 찾는다. 이런 기능은 채용률을 높여주고 적합한 인재를 채용하려는 인사 관리자의 시간을 절약할 수 있게 해준다.

### 2단계: 지원자의 특성 파악을 위한 게임 수행

대기업에서 오랫동안 사용해오던 채용 프로세스는 상황에 따라 조금씩 차이는 있지만 많은 문제점이 있다. 우선 지원자 중심의 프로세스가 전혀 아니다. 주관적이고, 예측이 어렵고, 느리고, 효율적이지 않고, 인간적인 편견이 내재되어 있기 때문이다. 고용주인 기업이 '갑'이고 지원자가 '을'의 위치에서 프로세스가 진행되는 경우가 다반사다.

오늘날은 치열한 인재 확보 전쟁을 치르는 시대다. 전근대적인 채용 패러다임으로는 우수 인재를 발굴하고 채용하는 게 불가능하다. 유니레버는 이러한 문제점을 해결하기 위해, 데이터를 이용해 보다 객관적이고 신속하고, 효율적으로 사람의 특성을 파악하는 방법을 고안했다.

채용 분야에서 AI 사용이 급증하는 이유는 지원자의 재능 및 적성 평가에 있다. 이 목적을 위해 솔루션을 제공한 회사는, 신경과학 및 빅데이터 기술을 활용해 미국 월가를 중심으로 금융 분야 직무에 적합한 지원자들을 선별하기 위한 게임을 개발한 '파이메트릭스 *Pymetrics*'다.

이 게임의 목적은 지원자의 '인지 및 성격 특성' 파악이다. 파이메트릭스는 예측 알고리듬을 이용해 사람들이 플레이한 게임에서 수집된 '수백만 개의 데이터 포인트'를 연구한다. 타깃 직무에 적합한 지원자를 발견하기 위해서다. 유니레버는 2015년 파이메트릭스와의 협의를 통해 그다음 해 이 시스템을 사용하기로 결정했다.

2013년 파이메트릭스를 설립한 프리다 폴리 *Frida Polli*는 12개의 온라인 게임이 현장 사람들이 오랫동안 사용해왔던 테스트를 기반으로 해서 만들었다는 점에서 본질적으로 "인지신경과학의 황금 표준"이라고 했다. 파이메트릭스에서 개발한 이 게임은 지원자가 원하는

역할과 관련된 다양한 영역에서 매치가 잘되는지 적성을 테스트하도록 설계되었다.[73]

지원자들은 12개의 온라인 게임에 참여하도록 요청받는다. 이 게임은 이기고 지는 데 목적이 있는 게 아니라, 지원자의 특성을 측정할 수 있도록 설계되어 있다. 12개의 게임을 하는 데는 30분 정도 걸린다. 지원자들이 참여한 각각의 게임을 통해 10만 개 이상의 특성 관련 데이터 포인트가 수집된다. 집중 능력, 목적 달성을 위한 노력, 공정성, 의사결정 능력, 감성, 집중력, 관용성, 학습력, 위험 감수 등 9개 범주의 특성이다. 이를 기반으로 각 지원자에 대한 고유의 프로파일이 생성된다.

게임 방법을 살펴보자. 그림 63과 같이 위험을 테스트하는 게임은 지원자에게 이 시스템을 사용해 가능한 한 많은 '돈'을 모을 수 있

[그림 63] 파이메트릭스의 풍선게임 화면. 3분간 게임을 하며 '펌프(Pump)' 버튼을 클릭할 때마다 풍선이 더 부풀어 오르며 5센트씩 더해진다. '수금(Collect)' 버튼을 클릭하면 언제든 돈을 받을 수 있다. 단 펌프 버튼을 너무 많이 클릭해 풍선이 부풀어 터지면 돈을 받지 못한다.

는 3분의 시간을 제공한다. '펌프*Pump*' 버튼을 한 번 클릭할 때마다 풍선은 더 부풀어 오르고 5센트씩 더해진다. 지원자는 언제든 '수금 (Collect)' 버튼을 클릭해 돈을 받을 수 있다. 단 펌프 버튼을 너무 많이 클릭해 풍선이 과다하게 부풀어 터지면 돈을 받지 못한다. 타이머가 끝날 때까지 풍선과 현재까지 모은 돈 액수가 표시된다. 각 풍선을 안전하게 부풀려 적은 양의 돈을 가져가는 신중한 지원자도 있고, 각 풍선을 최대한 부풀려 많은 돈을 가져가려는 모험적인 지원자도 있다. 어떤 지원자가 더 나은 선택을 했다고 판단할 수는 없다. 이 게임에는 옳고 그름이 없다.

파이메트릭스 게임은 기존의 대면 인터뷰에 비해 지원자들의 장단점을 훨씬 더 정량적으로 평가해 상세한 적성 프로파일을 구축할 수 있도록 해준다. 머신러닝 알고리듬은 지원자 프로파일을 해당 직무의 벤치마크 특성 프로파일 값과 비교해 적합성을 도출한다. 지원자가 희망하는 포지션과 지원자의 프로파일에 따라 다른 결과가 나

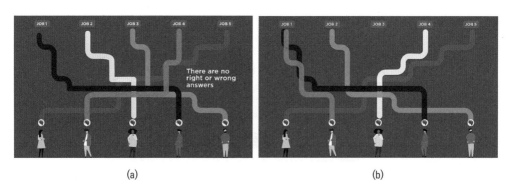

(a) (b)

[그림 64] 머신러닝이 파이메트릭스 게임에서 도출된 지원자의 프로파일과 직무의 특성 프로파일 값을 비교해 (a) 혹은 (b)처럼 적합한 매치가 이뤄지도록 한다.

올 수 있다(그림 64 참조).

이 게임은 지원자만 플레이할 수 있는 건 아니다. 유니레버는 사내 여러 직무를 수행하는 우수 직원들에게도 이 게임을 하도록 권유한다. 그렇게 해서 도출한 프로파일은 직무의 벤치마크 특성 프로파일로 활용한다.

파이메트릭스 게임을 활용한 채용 프로세스는 그림 65와 같다. 먼저 채용이 필요한 직무를 정한 후 지원자들이 게임에 참여해 도출된 특성 프로파일 중 해당 직무의 벤치마크 특성 프로파일과 매치가 가장 잘되는 지원자를 선택한다. 특정 직무의 채용을 원할 때는 지원자의 프로파일을 기존 직원의 프로파일과 비교해 의사결정을 한다. 지원자는 게임을 할 때마다 분석 결과를 바로 들을 수 있다. 인사 부서 인력도 지원자들의 게임 결과와 벤치마크를 비교한 결과를 볼 수 있다.

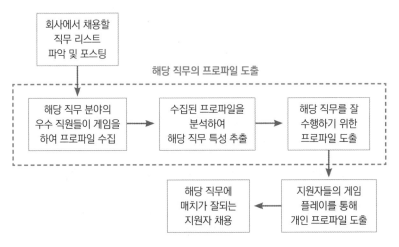

[그림 65] 파이메트릭스 게임을 활용한 채용 프로세스.

## 3단계: 지원자 평가와 성공 가능성 예측을 위한 비디오 인터뷰

유니레버 채용 프로세스에서 게임 수행의 다음 단계는 비디오 인터뷰다. 이를 위해 '하이어뷰'는 AI를 사용해 지원자를 평가하고 해당 포지션에서 성공할 가능성을 예측할 수 있는 면접 비디오 플랫폼 서비스를 제공한다.

하이어뷰에서 추구하는 AI 기반 평가의 목적은, 채용 담당자가 지원자를 선별할 수 있는 체계적이고 공정한 표준 방법을 제공해 더 많은 지원자를 빠르고 정확하게 평가하도록 도와주는 역할이다. 채용팀 입장에서 보면 팀에 더 많은 검토자를 배치하는 것과 같은 효과가 있다.

이러한 목적을 위해 하이어뷰는 조직 심리학자와 데이터 과학자로 구성된 팀을 구성했다. 이 팀은 다양한 직무에서 필요한 역량 평가 방법을 개발해, 지원자가 직무를 수행하는 데 필요한 역량을 지니고 있는지, 높은 성과를 낼 가능성이 있는지를 측정하는 AI 기반 평가 모델을 만들었다.

하이어뷰는 기업이 채용하려는 영업 혹은 소프트웨어 개발 같은 특정 직무 및 직책에 적합한 특성을 반영한 맞춤형 평가 알고리듬을 도출한다. 그런 다음 해당 알고리듬을 사용해, 개별 지원자가 비디오 인터뷰에서 질문에 어떻게 답변하는지 분석한다.

비디오 인터뷰는 라이브가 아니다. 스마트폰이나 웹캠이 장착된 컴퓨터로, 지원자가 원하는 시간과 장소에서 할 수 있다. 지원자는 하이어뷰가 미리 준 "당신이 가진 배경이나 경험이 이 직무에 적합한 이유를 설명하십시오" 혹은 "당신의 커리어에서 가장 보람 있었던 업적 중 하나를 기술하십시오"와 같은 일련의 질문에 대한 답변을 비디오로 녹화한다. 경우에 따라 에세이 쓰기, 객관식 질문에 답하기, 작은 게임을 하거나 심지어 그림을 그려보라는 요청을 받을 수도 있다.

비디오 인터뷰 내용은 AI 및 머신러닝으로 분석된다. 하이어뷰의 AI는 키워드, 보디랭귀지 및 어조와 같은 측면을 보면서 각 답변을 분석한다. 인터뷰 내용을 AI의 동작 분석 및 자연어 처리 기술로 분석해 '목적의식', '체계적 사고', '비즈니스 통찰력' 등의 특성에 관한 데이터 포인트를 캡처한다. 단어 선택, 신체 언어, 목소리 톤 및 수천 개의 데이터 포인트를 평가해 점수로 변환한다. 프로그램은 그 점수를 회사에서 최고 성과를 내는 직원들로부터 이미 '배운' 점수와 비교해 지원자가 회사 직무에 적합한지를 결정한다.

이 접근 방법이 가진 시사점은, 장래에 좋은 직원이 될 지원자가 현재 우수한 직원과 매우 흡사하지만 이를 인간 면접관이 알아내기는 쉽지 않다는 것이다. 또 선발 과정에서 인간의 무의식적 편견을 없앨 수 있다. AI 기반 평가 시스템이 측정하는 구체적인 사항은 다른 사람들과 협력할 수 있는 능력, 업무를 수행할 수 있는 능력, 업무 스타일과 성격 등 여러 각도에서 본 지원자의 역량이다.

하이어뷰가 평가 점수를 매기는 알고리듬을 개발할 때는 기존 직원들과의 논의를 통해 이 알고리듬이 도출하는 평가가 실제로 전문가가 매기는 평가와 일치하는지 확인한다. 더 나아가 이러한 평가가 실제로 성공적인 채용에 이르게 하는지도 예측한다. 또한 채용 과정에서 인종, 성별, 연령, 언어 등과 관련된 편향성을 유발하는 모든 데이터 포인트를 제거해 공정한 결과가 도출되도록 한다. 결과 보고서에는 채용 담당자에게 보여줄 지원자의 전체 평가 점수와 특정 역량 점수가 표시된다. 지원자도 평가 결과에 대한 보고서를 받을 수 있다.[74]

앞에서 언급한 것처럼, 유니레버는 2016년 대학 졸업생을 위한 특별 프로그램 UFLP에 참여할 800명 선발을 목표로 전 세계 25만 명의 지원자들에게 채용 프로세스를 진행했다. 25만 명은 게임과 비디오 인터뷰 과정에 참여했고 유니레버 평가센터는 직무 매니저와 채용 담당자를 직접 만날 3천500명의 지원자를 선출했다. 지원자가 인터뷰 심사를 통과하고 채용 및 직무 담당자와 면접을 끝내면 최종 합격 여부가 결정된다.

## 4단계: 평가센터에서 담당자와 최종 인터뷰

인터뷰 단계에서 채용 AI가 가장 유망한 지원자를 선택하도록 도와준 후에는 인간의 판단에 맡긴다. 여기까지 합격한 지원자는 유니레버 사무실에 초대되어 직무 경험을 하며, 함께 일하는 채용 담당자가 적합하다고 판단되는 800명을 최종적으로 선발해 포지션 제안을 한다.

유니레버 신입사원들은 입사 후 마이크로소프트의 챗봇 프레임워크 기반으로 구축된 AI 챗봇 '유나봇*Unabot*'을 이용해 회사에 관한 제반 사항을 신속히 습득한다. 유나봇을 이용해 내부 문서와 회사 데이터를 보기도 하고 직원의 역할, 회사 업무, 연금 혜택 그리고 유니레버 캠퍼스를 오가는 셔틀버스의 시간표 등에 대한 답변을 들을 수 있다.

# 4. 유니레버의 AI 채용 효과

대부분의 지원자들은 기업에 입사 지원서를 보내면 "이력서를 보내주셔서 매우 감사드리며 다시 연락드리겠습니다"라는 메일을 받는다. 하지만 그 후 거의 연락이 없다. 채용 과정이 너무 지연되어 중간에 포기하는 지원자도 많다. 이런 기업들은 구직 온라인 커뮤니티나 기업 평판 SNS에서 부정적 이미지로 평가된다.

유니레버는 다르다. 모든 지원자들은 두 페이지 분량의 피드백을 받는다. 파이메트릭스 게임은 어떻게 진행했는지, 하이어뷰 비디오 인터뷰는 어떤 평가를 받았는지, 지원자는 어떤 특성을 가지고 있는지, 만약 지원자가 타깃 직무에 적합하지 않다면 어떤 이유 때문인지, 그리고 유니레버가 생각하는 미래의 응용 프로그램에서 성공하려면 무엇을 해야 하는지 등을 알려준다. 이 시스템은 모든 지원자를 위한 자동화된 피드백을 생성하기 때문에, 채용되지 않은 지원자에게도 피드백을 해준다.

유니레버의 최고 인사 책임자인 리나 네어*Leena Nair*는 매년 180만 건의 입사 지원서를 처리해왔는데, AI 채용 프로세스로 약 7만 맨아워*Man-Hour*에 달하는 면접시간을 절약했다고 말했다. AI 채용 도입에 의한 혁신은 유니레버 북미 지역에서 시작되어 68개국에서 15개 언어로 시행되었으며 총 25만 명의 지원자가 참여했다. 유니레버가 2016년 7월부터 2017년 6월까지 북미 지역에서 AI 채용을 도입한 효과는 다음과 같다.[75]

1. 채용 공고 후 90일 이내의 구직 신청자가 전년도의 1만 5천 명에서 3만 명으로 2배 증가했다.

2. 유니레버는 지금까지 다양한 부류의 지원자들을 채용했다. 유색인 지원자 채용 증가도 두드러졌다. 출신 대학도 840개 대학에서 2천600개 대학으로 증가해 다양성을 높였다. 남녀 성별도 균형을 이루었다.

3. 지원자 채용에 소요되는 시간은 4개월에서 4주로 단축되었다. 채용 담당자가 지원서를 검토하는 데 드는 시간은 75퍼센트나 줄었다.

4. 지원자가 최종 라운드에 진출한 비율은 63퍼센트에서 80퍼센트로 증가했으며, 이러한 포지션 제안에 대한 수락 비율도 64퍼센트에서 82퍼센트로 증가했다.

5. 12개의 파이메트릭스 게임 완료율은 98퍼센트에 달했다. 전체 과정의 평균 점수는 설문조사에 참여한 2만 5천 명의 지원자 기준으로 5점 만점에 4.1점이었다.

6. 유니레버는 파이메트릭스 게임을 도입한 첫해인 2016년의 결과에 매우 만족하고 있으며 이 프로세스를 중간 경력직 고용에 활용할 수 있는 방법을 테스트하고 있다. 또한 지속적으로 프로세스를 개선해나가면서 후보자가 지나치게 기계화되지 않은 유니레버 고유의 AI 채용 프로세스에서 즐거운 경험을 할 수 있는 방법을 찾고 있다.

7. 유니레버는 새로운 AI 채용 프로세스를 활용해 인사 측면에서 6배의 효율성 제고, 60퍼센트나 감소한 직원 이직률 등의 가시적인 성과뿐 아니라 채용의 다양성으로 보다 건강한 기업 문화를 이룰 수 있었다.

## 5. 기업 경쟁력, 이제는 AI 활용 능력이다

최근 들어 유니레버뿐 아니라 AI 및 머신러닝을 활용해 이력서, 커버 레터, 비디오 인터뷰를 평가하는 기업이 증가하고 있다. 채용 프로세스의 전반부는 완전히 기계로 평가된다. 이는 지원자가 이 단계를 통과하기 전까지는 채용 담당자가 이력서를 살펴보지 않는다는 것을 의미한다. 액센추어*Accenture*, 골드만삭스*Goldman Sachs* 같은 기업은 이미 후보자 평가에 AI 기술을 활용하고 있다.[76]

채용 프로세스에 AI를 활용하는 기업이 급격하게 늘어난 것은 사람들이 코로나19 팬데믹을 겪으면서 부분적으로 비대면 의사소통 방법에 점차 익숙해져가고 있기 때문이다.

### 1) AI 채용 서비스의 다양화

최근 AI를 활용한 채용 프로세스에 게임과 비디오 인터뷰가 많이 활용되고 있다. 유니레버의 비디오 인터뷰 협력사인 하이어뷰는 전 세계 700개 이상의 기업을 대상으로 1천900만 개 이상의 비디오 인터뷰를 호스팅했다. 이 서비스는 채용이 많은 기업이 채용 프로세스를 진행할 때 자동화된 심사도구로 자주 사용된다. 구조화된 인터뷰는 일반적으로 채용 포지션에 대한 맞춤형 직무 분석을 기반으로 질문이 구성된다. 하이어뷰의 소프트웨어는 직무에 대한 지원자의 적합성을 평가한다. 후보자를 평가할 때 면접관이 가질 수 있는 편견을 줄이기 위한 목적도 있다.

채용 분야에서 전 세계적으로 점점 더 많은 AI 도구와 기술이 테스트, 사용되고 있다. 가장 눈에 띄는 비디오 인터뷰 플랫폼인 하이어뷰 외에도, 암스테르담과 상하이에 지사를 두고 세계 9개 국어를 지원하는 '시드링크*Seedlink*'는 스마트폰을 통한 디지털 인터뷰 내용을 기반으로, 지원자들 언어의 잠재의식 패턴을 분석해 회사가 원하는 직무 역량을 보유하고 있는지 확인한다.

2017년 출범한 영국 스타트업 '제이미아이*JamieAi*'는 인간과 AI로 구동되는 프로세스를 결합해 이름, 나이, 민족 등 인구통계학적 요소를 배제한 뒤 관련 직무에 적합한 자격을 지닌 지원자를 매칭하는 데 중점을 둔 채용 플랫폼을 제공하고 있다.

기업에서 게임 기반 평가제도 도입도 확산되는 추세다.[77] 이 제도는 지원자의 역량 및 성격 특성을 게임 기반 도구를 사용해 평가한다. 하지만 게임을 잘하는 지원자가 쉽게 채용될 수 있다는 것을 의미하지는 않는다. 사람들은 비디오 게임을 떠올리며 많은 연습과 손재주가 필요한, 정교한 콘솔 게임을 상상하지만 이 게임은 모든 사람이 평등한 성과를 낼 수 있도록 제작되었으며 기술이 아닌 성격을 측정한다.[78]

지난 몇 년 동안 대기업들 일부가 채용 프로세스에 게임 기반 평가를 추가했다. 유니레버 외에도 딜로이트*Deloitte*, 테일러웨싱*Taylor Wessing*, 보다폰*Vodafone*, 아카디스*Arcadis*, 셸*Shell*, 지멘스*Siemens*, 탈레스*Thales* 등이 이 제도를 채택했다.

기업 채용팀은 이제 AI를 활용해 회사에 필요한 최고 지원자를 소싱하고 선별해 고용하는 데 도움이 되는 도구를 쓸 수 있다. 앞에서 언급한 하이어뷰나 파이메트릭스 외에 하이어추얼*Hiretual*, 아리아

*Arya*, 에잇폴드*Eightfold*, 어메이징하이어링*AmazingHiring*, 텍스티오*Textio*, 록소*Loxo* 등이 있다.

미국과 마찬가지로, 국내 기업도 채용 시 지원자의 성격이나 역량을 파악하기 위한 목적으로 AI 기술 도입에 관심을 보이고 있다. 특히 MZ세대는 공정하고 객관적인 채용을 원하기 때문에 AI 기술이 효과적인 도구로 쓰일 수 있다.

코로나19 팬데믹 이후 사람들은 온라인 게임과 인터뷰도 거부감 없이 채용 프로세스의 일부로 받아들였다. 한 조사에 따르면, 기업의 58퍼센트가 채용 AI에 대해 긍정적으로 여겼다. 2022년 기준 AI 채용 솔루션을 도입한 기업은 6퍼센트 정도에 불과하지만, 앞으로 도입하겠다는 의사를 보인 기업은 46퍼센트에 달한다.[79]

## 2) AI 채용은 기업 경쟁력과 직결

요즘 같은 디지털 세계 그리고 MZ세대가 사회 트렌드를 주도하는 환경에서는 기업 중심적이고 비효율적인 채용 관행을 혁신해야 한다. 기업의 글로벌 경쟁이 치열해지면서 인재 확보 전쟁도 글로벌 스케일로 전개되고 있다.

이제는 회사에 이력서를 보내던 시대도, 이력서가 인사 채용 담당자 책상 위에 수북이 쌓여 있던 시대도, 지원자가 채용 담당자의 연락을 기약 없이 기다리던 시대도 지나갔다. 아직도 이러한 풍경을 인사 부서나 채용 과정에서 보게 된다면 그 기업은 이미 경쟁력을 상실하고 있다는 신호다. 기업이 AI를 채용 프로세스에 적극적으로 도입하는 이유다.

채용도 점점 지원자 위주의 마켓으로 옮겨가고 있다. 특히 우수 인재 혹은 특정 직무와 관련된 채용일 경우 더욱 그렇다. 지원자들이 선택할 수 있는 기업 스펙트럼은 매우 넓어지고 있고, 채용 관련 요구사항도 점점 높아지고 있다. 이제 기업이 우수한 인재를 채용하려면 브랜드와 매력 있게 제작한 구인 광고를 링크드인, 페이스북 같은 소셜 네트워크를 통해 적극적으로 홍보하고 알려야 한다. 채용의 모든 프로세스 과정에서도 정보가 오픈되고, 지원자를 위한 서비스가 제공되어야 한다. 또한 기업의 인사 부서는 내부 혹은 외부의 파트너 기업에서 제공하는 AI와 데이터 기술을 적극 활용해 보다 객관적으로, 신속하고 효율적으로, 지원자의 특성을 파악해 기업과 지원자 모두 만족할 만한 결과를 도출해야 한다.

# 7장

# 리걸테크

## AI를 활용한 법률 서비스 시대가 열렸다

"법률 산업에는 생산성, 효율성, 정확성을 크게 향상시킬 수 있는 영역이 많다.
리걸테크는 AI 기술 적용으로 생산성과 정확성을 높이고,
변호사와 의뢰인을 연결하는 법률 플랫폼을 제공해
기존의 법률 산업을 획기적으로 혁신하고 있다."

## 1. 법률 업무에 AI를 도입한 배경

인터넷에 이은 새로운 AI/IT 솔루션 출현으로 모든 산업의 비즈니스 모델과 소비자 경험이 획기적으로 변하고 있다. 변화의 속도도 빠르고, 파괴적 혁신 사례를 보는 것도 어렵지 않다. 유통, 미디어, 자동차 산업은 각각 아마존, 넷플릭스, 테슬라 등 AI/IT에 뛰어난 빅테크 기업에 잠식당하고 있다.

법률 산업은 어떨까? 혁신 기술 진입이 더디게 진행되고 있지만 예외는 아니다. 기술 발전이 가져오는 혁신 트렌드에 맞춰 변화하지

않으면 비법률 기업 혹은 글로벌 빅테크 등 외부에 의해 시장이 잠식
될 가능성이 높다.

법률 업무에 AI/IT를 접목한 기술과 서비스를 '리걸테크*Legal Tech*'
라고 부른다. 그야말로 '법률'과 '기술'의 조합이다. 기술을 법률 업무
에 적용해 새로운 가치를 창출하는 것이다. 리걸테크는 변호사들의
업무를 도와주고, 일반인이 법률 서비스에 쉽게 접근하도록 하는 촉
매제다.

법률 분야에는 소송을 위한 방대한 자료와 법리 연구 그리고 거래
및 계약을 위한 자동화가 필요하다. 예를 들면 판례 검색, 소송 예측,
계약 검토와 분석, 문서 자동화 등이다. 이러한 영역은 AI를 적용해
생산성과 효율을 향상시킬 수 있는 가능성이 매우 높다.

2008년 국내에서 로스쿨을 도입한 이래 변호사 배출 규모가 커지
고 있다. 2013년부터 매년 1천500명 이상의 변호사를 증원 배출해,
2020년 기준 국내 등록 변호사 수는 3만 명을 넘어섰다. 변호사 시장
은 이미 포화상태에 이르러 경쟁이 더 치열해졌다는 소리도 들린다.
과거에는 연차가 늘면 지인 네트워크도 확대되면서 변호사 사무실
운영에 큰 어려움이 없었다.

하지만 사회가 다변화되고 변호사 수가 증가하면서 연차가 쌓여
도 수입 채널이 자연적으로 늘어나는 상황은 아니다. 여느 산업과 마
찬가지로 법률 서비스 및 변호사의 매출 시장 경쟁이 치열해져 이제
는 홍보와 마케팅이 연결되어야 성과를 낼 수 있는 시대가 되었다.

한편 일반인은 형사 및 민사 다툼이 발생하면 법률적 조언이 필요
하다. 변호사는 소송 케이스를 찾지만, 일반인에게 법률 서비스의 문

턱은 여전히 높다. 법률 수요와 공급의 미스매치다. 타 산업처럼 법률 산업도 이러한 문제는 AI/IT 기술을 활용해 해결할 수 있다.

## 1) AI가 바꾼 법률 업무 서비스 지형

법률 분야는 혁신 기술 도입이 더디게 진행되는 산업 중 하나로 알려져 있다. 그러나 최근 계약, 판례 등을 비롯해 수많은 문서를 다루는 법률회사는 리걸테크를 필요 서비스로 인식하기 시작했다. 법률 조사, 문서 작성, 전자 검색과 같은 일상적인 대용량 작업을 AI의 자연어 처리와 머신러닝 기술을 사용해 자동화하면 효율성을 크게 높일 수 있기 때문이다.

해외에서도 미국을 중심으로 리걸테크 기술을 활용한 법률 서비스가 빠르게 확산되고 있다. 이미 대형 법무법인과 회계법인들이 이 기술을 적용해 노동집약적 업무를 효율화하고 있다. 중소 로펌과 스타트업도 다수 등장했다. 국내 상황을 보면, 대형 법무법인이 AI 변호사를 도입했다는 보도도 있고, AI를 이용해 간단한 소송 자료를 자동으로 작성해주는 스타트업도 출범했다.

법률회사는 리걸테크가 변호사 업무를 더 빠르고 효율적으로 수행하게 해 고객에게 조언, 전략 수립과 같은 작업에 집중할 수 있도록 해준다는 장점을 알고 있다. 그러나 신기술이 인적 자원을 영구적으로 대체하거나 고객들이 채택할 도구가 변호사와 법률회사의 필요성을 상당히 줄일 것이라고 우려한다. 그 결과 대부분의 법률회사는 선도적인 신기술 채택보다는 업계 분위기를 보며 뒤따라가려는 태도를 취하고 있다.

하지만 법률 부문은 더 많은 AI 기술을 기존 시스템과 통합하기 시작했다. 세계에서 가장 큰 상업용 부동산 서비스 회사이자 투자 회사인 CBRE(Coldwell Banker Richard Ellis)가 2018년 100개 이상의 로펌을 대상으로 한 설문조사에 따르면, 89퍼센트가 이미 AI를 사용하고 있거나 곧 사용할 계획이라고 했다. 또 AI를 이미 사용하는 기업 중 63퍼센트의 기업은 법률 문서 생성과 검토에 신기술을 도입했다고 보고했다.[80]

## 2) 법률 서비스 혁신을 위한 요구들

접근 장벽이 높다, 정보 비대칭이 존재한다, 비용이 많이 든다, 문서가 어렵다, 우리와 매우 다른 집단이고 뭔가 두렵다, 완고하고 변화에 대한 저항이 많다, 의료 분야와 함께 직능 이기주의가 강한 집단이다. 이상은 일반인들이 법률 환경이나 변호사에 대해 가지고 있는 인식이다. 대부분 부정적 시각이다. 심리적 허들이 높고 법률 서비스와 고객 간의 간극도 크다. 일반인뿐 아니라 치열한 경쟁 속에서 비즈니스를 영위해야 하는 변호사나 로펌에 바람직한 현상은 아니다.

이러한 간극을 메우고 사용자들의 니즈에 부응하기 위해 변호사와 의뢰인을 편리하게 연결해주는 법률 플랫폼이 등장했다. AI 기술을 활용해 법률 서비스의 문턱을 대폭 낮춘 것이다. 예컨대, 법적 분쟁이 벌어졌을 때 일반인들이 변호사를 수소문해야 하는 번거로움을 없애주고, 플랫폼에 공개된 변호사들의 각종 정보를 의뢰인이 직접 검색해 해당 사건에 적합한 변호사를 선택하도록 하겠다는 것이다. 마치 스마트폰 유저가 필요한 기능이 있을 때 앱스토어를 검색해 필요한 어플을 사용하는 것과 유사하다. 플랫폼을 통해 법률 서비스가 일반인들에게 더 가까이 다가가고 있는 것이다. 이제 법률 업계에서도, 타 산업처럼 AI 기술을 적극적으로 도입해 업계에 똬리를 틀고 있는 비효율성을 걷어내고 혁신을 이뤄야 한다는 목소리가 점점 커지고 있다.


## 2. 리걸테크 시장의 가파른 성장

법률 서비스는 아직 많은 부분이 디지털화하지 않은 상태로 남아 있다. 여전히 전통에 얽매여 있고 신기술과 도구를 채택하는 속도도 매우 느리다. 그러나 법률 분야도 앞으로 많은 변화가 있을 것으로 전망된다. 이전의 어떤 기술보다 AI는 법률 업계의 관행을 극적으로 변화시킬 것이다. 그리고 이 과정은 이미 진행 중이다.

법무 부서에서는 자동화해야 할 수동 작업이 많다. AI를 적용하면 시간 절약과 비용 절감 성과를 낼 수 있다. 법률 비즈니스 기능을 위한 AI 기술은 변호사가 더 높은 부가가치 작업에 집중할 수 있도록 하는 상당한 잠재력을 가지고 있다. 법률 AI 소프트웨어 시장 규모는 2019년 3억 1천700만 달러에서 2024년에는 12억 3천600만 달러로 증가할 것으로 예측된다(그림 66 참조). 연평균성장률(CAGR)도 31퍼센트에 달할 것으로 전망하고 있다.[81] 주요 성장 분야는 AI 기반 고객 지원 서비스 및 자동화다.

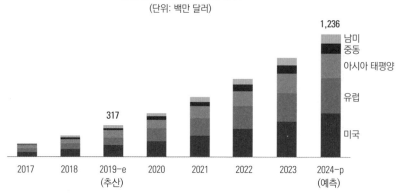

법률 AI 소프트웨어 시장 규모<br>(단위: 백만 달러)

[그림 66] 전 세계 법률 AI 소프트웨어 시장의 가파른 증가 추세.

미국에서 리걸테크의 역사는 길다. 리걸테크 기업은 1천 개가 넘는다. '웨스트로*Westlaw*', '렉시스넥시스*LexisNexis*' 등의 리걸테크 업체들은 고객의 법률 질문에 맞춰 판례와 법률 자료들을 찾아주는 온라인 데이터베이스 서비스를 1970년대부터 운영해왔다. 하지만 유료 서비스로 비용이 비싸고, 검색 결과로 도출된 수천 개의 문서는 변호사가 많은 시간을 들여 읽고 분석해야 한다.

최근 출범한 미국의 리걸테크 기업은 '피스컬노트*FiscalNote*', '엑시엄*Axiom*', '페어도큐먼트*Fair Document*' 등을 들 수 있다. 2013년에 창업한 피스컬노트는 방대한 정부 법률 및 규정 자료들을 모아 AI의 자연어 처리 기술로 고객 사업에 필요한 입법과 법령을 분석해준다. 1999년 출범한 엑시엄은 자체 IT를 기반으로 곳곳에 있는 변호사를 적합한 프로젝트에 연결해 대형 로펌 수준의 법률 서비스를 저렴하게 제공한다. 2011년 출범한 페어도큐먼트는 고객이 온라인상으로

유산 상속 폼을 입력하면 변호사가 내용 검토 후 법률 문서를 작성해
준다.

## 3. AI 변호사의 흥미로운 사례

법률 AI 분야의 두 가지 흥미로운 사례를 살펴보자. 로봇 변호사인
'두낫페이*DoNotPay*'와 '로스인텔리전스*ROSS Intelligence*'의 이야기다.

### 1) 세계 최초의 로봇 변호사 '두낫페이'

2016년에 출시된 로봇 변호사 '두낫페이'는 AI를 활용해 사용자에
게 법률 서비스를 제공하는 구독 기반 모바일 애플리케이션이다(그
림 67 참조). 원래 '두낫페이'라는 법률 서비스 챗봇은 주차 위반 티켓
벌금과 같은 소액 청구에 대해 변호사를 고용할 여력이 없는 런던과
뉴욕의 사람들에게 법률 자문을 제공하기 위해 만들어졌다. '세계 최
초의 로봇 변호사'로 불리는 두낫페이는 채팅과 같은 인터페이스에
서 이의를 제기할 수 있도록 도와준다.

이 프로그램은 먼저 명확하게 보이는 주차 표지판이 있는지 등의
간단한 질문을 통해 이의제기 가능 여부를 확인한 다음 이의제기
프로세스를 통해 사용자를 안내한다. 챗봇은 사용자의 주장과 관련
된 질문을 하고 법원에서 읽을 대본과 함께 필요한 법원 문서를 작
성한다.

2016년 런던과 뉴욕에서 무료 서비스가 출시된 후 21개월 동안

[그림 67] 세계 최초의 로봇 변호사로 불리는 '두낫페이' 모바일 애플리케이션.

25만 장 이상의 주차위반 티켓 케이스를 처리했다. 그중 16만 장의 케이스가 승소해 60퍼센트 이상의 성공률을 보여줬다. 비용도 400만 달러 이상 절감했다고 보고되었다.[82] 두낫페이는 주차위반과 같은 소액 청구 법률 서비스에서 더 나아가, 이민 권리 및 기타 사회적 문제에 이르기까지 다양한 유형의 법적 문제를 지닌 사용자를 도울 수 있도록 기능이 확장되었다.[83] 두낫페이 애플리케이션은 IBM의 왓슨 컴퓨터에서 지원된다.

### 2) 로스인텔리전스가 개발한 '로스'

로스인텔리전스는 컴퓨터 지원 법률 연구를 위해 AI 기반 소프트웨어 솔루션을 제공하는 리걸테크다.[84] 이 기업이 만든 로봇 변호사 '로스'는 법률, 판례와 주제별 자료를 참조해 캐나다와 미국에서 파산, 지적재산권, 노동과 고용법에 관한 법적 질문에 답변을 제공하는 구독 기반 온라인 법률 서비스다. IBM의 AI 엔진 왓슨*Watson* 기반으로 개발된 로스가 일반 검색 툴과 다른 점은 단순히 주제어 일치만이 아닌, 사용자 질문을 분석해 최적화된 답변을 제공한다는 것이다.

2016년 5월, 100년의 역사를 지닌 글로벌 6위 규모의 뉴욕 대형 로펌 '베이커앤호스테틀러*Baker&Hostetler*'는 고객의 파산 절차 서비스를 위해 AI 기반 법률 문서 검색 엔진인 로스를 사용하기로 결정했다. 로스는 일반인 대상이 아닌 변호사의 자료 조사를 돕기 위해 만들어졌으며, 현재 미국의 파산 관련 판례를 수집하고 분석하는 업무를 담당하고 있다. IBM의 왓슨 기술을 기반으로 하는 자연어 처리 기능을 통해 사용자는 일반 언어로 질문을 할 수 있다. 로스는 자연어로 질문하면, 그 내용을 분석한 다음 관련된 전체 법률 자료를 검토해 정확한 답변을 찾는다.

그렇다면 로스는 어떻게 작동될까? 로스가 법률 연구를 위해 AI를 도입해 수행하는 방법은 다음과 같다.[85] 로스의 고객(변호사)이 "2004년 이후, 뉴욕에서 중과실의 기준은 무엇인가?"라는 질문을 했다고 하자. 이 질문을 받은 로스는 자연어 처리 기술로 단어를 분석한다. 알고리듬은 날짜와 관할 장소를 이해하고, 이를 필터로 적용해 질문의 초점을 해당 장소와 날짜에 맞춘다. 그런 다음 질문 내용에 있는 '뉴욕'을 관할 장소 필터로 탐지해 뉴욕 주와 연방법원, 순회 항소 법원과 미국 연방대법원 케이스만 가져온다. 또 '2004년 이후'도 날짜 필터로 탐색한다. 이런 과정을 거친 후 로스는 자동으로 이 정보를 적용해 검색 결과의 초점을 맞춘다.

이제 로스는 산업 표준 검색 기능과 알고리듬을 사용해 질문과 가장 유사한 내용을 지난 사례에서 검색한다. 이때 관련된 문서를 단순히 나열하는 게 아니라, 초당 10억 장의 법률 문서를 분석해 질문에 맞는 답변을 만들어낸다. 전통적으로 렉시스넥시스 같은 법률 연구 프로그램에 참여해 키워드를 입력하면 30페이지가 넘는 수천 개의 결과를 샅샅이 살펴야 한다. 이러한 불편함에서 벗어나게 된 것이다.

기존 솔루션은 키워드를 찾은 후 수동으로 걸러야 하는 전통적 검색 기술에 의존해왔다. 반면 로스는 질문을 통해 고객이 정말로 원하는 것이 무엇인지 이해하려고 한다. 문장의 단어들을 살펴보고, 문맥을 맞추고, 단어 사이의 관계를 알아내 이해도를 높인다.

최고 사례를 찾을 때는 질의와 관련된 모든 자료를 검색한 후 AI 알고리듬을 활용해 순위를 매겨 확인한다. 그러나 검색 결과의 순위를 매길 때 키워드 매칭만 중요시하면 질문의 요점과 의도를 놓칠 수 있다. 그래서 최고의 사례 검색 결과를 도출할 때 머신러닝, 문법 구조, 단어 임베딩 등 몇 가지 AI 기술을 결합해 수행한다. 각 사례에 대한 특성 분석을 완료하면 이 특성들을 종합해 단일 점수를 매긴다. 로스는 이 점수를 사용해 쿼리와 사례의 관련성을 확인하고 검색 결과를 정렬한다.

시스템은 고객이 무엇을 찾는지 알게 되면 가장 좋은 답이 무엇인지를 학습할 수 있다. 로스에는 사용자로부터 배우는 지속적인 피드백 루프가 있다.[86] 전통적인 방법은 10시간 전후로 답을 찾는 반면, 로스는 몇 초 만에 답변을 도출한다. 변호사는 시간당 평균 400달러를 청구하므로 고객은 4천 달러를 절감하는 셈이다.

시행착오는 로스에게 법의 새로운 영역을 가르친다. 우리가 질문을 한 뒤 기대하는 답변을 보여주면, 로스는 스스로 답을 찾아 우리가 보여주었던 답변과 비교한 다음 조정한다. 변호사들이 개발한 100만 건 이상의 질문과 답변 데이터는 이 같은 방식으로 로스를 훈련한다. 그리고 이러한 과정을 수십만 번 반복한 후에는 처음 받은 질문에 대한 답도 정확히 찾는다.[87]

로스인텔리전스는 2021년 다국적 뉴스 및 정보산업 기업인 '톰슨 로이터_Thomson Reuters_'와의 법적 분쟁으로 법률 연구 플랫폼을 폐쇄했다. 2020년 톰슨 로이터즈가 저작권이 있는 데이터를 사용해 로스의 AI 시스템을 훈련시켰다는 이유로 소송을 제기하자, 추가 자금 조달이 어려워 폐쇄를 결정한 것이다. 현재는 '패스트케이스_Fastcase_'와 '케이스텍스트_Casetext_'가 로스 가입자의 기존 계약을 이행하기 위해 지원을 하고 있는 것으로 알려졌다. 안타깝지만 로스와 같은 법률 리서치 제공 업체의 폐쇄 및 자금 조달 문제는 리걸테크 스타트업 시장에서 공통적으로 볼 수 있는 상황으로 알려졌다.

## 4. 리걸테크, 어떤 분야에서 활용하나

이번에는 AI 기술을 적극 도입하고 있는 법률 영역들을 살펴보기로 하자. 우선 소송 분야에서 AI는 방대한 증거 자료와 법리 연구가 필요한 기업 소송에 활용되고 있다. 크게 전자 디스커버리 제도, 판례 검색, 소송 예측, 성향 조회 등이 있다. 거래 및 계약 분야에는 실사 자동화, 계약 검토, 계약 분석, 문서 자동화 등의 영역이 있다.

## 1) 소송 분야의 활용

### 전자 디스커버리 제도

AI가 가장 널리 활용되는 소송 분야는 디스커버리 절차일 것이다. 디스커버리는 정식재판이 진행되기 전 공판 준비 단계에서, 민사소송은 원고와 피고 상호 간, 형사소송은 검사와 피고인(변호인)이 각자 가지고 있는 관련 정보와 증거와 서류를 공개하는 절차다. 합리적 이유 없이 상대방의 서류 제출 요청을 거절하면 법원의 처벌과 제재를 받는다. 소송이 시작되면 당사자들은 소송과 관련된 모든 정보를 보존해야 할 의무가 생긴다. 이 단계에서 미리 공개하지 않은 증거는 원칙적으로 법정에서 사용하지 못한다.

디스커버리 절차는 당사자들이 소송 정보를 충분히 검토해 쟁점을 명확히 하고, 소송 절차를 간소화할 수 있으며, 소송비를 절감할 수 있다는 장점이 있다. 예컨대 미국의 민사소송에서 95퍼센트 이상은 정식재판 이전 단계인 디스커버리 절차에서 처리된다. 정식재판을 하게 될 경우 소송비용이 증가하고 소송기간도 지연되기 때문이다. 이런 문제가 있어 당사자들이 화해나 조정을 적극적으로 수용하는 면도 있지만, 소송 초기 단계에서 이뤄지는 디스커버리 제도를 더 많이 이용한다.

디지털 시대에 접어들면서 미국의 디스커버리 제도는 대량의 디지털 문서와 이메일에서 증거를 찾는 전자 디스커버리로 발전하고 있다. 종이 문서로 제한했던 증거의 대상을 전자 자료까지 확대한 것이다. 2006년 미국은 전자 저장 증거를 소송에서 제출할 근거로 만들기 위해 전자 디스커버리 제도를 도입했다. 미국을 비롯한 선진국들은 기업들이 이메일을 일정 기간 보존할 것을 의무화하도록 규제를 강화하고 있다. 보존 대상 데이터는 스캔 자료, 멀티미디어 같은 콘텐츠 데이터부터 이메일과 메신저 및 로그 기록까지 광범위하다. 기업은 이메일 데이터 보존 정책 및 시스템 구축을 통해 데이터를 원래 상태로 보존하고 있음을 증명해야 한다.[88]

국내에서도 금융감독원이 증권회사의 이메일 및 메신저 내부 통제 방안을 마련해 영업 관련 부서의 통화 내용을 3년간 의무적으로 보관할 것을 요구하는 기존의 규정을 메신저와 이메일까지 확대 적용했다. 2011년부터 진행되어온 삼성전자와 애플의 특허침해 소송에서 삼성전자가 패소한 원인 중 하나는 이메일과 개발 문서가 미국 법정에 제출됐기 때문이다. 이로 인해 전자 디스커버리에 대한 관심이 높아졌다.

소송 사건을 담당하는 변호사는 의뢰인이 보유하는 많은 문서를 일일이 검토해 사건과 관련이 있는 문서를 선별한 뒤 상대에게 제공해야 한다. 문서 검토는 대부분 저연차 변호사, 법률 보조원 또는 소송 지원 컨설턴트가 수행한다. 노동집약적이고 비용이 가장 많이 드는 작업이다. 이 작업에 AI를 활용하면 전자 디스커버리 절차를 더 빠르게 수행하고 검토 비용도 줄일 수 있다. 이를 위해 AI는 대량의 데이터를 처리하고 다양한 정보 자산을 분석해 법무 부서에 통찰력을 제공할 수 있다.

효과적인 전자 디스커버리 결과를 얻으려면 단순 키워드 검색을 뛰어넘어 AI를 이용한 '예측 코딩(Predictive Coding)'을 활용해야 한다. 예측 코딩은 우선 변호사들이 제공한 후보 문서 중 10퍼센트 이하의 적은 분량에 해당하는 샘플 예제 표본 훈련 데이터에 머신러닝을 적용해 모델을 만든다. 이 모델을 활용해 사건과 관련 있는 문서와 관련 없는 문서를 분류한다.

전통적으로 사용되어온 키워드 검색은 편향성이 있어 관련 문서의 일부가 배제되거나 관련 없는 문서의 양이 증가한다. 반면 예측 코딩에 기반을 둔 검색은 현재 사건과 관련이 있는 문서만을 골라내 검토해야 할 문서의 양을 대폭 낮춰 시간과 비용, 노력을 줄여준다. 전체 문서 중 일부만 검토하면 되므로 변호사의 업무 부담도 덜어준다.

방대한 문서를 검토할 때 기존의 전자 디스커버리 방식과 예측 코딩을 사용하면 정확도와 효율성이 증가한다. 이러한 기술을 법률 사무소에 도입하면 전자 디스커버리를 위해 아웃소싱하는 시간을 줄여 비용을 절약할 수 있다. 문서 검토자는 모든 문서를 수동으로 읽는 대신, 샘플 문서 개념 일치에 따라 문서를 분류하는 컴퓨터 분류 소프트웨어를 활용하면 된다.

앞으로 전자 디스커버리 과정에서 AI 기술은 더 많이 활용될 것으로 보인다. 전자 디스커버리 소프트웨어 비교 사이트에는 100개가 넘는 소프트웨어가 등록되어 있을 정도로 관련 기술 개발이 활발하게 이뤄지고 있다. 이 소프트웨어는 법률 전문가들이 소송과 관련된 문서와 통신 내용을 수집하고 유지하기 위해 사용하는 도구다. 이러한 문서와 통신에는 이메일, 채팅, 인스턴트 메시지, PDF, 오디오와 비디오 파일, 소셜 미디어 메시지가 포함된다. 기업은 이 소프트웨어를 통해 이메일, 공용 폴더, 회사 문서를 포함한 다양한 소스에서 효율적인 비용으로 신속하게 정보를 검색할 수 있다. AI 기반 전자 디스커버리 소프트웨어 업체는 '카탈리스트*Catalyst*', '에버로*Everlaw*', '오픈텍스트*OpenText*' 등이 있다.

### 법률 연구 및 판례 검색

소송을 할 때 해당 사건과 유사한 판례 발견은 성패를 좌우할 수 있다. 하지만 방대한 판례 데이터베이스에서 유사한 사건을 발견하는 일은 쉽지 않다. 그래서 우수한 판례 검색 서비스가 필요했고 오늘날 거대한 산업으로 성장했다. 이 서비스 시장은 그동안 웨스트로와 렉시스넥시스가 독차지하고 있었다. 변호사들은 두 회사의 컴퓨터 프로그램으로 판례 연구를 수행해왔다. 최근까지도 대부분 법대생과 법률회사의 주니어 사원들은 소송 관련 판례를 찾기 위해 실제 판례를 검색했다. 이들은 주로 법률 및 규정을 조사하거나 소송 사건에 대한 각기 다른 법적 의견을 찾아 유사한 사건을 법무 부서에 알리는 역할을 해왔다.

하지만 이러한 전통적 솔루션들은 기본적인 검색 기능 외에 지능적인 면이 포함되어 있지 않다. 이 분야의 검색 서비스는 수십 년에 걸쳐 더욱 정교하게 발전해왔지만 사용법은 여전히 어렵다. AI 기술을 법률 연구 분야에 효과적으로 적용해 기존 검색 서비스보다 저렴하고 더 나은 검색 결과를 제공하는 스타트업들은 이러한 환경 속에서 탄생했다.

지난 몇 년 동안 자연어 처리 기술 발전을 활용해 법률 연구를 혁신하려는 신생 기업들이 등장했는데, 케이스텍스트, 로스인텔리전스 같은 회사는 법적 의견의 실제 의미를 보다 정교하게 이해하는 연구 플랫폼을 구축하고 있다. 이러한 플랫폼은 기계적인 키워드 매칭을 넘어 실제로 관련이 있는 기존 법률을 탐색해준다. 또 다양한 사례가 서로 어떻게 관련되는지에 대해서도 관점을 제공한다. 이제 AI 기반 법률 연구 기술은 시장에서 주목을 받기 시작했다.

### 소송 예측

'예측'은 AI가 가장 잘하는 영역 중 하나다. 당연히 소송 예측에도 쓰인다. AI는 판사가 될 수는 없지만, 판사의 판결을 예측해 소송 전략에 활용할 수 있다. AI는 소송 진행 과정에서뿐만 아니라 소송 이전 단계에서도 도움을 준다. 머신러닝 모델을 이용해 승소 가능성 등 소송 결과를 예측할 수 있다.

변호사는 소송을 제기하기 전에 사건을 평가해 증거 자료의 유불리, 제반 법적 사항에 관한 판단을 내릴 수 있다. 이를 기반으로 소송을 제기하는 게 좋은지, 합의를 하는 게 좋은지 결정할 수 있다. AI는 기존 판례 데이터를 학습해 유사한 사건의 승소율, 해당 법원이나 판사의 성향까지 파악해 빈틈없이 소송을 진행할 수 있도록 도와준다.

소송 사례와 관련된 판례와 사례의 특정 사실 패턴 데이터를 활용해 사례 예측 머신러닝 모델을 구축하면 계류 중인 소송 결과도 예측할 수 있다. 소송 결과를 더 정확하게 예측할 수 있다면 소송 전략을 세우는 데 많은 도움이 될 것이다. 이러한 예측으로 법률회사는 합의 협상을 빠르게 진행할 수 있고 재판에 가야 하는 사건의 수를 최소화할 수 있다. AI 기반 소송 예측 서비스 기업에는 '렉스마키나*Lex*

*Machina*', '블루제이리걸*Blue J Legal*', '리걸리스트*Legalist*' 등이 있다.

　대표적인 소송 분석 및 판결 예측 서비스 기업 렉스마키나는 기업명이 라틴어로 '법률 기계(Law Machine)'라는 의미를 담고 있다. 2008년 출범해 2015년 렉시스넥시스가 인수한 회사다. 수백만 건의 법원 소장, 답변서, 준비 서면, 판결문 등 각종 문서를 분석해 포괄적이고 정확한 데이터를 포함한 법률 분석 솔루션을 제공함으로써 소송 전략을 쉽게 수립할 수 있도록 도와준다. 아울러 판결 자료를 바탕으로 한 빅데이터 알고리듬을 이용해 소송 당사자와 변호사에게 법원별, 판사별, 로펌별, 변호사별 소송 데이터는 물론 최신 판례 분석 자료도 제공한다. 예를 들어 사건을 맡은 판사의 성향, 판결 소요 시간, 비슷한 사건의 결과 등을 AI로 분석해 특정 사안에 대한 판결 결과를 예측하기도 하고 승소 또는 패소할 확률, 합의율, 합의할 경우 예상 액수까지 분석한다. 이러한 서비스를 통해 불필요한 소송을 예방하고 합의를 통해 많은 사건을 조기에 종결하고 있다.

　토론토에 본사를 둔 '블루제이리걸'은 초기에 세법에 중점을 둔 AI 기반 법률 예측 엔진을 개발해 2014년에 출범한 스타트업이다. 이 회사에서 운영하는 AI 시스템은 90퍼센트의 정확도로 사례 결과를 예측한다고 알려져 있다. CEO인 벤자민 알라리*Benjamin Alarie*는 "머신러닝에 기반한 법적 예측 기술을 활용하는 전문가들이 이미 상당한 이점을 얻기 시작했다. 향후 10년 안에 이러한 AI 알고리듬 기술은 법률 자문을 위한 자연스러운 출발점이 될 것이다"라고 말했다.

　AI를 잘 활용한 소송 예측 사례는 '소송 금융(Litigation Finance)'이다. 소송 금융이란 어떤 소송이 승소 판결 가능성이 높을 것으로 예측될 때, 원고와 법무법인 등에 자금을 지원하는 금융 서비스다. 소송 결과가 예측한 대로 진행되면 소송 지원 자금이 반환되고, 위험을 감수한 대가도 받는다. 따라서 소송 금융 회사가 적절한 위험에 베팅할 수 있으려면 관련된 위험을 가능한 한 정확하게 예측해야 한다.

이 분야의 대표적 스타트업은 2016년 샌프란시스코에서 설립된 '리걸리스트*Legalist*'로 투자 기회를 산정하기 위해 AI 및 머신러닝을 활용하고 있다. 이들은 지원해야 할 소송이 있을 때 주 법원과 연방 법원 기록을 수집해 법원이 원고에게 유리한지, 특정 사건 유형이 승소하는 경향이 있는지, 판사가 누구인지 등과 같은 예측 지표를 찾는다. 변호사 비용 지불을 도왔을 때 소송이 성공하면 보상을 받고 그렇지 않으면 받지 않는다. 지원한 소송 중 절반은 합의 또는 판결을 받았거나 다른 방식으로 해결되었다. 고객의 80퍼센트 이상이 이 서비스를 긍정적으로 평가했다.

## 2) 거래 및 계약 분야의 활용

### 실사 자동화

실사란 혹시 있을지도 모를 관심 기업의 비정상성을 밝혀내는 작업이다. 따라서 M&A 혹은 다른 거래를 위해 실사를 수행하는 팀은 기업 설립 및 구조, 공급망, 소송, 라이선스, 재무 및 고용주 규정 준수 등의 광범위한 영업 활동을 세밀하게 검토해 법률적으로 문제가 없는지 확인해야 한다. 기업의 상태를 이해하기 위해 수많은 계약과 자료를 검토하는 힘든 작업이지만 이 프로세스는 경영진이 거래의 성공 가능성을 평가하고 거래 이후에 예상치 못한 불확실성을 제거하는 데 필수적이다.

수많은 문서를 수동으로 검토하면 시간과 비용이 많이 든다. 부정확성과 실수의 여지도 많다. 이러한 오차를 없애기 위해 조직은 실사 프로세스를 용이하게 하는 자동화된 도구를 채택하는 것이 바람직하다. 실사에 AI를 활용하면 수백 개의 문서 검토를 단기간에 정확하게 완료할 수 있다. 비정상을 밝혀내는 작업은 AI가 잘하는 분야 중 하나다. 정상적인 상황의 데이터로 머신러닝 모델을 훈련한 다음, 새로운 데이터로 테스트해 결과가 기대치와 다를 경우 이를 골라낼 수 있다.

현재 미국이나 유럽에서는 실사 프로세스를 자동화한 AI 소프트웨어가 개발되어 법무 및 회계 법인이 현업에 활용하고 있다. 대부분의 소프트웨어는 기업 데이터베이스에서 실사에 필요한 데이터를 추출하는 데이터 마이닝 기능, 추출된 데이터에서 비정상적 요소를 파악해내는 비정상성 검출 기능으로 이뤄져 있다.

### 계약 검토

변호사의 주된 업무 중 하나는 계약서를 작성하고 검토하는 것이다. 계약서 작성은 거래를 마무리하기 위해 양측 변호사가 빨간색 선이 표시된 문서를 수동으로 검토, 편집하고 교환해야 하는 일을 수없이 반복해야 하는 작업이다. 계약을 위한 협상과 마무리 과정은 지루하고 고통스럽고 소모적인 프로세스다. 대부분의 법무 부서는 계약 검토에 절반의 시간을 할애한다고 한다. 인적 오류로 인한 실수도 흔하다. 이러한 어려움은 계약 문건이 수천 페이지에 달할 수 있다는 점을 감안하면 놀라운 일이 아니다.

AI 기반으로 계약 검토 자동화 서비스를 제공하는 기업으로는 소트리버*Thought River*, 리걸로봇*Legal Robot*, 로긱스*Lawgeex*, 클라리티*Klarity*, 클리어로Clearlaw, 렉스체크*LexCheck* 등이 있다. 제안된 계약을 자연어 처리 기술을 사용해 분석하고 계약의 어느 부분이 괜찮고 문제가 있는지를 결정할 수 있는 AI 시스템을 제공한다.

2016년 런던에서 출범한 소트리버는 계약 정보 소프트웨어 솔루션 업체다. 상황 해석 엔진을 기반으로 법률 계약을 평가하는 AI 계약 검토 솔루션과 머신러닝 및 법률 전문지식을 융합한 시스템을 제공한다. 샌프란시스코에 기반을 둔 리걸로봇은 머신러닝 기법을 활용해 법률 언어를 파악한 후 계약의 책임과 권리 및 조항을 파악한다. AI 기술에 기반을 둔 계약 검토 및 관리 플랫폼을 운영하는 스타트업 로긱스의 CEO '누리 베코*Noory Bechor*'는 "이러한 솔루션 활용은 법률팀이 계약 검토 및 수정 작업에서 벗어나 보다 가치 있고 영향력 있는 작업에 집중할 수 있도록 도와준다. AI 기술은 변호사가 위험 완화에 초점을 맞추고 있는 현재의 업무 상태에서 벗어나, 회사의 메인 이니셔티브에 대한 적극적인 참여로 역할을 확장하는 것을 지원할 것이다"라고 말했다. AI 기술이 기업과 변호사의 성장을 견인할 것이라는 의미다.

흥미로운 점은 2019년 4월 미국의 매체〈바이스뉴스*Vice News*〉가 AI 능력을 테스트하기 위해 'AI와 변호사의 대결(AI vs. Lawyer Challenge)'이라는 이벤트를 주관했다는 사실이다. 〈바이스뉴스〉는 로긱스와 인간 변호사에게 리뷰를 위해 4페이지와 2페이지짜리 계약 서류 2건을 제시했다. 결과는 로긱스의 압도적 승리였다. 인간 변호사는 1시간 넘게 시간을 들여 각각 85퍼센트, 83퍼센트의 정확도로 두 계약 문서를 검토했다. 반면 로긱스는 계약서 검토에 단 18분을 투자했고 95퍼센트의 정확도를 달성했다. 로긱스의 CEO는 "우리에게는 기술에 훨씬 더 정통한 새로운 세대의 변호사가 있다. 기술을 활용할 수 있는 사람이 성공할 수 있는 사람이다"라고 언급했다.[89]

### 계약 분석 작업

계약 체결은 비즈니스의 시작에 불과하다. 계약을 체결한 후에는 합의된 조건과 의무를 준수해야 한다. 이 과정이 제일 고되다. 기업은 많은 부서에서 수많은 거래 상대와 복잡한 계약을 체결하기 때문이다. 그런데 이렇게 수많은 계약의 세부 사항을 잘 이해하지 못한 채 운영되는 기업이 의외로 많다. AI 기술은 이런 문제를 해결할 수 있도록 해준다.

자연어 처리 기반 솔루션은 계약의 핵심 정보를 추출하고 단순화해 이해관계자가 계약과 관련된 비즈니스를 쉽게 이해할 수 있도록 해준다. '키라시스템즈*Kira Systems*', '실소프트웨어*Seal Software*'는 이러한 플랫폼을 구축하는 회사이며, 스타트업으로는 '렉시온*Lexion*', '에비소트*Evisort*', '페이퍼플립*Paperflip*' 등이 있다.

2010년에 설립된 키라시스템즈는 계약서와 기타 문서에서 텍스트를 식별, 추출, 분석하는 머신러닝 소프트웨어로 법률 실사 단계에서 시간이 많이 소요되는 계약서 검토 업무를 자동화한다. 이 소프트웨어는 머신러닝 과정에서 450여 개의 표준 계약 문구 모델을 만든 다음, 실사 대상 계약서에 포함된 조항과의 차이 여부를 변호사에게 보여줌으로써 검토를 신속히 수행하도록 한다.[90]

2007년 출범한 실소프트웨어는 기업이 계약 내용을 정확히 파악하고 포트폴리오를 효과적으로 관리해 수익 기회를 극대화하고 비용을 절감할 수 있도록 해준다.

지능형 계약 관리 플랫폼 업체로서 2016년에 출범한 에비소트의 AI 기반 계약 관리 소프트웨어는 주요 계약 데이터 추출을 자동화해 계약 생성과 검토 및 승인 프로세스 작업을 간소화한다.

AI 기술을 활용하면 계약팀은 야간과 주말에도 시간 제약 없이 비즈니스를 수행할 수 있다. 또 최상의 상황을 유지해 비즈니스 거래가 성사되도록 필요한 프로세스를 자동화하면 모든 계약 사항이 실시간으로 파악되고 위험과 계약 거래 시간이 줄어 비용도 절감된다.

이러한 솔루션을 통해 얻을 수 있는 비즈니스 기회는 많다. 기업의 영업팀은 계약 갱신 시점을 보다 쉽게 추적할 수 있으므로 유리한 전략을 세울 수 있다. 조달팀은 기존 계약의 세부 사항을 파악해 필요할 때 재협상할 수 있다. 규제팀은 규정 준수를 위해 기업 활동의 포괄적인 관점을 유지할 수 있다. 재무팀은 M&A 및 실사 준비가 되어 있는지 언제라도 확인할 수 있다. 그리고 무엇보다 오늘날 대부분의 기업이 처해 있는 폐쇄적이고 불투명한 계약 환경이 앞으로는 보다 개방되고 투명하게 변화할 수 있다.

## 법률 문서 자동화

법률 거래와 계약 과정에서 문서 작성은 필수다. 문서 작성, 관리, 검토는 노동집약적 작업이다. 특히 비즈니스 계약서 작성은 양측 변호사가 수동으로 초안을 여러 번 검토, 편집, 교환해야 하는 소모적인 프로세스다. 따라서 시간과 비용을 줄이려면 문서 관련 프로세스를 자동화할 필요가 있다.

하지만 신속한 업무 프로세스가 능사는 아니다. 법률 문서를 작성할 때 발생하는 실수가 예상치 못한 비용 지출로 이어져 회사를 어려운 처지에 놓이게 할 수 있기 때문이다. 기업은 특히 법률 활동에서 규정 준수 미흡으로 인한 문제가 발생하지 않도록 주의해야 한다. AI를 활용하면 고객을 위한 다양한 유형의 법률 문서들, 예를 들면 비즈니스 계약, 비공개 계약, 유언장, 신탁 등을 생성하고 실수를 방지할 수 있게 해준다.

법률 문서 자동화는 컴퓨터가 사람 대신 문서 기반 법률 작업을 처리하므로 가치 있는 활동에 더 많은 시간을 할애할 수 있도록 해준다. 또한 법률 문서를 준비하는 과정에서 실수로 고객 정보가 누락되거나 잘못 입력하는 상황도 막아준다. 법률 문서 자동화 프로세스는 인간의 개입을 필요로 하지 않기 때문에 문서 생성 시간을 약 70퍼센트 절약할 수 있게 해준다.[91] AI 기술에 기반을 둔 법률 문서 자동화 기업에는 '넥클리Knackly', '리걸업Legal Up', '퍼펙트NDA PerfectNDA' 등이 있다.

# 5. 한국 법률 시장에 부는 리걸테크 바람

한국의 변호사 수는 2022년 기준 3만 명을 넘어섰다. 법률 전문가 증가와 더불어 법률 분야에 AI와 IT를 접목한 리걸테크의 수요도 증가할 것으로 보인다. 특히 한국은 인터넷, 플랫폼, AI 등의 기술 수준이 매우 높다. 그럼에도 불구하고 다른 산업과 달리, 리걸테크가 국내 법률 업무에 적용된 지는 그리 오래되지 않았다.

## 1) 법률 수요 증가가 불러온 업무 자동화

리걸테크가 보편화하면 일반인은 필요한 법률 지식을 쉽게 접할 수 있게 된다. 법률 서비스의 장벽도 낮아질 것이다. 변호사의 판례 및 자료조사 시간을 줄일 수 있으므로 업무 효율성도 높아진다. 그러나 일각에서는 리걸테크의 발전과 확산으로 변호사의 필요성이 대폭 감소하는 게 아닐까 하는 우려의 눈초리를 보낸다.

현재 리걸테크 확산은 변호사 업무에서 자동화가 필요한 부분들을 보완하기 위한 방향으로 발전해나가고 있다. 긍정적인 부분이 훨씬 많다는 의미다. 특히 법률 업계에 새롭게 진출하는 변호사들에게 도움이 되는 부분이 많다. 판례와 자료 분석에 소요되는 시간이 대폭 절약되면 고객에게 수준 높은 법률 서비스를 비교적 낮은 비용으로 제공할 수 있다.

한국은 연간 고발, 고소 50만 건 시대에 들어섰다. 한 달 평균 4만 건이 넘는 수치다. 이렇게 법률 수요가 증가하자 법률과 IT 기술이 결합된 리걸테크 수요도 늘고 있다. 리걸테크는 주로 법률 서비스 기술이나 소프트웨어로 출발했지만 최근에는 AI 기술을 활용해 변호사들의 업무를 돕는 소프트웨어, 법률 플랫폼으로 점차 확산하고 있다. 이런 트렌드가 이어지면 일반인들이 접근하기 힘들었던 법률 서비스를 쉽게 이용할 수 있게 될 것이다(그림 68 참조).

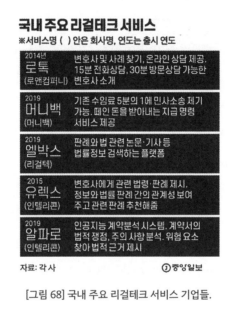

**국내 주요 리걸테크 서비스**
※서비스명 ( ) 안은 회사명, 연도는 출시 연도

| 연도 | 서비스명(회사명) | 내용 |
|---|---|---|
| 2014년 | 로톡 (로앤컴퍼니) | 변호사 및 사례 찾기, 온라인 상담 제공. 15분 전화상담, 30분 방문상담 가능한 변호사 소개 |
| 2019 | 머니백 (머니백) | 기존 수임료 5분의 1에 민사소송 제기 가능. 떼인 돈을 받아내는 지급 명령 서비스 제공 |
| 2019 | 엘박스 (리걸텍) | 판례와 법 관련 논문·기사 등 법률정보 검색하는 플랫폼 |
| 2015 | 유렉스 (인텔리콘) | 변호사에게 관련 법령·판례 제시. 정보와 법률 판례 간의 관계성 보여주고 관련 판례 추천해줌 |
| 2019 | 알파로 (인텔리콘) | 인공지능 계약분석 시스템. 계약서의 법적 쟁점, 주의 사항 분석. 위험 요소 찾아 법적 근거 제시 |

자료: 각사　ⓙ중앙일보

[그림 68] 국내 주요 리걸테크 서비스 기업들.

## 2) 법률 서비스 장벽을 낮춘 '리걸테크'

2020년 4월, 법무법인 '동인'은 인텔리콘이 개발한 법률 AI인 지능형 법률정보시스템 '유렉스*U-LEX*'와 비대면 법률자문시스템 '법률메카(Law-Meca)' 그리고 AI 기반 계약서 분석기 '알파로*Alpha-Law*'를 도입했다. 인텔리콘은 국내 리걸테크 분야의 리딩 기업 중 하나다.

'유렉스'는 300만 건이 넘는 법령, 판례, 조례를 AI 딥러닝으로 학습했다. 변호사가 관련 키워드나 해당 사건의 주요 내용을 입력하면 유렉스가 우선 검토할 법령과 판례까지 제시해준다. AI가 인간 변호사의 업무를 보조해주는 셈이다.

AI 계약서 분석 시스템 '알파로'는 계약서상의 법률 쟁점과 주의사항을 수초 만에 분석한다. 누락된 내용도 지적해주고 관련 법적 근거, 대처 방법까지 제시해준다. 20019년 8월에는 흥미로운 대회가 열렸는데, AI의 능력을 평가하기 위한 '인간 변호사 vs AI 변호사(알파로)'의 대결 이벤트였다. 결과는 AI 변호사의 압승이었다. 이를 계기로 법률 업계는 AI의 도입을 긍정적으로 생각하게 되었다.

2012년에 설립한 '로앤컴퍼니'는 2014년 초 온라인 법률 서비스 플랫폼인 '로톡*LawTalk*'을 출시했다.[92] 로톡은 스마트폰 앱을 다운로드하기 위해 방문하는 '앱 스토어' 혹은 '구글 플레이'처럼, 서비스 제공자(변호사)와 소비자(일반 의뢰인)를 연결하는 투사이드*Two-Sided* 마켓이다. 법률 자문이나 서비스가 필요한 일반인이 로톡에 접속하면 자신이 처한 상황에 맞는 변호사를 찾을 수 있다. 비슷한 사례의 대처법을 확인할 수 있기 때문이다. 이 플랫폼을 통해 궁금한 문제를 검색하면 상담 사례와 변호사 정보를 볼 수 있다. 변호사들의 전문성, 수임료, 상담후기, 해결사례 등도 투명하게 공개되어 있으며, 변호사와의 전화 및 방문상담 예약도 간편하다.

일반 사용자들은 이 사이트에 등록되어 있는 3천900명(2021년 4월 기준)의 변호사 중 원하는 사람을 선택해 상담을 받을 수 있다. 사이트에서 '변호사 찾기'를 누르면 이혼, 상속과 같은 가사 재판부터 성범죄, 명예훼손 등의 형사 재판까지 전문 변호사 정보가 나온다. 로톡은 모바일로 원하는 변호사를 찾아 이용할 수 있다는 점에서 법조계의 '배달의 민족'이라 할 수 있다.

온라인으로 법률 상담을 제공하고 의뢰인과 변호사를 매칭해주는 건수는 2019년 월 8천 건에서 2020년 4월 한 달간 1만 5천 건, 2021년 7월에는 2만 3천 건으로 급증했다. 폭발적인 성장세를 보이고 있는 것이다. 2022년 1월까지 로톡을 통해 이뤄진 누적 상담 건수는 약 64만 건에 이른다.

한편 변호사 입장에서 보면, 로톡 플랫폼을 통한 활동으로 상담사례를 쌓을 수 있다. 그리고 이러한 상담사례는 여러 포털에 소개되어 새 고객을 만나는 데 도움이 된다. 즉 로톡 플랫폼을 통해 고객과 변호사 간의 선순환 구조가 형성되는 것이다.

2019년에 출범한 스타트업 '리걸텍'이 만든 '엘박스'는 법조계의 구글을 꿈꾸는 플랫폼이다. 20만 건이 넘는 판결문과 함께 논문, 기사 등을 검색할 수 있는 포털이다. 엘박스의 목적은 변호사들이 법률 정보를 검색하는 데 들어가는 수고를 줄이고, 법 논리 개발 및 소송 전략 수립 등 본연의 업무에 좀 더 집중할 수 있도록 도와주는 것이다.

'리걸인사이트'가 2020년 3월에 출시해 운영하는 법률 문서 작성 AI '마시멜로'는 계약서 자동 작성 서비스를 제공한다. 이용자가 원하는 계약 내용을 입력하면, AI 기술이 최적의 계약서 템플릿을 추천해준다. 근로계약서, 위탁용역계약서 등 250개 계약서 템플릿을 무료로 추천한다. 근로계약서 작성과 보관 지원 및 법적 문제 분석 서비스도 제공한다. 마시멜로는 법률 정보에 소외되거나 시간, 공간, 비용 등의 이유로 법률 문서 작성의 어려움을 겪는 이들에게 도움을 줄 뿐만 아니라 계약을 체결하려고 할 때 어떤 계약서가 필요한지 딥러닝 알고리듬을 이용해 추천해준다.

이와 같이 계약서 자동 작성 서비스를 활용할 경우 절감되는 시간과 비용은 엄청나다. 일반 변호사의 계약서 검토시간은 평균 92분인데, AI 변호사는 26초에 불과하다. 비용 면에서도 50만 원에서 1만 원으로 대폭 줄어든다. 정확도도 AI 변호사는 94퍼센트로 일반 변호사의 85퍼센트보다 앞선다.

최근 들어 리걸테크 서비스는 높은 수임료 때문에 변호사 사무실을 선뜻 찾지 못하는 사람들로 형성된 니치마켓(틈새시장)을 주목하고 있다.[93] 2020년 3월 네이버도 리걸테크 시장에 뛰어들었다. 전문가와 이용자를 매칭해주는 '지식인 엑스퍼트' 서비스에 법률 분야를 추가한 것이다. 이용자가 원하는 변호사를 선택하면 네이버 플랫폼에서 상담료까지 결제할 수 있다.

그러나 네이버가 플랫폼에서 변호사를 중개해주고 변호사 알선 대가로 가져가는 수수료 5.5퍼센트가 변호사법을 위반한다는 논란이 일기도 했다. 현행 변호사법은 변호사가 아닌 자와의 동업을 금지하며, 동업으로 발생한 보수나 이익의 분배도 금지된다. 사무장이나 브로커를 통한 영업 알선 행위를 막기 위한 법 조항이다.

이로 인해 변호사법의 동업 금지 조항이 리걸테크 산업 발전을 막고 있다는 주장이 설득력을 얻고 있다. 변호사 자격증이 없으면 수익 모델을 만들기 어려운 리걸테크에 비법조인들이 뛰어들 이유가 별로 없기 때문이다. 실제로 대부분의 리걸테크 스타트업 창업자들은 변호사 출신이다.[94]

## 6. 리걸테크, 국내에서 속도 못 내는 이유

새로운 기술로 만든 제품과 서비스가 등장하면 기존 시장이 잠식될 수 있다는 우려 때문에 이해관계자로부터 엄청난 저항을 받는다. 먼 과거의 사례를 보면 1차 산업혁명 시기인 19세기 초 영국에서 발생한 '러다이트 운동(Luddite Movement; 기계파괴운동)'이 있다. 산업혁명 후 새로운 기술과 기계로 수공업자들이 몰락 위기에 처하자 기계를 파괴하며 폭동을 일으킨 운동이다.

최근에도 두 가지 사례가 있다. OTT 업체 넷플릭스의 온라인 비디오 스트리밍이 확산될 조짐을 보이자 할리우드, 영화상영 업체, 국제 영화제 등 이해관계자들의 배척이 시작되었다. 영화 및 엔터테인먼트 산업을 잠식할 수 있다는 이유 때문이었다. 그러나 대세로 자리 잡은 OTT의 도도한 흐름을 이겨내지 못했다. 영화계는 결국 온라인 비디오 스트리밍을 수용해 공존의 길을 택했다.

국내에서는 호출 택시 서비스인 타다와 택시 업계 간의 갈등이 있었다. '타다 베이직' 서비스는 택시 업계가 우려할 만큼 고객선호도가 높았다. 타다가 ICT 기술 기반으로 모빌리티 플랫폼을 운영해 우수한 서비스, 청결도, 이용 편리성 등 기존 택시 서비스의 부족했던 부분을 충족해주었기 때문이다. 그러나 OTT 사례와는 반대로 국회는 2020년 6월 타다의 업무 형태를 불법으로 규정하는 '타다금지법'을 제정했다. 택시 업계의 서비스 혁신을 도모했던 타다는 결국 사업을 접어야 했다.

오랜 전통을 지닌 국내 법률 업계도 기득권자가 존재하므로 리걸테크도 위의 사례들과 크게 다르지 않다. 한국은 변호사법에서 변호사가 아닌 자와의 동업 금지, 알선 금지 등의 규제로 미국, 유럽에 비해 법률 플랫폼 활성화가 더디게 진행되고 있다. 게다가 리걸테크 확산을, 변호사들이 법률 플랫폼에 종속될 수 있다거나 심지어는 로봇 변호사가 인간 변호사 일자리를 위협할 수 있다는 부정적 시각으로 바라보는 이들도 있다. 리걸테크 확산을 우려해 만든 규제들이 마치 도로 위의 과속방지턱과 같은 작용을 하고 있다.

### 1) 로톡 플랫폼과 변호사 단체의 갈등

로톡은 인터넷에서 변호사와 고객을 편리하게 연결해주는 법률 플랫폼이다. 로앤컴퍼니가 개발한 로톡이 지향하는 목표는 고질적인 '변호사 정보 비대칭' 문제를 해결하는 것이다. 예컨대, 법적 분쟁이 벌어졌을 때, 플랫폼에 등록된 변호사들의 각종 정보를 공개해 변호사를 막연하게 수소문해야 하는 번거로움을 없애주고, 의뢰인이 해당 사건에 적합한 변호사를 직접 선택할 수 있도록 하겠다는 것이다.

기존 법률시장에 로톡이라는 새로운 플랫폼이 생겨난 배경은 무엇일까? 지난 10년 동안 국내 변호사의 급격한 증가에 따라 월평균 수임 사건 수는 2008년 6.97건에서 2021년 1.1건에 불과했다. 이제 변호사 시장도 홍보와 마케팅이 매출과 연결되는 치열한 경쟁구도 속으로 들어간 것이다. 특히 젊은 변호사들은 이런 상황에서 자신을 홍보하거나 고객 풀을 확보하는 게 쉽지 않다.

그러나 로톡과 같은 온라인 AI 법률 플랫폼은 변호사가 자신을 홍보해 고객을 확보할 수 있는 좋은 채널이다. 젊은 변호사들이 로톡 플랫폼을 반기는 이유다. 이를 증명이라도 하듯 2021년 4월 기준 로톡에 가입한 변호사는 3천900여 명에 달한다.[95]

한편, 로톡을 대하는 전혀 다른 분위기도 있다. 플랫폼에 변호사들이 종속되는 상황을 우려하는 한 변호사협회는 2020년 11월 로톡 서비스가 변호사법 제34조를 위반했다는 이유로 로톡을 고발했다. 문제가 된 변호사법 34조는 변호사가 아닌 자가 사전에 금품, 향응 또는 그 밖의 이익을 받기로 하고 특정 변호사를 소개, 알선, 유인하는 행위를 금지하고 있는데, 로톡이 광고료를 지불한 변호사들만 온라인 검색목록 상단에 노출하면서 특정 변호사들을 소개, 알선, 수집했다는 것이다. 즉 로톡이 변호사들로부터 광고료를 받고 특정 변호사를 온라인에 광고해주는 행위는 변호사법에 위반된다는 주장이다.

로톡 측의 입장은 다르다. 로앤컴퍼니는 로톡은 의뢰인에게 특정 변호사를 소개하지 않으며 법에서 허용하는 광고 플랫폼임을 강조한다. 로톡의 수입은 회원으로 가입한 변호사가 낸 '광고비'라는 것이다. 즉 변호사가 특정 키워드를 광고 목적으로 구입하고 사용자가 해당 키워드로 검색했을 때 그 변호사를 노출하는 구조는 구글이나 네이버의 키워드 광고와 같은 개념일 뿐, 특정 사건을 소개하고 연결하는 서비스가 아니라는 주장이다. 이 광고비를 두고 변호사협회와 전혀 다른 해석을 하고 있는 것이다.

이에 대해 법무부는 2021년 8월 로톡에 광고비를 지불한 변호사들은 로톡 플랫폼을 통해 의뢰인과 연결될 수 있지만, 로톡이 변호사와 의뢰인 사이에서 특정 사건을 연결해 알선하는 '중개형 플랫폼'이 아니고 '광고형 플랫폼'이기 때문에 변호사법에 위반되지 않는다는

판단을 내렸다.[96]

그러자 대한변호사협회는 2021년 5월, 변호사들이 로톡과 같은 법률 플랫폼을 이용하지 못하도록 변호사 업무 광고 규정을 개정했다. 변호사가 플랫폼 업체에 유료 광고를 의뢰하면 징계할 수 있는 법적 근거를 마련한 것이다. 로톡에 가입한 변호사들의 탈퇴를 압박한 셈이다. 이에 로톡은 대한변호사협회의 규정 개정 후 헌법소원 심판을 청구했다. 2022년 5월, 헌법재판소는 변호사들이 로톡 등 민간 법률 광고 플랫폼에 가입하지 못하도록 한 대한변호사협회의 '변호사 광고에 관한 규정'은 변호사들의 표현, 직업의 자유, 플랫폼 운영자의 재산권을 침해했다며 헌법에 어긋난다는 판단을 내렸다.

최근의 로톡 사태는 단순히 대한변호사협회와 로톡 두 집단의 갈등이라기보다는 AI 및 IT 기술 기반의 생산성, 효율성, 확장성으로 시장경쟁력을 갖춘 플랫폼 업체와 이들의 시장 잠식을 우려해 방어적 규제로 저지하려는 기존 이해관계자들 간에 생긴 갈등의 한 사례로 볼 수 있다.

## 2) 판결문 데이터 확보 시급

국내 AI 법률 서비스가 판례 검색, 간단한 질의응답, 문서 작성 정도에만 머물고 있는 이유 중 하나는 AI 기술의 원료라 할 수 있는 법률 데이터가 부족하기 때문이다. 특히 머신러닝은 먼저 방대한 훈련 데이터로 모델을 학습시켜야 새로운 정보가 입력되었을 때 판단과 예측을 할 수 있다. 따라서 AI와 머신러닝의 활성화는 빅데이터 유무에 좌우된다. 법률 AI가 활성화하려면 무엇보다 판결문과 계약서 등 법률 관련 데이터 접근이 자유로워야 한다.

하지만 국내에서는 판결문과 계약서 확보가 매우 어렵다. 원래 재판 판결문은 공개되는 것으로 규정되어 있지만 현실적으로 판결문 공개 방식이 제한적이고 절차도 상당히 까다롭다. 현재와 같이 제한된 판결문 공개 시스템에서는 AI를 훈련하는 데 필요한 판결문 데이터를 확보하는 게 쉽지 않다.[97]

## 7. 법률 AI의 한계와 전망

### 1) AI의 역할은 대체 아닌 보완

AI가 법률 업무에 도움을 줄 수 있다는 일반적 의견이 있지만, 법률 문제 해결에 활용할 수 있는지에 대해서는 여전히 저항과 논란이 있다. 적지 않은 변호사들은 전통적인 가치와 행동 원칙을 중요하게 생각하는 경향이 있기 때문에 AI를 이방인과 같은 존재로 여긴다. AI의 역할을 받아들이기가 쉽지 않은 분위기다.

변호사는 업무 성격상 리스크를 조심하고, 판례를 중시하며, 질서를 선호한다. 이러한 이유로 AI에 대한 지나친 신뢰를 꺼리는 것일 수도 있다. 일부 변호사의 또 다른 우려는 법률 전문가가 아닌 사람들이 이수해야 하는 법률 교육 없이 AI 기술에 액세스하고 사용할 수 있다는 점이다. 따라서 AI 기술을 법률 업무에 활용하려는 목적을 제대로 알릴 필요가 있다. 로봇 변호사를 만들어 업무를 대체하는 것이 아니라, 변호사가 더 가치 있는 업무에 집중할 수 있도록 필요한 자료를 빨리 찾아주고 분석을 수행해 노동력을 절약할 수 있게 해주는 기술임을 분명하게 인식해야 한다.

## 2) 법률 AI 적용의 2가지 한계점

AI 기술은 현실 문제를 해결하기 위해 활용한다. 하지만 AI 알고리듬과 씨름해본 사람들은 이론이 현실과 거리가 멀다는 것을 알고 있다. 데이터가 어느 정도 확보된 조직에서도 현안 과제 해결에 섣불리 적용하는 것을 우려한다. 다음과 같은 두 가지 이유 때문이다.

첫째, AI를 업무에 적용하려면 상당한 사전 작업이 필요하다. 데이터가 많을수록 모델의 예측 정확도가 증가하므로 모델 생성을 위한 머신러닝 훈련에 많은 양의 데이터가 필요하다. 또 대부분의 경우, 데이터에 레이블을 지정하는 수작업이 필요한데 시간과 비용이 많이 들어간다. 따라서 데이터 수집이 어렵거나 비용이 많이 드는 게 부담스러운 기업이라면 단기적으로 기존에 사용해오던 규칙 기반 및 워크플로 애플리케이션을 활용하는 게 AI 솔루션보다 더 효과적일 수 있다.

둘째, 비즈니스 의사결정 프로세스에서 매우 중요한 것은 어떤 의사결정을 하게 된 이유와 로직을 설명할 수 있어야 한다는 점이다. 하지만 AI 기술이나 제품은 '블랙박스'인 경우가 많다. 예측 결과에 대한 설명이 어렵다는 의미다.

따라서 현업에 적용하려면 이 두 가지 한계점을 극복할 수 있는 방안이 강구되어야 한다. 이러한 한계 때문에 AI 기술의 법률 분야 적용이 조금 더딜 수는 있다. 하지만 AI 기술이 법률 서비스를 혁신할 것이라는 데에는 이견이 없는 것 같다. 법률 서비스에는 자동화할 수 있는 업무와 전문지식 또는 오랜 경험이 필요해 자동화하기 어려운 작업이 혼재되어 있다. 자동화할 수 있는 업무를 선별하고 AI 기술을 적용해 성과를 얻는 미래지향적 법률회사와 변호사는 큰 보상을 얻게 될 것이다. 조만간 변호사들은 긴 시간을 필요로 하는 반복적인 업무는 자동화 시스템에 맡기고, 그 시간을 자신의 업무와 고객에게 할애해 가치 있는 일과 전략적 계획을 세우는 데 사용할 것이다.

### 3) 한국 AI 법률 시장 전망

인텔리콘연구소 임영익 대표는 국내 리걸테크 발전의 위협 요소로 저항감을 꼽았다. "우리나라 변호사들은 정보통신기술과 법률의 결합에 대한 심리적 저항감이 심하다. 미국도 도입 당시엔 저항이 만만찮았다. 기술 발전에 따른 필연적 현상"이라면서 "리걸테크 도입은 역으로 변호사의 효율성은 높이고 가격은 낮춤으로써 수준 높은 법률 서비스 제공을 도울 것이다. 코로나19 팬데믹으로 인한 환경 변화는 변호사와 사용자의 인식을 바꾸는 계기가 됐다"라고 말했다.[98]

다른 산업에 비해 법률 분야에서 AI 기술 유입이 느린 데는 여러 이유가 있다. 우선 법률 분야가 타 분야보다 보수적이고, 변호사들이 리스크를 꺼리며 전통적 가치와 행동 원칙에 기반한 사고를 지니고 있기 때문에 AI로부터 도움을 받는다는 것을 불편하게 생각하는 경향이 있다. 또한 비법률인이 법률 전문가가 되기 위해 받아야 하는 소정의 교육 과정 없이 AI 기술을 이용해 법률 관련 업무를 보는 부분도 염려한다. 리걸테크의 확산이 인간 변호사의 일자리를 위협할 지도 모른다는 합리적인 우려도 있다.

2021년 한국의 AI 기술 수준은 세계 7위에 랭크되어 있다. 온라인 플랫폼 수준도 세계 10위권 안에 있다. 이렇듯 우수한 AI 및 IT 인프라를 보유하고 있지만 법률 분야에서는 '변호사 정보 비대칭' 상황이 지속되어 아직도 의뢰자가 변호사를 찾아가는 과정이 어렵고 낙후되어 있다. 사용자의 편의를 위해 새로운 기술에 기반을 둔 리걸테크의 전면적 도입과 법률 데이터의 전향적 공개가 시급하다. 관련 제도와 법규도 이러한 트렌드를 잘 지원하도록 개선된다면, 변호사와 의뢰자 모두에게 많은 가치를 제공하는 리걸테크가 확산할 것이다.

# 8장

# LG AI연구원

## 패션 디자인의 새 지평을 연 초거대 AI

"새로운 아이디어를 애타게 구하는 패션 디자이너가
초거대 AI가 생성한, 인간의 상상을 뛰어넘는 이미지로부터 아이디어를 얻고
이를 활용한 의상을 제작해 패션 디자인 산업의 새로운 지평을 열었다."

## 1. 패션 디자인이 AI와 협업한 배경

패션 디자인은 미학적이고 창의적이다. 패션은 우리가 입는 옷 그 이상이다. 혁신적인 패션 디자인을 구현하는 일은 어려운 작업이다. 디자이너가 예술적 재능과 창의성을 가지고 있다면 좋은 결과를 얻을 수 있지만 열정, 시간, 연구, 연습도 필요하다. 패션 디자인이 완성되는 과정은 트렌드 조사, 콘셉트 잡기, 디자인 스케치, 도식화 그리기, 원형 제작, 실제 의상 제작 등의 순서로 진행된다.

패션 디자이너는 유행하는 의상 방식을 설계하는 사람이다. 이들

의 역할은 결국 트렌드를 반영한 새롭고 가치 있는 의류 제품을 소비자에게 제안하는 것이다. 디자이너가 '콘셉트'를 잡아 이를 자신의 패션 브랜드에 녹여 넣은 컬렉션을 발표하면 소비자들 사이에서 유행한다. 따라서 콘셉트 잡기는 패션 디자인 프로세스에서 가장 중요한 단계라고 할 수 있다. 아이디어가 시작되고 디자인의 기본 개념이 자리 잡는 지점이기 때문이다.

자신의 컬렉션을 만드는 디자이너는 콘셉트에 이르는 영감을 얻기 위해 새롭고 창의적인 이미지에 목말라 있다. 시각화 작업이 많은 디자이너는 새로운 영감을 많이 받기 위해 일상에서든 특별한 공간에서든 늘 시각적 경험을 하려고 노력한다. 패션 트렌드, 음악, 예술, 역사, 건축과 같은 영역에서 영감과 아이디어를 얻기도 하고, 박물관과 전시회를 찾기도 하고, 구글에서 이미지 검색을 하거나 핀터레스트나 인스타그램 웹 사이트를 넘나들면서 다양한 이미지를 접한다.

사람은 눈에 보였던 이미지를 기억한다. 하지만 접할 수 있는 이미지의 스펙트럼과 양은 한계가 있다. 디자이너들이 아무리 많은 오프라인 공간에서 시각적 경험을 축적하고 온라인 공간에서 새로운 것들을 찾아본다 해도 기억력과 시간적 제약으로 경험치의 한계가 있다. 이에 디자이너들은 "평소 접하지 않았던 새로운 채널을 활용하면 엄청나게 많은 유형의 새로운 이미지들과 마주하는 것이 가능할까?", "어떻게 하면 경험해보지 못한 시각적 경험을 하고 영감을 얻을 수 있을까?"라는 질문에 이르렀다.

그리고 이에 대한 답을 LG AI연구원의 초거대 AI '엑사원*EXAONE*'에서 찾았다. AI와 디자이너와의 협업이 패션 디자인의 새로운 지평을 연 것이다.

디자이너 박윤희가 이끄는 한국 패션 브랜드 '그리디어스*Greedilous*'가 2022년 2월 뉴욕 패션위크에 모습을 드러냈다. LG AI연구소가 개발한 AI 휴먼 '틸다*Tilda*'와 손잡고 '금성에 핀 꽃(Flowers on Venus)'을 모티브로 디자인한 의상 컬렉션들을 선보이기 위해서였다. 뉴욕 패션위크는 파리, 런던, 밀라노와 함께 세계 4대 패션위크 중 하나로 꼽힌다(그림 69 참조).

AI 휴먼 '틸다'의 두뇌는 초거대 AI '엑사원'이다. AI로서는 세계 최

[그림 69] 뉴욕 패션위크 2022FW '그리디어스 바이 틸다—금성에 핀 꽃(Greedilous by Tilda-Flowers on Venus)' 런웨이에서 틸다가 생성한 이미지를 이용해 만든 의상을 공개했다.

초로 디자인 패턴을 위한 창의적인 콘셉트 이미지를 디자이너에게 제안했고, 디자이너는 이를 기반으로 의상을 제작했다. AI와 인간이 컬래버한 '협업 AI'의 대표적 성공 사례다.

## 2. 초거대 AI '엑사원'이 바꾸는 세상

LG AI연구원은 2021년 12월 초거대 AI '엑사원'을 공개했다. 틸다에 탑재되어 두뇌 기능을 담당하는 엑사원은 무엇일까? 먼저 초거대 AI에 대해 알아보자.

### 1) 활동무대 넓히는 초거대 AI

초거대 AI란 대용량 데이터를 스스로 학습해 기존 AI보다 훨씬 뛰어난 학습과 추론과 판단을 하는 AI를 말한다. 대규모 데이터 처리가 가능한 고성능 컴퓨터를 기반으로 딥러닝 효율을 크게 높인 AI이며 대상 영역이 넓다. 예컨대 알파고는 바둑이라는 좁은 분야에 특화되어 있지만, 초거대 AI는 다양한 영역을 스스로 학습해 우리가 원하는 여러 서비스에 적용할 수 있을 것으로 전망하고 있다.

인간의 뇌에는 신경세포를 연결해 정보를 학습하고 기억하는 역할을 하는 시냅스가 있다. 초거대 AI의 인공신경망에도 이 시냅스와 유사한 기능을 하는 파라미터가 있다. 엄청난 규모의 파라미터다. AI 모델 크기를 나타내는 파라미터의 수가 많을수록 더 많은 문제를 해결할 수 있다. 우리가 초거대 AI에 많은 관심을 보이는 것은 바로 모델의 크기가 커졌기 때문이다. 이를테면 뇌의 용량이 커진 만큼 학습 능력이 향상되었다는 것이다.

2020년을 전후해 국내외 기업들이 특정 영역뿐 아니라 일상생활과 연결된 일부 분야에서도 사용할 수 있는 초거대 AI를 공개하고 있다. 이들은 매우 큰 규모의 파라미터를 가지고 있다. 오픈 AI가 2020년에 선보인 언어 기반 초거대 AI('초거대 언어 모델'이 더 정확한 표현임) 'GPT-3'는 1천750억 개의 파라미터를 가지고 있다. GPT-3 사용자가 키워드를 입력하면 자동으로 수억 가지의 대화와 서술형 문장이 완성된다.

국내에서는 2021년 5월, 네이버가 최초로 AI 언어 모델인 하이퍼클로바를 공개했다. 음성인식, 번역 등에 활용하는 모델이다. 파라미터의 규모는 GPT-3보다 많은 2천40억 개다. 카카오브레인은 2021년 11월, GPT-3를 활용한 초거대 언어 모델 코지피티*KoGPT*를 공개했다. 한국어에 특화된 모델이다.

LG AI연구원이 2021년 12월 공개한 엑사원의 파라미터 규모는 약 3천억 개다. 텍스트, 음성, 이미지, 영상 등의 데이터를 이해하고 변환할 수 있는 멀티모달*Multi-Modal*이 특징이다. 텍스트와 이미지가 양방향으로 전환되는 것은 엑사원이 최초다. 이를 위해 6천억 개의 말뭉치와 2억 5천만 개의 이미지를 동시에 학습했다.

## 2) '인식'에서 '생성'으로 옮겨가는 딥러닝 기술

엑사원은 특정 분야의 전문가를 도와주고 협업하기 위해 만든 AI다. 즉 전문가와의 '협업 AI'를 목적으로 개발한 것이다. 엑사원 AI는

'언어적 모델'과 '시각적 모델'로 구성되어 있다. 2019년 말 '틸다'를 기획한 이후 2021년 4월부터 약 10개월간 지속적으로 한 개의 언어 자료와 한 개의 이미지 자료를 짝으로 묶어 학습을 진행했다. 예를 들어 어떤 강아지 모양(시각 자료)이 있고, 누군가가 이 강아지 모양에 대해 '참 귀엽다'로 표현(언어 자료)했다고 가정해보자. 틸다는 이런 식으로 강아지 모양과 문장이 짝지어진 수억 쌍의 데이터를 전달받으면, 특정한 강아지 모양 데이터에서 '귀엽다'라는 표현의 빈도가 높을 경우 '귀엽다'라는 표현에 어울리는 강아지 이미지를 스스로 찾아낸다.

컴퓨터 비전 AI의 연구 초기에는 이미지 인식에 초점이 맞춰져 있었다. 주어진 물체가 컵인지 주전자인지를 인식하는 기능이다. 그러나 초거대 AI의 등장으로 비전 AI의 초점은 '인식'에서 '생성'으로 옮겨가고 있다. 예를 들면, 오픈 AI*Open AI*가 2021년 공개한 AI 모델 '달리*DALL-E*'는 수억 장의 이미지-텍스트로 짝지어진 데이터로 학습한 후, 경험한 적 없는 이미지 대상도 학습 데이터를 조합해 새로 만들어낸다.

엑사원도 언어와 이미지 간의 양방향 데이터를 생성한다. 사람이 입력한 텍스트를 이해해 7분 만에 256장의 그림을 그려낼 수 있고, 또 입력한 이미지를 인식해 영어 단어 기준 최대 64단어에 달하는 텍스트로 설명할 수도 있다. 인간 디자이너가 준 키워드 텍스트를 엑사원에게 입력하면 입력 텍스트에 맞는 이미지가 출력되고, 그 이미지가 다시 인간 디자이너에게 영감을 줄 수 있게 된 것이다.

사용자가 엑사원에 "엑사원, 새로운 크리스마스트리를 만들어줘"

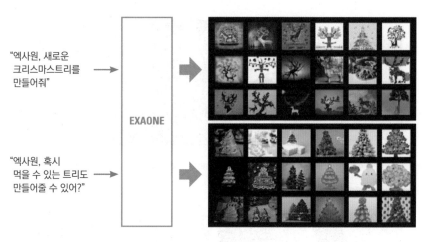

"엑사원, 새로운
크리스마스트리를
만들어줘"

EXAONE

"엑사원, 혹시
먹을 수 있는 트리도
만들어줄 수 있어?"

[그림 70] 사용자가 엑사원에 텍스트를 입력하면 그에 맞는 이미지를 생성해 보여준다.

라는 텍스트를 입력하자 그림 70에 제시된 것처럼 상단의 이미지를 보여줬다. 사용자가 다시 "엑사원, 혹시 먹을 수 있는 트리도 만들어 줄 수 있어?"라고 요청하자 하단의 이미지처럼 생강과 브로콜리 등으로 만든 트리를 생성했다.

또 하나의 사례로 봄을 그리는 AI를 상상해보자. 그림 71은 엑사원이 '새싹이 움트는 봄'이라는 주제의 텍스트를 팝아트 스타일로 표현한 것이다. 이처럼 다소 추상적일 수 있는 텍스트라도 아름다운 이미지를 효과적으로 생성할 수 있다. 현실에는 없는 이미지다.

엑사원이 생성하는 이미지는 품질이 매우 우수하다. 예컨대 그림 72가 보여주는 이미지 '고양이'와 '안개 낀 공원의 숲' 중 맨 왼쪽 붉은 박스의 이미지는 엑사원이 생성한 것이다. 사람이 찍은 실제 이미지와 분간하기 어려울 정도로 품질이 높다.

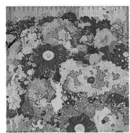

[그림 71] 엑사원이 '새싹이 움트는 봄'이라는 주제의 텍스트를 그림으로 표현했다.

'당신을 쳐다보고 있는 고양이'라는 텍스트의 이미지. 붉은 박스의 고양이는 엑사원이 생성한 가상 이미지이며, 나머지는 실제 고양이 이미지다.

'안개 낀 공원의 숲'이라는 텍스트의 이미지. 붉은 박스의 이미지는 엑사원이 생성한 가상 이미지이며, 나머지는 실제 이미지다.

[그림 72] 엑사원이 텍스트 기반으로 만들어낸 가상 이미지. 실제 이미지와 구별이 어렵다.

# 3. 인간과 디자인을 협업하는 AI

AI 아티스트로 불리는 '틸다'의 이름은 물결표(~)의 기호명인 '틸데 *Tilde*'에서 유래했다. '더 나은 세상을 위해 AI와 인간이 함께 만드는 변화의 물결'이 되겠다는 뜻이 담겨 있다. 엑사원 두뇌를 탑재한 AI 휴먼 틸다는 엑사원의 첫 상용화 케이스다. 말뭉치 6천억 개 이상, 텍스트와 결합한 고해상도 이미지 2억 5천만 장 이상의 데이터를 학습한 초거대 AI 엑사원을 기반으로 틸다는 AI 패션 아티스트의 면모를 지니게 되었다.

### 1) 틸다가 보여주는 창의력과 상상력

시각 디자인 아티스트 틸다의 두뇌는 엑사원이다. 틸다가 능력을 보일 수 있는 디자인 영역은 많았지만, 우선 제약이 없어 가장 자유로우면서도 인간의 창의력을 많이 필요로 하는 패션 분야에 적용하기로 했다. 그리고 능력 있는 디자이너, 새로운 시도를 추구하는 도전적인 브랜드, AI와의 컬래버에 열정을 지닌 '그리어스' 사와 협력하기로 했다.

틸다는 디자이너의 콘셉트를 잡아주는 중요한 역할을 한다. 인간 디자이너가 시간적, 공간적 제약으로 경험해보지 못한 시각적 경험과 영감을 제공할 수 있다. 또한 디자이너에게 새로운 콘셉트를 이미지로 제공하고, 평소 접하지 않았던 수많은 유형의 이미지를 접할 수 있게 해준다.

친환경적 사고를 배경으로 도출된 '금성에 핀 꽃(Flowers on Venus)'이라는 주제는 인간의 상상력을 자극할 만큼 매력적이었다. 또 시각적 상상력을 높일 수 있는 AI의 능력이 함께 어우러져 시너지 효과를 거둘 수 있었다. 지구가 지금처럼 계속 황폐해져 간다면 언젠가는 금성처럼 생명체가 살 수 없는 행성이 될 수 있으므로 환경보호가 중요하다는 메시지를 담았다. '겉보기에는 아름답지만 생명체가 살 수 없는 황량한 금성에 꽃이 핀다면 어떤 모습일까?' 틸다는 이 질문에 담긴 인간의 상상력을 AI의 능력으로 시각화해주었고, 인간 디자이너는 이렇게 창작된 3천 장이 넘는 이미지와 패턴을 기반으로 '금성에서 핀 꽃'이라는 주제를 담아 의상을 제작할 수 있었다.

뉴욕 패션위크에 참가하기 위해 최소 2~3개월 소요되는 패션 디자인 상품 제작을 3주 이내에 완성한다는 것은 모험이었고 어려운 작업이었다. 하지만 인간 디자이너의 무한한 상상력을 문장에 담고, AI가 이 문장을 대규모로 시각화하는 과정을 통해 작업은 효과적으로 마무리되었다.

### 2) 틸다와 함께 의상을 만드는 과정

틸다는 옷을 직접 만들지 않는다. 의상 제작을 위한 상상력과 아이디어를 제공하면서 디자이너와 협업을 한다. 그림 73에 제시된 사례처럼 박윤희 디자이너가 "금성에 꽃이 핀다면 어떤 모습일까?"라는 질문을 하면 틸다의 두뇌 엑사원이 이 질문을 해석한다. 수많은 이미지를 학습한 틸다가 그림 73(a)처럼 기존에 보지 못한 새로운 이미지들을 생성하면 박 디자이너는 그림 73(b)처럼 이 이미지들을 기반으로 패션 브랜드와 부합하는 패턴을 신속하게 만든다. 뉴욕 패션위크 컬렉션 이벤트에서 소개한 의상 200여 벌은 틸다가 창출한 3천여 개의 이미지와 패턴을 기반으로 해서 만들어졌다. 그리고 이 패턴에 디테일을 더해 그림 74(c, d)와 같이 셔츠, 외투 등 실제 의상을 스케치하고 제작한다. 그림 75에 사례로 제시된 의상도 틸다와 인간 디자이너가 협업해서 만든 제품이다.

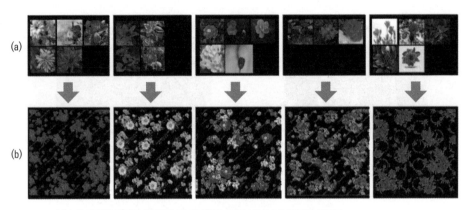

(a) 5개 패턴은 틸다가 '금성에 핀 꽃'이라는 텍스트로부터 생성한 이미지
(b) 틸다가 생성한 5개의 꽃을 바탕으로 인간 디자이너가 생성한 패턴 이미지

[그림 73] 틸다가 '금성에 핀 꽃'이란 텍스트를 입력해 도출한 이미지와 이를 기반으로 인간 디자이너가 만든 패턴 이미지.

[그림 74] 틸다가 창출한 이미지를 기반으로 한 의상 제작 과정: 디자이너가 입력한 '금성에 핀 꽃'이란 텍스트로부터 틸다가 창조한 이미지(a)가, 인간 디자이너에 의해 패턴(b)으로 변환되고, 이를 기반으로 의상이 스케치(c)되어, 실제 의상(d)이 제작된다.

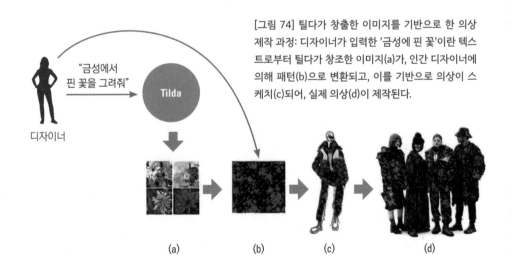

[그림 75] AI 휴먼 '틸다'와 인간 디자이너의 협업으로 제작된 의상.

뉴욕 패션위크에 참여한 박 디자이너는 "뉴욕 패션위크와 같은 큰 무대에 서기 위해 가장 중요한 것은 상상력"이라며 "새로운 디자인과 영감을 찾기 위해 몇 달 전부터 수십 명의 디자이너와 컬렉션을 준비해야 했는데, 이번에 틸다와 함께 작업하며 한 달 반 만에 끝낼 수 있었다"라고 말했다.

### 3) 다양한 분야에 영감을 제공하는 틸다

틸다는 전문가가 원하는 아이디어를 텍스트로 표현하면 이를 인식해 걸맞은 이미지를 제공할 수 있다. 보통 디자인 전문가들이 30~40년 동안 접하는 이미지는 최대 10만 장 정도로 추산한다. 틸다는 사람보다 무려 2천500배 많은 이미지를 기억하는 셈이다. 따라서 틸다는 창의성과 상상력 측면에서 인간 전문가들이 상상도 하지 못하는 많은 디자인 아이디어를 낼 수 있다. 인간 전문가보다 훨씬 다양한 이미지로 전문가의 요청에 걸맞은 아이디어를 제공할 수 있는 것이다. 실제로 틸다가 선보인 디자인 패턴은 기존 디자이너가 접근하지 못했던 디자인이었고 상상력을 자극할 수 있는 요소도 많았다.

그렇다면 초거대 AI 엑사원을 탑재한 틸다는 무슨 일을 할 수 있을까? LG는 틸다를 다양한 예술작업을 할 수 있는 'AI 아티스트'로 정의한다. 전문가에게 예술적 영감을 주는 파트너인 셈이다. 뉴욕 패션위크를 위한 작업에서는 의상 디자인에 대한 영감을 줬지만, 반드시 의상에 국한된 아이디어만 도출하는 것은 아니다. 예를 들면 인테리어 분야의 작업도 가능하다. 틸다에게 '현대의 세련된 거실 인테리어'란 키워드 텍스트를 주면 그림 76과 같이 수많은 인테리어 디자인을 보여준다. 실제 사진과 구분이 어려울 정도로 이미지 품질이 높다.

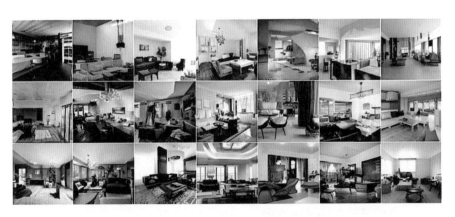

[그림 76] 엑사원이 '현대의 세련된 거실 인테리어'라는 키워드에 대해 생성한 인테리어 디자인 이미지들. 실제 사진과 구분하기 어렵다.

# 4. 초거대 AI는 어떤 미래를 보여줄까

## 1) 인간을 넘어선 아이디어 제공

우리는 4차 산업혁명 시대를 살고 있다. 그런데 AI가 확산하면 일자리가 줄어들 것이라는 염려를 한다. 마찬가지로 틸다가 사람이 상상할 수 없는 새로운 디자인을 창출하면 디자이너 역할이 줄어들거나, 심지어는 디자이너라는 직업이 사라질 수도 있다는 생각에까지 이를 수 있다. 지난날 산업혁명이 일어났을 때마다 늘 해왔던 우려다.

틸다와 뉴욕 패션위크에 참여한 박윤희 디자이너의 생각은 다르다. 그녀는 AI 틸다와 함께 작업해서 좋았다고 말한다. 틸다와의 협업으로 작업 시간을 대폭 단축할 수 있었고, 남은 시간에는 틸다와 함께 더 새로운 디자인과 영감을 찾아, 보다 가치 있는 작업을 할 수 있었다고 했다. AI와의 협업이 빛을 발한 것이다.

디자이너들은 그림을 하나씩 그리면서 편집까지 한다. 시간과 노력이 많이 드는 노동집약적 작업이다. 초거대 AI를 두뇌로 장착한 틸다는 인간을 대체하는 수단이 아니다. 디자이너와 협업하는 존재다. 틸다가 창의적인 아이디어가 담긴 다양한 그림을 제시하면, 어떤 디자인 아이디어가 좋은지 평가해 선택하는 것은 디자이너의 몫이고 책임이다. AI는 인간이 작업을 보다 쉽고 빠르게 할 수 있도록 도와주는 보조자일 뿐이다.

## 2) 미래의 초거대 AI 활용

틸다는 LG AI연구원이 초거대 AI '엑사원'으로 구현한 첫 번째 AI

휴먼이다. 엑사원은 AI 아티스트 틸다의 두뇌로, 디자이너가 필요로 하는 이미지 생성에 활용되었다. 틸다의 사례는 엑사원이 인간 디자이너의 텍스트를 받아 이미지를 생성하고, 이를 통해 디자이너에게 영감을 주어 아름다운 패션 의상이 탄생하는 멋진 협업 과정을 보여주었다.

틸다는 향후 자체 친환경 패션 브랜드를 론칭하고, 앞으로도 메타버스 세계에서 인간과의 협업을 이어갈 예정이다. 엑사원은 텍스트, 이미지, 음성, 촉각이 서로 자유롭게 변환될 수 있는, 이른바 다중 멀티모달에 집중하고 있다. 스스로 학습하는 엑사원은 디자인 영역 전문가를 도와주는 틸다뿐 아니라, 향후 전문가의 도움이 필요한 창작, 전자, 화학, 제조, 금융과 같은 각종 분야에서 인간의 업무를 덜어주는 협업 AI로 확장될 예정이다.

초거대 AI가 생성하는 이미지를 사용하고자 할 때 발생하는 큰 걸림돌은 이미지 생성에 걸리는 시간이다. 최종적으로 쓰일 적합한 이미지를 찾기 위해 수천, 수만 장의 이미지를 검토하는 과정이 요구되는 것이다. 이를 위해 보다 적합한 이미지를 더 짧은 시간에 합성하고 생성할 수 있는 기술이 필요하다. 향후 이런 기술력이 뒷받침된다면 디자인 분야에서 한발 더 나아가, 더 많은 영역에서 이미지 생성이 활용될 것이다.

# AI
## INSIGHTS
### FOR BUSINESS STRATEGY

## PART 3
## AI 시대와 인간의 경영

# AI INSIGHTS

# 1장

# 냉혹한 현실과 교훈

## 1. AI의 발전과 확산

PART 1에서는 AI의 출범과 성장과 진화의 역사에 대해 언급했다. 알고리듬의 발전, 병렬 프로세싱, 대용량 메모리, 빅데이터의 융합 덕분에 AI는 2010년대 초반부터 꾸준한 상승세를 이어왔다. 컴퓨팅 능력은 2년마다 2배 가까이 증가하고 있다. 기술 발전은 이보다 훨씬 더 빠른 속도로 발전하고 있다. 이전에는 몇 년 걸리던 것이 이제는 몇 주 또는 며칠 안에 이뤄지고 있는 것이다. 산업계는 그들이 안고 있는 어려운 문제들을 해결하기 위해 AI를 적용하려고 노력해왔다. 부분적으로 좋은 결과로 이어졌고 시장경쟁력 향상에도 도움이 되었다.

글로벌 규모로 볼 때 AI는 투자자들에게 매력적인 분야다. 연간 수십억 달러의 이익을 창출하고 있기 때문이다. 2010년부터 2020년까지 AI 기반 스타트업에 대한 글로벌 투자는 연평균 50퍼센트에 육박하는 성장을 보이고 있다. 2020년 한 해에만 전 세계적으로 700억 달러에 육박했다.[99]

오늘날 딥러닝은 AI 세계를 장악했다. 이제 AI는 머신러닝과 딥러닝을 지칭한다. 딥러닝이 AI와 동의어가 된 것은 일부 적용 분야에서 뛰어난 결과를 도출했기 때문이다. 많은 사람이 비즈니스 기회를 찾기 위해 신경망과 딥러닝 분야에 뛰어들고 있다. 이를 반증하듯 토론토대학의 제프리 힌튼*Geoffrey Hinton* 교수는 "신경망이 작동하면서 업계와 정부는 신경망을 AI라고 부르기 시작했다. 신경망을 조롱하며 아무 일도 하지 않겠다고 말하던 사람들이 이제 신경망을 AI라고 부르고 돈을 버는 것을 기쁘게 생각한다"라고 말했다.[100]

2012년은 딥러닝 확산에서 중요한 이정표를 찍은 해였다. 이 해에 열린 ILSVRC(ImageNet Large Scale Visual Recognition Competition) 이미지 인식 경진대회에서 CNN 기반 딥러닝 알고리듬 알렉스넷은 이제까지 26퍼센트 근처에 머물고 있던 이미지 인식 오류율을 16퍼센트까지 대폭 낮춰 우승을 차지했다. 이를 계기로 이미지 인식과 딥러닝 분야가 급속하게 확산했고 대중들의 관심과 기대도 급격하게 높아졌다.

학술 분야에서는 2000년부터 2020년까지 매년 AI 기사 건수가 전 세계적으로 약 12배 증가했다. 주요 AI 콘퍼런스 참석자 수도 증가했다. 2020년 세계적 인공지능학회인 NeurIPS(Neural Information

Processing Systems)에는 2만 2천 명이 참석했는데, 이는 2018년에 비해 40퍼센트 이상 증가한 수치이며 2012년에 비하면 10배 이상 증가했다. AI는 이제 북미의 컴퓨터 과학 박사과정 학생들 사이에서 가장 인기 있는 전문 분야가 되었다. 이는 다음 경쟁 분야(이론 및 알고리듬)의 거의 3배다.[101] 2019년 컴퓨터 공학 박사과정 지원자의 22퍼센트 이상은 AI와 머신러닝을 전공했다.

## 2. AI, 과대 포장 유혹을 떨쳐야 한다

1956년 열린 다트머스 콘퍼런스의 초기 멤버들은 AI의 미래에 대해 매우 낙관적인 견해를 보였다. AI 커뮤니티에 있는 대부분의 사람들도 이에 동조했다. 미래에 대한 부푼 희망과 낙관으로 당시에는 AI가 사람과 같은 지능과 능력을 가질 것이라는 생각을 당연하게 받아들였다.

1960년대 초, 매카시는 10년 만에 완전히 지능적인 기계 개발을 목표로 했고, 허버트 사이먼은 AI가 20년 안에 사람이 할 수 있는 모든 일을 해낼 수 있을 것이라고 예측했다. 또 1967년 MIT AI 연구소 창립자인 마빈 민스키는 "AI 문제 대부분은 한 세대 안에 해결될 것이다"라고 말했다.[102]

물론 이런 예측은 모두 물거품으로 끝났다. 그러나 설득할 만한 논거나 로직이 결여된 낙관적 전망들은 꼬리에 꼬리를 물고 이어졌다. 특히 일부 유명 인사들 사이에서는 유행병처럼 번져나갔고, 사회에 영향력이 있는 인사와 AI 리더들이 내놓은 미래에 대한 장밋빛 전망은 대중들이 "AI는 내부에 무슨 매직이 있는 것 같다"라는 인식을 하도록 만들었다. 그렇다면 21세기인 오늘날은 어떤가? 다양한 주장을 들어보자.

### 1) AI 발전에 도움이 되지 않는 "아니면 말고" 식의 발언

2002년 미래학자인 레이 커즈와일*Ray Kurzweil*은 "우리의 감성 지능을 이해하는 것이 리버스 엔지니어링 노력의 주요 목표가 될 것이다. 우리 자신의 감정과 감정을 일으키는 복잡한 생물학적 시스템을 이해하지 못할 이유가 없다. 우리는 이미 뇌의 영역을 아주 자세하게 이해하는 가능성을 보여주었다"라는 주장과 함께 2029년까지 AI가 인간의 지능을 능가할 것이라고 전망했다.[103]

소프트뱅크 손정의 회장은 2017년 바르셀로나에서 열린 모바일 월드 콩그레스*Mobile World Congress*(MWC) 기조연설에서 2047년이면 인간 지능을 능가하는 기계의 여명이 도래할 것이라고 주장하면서 "향후 30년 안에 신발 속 칩이 인간의 두뇌보다 더 똑똑해질 것이다"라고 말했다. 또한 그 시점이면 단일 컴퓨터 칩이 아이큐 1만에 해당하는 인공지능이 탄생할 것으로 내다보면서 "그 수준은 세계에서 정말 똑똑한 사람 200명 정도의 지능을 훨씬 능가하는 '초지능(SuperIntelligence)'에 이를 것이다. 사람들이 아무리 똑똑해도 상상하지 못하는 지능이지만 30년 후에는 현실이 될 것이라고 믿는다"라고 말했다.[104]

2018년에 사망한 물리학자 스티븐 호킹*Stephen Hawking*은 강력한

AI 시스템의 부상이 인류의 종말을 초래할 수 있다는 우려를 제기했다.[105] AI 연구기관인 오픈AI의 공동 설립자인 일리야 수츠케버*Ilya Sutskever*도 동일한 관점을 보이고 있다. 그는 2018년 11월에 열린 AI 프런티어 회의(AI Frontiers Conference) 기조연설에서 "가까운 미래에 범용 AI(AGI)의 가능성을 진지하게 받아들이게 될 것이다"라고 말했다. 이어서 "AGI는 전 세계적으로 인간의 기본적인 필요를 충족시키고, 빈곤을 종식하고, 질병을 치료하고, 수명을 연장하고, 기후변화를 완화할 수 있는 잠재력을 가지고 있다"라고 주장했다. 한마디로 AGI는 세상을 구할 뿐만 아니라 유토피아를 건설하는 기술이라는 것이다.

### 2) 벌거벗은 임금님이 된 AI

오랜 세월 AI는 과장된 광고로 대중의 환호성을 받아온 '벌거벗은 임금님'이었다고 해도 과언이 아니다. AI 미래에 대한 전문가의 과도한 약속이나 오피니언 리더들이 주장하는 과대 포장에 대해 의미 있는 이의 제기는 거의 없었다. 부풀려진 광고에도 불구하고, AI가 지니는 잠재적 마케팅 효과로 많은 기업에서 제품이나 서비스에 AI를 사용하고 있다고 홍보한다.

기업 부설 AI 연구소도 설립 목적이 다양하다. 미국의 종합 경제지 〈포춘〉에 따르면, AI를 활용한다고 말하는 대부분의 회사는 아직 AI 기술에 대한 투자로부터 기대했던 가치를 얻지 못하고 있다. MIT 슬론매니지먼트리뷰*MIT Sloan Management Review*와 보스턴컨설팅그룹 *Boston Consulting Group*이 발표한 설문조사에 따르면, AI를 비즈니스 혁신이 아닌 제품과 같은 단순한 '기술적인 것'으로 보는 기업은 재무적 성과를 얻지 못하는 것으로 나타났다. 또한 10개 기업 중 7개 기업이 지금까지 AI 프로젝트의 영향이 거의 또는 전혀 없다고 보고했다.[106]

AI에 대한 과열된 관심은 많은 사람이 여전히 AI가 미래를 획기적으로 바꿀 것이라는 기대를 하고 있다는 것을 보여준다. AI는 과연 이런 기대에 부응할 수 있을까? 수십 년 전 모든 사람이 신경망과 역전파 연구를 포기했던 어려운 시절에도 연구에 매진해왔던 토론토대학의 제프리 힌튼Geoffrey Hinton 교수는 이런 기대에 부응하려면 "모든 것을 내던지고 처음부터 다시 시작해야 한다는 게 제 생각입니다"라고 말했다.[107]

일반 사람들은 AI에 대해 이야기하면 〈스타워즈〉, 〈터미네이터〉, 〈매트릭스〉와 같은 영화 혹은 '소피아Sophia' 같은 휴머노이드 로봇을 떠올린다. AI를 놀라운 능력과 힘을 가진 매직으로 묘사하고 있기 때문이다.

이제 AI라는 단어는 다른 업체와의 경쟁 때문에 마케팅이나 광고에 사용하지 않을 수 없는 용어로 자리매김하고 있다. 예를 들어 식료품점에서 여러 종류의 달걀 중 하나를 결정해야 한다고 가정해보자. 이때 구매자의 눈을 사로잡는 문구가 보인다. 이 달걀은 '자연산이다'. 자연산은 좋은 품질이라는 의미를 담고 있어 15구 한 판에 2천 원 비싼 가격이 매겨져 있다. 그런데 '자연산'이 무슨 뜻인가? '자연산' 달걀이 공식적 혹은 일반적으로 정의된 바는 없다. 구매자에게 2천 원을 더 지불하게 만드는 마케팅 전략이다. 대부분의 소비자들은 '몸에 좋다고 알려진 자연산'을 구매하기 위해 기꺼이 2천 원을 더 지불할 것이다.

바로 이와 유사한 현상이 AI에도 발생하고 있다. AI에 대해 공식적, 일반적으로 합의된 정의는 없다. 그런데도 기업이 만드는 일부 상품이나 혁신에 새 기능으로 AI를 포함하는 것이 유행으로 자리 잡고 있다.

### 3) AI는 마법의 수도꼭지가 아니다

일반인에게 마법상자화된 AI는 상수도 환경에서 수도꼭지에 비유될 수 있다. 수도꼭지를 조절하면 물의 세기와 물의 온도를 조절할 수 있다. 아프리카 미개인들이 이런 수도꼭지를 보면 매직이고 놀랄만한 일이다. 마치 많은 미디어가 AI를 매직으로 쳐다보는 눈처럼.

물이 귀한 아프리카의 한 부족 추장이 유럽 호텔에 투숙하던 중 수도꼭지를 틀면 물이 나오는 게 하도 놀랍고 신기해, 부족의 물 걱정을 덜 수 있을 거라는 희망으로 수도꼭지를 잘라서 훔쳐 갔다는 웃지 못할 이야기가 있다. 수원지에서 수도관을 통해 수도꼭지까지 연결된 거대한 상수도 시스템과 이를 운영하는 많은 전문가가 있는 줄은 몰랐을 추장에게는 당연히 마법의 수도꼭지였을 것이다. AI는 아직도 아프리카 추장이 잘라간 수도꼭지만큼 마법상자로 인식되는 경향이 있다.

AI는 그동안 오피니언 리더들 또는 AI 전문가들에 의해 끊임없이 과장되어왔다. 이러한 트렌드는 오늘날에도 크게 달라지지 않았다. 우리는 AI 역사를 통해 연구와 실제 적용이 완전히 다르다는 것을 많이 경험했다. 따라서 어떤 AI 연구자가 성공했다고 보고한 특정 과제의 결과를 기반으로 실제 AI를 구축한다면 '무엇이 더 필요하고, 상용화에는 어떤 문제가 있는가?'와 같은 질문이 생길 수 있다. 이러한 질문에 만족할 만한 대답을 기대하기는 쉽지 않다. 그러나 이제 어떤 솔루션이나 시스템을 언급할 때, 새로운 특징이나 장점만큼 제한 사항이나 한계에 대해서도 진솔하게 이야기해야 한다. 그래야 사용자들이 마음 놓고 사용할 수 있고 발전이 있다.

## 3. 성공적인 AI는 모두 '좁은 AI'였다

AI 전문가들은 AI를 '범용 AI(AGI)'와 '좁은 AI(ANI)'로 구분한다. 혹자는 전자를 '강한 AI(Strong AI)', 후자를 '약한 AI(Weak AI)'로 부르기도 한다. 위키피디아에 따르면, 범용 AI는 "인간이 할 수 있는 모든 지적 작업을 이해하거나 학습할 수 있는 능력을 가진 기계"다. 대부분의 과학자들은 인간 수준의 지능형 기계를 만들려면 적어도 수십 년 후 혹은 아주 먼 미래에나 가능하다는 의견을 갖고 있다. 범용 AI는 불가능하다거나 아예 존재하지 않는다는 견해를 가진 전문가도 많다.

좁은 AI 시스템은 단일 작업 또는 제한된 범위의 작업을 수행하는 데 적합하다. 제한된 특정 영역에서 좁은 AI는 인간을 능가할 수 있다. 그러나 제한된 상황에서 벗어나 인간 수준의 지능이 필요한 작업을 할 때는 실패하고 만다. 한 분야에서 다른 분야로 지식을 전달할 수도 없다.

사실 좁은 AI는, 비록 제한적이긴 하지만 많은 응용 프로그램에 적용되어 가치가 입증되었다. 좁은 AI에 의해 알렉사*Alexa*와 시리*Siri* 등 가상 비서 소프트웨어가 구동된다. 유튜브, 넷플릭스에서 비디오를 추천하고 스포티파이에서 주간 검색 재생 목록을 선별한다. 실제로 회사에서 AI를 사용해 어떤 문제를 해결했다거나, 미디어에서 접하는 AI 뉴스 대부분은 좁은 AI와 관련되어 있다. 현재 AI를 응용해 성공하는 기업들의 공통점은 AI가 실수를 하더라도 그다지 치명적이지 않은 분야에 국한되어 있다.

그렇다면 좁은 AI는 어떻게 구현되고 있을까? 오늘날 우리가 사용하는 좁은 AI 기술은 기본적으로 기호주의 AI와 머신러닝 두 가지 범주로 나뉜다. 기호주의 AI는 대부분의 AI 역사에서 지배적인 연구 영역이었다. 기호주의 AI를 활용하려면 프로그래머가 특정 분야의 지식을 이해한 후 AI 시스템 동작을 지정하는 규칙을 세심하게 정의해야 한다. 기호주의 AI가 비록 AI의 메인스트림에서 멀어졌지만 오늘날 기업이나 현장에서 사용하는 많은 응용 프로그램은 여전히 규칙 기반 AI 시스템이다.

좁은 AI의 다른 분야인 머신러닝은 예제를 통해 AI 시스템을 개발한다. 머신러닝 시스템 개발자는 많은 예제를 제공해 예측과 분류 작업을 수행할 수 있는 모델을 훈련한다. 예를 들어, 수많은 결제 거래 사례를 학습한 머신러닝 모델은 새로운 결제 거래가 사기거래인지의 여부를 예측할 수 있다. 딥러닝은 영상 인식 및 자연어 처리와 같이 데이터 노이즈가 많은 작업에 특히 유용하게 사용된다. 기호주의

AI와 머신러닝은 모두 인간 지능의 일부 조각을 이해해 이를 AI 시스템에 내재시키는 것이다.

## 4. AI, '경험'하지 못하면 '이해'하지 못한다

2010년 이후 AI는 많은 성과를 이루었다. 이 성과는 주로 세 분야의 발전에 기인한다. 첫 번째는 빅데이터다. 위키피디아 등을 비롯한 다양한 분야에서 생성되는 대규모 데이터셋이다. 두 번째는 고속 병렬처리 시스템과 방대한 메모리 기반으로 빠른 연산을 수행하는 하드웨어 디바이스의 상용화다. 그리고 세 번째는 빅데이터를 분석하는 알고리듬인 딥러닝이다.

특히 딥러닝은 음성 및 자연어 처리, 이미지, 의료, 사진 태깅, 추천, 게임, 자율주행차 일부 기술 등의 발전에 견인차 역할을 했다. 정부, 기업, 대학교, 연구소 등에서 AI는 그들이 안고 있는 대부분의 현안 과제를 해결할 듯한 기세였다. 마치 한국 식탁에서 김치가 가운데 자리를 잡고 있듯이 AI와 딥러닝은 대부분의 대규모 사업의 핵심 요소로 자리매김했다.

딥러닝의 발전 그리고 기업가와 유명 인사들이 말하는 AI 미래에 대한 장밋빛 낙관론이 연일 미디어의 메인 페이지를 장식하면서 대규모 투자도 이뤄졌다. 클라우드나 컴퓨팅 클러스터의 속도가 훨씬 빨라지고 가용 데이터의 양도 급속히 증가했다. 당연히 AI에 대한 사람들의 기대 수준도 높아졌다.

하지만 현실은 달랐다. AI 전문가들과 기업가들의 약속과 달리 인공지능의 수준은 사람들의 기대에 한참 못 미쳤다. 자율주행차, 자연어 이해, 의료 등 많은 연구활동이 있었던 분야에서는 기대치에 밑돌거나 예측이 크게 빗나갔다. 근본적인 원인은 무엇이었을까? 지난 10년 동안 성공을 거둔 업적의 대부분은 대상이나 패턴을 '인식'하는 것이었다. 이는 대상을 '이해'하는 것과는 차원이 다르다. 이해가 아닌 인식은 실제 세상에서 현격한 차이를 드러낸다.

자율주행차의 예를 들어보자. 자율주행차에 장착된 센서들은 날씨, 사물, 도로 환경, 자동차의 주변 상황 등을 '인식'하는 역할을 한다. 우리가 운전할 때 하는 행동의 90퍼센트 정도는 설명이 가능하므로 기계가 하도록 프로그램할 수 있다. 문제는 기계가 경험해보지 못한 상황에 대한 대처다. 경험해보지 않은 것은 훈련 데이터가 존재하지 않으므로 학습시킬 수 없다. 가령 주행 중 갑자기 어린아이가 뛰어들거나, 주행 중 차 위로 돌이 굴러떨어거나, 앞차에서 갑자기 화재가 날 경우 등이다. 이럴 때 현실에 대한 월드 지식을 가지고 있는 인간은 상황을 재빠르게 이해해 필요한 행동을 취할 수 있으나, 이런 상황에 대해 훈련을 받지 않은 기계는 어떤 행동도 하지 못한다. 그래서 레벨 5의 완전한 자율주행차는 기대하기 어렵다.

오늘날 AI의 능력은 일반 상식을 알지 못하고 '이해' 수준도 '제한적'이다. 현재 특정 분야에서 한정적으로 개발된 좁은 AI는 AI가 대하는 상황이 이전에 경험했던 상황과 크게 다르지 않을 것이란 가정하에 구축된 것이다. 좁은 AI 시스템은 학습된 분야에서는 신뢰할 수 있지만, 이전에 경험해보지 않은 상황에서는 예측이 어려워 신뢰성이 매우 낮다.

이에 관해 뉴욕대학 개리 마커스*Gary Marcus* 교수가 자신의 책 《2029 기계가 멈추는 날*Rebooting AI: Building Artificial Intelligence We can Trust*》에서 했던 말을 되새겨보자. "세상이 어떻게 돌아가는지, 사람과 장소 그리고 사물들이 어떻게 상호작용하는지 잘 이해하지 못한다면 복잡한 텍스트를 이해할 수 있는 인지 모델을 만들 수 없다. 상식이 없으면 여러분이 읽는 대부분의 글을 이해할 수 없을 것이다. 컴퓨터가 글을 읽지 못하는 진짜 이유는 세상이 어떻게 돌아가는지에 대한 기본적인 이해조차 없기 때문이다."

심각한 결과를 야기할 가능성이 있는 문제라면 신뢰도가 매우 중요하다. 예컨대 온라인 스토어에서 추천을 잘못한 경우는 결과가 심각하지 않지만, 투자에 관한 의사결정이나 자율주행차의 물체 인식률이 저조하다면 치명적 사고로 이어질 가능성이 높다. '신뢰할 수 있는 AI'가 중요한 사회적 이슈로 떠오르고 있는 이유다.


## 5. 자율주행차에서 얻은 교훈

### 1) 화려한 약속

자율주행차는 운전자의 일부 기능이 자동화로 대체된 상태에서 도로를 주행한다. 센서, 소프트웨어, 레이더, GPS, 레이저 빔, 카메라가 혼합되어 자율주행차를 작동하고, 원활한 주행을 위해 도로 상태도 모니터링한다. 자율주행차의 많은 주요 기능은 AI 기술에 의존한다.

자율주행 기술은 시스템이 운전에 관여하는 정도, 운전자가 차를 제어하는 방법에 따라 레벨 0~5까지 총 6단계로 구분된다. 2016년 국제자동차기술자협회(SAE International)가 분류한 단계다. 레벨 0은 비자동화, 레벨 1은 운전자 보조, 레벨 2는 부분 자동화, 레벨 3은 조건부 자동화, 레벨 4는 고도 자동화, 레벨 5는 완전 자동화 단계다. 레벨 5는 운전자가 필요 없는 완전 자동화 단계로, 탑승자가 목적지를 말하면 운전자의 개입 없이 시스템이 판단해 스스로 운전한다. 레벨 1부터 AI 기술이 필요하며, 한 단계씩 올라갈수록 점점 고도화된 AI 기술이 요구된다. 레벨 5의 완전 자율주행차는 인간에 버금가는 완벽한 수준의 AI 기술이 있어야만 실현할 수 있다. 운전석, 액셀, 브레이크, 스티어링휠 등 조작 장치가 필요 없다.

2015년 무렵 자동차 메이커 및 미디어는 5~10년 내에 레벨 5의 자율주행차가 등장할 것이라고 내다봤다. 2015년 영국 일간지 〈가디언〉은 2020년이 되면 우리는 '뒷좌석 운전자'가 될 것이라고 보도했다.[108] 2016년 미국 경제 매체인 〈비즈니스 인사이더〉는 "2020년까지 1천만 대의 자율주행차가 도로 위를 달리게 될 것"이라고 예측했다.[109] 제너럴모터스 *General Motors*,[110] 구글의 웨이모 *Waymo*,[111] 도요타 *Toyota*[112]도 2020년까지 자율주행차를 만들 것이라고 발표했다. 2015년 테슬라의 CEO인 일론 머스크는 2018년까지 완전히 자율적인 테슬라를 만들겠다고 공언하면서 2020년 중반까지 테슬라의 자율주행 시스템이 운전자가 주의를 기울이지 않아도 될 정도까지 발전할 것이라고 했다.[113]

하지만 2020년, 각 기업에서 공언했던 일은 일어나지 않았다. 기

[그림 77] 테슬라 CEO 일론 머스크가 2021년 7월 트위터에 올린 글. 자율주행차가 AI의 큰 부분을 풀어야 하는 어려운 문제이지만 이렇게까지 어려울 줄은 몰랐다고 했다. (출처: 트위터)

술 및 자동차 분야의 선도기업들의 많은 노력에도 불구하고 일부 시험 프로그램을 제외하곤 완전 자율주행 기술에는 아직 도달하지 못했다. 충돌이 예상될 때 자동으로 제동을 걸거나 차선을 유지하는 데 도움이 되는 자동차 또는 주로 고속도로 주행을 처리하는 오토파일럿이 장착된 테슬라 모델 S 정도만 가능했다. 위의 예측 중 대부분은 이전 수준에서 조금 향상된 정도에 그쳤다.

머스크는 자율주행차와 관련해 여러 번 말을 바꾸면서 산업계와 고객을 어리둥절하게 만들었다. 지난 몇 년 동안 그가 한 말을 돌이켜보자. 2015년 〈포천〉과의 인터뷰에서는 "완전 자율주행차를 2년 안에 완성할 수 있다"라고 하더니 2016과 2017년에도 비슷한 말을 되풀이했다. 2019년에는 "내년 말이면 자율주행차가 고객을 만나게 될 것"이라고 했고, 2020년에는 "올해 안에 출시된다"라고 말했다. 그런데 2021년에 들어와 말이 또 바뀌었다. 2021년 7월 그는 트위터에서 다음과 같이 말했다. "일반화된 자율주행은 어려운 문제다. AI 의 큰 부분을 풀어야 하기 때문이다. 자율주행차 개발이 이렇게 어려울 줄은 예상하지 못했지만, 돌이켜보면 어렵다는 게 명백했다."(그림 77 참조)

그의 말대로라면 2021년에 와서야 일반화된 자율주행이 어렵다는 걸 알았다는 것인가? 머스크는 민스키가 AI에 관해 남긴 유명한 역설, 즉 "인간에게 어려운 일이 AI에게는 쉽고, 인간에게 쉬운 일은 AI에게는 어렵다"라는 말의 진정한 의미를 이해하지 못했던 것일까? 어쨌든 그는 '아니면 말고' 식의 실망스러운 언행을 되풀이했다.

## 2) 약속한 미래가 오지 않은 이유

앞에서도 언급했지만, 국내외를 막론하고 AI에 대한 오피니언 리더들의 '아니면 말고' 식의 전망이나 방향 제시는 AI 발전에 전혀 도움이 되지 않는다. 머스크 혼자만 자율주행차 제작이 어렵다는 사실을 깨달은 것은 아니다. 거의 모든 업계가 2020년대 중반에는 도로가 자율주행차로 가득 차게 될 것이라고 예측했지만, 나중에는 스스로 안전하게 운전하는 자동차를 제작하는 일이 얼마나 복잡하고 어려운지 예상하지 못하고 과소평가했음을 인정했다.114

오랫동안 약속한 미래가 아직 오지 않은 이유는 무엇일까? 그동안 자율주행차 연구는 어떻게 진행되었을까? 엔지니어들은 자율주행차의 프로토타입을 만들었다. 그 이면의 아이디어는 간단하다. 차량 내 컴퓨터에 도로 규칙을 학습시키고 목적지로 이동하도록 설정한다. 그리고 주변의 모든 물체를 추적할 수 있도록 카메라를 차에 장착하고 주변 환경의 변화를 감지하면 반응하도록 하는 것이다. 이 간단한 설명은 많은 복잡성을 제거한다.

운전은 인간이 일상적으로 하는 복잡한 활동 중 하나다. 도로 규칙을 따르는 것만으로 안전 운전을 한다고 말할 수 없다. 주행 중에 다른 운전자 또는 보행자와 눈을 마주치고, 누가 우선통행권이 있는지 확인해야 하고, 기상 조건도 봐야 하고, 상황에 따라 수시로 판단을 내려야 하기 때문이다. 이런 것들을 엄격하게 규칙으로 인코딩하기는 어렵다. 그리고 도로에서 자동차 주변의 물체를 감지하는 등의 주의력이 실제로는 훨씬 까다롭다.

자율주행차 업계의 선두주자인 구글의 자매 회사 '웨이모'의 예를 들어보겠다. 자율주행차의 전형인 웨이모 자동차는 고해상도 카메라와 사물에 반사된 빛과 소리를 통해 사물까지의 거리를 추정하는 라이더(Light Detection And Ranging; LIDAR)를 사용한다. 자동차의 컴퓨터는 이 모든 것을 결합해 다른 자동차, 자전거 타는 사람, 보행자 및 장애물이 있는 위치와 이동 중인 위치를 그려낸다. 이 부분을 위해서는 많은 훈련 데이터가 필요하다. 즉 자동차는 웨이모가 수집한 수백만 마일의 주행 데이터를 활용해 다른 물체가 어떻게 움직일지 예측해야 한다. 도로에서 충분한 훈련 데이터를 얻는 것은 어렵기 때문에 자동차도 시뮬레이션 데이터를 기반으로 훈련해야 한다.

엔지니어는 AI 시스템이 시뮬레이션 데이터 활용에 한정되지 않고 현실세계에서 올바르게 작동할 수 있도록 일반화해야 한다. 기계가 흉내 내기 힘든 복잡성을 내재하고 있기 때문에 인간에게는 '쉬운' 것이 기계는 '어려운' 것이다. 특히 신속하게 행동이 개입되어야 할 경우 사람은 '암묵적 지식'을 사용한다. 예를 들어 운전하다가 자동차 앞에서 길을 건너려 하는 보행자의 표정을 보면 그가 어떤 행동을 하게 될지 안다. 한눈에 척 알아보는 것이다. 이는 배워서 아는 것이 아니다. 암묵적 지식으로 그 상황이 파악된다. 그러나 기계는 아무리 훈련해도 암묵적 지식을 가질 수 없다.

자율주행차 상용화가 예상보다 오래 걸리는 이유는 무엇일까? 아무리 AI 기술이 뛰어나다 해도 주행 도중 발생할 수 있는 모든 경우에 대비한 학습이 선행되어야 한다. 그런데 현실 상황은 그렇지 못하다. 방대한 학습 데이터가 있어야 하는데 턱없이 부족하다.

자율주행차의 주요 기능은 AI에 의존해 작동한다. 2010년대에는 번역, 자연어 처리, 영상, 객체 인식, 음성 텍스트 변환 알고리듬, 알파고 바둑 시스템 등에서 괄목할 만한 성공을 거두었다. 2010년 후반 무렵이 되자 자율주행차 전문가들은 지난 10년간의 AI의 발전에 매우 고무되어 있었다. 그들은 AI가 다른 분야에서 이룬 놀라운 결과가 자율주행차에도 일어날 것이라며 아주 낙관적인 예측을 했다.

그러나 그들은 실제 상황은 실험실이나 시뮬레이션과 엄청나게 다르다는 아주 간단한 사실을 직시하지 못했다. 자율주행차의 경우 이러한 한계가 극명하게 드러났다. 엄청난 시간과 노력을 투자했지만 AI는 안전하게 주행해야 한다는 '간단한' 실제 문제를 해결하는 방법을 찾지 못했다.

### 3) 막대한 비용과 시간의 문제
지난 10년간 이룬 AI 업적 중 많은 부분은 딥러닝에 기반을 둔 것

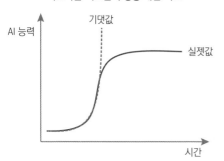

시간 경과에 따른
지도학습 시스템의 성능 개선 커브

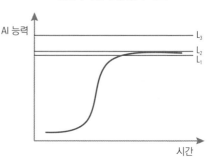

지도학습 기반 자율주행차 성능과
인간의 가상 주행 능력 비교

(a) 시간 경과에 따른 지도학습 시스템의
    성능 개선 커브(기댓값과 실젯값).
    실제 시스템의 경우, 학습시간이 많이 경과해도
    성능은 더 이상 증가하지 않는다.

(b) 자율주행차의 성능과 인간 능력 비교.
    붉은 선으로 표시한 L1, L2, L3는 인간의
    가상 주행 능력을 의미한다.

[그림 78] 자율주행차의 성능과 인간의 가상 주행 능력을 비교한 그래프.

이다. 따라서 대부분의 문제 해결에는 많은 훈련 데이터가 필요하다.
자율주행차를 훈련하는 이상적인 방법은 수십억 시간의 실제 운전
장면을 컴퓨터에 보여줘 운전 습관을 길러주는 것이다. 현대의 머신
러닝 시스템은 양질의 데이터가 풍부할 때는 아주 잘 작동하지만 데
이터가 많지 않을 때는 좋은 결과를 기대할 수 없다.

　자율주행 트럭회사 스타스키로보틱스*Starsky Robotics*의 CEO '스테판
셀츠–액스마허*Stefan Seltz-Axmacher*'는 폐업을 선언하면서 자율주행차
가 왜 성공하기 어려운지를 그림 78과 같이 설명했다. 2016년에 설
립된 스타트업 스타스키로보틱스는 자율주행 기술과 트럭을 개발했
다. 운전자가 중앙 본부에서 원격으로 트럭을 조종할 수 있는 독점
기술을 개발했고, 2019년 6월에는 고속도로에서 시속 55마일로 무

인 자율주행에 최초로 성공했다.

그림 78(a)의 파란색 커브는 시간 경과에 따른 지도학습 시스템 성능을 나타낸다. 실제 시스템은, 학습시간이 많이 경과해도 성능이 어느 수준 이상 향상되지 않음을 보여준다. 그림 78(b)에서 붉은색 라인 L1, L2, L3는 인간의 가상 주행 능력을 나타낸다. 만일 인간의 주행 능력이 L1이었다면 우리는 이미 완전 자율주행 시대에 들어왔을 텐데 이 시나리오는 비현실적이다. 만일 L3라면, 완전 자율주행은 영원히 불가능할 것이다. 그러나 L2 정도라면 향후 10년간 엄청난 투자와 개발을 통해 완전 자율주행 시대에 진입할 가능성이 있다고 추측할 수 있다.

그런데 문제는 10년 동안 아주 작은 성공 가능성을 보고 막대한 투자를 하며 버틸 수 있는 기업이 없다는 것이다. 스타스키로보틱스도 그런 기업 중 하나였다. 10년 정도를 지원해줄 추가 투자자를 찾다가 2020년 3월 결국 문을 닫았다.[115] 그나마 다행인 점은 스타스키로보틱스의 CEO가 시제품에서 상용 제품을 만들기까지 10년 정도 걸릴 거라는 혜안으로 일찍 폐업을 결정했다는 사실이다.

자율주행차에 필요한 훈련 데이터를 수집하는 데는 많은 시간과 비용이 든다. 그리고 실제 훈련 데이터는 앞서가는 자동차가 사고를 내거나, 바로 앞 도로에 움푹 파인 홀이 있을 경우를 포함하지 않기 때문에 이런 상황이 발생했을 때는 신속히 대처하기가 쉽지 않다.

또 하나의 사례를 들어보자. 2020년 6월 타이완 고속도로에서 트럭이 전복돼 운전자가 중앙분리대 근처에서 구조차를 기다리고 있었다. 그러던 중 자율주행 모드로 달리던 테슬라 자동차 운전자가 바

[그림 79] 자율주행 모드로 달리던 테슬라 자동차가 트럭과 충돌한 모습.

로 앞에 트럭이 정지해 있음을 알아차렸다. 급브레이크를 밟았지만 너무 늦어 트럭과 충돌하고 말았다. 당시 정지해 있던 트럭이 흰색이었는데 자율주행차 센서가 태양의 반사로 이를 인식하지 못했고, 이로 인해 브레이크가 작동되지 않았던 것이다(그림 79 참조).

테슬라는 자율주행 모드의 테슬라 자동차를 출시하기 전에 도로 주행 테스트를 엄청나게 많이 했을 것이다. 그런데 왜 이런 사고가 일어났을까? 답은 간단하다. 자율주행차의 컴퓨터에 장착된 머신러닝 기반 비전 시스템이 훈련된 상황만 인식했기 때문이다. 고속도로에 트럭이 옆으로 누워 있는 경우는 흔치 않다. 아마 자율주행차의 훈련 데이터에는 이런 상황이 입력되지 않았을 것으로 추정된다. 2018년에도 미국에서 우버의 자율주행차가 횡단보도를 무단으로 건너던 여성을 치어 숨지게 한 사건이 발생했다. 사고가 난 차량은 완전 자율주행에 해당하는 4단계를 실험하던 중이었다.

자동차 업체는 여러 가지 방법으로 이러한 문제를 해결하려고 노력했다. 더 많은 거리를 달리면서 데이터를 모았고, 시뮬레이션을 통해 자동차를 훈련했으며, 때때로 특정 상황을 만들어 더 많은 훈련 데이터를 얻었다.[116] 하지만 이러한 접근 방법들이 순조롭게 진행되더라도 현실 문제 해결은 쉽지 않을 것이다. 엄청난 양의 데이터가 수집된다 해도 그 결과를 낙관적으로 예단하기는 어렵다.

앞서 언급한 타이완과 미국에서 발생한 사고 사례들은 AI의 한계를 뚜렷이 보여준다. 훈련 데이터를 이용해 머신러닝 모델을 만드는 목적은 새로운 데이터(케이스)에도 '자동적으로' 잘 작동하는 데 있다. 이를 '일반화' 능력이라고 한다. 하지만 보통 딥러닝으로 훈련한 심층 신경망은 계층과 파라미터가 많기 때문에 일반화를 이루기가 어려워 훈련 데이터를 얻은 유사한 상황이 아니면 잘 작동하지 않는다.

### 4) 완벽한 자율주행, 아직은 먼 이야기

어린아이에게 자동차 사진 몇 장을 보여주며 이렇게 생긴 것들이 '자동차'라고 이야기해주면, 대체로 새로운 '자동차'도 잘 인식한다. 이런 관점에서 인간은 빅데이터가 아닌 '스몰데이터'다. 일반화란 인간처럼 몇몇 케이스만 보고도 이해를 하거나 심지어 배우지 않은 것도 학습이 되는 상황을 말한다.

그러나 AI는 이런 능력이 없다. 딥러닝은 세상에 대한 지식이나 이해가 없고, 단지 입력과 출력의 연관 관계만을 학습하므로 일반화에 약하고 상황이 조금 바뀌면 성능이 급격히 떨어진다. 19×19 바둑판 게임의 챔피언인 알파고가 20×20으로 바꾼 바둑판 게임에서도 여전히 강할지는 미지수다.

그동안 자율주행차에 관한 많은 논란이 있었지만, 그중 우리의 관심을 가장 많이 끈 것은 "과연 우리가 언제쯤 완전 자율주행차를 탈 수 있을까?"라는 질문에 대한 답이다. 우리는 지난 수년 동안 자율주행차를 아주 가깝게 느끼고 있었다. 웨이모는 2017년부터 애리조나 주 피닉스 지역에서 무인 자율주행 테스트를 해왔다. 2021년 5월, GM의 자회사인 '크루즈*Cruise*'는 '오리진'이라고 불리는 무인 셔틀차 대량 생산을 2023년부터 시작할 것이라고 발표했지만 두고 봐야 할 일이다.[117]

테슬라의 정기적인 소프트웨어 업데이트는 고속도로 자율주행에 더 큰 도움이 되겠지만 완전 자율주행과는 여전히 상당한 갭이 있을 것이다. 또 더운 지역 애리조나 주 피닉스에서 오랜 기간 몇백만 킬로미터에 달하는 자율주행 테스트를 성공적으로 했다고 해서 추운 지역 보스턴에서도 아무 문제 없으리라는 보장은 없다. 극단적 환경이나 까다로운 조건에서도 자율주행할 수 있는 기술 완성도에 특별한 관심을 두지 않는다면, 자율주행차 개발에 엄청난 자금을 투자해도 완전한 자율주행 시대가 오기는 어려울 것이다.

아르테미스-폭스바겐 CEO인(폭스바겐 자율주행 개발 책임자) 알렉스 히칭거*Alex Hitzinger*는 2020년 1월 라스베이거스의 국제전자제품박람회(Consumer Electronics Show; CES)에서 레벨 4단계 이상의 자율주행차 실현은 현실적으로 한계가 있다고 말하면서 "그 이상 수준의 자율주행차는 앞으로 등장하기 어렵다. 그것은 마치 화성에 가는 일과 거의 비슷하며 어쩌면 절대로 일어나지 않을 것이다"라고 말했다.[118] 이 밖에 "레벨 5단계의 자율주행차가 나오는 것은 굉장히 먼 일", "현실적으로 레벨 4~5단계의 자율주행차가 가능한 시기가 언제 올지 모르겠다"라는 전문가들의 회의적인 견해도 있다.

## 6. AI 실체에 대한 냉정한 시각

### 1) 특이점은 오지 않는다

1만 원 정도 하는 간단한 계산기가 복잡한 연산을 인간보다 훨씬 빠른 속도로 한다. 그렇다고 해서 계산기가 인간의 지능보다 뛰어나다고 말할 수 있을까? 당연히 그렇지 않다. 이와 비슷한 논점으로 구글이 개발한 바둑 프로그램 알파고에 대해 논의해보자. 알파고는 2016년 3월 바둑 고수인 이세돌과 맞붙어서 이겼다. 이 승리는 분명히 기술적으로 중대한 이정표를 찍었다. 그러나 "기계에 지능이 있느냐?"라는 질문에 대해서는 기계 지능과 인간 지능의 연관성은 명확하지 않다는 의견이 지배적이다. 과거에 바둑은 체스보다 더 복잡해서 엄청난 경우의 수를 탐색하기에는 컴퓨터의 능력을 넘어서는 것으로 여겼다.

하지만 알파고의 승리는 방대한 양의 데이터를 처리할 수 있는 능력을 갖춘 머신러닝 알고리듬과 강력한 병렬 컴퓨팅 기계에 기인함을 알게 되었다. 알파고가 지능이 뛰어나서 이긴 것이 아니라는 의미다. 달리 표현하면 속도가 빠른 계산기를 한꺼번에 많이 사용한다고 해서 지능이 생기는 것은 아니라는 말이다. 이에 관해 스탠퍼드대학 인간 중심 AI 연구소 소장인 페이페이 리*Fei-Fei Li*는 이렇게 말했다. "전혀 놀랍지 않습니다. 자동차가 가장 빠른 인간보다 빨리 달린다는 것이 놀랄 만한 일입니까?"[119]

2018년 9월, 스탠퍼드대학의 제리 카플란 교수는 KAIST에서 '인공지능 다시 생각하기'라는 제목의 주제로 강연을 했다. 그는 AI가 비약적으로 발전해 인간 지능을 뛰어넘는 특이점(Singularity)이 곧 올 것이라는 일부 미래학자들의 의견은 과장된 주장이라고 했다. 그러면서 AI가 지나치게 과장된 원인으로 크게 세 가지를 꼽았다. 첫째 과학적 사실에 근거하지 않은 영화나 드라마 등의 엔터테인먼트 산업, 둘째 사실적 근거나 확인 없이 확대 재생산되는 일부 언론의 흥미 위주 기사, 셋째 AI 연구 프로젝트 자금을 따내기 위한 일부 연구자들의 과장된 포장 등이다. 카플란 교수는 "AI는 사람이 아니기 때문에 사람과 같은 방식으로 생각하지 않는다. AI는 단지 기계가 일을 더 잘할 수 있도록 좀 더 지능적으로 만드는 것일 뿐"이라고 주장했다.[120]

페이스북 수석 AI 과학자인 얀 르쿤*Yann LeCun*은 ICLR(International Conference on Learning Representation) 2020 세션에서 다음과 같이 솔직하게 말했다. "범용 AI는 존재하지 않습니다."[121]

### 2) AI 실체에 대한 커밍아웃, '무능한 AI'도 존재할 수 있다!

오피니언 및 기업 리더들의, 인간 지능과 맞먹는 AI가 곧 실현될 것이라는 주장이 언론의 지면을 장식하지만 그 논거는 희박하다. 범용 AI(AGI)를 달성할 수 있다고 생각하는 사람은 극소수다. AGI 실현 가능성이 점점 희박하다는 것을 인식한 AI 커뮤니티에서는, 이제 흥분을 가라앉히고 AI의 실체를 냉정한 눈으로 직시하며 공론화해야 한다는 의견이 힘을 얻고 있다. 마커스 교수도 딥러닝이 AGI를 자체적으로 생성할 가능성은 매우 낮다고 주장한다.[122]

'무능한 AI'라는 말을 들어본 적 있는가? 아마 없을 것이다. 미국의 작가이자 사진작가인 데빈 콜듀이*Devin Coldewey*는 "대부분의 사람들이 무능한 AI를 상상할 수 없기 때문에, AI는 제품이나 서비스가 능력에 있다는 인식을 만드는 데 사용되는 마케팅 용어"라고 통렬히 비판했다.

AI는 기계공학, 화학공학, 전기공학 등과 마찬가지로 공학의 한 분야다. 그런데 AI를 제외한 다른 공학 분야는 이슈로 떠오르거나 비판을 받는 일이 드물다. 왜 유독 AI 분야만 많은 관심과 비판을 받는 걸까? 그 이유는 AI 전문가들 중 일부가 미디어의 관심을 끌어 연구 자금을 확보하려는 의도 혹은 비즈니스 마케팅 측면에서 비롯되었다는 의견이 지배적이다. 이 분야의 앞날에 대해 근거도 없이 지나치게 낙관적인 전망을 거듭 내놓으면서 신뢰도를 많이 떨어뜨렸기 때문이다. 이러한 현상은 기업 경영자들의 AI 분야에 대한 투자를 선뜻 결심하지 못하도록 한다. 투자에 대한 확신을 가질 수 없기 때문이다.[123]

페이스북 수석 AI 과학자인 얀 르쿤*Yann LeCun*이 첨단 매체 〈IEEE 스펙트럼*IEEE Spectrum*〉에서 언급한 견해를 들어보자. 그는 "내가 가장 좋아하지 않는 설명은 딥러닝이 '뇌처럼 작동한다'라는 말이다.

나는 사람들이 이런 말을 하는 것을 좋아하지 않는다. 왜냐하면 딥러닝은 생물학에서 영감을 얻기는 했지만 뇌가 실제로 하는 것과는 거리가 멀기 때문이다. 그것을 두뇌처럼 묘사하는 것은 위험하다. 그것은 과대광고로 이어진다. 사람들은 사실이 아닌 것을 주장한다. 그들이 AI가 결코 성취할 수 없는 것을 주장했기 때문에 'AI 겨울을 여러 번 겪어왔다'는 말로 AI의 능력이 지나치게 과장되어왔음을 인정했다."[124]

르쿤이 시인하는 AI에 대한 과대 포장은 깊은 뿌리를 가지고 있다. AI가 확산되기 훨씬 이전부터 일부 사람들은 AI가 우리의 삶을 근본적으로 바꿀 것이라고 했다. 컴퓨터 과학자로서 전문가 시스템 상용화에 공헌이 많았던 프레데릭 헤이스로스*Frederick Hayes-Roth*는 1984년 AI가 "법률, 의학, 금융 및 기타 직업의 전문가를 대체"할 것이라고 예측했다. 그러나 4년 후, AI가 기대에 부응하지 못했다는 것을 인정하면서 다음과 같이 말했다. "우리의 마음은 복제하기 어렵다. 왜냐하면 인간은 '한 번에 수십 가지 변수를 잘 다루는 학습을 통해 진화하고 적응하는 매우 복잡한 시스템'이기 때문이다. 체스게임처럼 특수한 작업을 수행할 수 있는 알고리듬은 다른 목적에 쉽게 적용하기 어렵다."[125] 이제는 '무능한 AI'를 접한다 해도 전혀 놀라운 일이 아니다.

## 7. 신경망과 딥러닝의 한계점 노출

지난 70년간 사람들은 기호주의 AI와 연결주의 AI 접근 방법에 대해 연구하고 논의해왔다. 기호주의 AI 시스템은 인간이 설계할 수 있고, 인간이 이해할 수 있는 추론을 사용해 문제를 해결할 수 있다. 예를 들어, 1970년대 초에 개발된 전문가 시스템 '마이신'은 의사 대신 혈액 질환 환자를 진단하고 항생 물질을 자동으로 처방하기 위해 개발되었다. 프로그래머들은 의사들과의 인터뷰를 통해 600개의 규칙을 개발했다. 논리와 확률론적 추론을 규칙과 함께 사용하는 마이신은 환자의 증상과 메디컬 검사 결과에 기반해 진단 및 처방을 내리는 데 이 모든 과정을 설명할 수 있다.

2010년 이후 AI 분야의 히어로로 자리매김한 딥러닝은 컴퓨터 비전, 자연어 처리 및 음성 인식의 문제를 해결하는 데 많은 공을 세웠다. 연결주의 시스템은 인간이 규칙을 쉽게 정의할 수 없는 지각 또는 운동 작업에서 좋은 성능을 보여줬다. 하지만 사람이 손으로 쓴 숫자나 목소리를 인식하는 규칙을 쉽게 작성할 수 없기 때문에 결과를 해석하기 어려웠다. 딥러닝이 확산되면서 사용자들이 중요하게 여기는 몇 가지 요소가 빠져 있다는 사실도 깨닫게 되었다. 그리고 그동안 딥러닝에 대해 미디어들은 지나치게 과장 보도를 했다. 이는 우리가 이미 알고 있는 사실들이다. 인공신경망과 딥러닝의 선구자 및 전문가들 대부분 이러한 한계를 인정했다.

마커스 교수는 일반인들이 AI, 특히 딥러닝이 실제보다 훨씬 더 완전하다고 느끼는 점에 대해 매우 불편한 생각을 갖고 있다. 이에 그는 AI에 대한 비판과 함께, 향후 AI가 보다 긍정적인 방향으로 발전하는 데 도움이 될 수 있는 제언을 자신의 책 《리부팅Rebooting AI》에서 다음과 같은 여섯 가지 질문으로 요약해 정리했다. AI 분야에서 일하는 사람들, 특히 AI를 현실세계에 접목해 실질적 가치를 창출하고자 하는 사람은 되새겨봐야 할 사항이다.

1. 과장이나 미사여구를 제외하면 AI가 실제로 한 일이 무엇인가? 미디어, AI 전문가, 오피니언 리더들이 그들의 목적을 위해 AI의 미래 혹은 연구 결과를 과대 포장한 것을 제외하면 실제 결과는 과연 무엇인가를 묻는 것이다.

2. 결과는 얼마나 일반적으로 적용될 수 있는가? 예를 들어, AI 연구 결과가 넓은 범위에 걸쳐 적용될 수 있는 것인지, 아니면 아주 제한된 부분에만 적용될 수 있는 것인지에 대한 물음이다. 이 질문은 범용(강한) AI 혹은 좁은(약한) AI에 관련된 것이다.

3. 어떤 연구 결과에 대해 나의 데이터를 가지고 직접 확인해볼 수 있는가? 만약 그렇게 하지 못한다면 그 연구 결과는 신뢰하기 어렵다.

4. 만약 연구자들이 AI 시스템이 인간보다 더 낫다고 주장한다면, 어떤 인간보다 얼마만큼 나은지 명료하게 설명해야 한다. 미디어나 전문가들이 연구 결과를 분명한 설명 없이 쉽게 일반화함으로써 많은 혼란을 초래하고 있기 때문에 나온 질문이다.

5. 새로운 연구에서 보고된 특정 과제의 성공 결과는 진정한 AI를 구축하는 데 얼마나 도움이 되는가? AI 역사를 통해 우리는 연구와 실제 적용이 완전히 다르다는 것을 수없이 경험했기 때문에 나온 질문이다.

6. 시스템은 얼마나 견고한가? 다른 데이터셋에서 많은 훈련 없이도 적용 가능한가에 대한 질문이다. 예컨대 자율자동차가 이전에 전혀 본 적이 없는 장애물이 나타날 경우에도 안전하게 주행할 수 있는가?

지난 역사에서 AI는 많은 성공과 실패를 거듭해왔다. 위의 여섯 개 질문은 AI가 왜 지금까지 찬사와 비난을 동시에 받으며 어려운 길을 걸어왔는가를 생각하게 하는 질문이다. 그리고 강력하고, 신뢰할 수 있고, 끊임없이 변화하는 세상에서도 적용 가능한 AI를 만들기 위해 무엇을 해야 하는가를 고민하게 한다.

# 8. '하이브리드 AI'의 필요성 대두

## 1) AI는 아직 인간의 지능에 미치지 못한다

AI 커뮤니티에서 높은 수준의 개념과 논리적인 추론을 요구하는 작업에는 기호주의 AI 시스템을 사용하고, 얼굴과 목소리를 인식하는 것과 같은 낮은 수준의 지각 작업에는 연결주의 AI를 활용해왔다. 이러한 각각의 접근법은 AI의 좁은 영역에서 성공을 거두었다. 하지만 AI가 원래 추구했던 목표를 이루기에는 너무나 큰 한계를 보여주고 있다. 초기 AI 연구자들의 비전은 인간처럼 이해하고 추론하고 행동할 수 있는 기계를 만드는 데 있었다. 즉 범용 AI(AGI) 개발이었다. 그러나 오랜 연구를 통해 AGI는 실현하기 어렵다는 것을 깨닫게 되었다.

최근 딥러닝과 인공신경망의 혁신으로 AI는 엄청난 발전을 했다. AI 모델은 가장 '복잡한' 바둑게임에서도 월드 마스터를 이겼다. 하지만 문제는 AI가 인간의 가장 '단순한' 인지 기능도 카피할 수 없다는 점이다. 이에 대해 스탠퍼드대학 컴퓨터 공학 페이페이 리 교수는

"오늘날 인공신경망과 딥러닝의 성공은 대부분 지도학습에 의한 패턴 인식과 관련이 있는데, 이는 일반적인 인간 지능에 비해 매우 작고 좁은 수준의 능력에 지나지 않는다"라고 말했다.

지도학습은 AI의 문제를 해결하는 데 도움이 되지만 몇 가지 심각한 문제를 안고 있다. 많은 영역에서 레이블이 지정된 데이터는 드물거나, 아니면 노동집약적으로 수행되는 레이블링 작업에 적지 않은 시간과 노력을 쏟아부어야 한다. 딥러닝과 인공신경망은 아주 훌륭한 AI 기술이지만 추리, 배경 지식, 상식 등의 능력에 대해서는 해결하지 못한 많은 문제를 남겨두고 있다. AI 전문가들은 실용적인 AI가 되기 위해서는 학습에 필요한 레이블된 데이터가 너무 많이 필요하면 안 된다고 생각한다. 제대로 효과적인 머신러닝 시스템을 얻으려면 레이블이 지정되지 않은 데이터를 더 많이 사용할 수 있는 비지도학습 알고리듬이 필요하다는 의미다.

과학자들은 AI와 인간 지능의 격차를 줄이기 위해 다양한 해결책을 내놓고 있다. 그중 널리 논의된 접근 방식 중 하나는 마커스 교수가 제안한 인공신경망과 기호주의 AI 시스템을 결합한 하이브리드 AI 시스템이다. 그는 자신의 논문에서 하이브리드 AI가 오늘날 딥러닝이 직면한 몇 가지 근본적인 문제를 해결할 수 있는 방법을 다음과 같이 제안했다.[126] "인간은 모든 종류의 상식적인 추론 능력을 지니고 있으며, 그것이 해결책의 일부가 되어야 한다. 이런 기능은 딥러닝에는 없다. 역사가 깊은 기호주의 AI와 딥러닝을 결합해야 한다. 그것들은 너무 오랫동안 따로따로 취급되어왔는데, 이제 하나로 모을 때다." MIT의 인지과학 조슈아 테넨바움*Joshua Tenenbaum* 교수도 딥러닝 문제를 해결하려면 기호주의 AI, 확률 및 인과 모델, 인공신경망의 성과를 결합해야 한다고 강조했다.[127]

## 2) 장점을 하나로 모으려는 노력

사실 우리에게는 두 가지 접근법이 모두 필요하다. 머신러닝은 데이터로부터 배우는 데는 뛰어나지만 컴퓨터 프로그램이 나타내는 추상화된 표현을 다루기는 어렵다. 반면 고전적인 기호주의 AI는 개념을 기호로 표현하는 추상화 작업은 뛰어나지만, 엄청나게 많은 세상의 지식을 모두 손으로 코딩하고 수동으로 입력하는 것은 불가능하다. 따라서 두 교수는 하이브리드 AI 시스템이 이러한 딥러닝과 기호주의 AI의 한계를 극복하는 데 도움이 될 것이라고 주장한다.

그러나 모든 사람이 하이브리드 AI 모델 제안에 동조하는 것은 아니다. 순수 신경망 기반 접근 방식을 지지하는 연결주의자 커뮤니티는 기호주의 AI와 결합하는 것에 대한 거부감이 있다. 하이브리드 AI에 대한 아이디어도 기피한다. 사실 기호주의 AI는 개념을 기호화해 규칙과 연결하는 작업을 아주 잘할 수 있고, 우리가 추론할 수 있는 세상의 인지 모델을 만들 수 있는 좋은 프레임워크다. 그럼에도 불구하고 연결주의자들은 기호주의 AI처럼 보이는 것은 애써 고려 대상에서 제외하고, 모든 것을 인공신경망 접근 방식으로 해결하기를 원한다.[128]

특히 인공신경망과 딥러닝에 많은 공헌을 한 벤지오, 힌튼, 리쿤 교수는 인공신경망과 기호주의 AI와의 결합을 믿지 않는다. 이들은 논문을 통해 현재 딥러닝은 훈련받은 특정 작업은 잘 수행하지만, 훈련받은 좁은 영역을 벗어나면 제대로 작동하지 않아 딥러닝 시스템이 해결할 수 있는 문제의 범위가 여전히 제한적이라는 점을 인정한다. 하지만 벤지오 교수는 "인공신경망으로 처리할 수 없는 문제 해결을 위해 기호주의 AI 접근 방식에 의존해야 한다고 생각하는 사람들이 있다. 그러나 우리는 그 생각에 동의하지 않는다"면서 하이브리드 AI에 대한 반대의 뜻을 명확히 밝혔다.[129] 또 다른 딥러닝 개척자인 힌튼 교수도 하이브리드 AI 접근 방식에 대해 비판적이다. 그는 하이브리드 AI를 "전기모터와 내연기관의 결합"에 비유했다. 아울러 "이것이 기존 기호주의 AI를 사람들이 생각하는 방식이다. 그들은 딥러닝이 놀라운 일을 하고 있다는 것을 인정해야 한다. 그들은 딥러닝을 일종의 하위 수준의 하인으로 여기며, 과거의 기호주의 추론이 재작동하도록 하는 데 필요한 것을 제공하는 역할을 하기를 바란다. 하이브리드 AI는 그들이 이미 갖고 있는 관점에 매달리려는 시도일 뿐이다"라고 말했다.[130]

잘 알려진 바와 같이 1970년대 초, 기호주의 AI를 대표하는 민스키와 퍼셉트론을 발명한 로젠블랫 간의 논쟁으로 시작되어, 지난 몇십 년 동안 기호주의 AI와 신경망을 대표하는 연결주의 AI는 끊임없는 경쟁 관계에 있었다. 두 진영 사이에 아직도 해묵은 앙금이 남아 있는 것이다. 하이브리드 AI를 바라보는 싸늘한 반응에 대해 마커스 교수는, 우리가 앞으로 나아가야 할 길은 기호주의 AI와 연결주의 AI 지지자들의 해묵은 경쟁을 제쳐두고, 두 접근 방식의 장점을 하나로 모으는 데 있다고 말했다.

# 9. 현실 문제를 해결하지 못하는 AI의 한계

AI 연구자들은 연구실에서 아주 단순한 문제를 해결한 초기 성과를 과신한 나머지, 앞으로의 성공에 대해 지나치게 낙관적인 예측을 했다. 이러한 태도는 MIT 프레데릭 로드니*Frederic Rodney* 교수가 저술한《신비한 맨먼스*The Mythical Man-Month: Essays on Software Engineering*》에서 언급한 '두 번째 시스템 증후군(Second System Effect)', 즉 건축가가 설계하는 두 번째 건물이 가장 위험하다는 개념과 유사하다(처음으로 2층 집을 지어본 사람이 우쭐해서 100층 빌딩도 잘 지을 수 있다고 자신만만해하는 태도를 의미함). 왜냐하면 그들은 시간 제약으로 첫 번째 시스템(연구 혹은 시제품 단계)에서 할 수 없었던 모든 추가 사항을 두 번째 시스템에 포함하려는 경향이 있기 때문이다.

기계 번역과 퍼셉트론 연구 모두 이 과정을 거쳤다. AI 과학자들은 해결해야 할 문제의 도메인과 본질을 깊이 파고드는 성실함보다, 실험실 프로토타입보다 복잡도가 훨씬 높은 문제를 해결하려면 더 빠른 하드웨어와 더 많은 메모리가 있어야 가능하다는 막연하고 안이한 생각을 해왔다.[131]

일부 AI 분야를 제외하고, AI의 연구 결과가 현실 문제 해결로 이어져 얼마나 많은 가치를 제공했는가에 대한 산업계의 평가는 그리후하지 않다. 안타까운 마음이다. 왜냐하면 이러한 현상은 결국 AI 연구 자금의 감소로 이어져 학계, 산업계, 특히 학생들이 피해를 입는 결과가 초래되기 때문이다. AI 기술에 대한 설명이 부족하고, AI가 가져다주는 가치를 설득하지 못한 것이 큰 요인이 되었다.[132]

IBM의 체스게임 컴퓨터 딥블루*Deep Blue*가 1997년에 개리 카스파로프*Garry Kasparov*를 이겼을 때, 사람들은 단지 '무작위 방법(Brute-Force Method)'을 사용했을 뿐이며 실제 지능이 아니라고 했다. 이에 대해 미국의 저널리스트이자 작가인 프레드 리드*Fred Reed*는 다음과 같이 말했다. "AI 연구자들이 정기적으로 직면하는 문제는 다음과 같다. 사람들은 기계가 어떻게 '지능적인' 일을 하는지 알게 되면, 그것은 더 이상 지능적인 것으로 간주되지 않는다."[133]

일반적으로 AI는 인간 지능만이 수행할 수 있다고 생각했던 방식으로 컴퓨터가 동작하도록 만드는 과학이라고 정의된다.[134] 아마 이 정의는 컴퓨터를 인간처럼 작동시키는 완전한 아이디어와 방법이 발굴될 때까지 계속 쓰일 것이다.

AI가 문제를 성공적으로 해결하자마자 그것은 더 이상 AI가 아니라고 생각하는 현상을 'AI 효과'라고 한다.[135] 이러한 현상에 대해, AI 역사와 중요성에 관한 저작 활동으로 AI 발전에 지대한 공헌을 한 미국의 파멜라 매코덕*Pamela McCorduck*은 자신의 책《생각하는 기계 *Machines Who Think*》에서 다음과 같이 말한다. "AI 분야의 역사에서, 누군가 컴퓨터가 어떤 일을 하도록 만드는 좋은 방법을 알아낼 때마다, 예컨대 훌륭한 체커게임 방법을 알아낼 때마다, 수많은 비평가는 늘 그것은 '생각'하는 것이 아니라고 말한다. 그리고 AI 연구원들에게 아직 풀 수 없는 거친 문제를 해결하도록 요구하고 있다."[136] 이처럼 반복되는 AI 효과는 획기적인 AI 성과에 대해 대중의 흥분을 빠르게 식게 하고, 계속해서 새로운 것을 요구한다.

# 10. 신뢰도 높여줄 설명 가능한 인공지능

반도체 팩토리에서는 웨이퍼 상에 결함이 있는지 정밀조사를 할 때 AI를 활용한다. 은행에서는 고객이 신청한 자금 대출 승인 여부를 AI가 결정한다. 기업 채용 담당자들은 뽑고자 하는 인력 포지션과 지원자들의 프로파일을 AI를 활용해 매칭한다. 넷플릭스와 스포티파이에서는 AI가 고객의 취향과 상황을 파악해 영화와 음악을 추천해준다. 최근 들어 사회와 기업이 AI와 머신러닝을 많이 사용하면서 의존도가 점점 높아지고 있다. 이에 따라 AI 모델이 어떻게 의사결정을 내리는지 이해해야 할 필요성도 점차 커지고 있다.

딥러닝은 문제 해결 능력이 뛰어나지만, 의사결정이 심층신경망 내부에서 어떤 메커니즘으로 도출되었는지 설명하기 어렵다. 딥러닝의 의사결정 프로세스는 '블랙박스'화되어 있기 때문이다. 심층신경망이 내린 의사결정 과정을 설명하려면 확률적 판단 과정을 설명해야 한다. 그러나 심층신경망은 계층이 많아 확률적 판단이 여러 번 중첩되기 때문에 판단 수식을 설명해도 사람이 이해할 수 없다. 따라서 의사결정 과정을 인간의 언어로 설명할 수 없다. 즉 딥러닝 알고리듬이 결정을 내릴 때 추론 과정이나 그 뒤에 있는 논리를 표현하기 어렵다는 의미다.

의사결정트리를 포함한 과거의 머신러닝 방법들은 대부분 사람의 로직이 들어가 있기 때문에 도출한 결과에 관해 설명이 가능하다. 딥러닝에 비해 학습 성능은 떨어지지만, 결과를 어떻게 도출했는지는 논리적으로 설명할 수 있다.

우리가 AI에게 사람 대신 중요한 판단을 해주기를 기대하는데, 의사결정을 내렸을 때 그 과정을 설명할 수 없다면 주저하게 된다. 바둑과 같은 게임에서는 단지 게임에서 이기는 것이 목적이므로 AI가 내리는 의사결정 프로세스를 알 수 없어도 큰 문제가 되지 않는다. AI에 기반을 둔 넷플릭스나 아마존의 추천 시스템이 내리는 콘텐츠 추천 결과도 마찬가지다.

반면 현실 문제에서 의사결정 과정을 반드시 알아야 하는 중요 사안이 있다. 개인, 기업, 국가 레벨의 문제들이다. 이를테면 개인의 삶에 지대한 영향을 미치는 의료 분야, 기업의 큰 투자에 관한 의사결정, 국가 안보에 중대한 영향을 끼칠 수 있는 국방에 관한 의사결정 등이다. AI가 잘못된 판단을 하면 돌이킬 수 없는 심각한 상황이 야기될 수 있다. 이뿐 아니라 최근 사회 전반적으로 성차별, 인종차별 등과 관련해 혐오성 발언을 하는 AI 챗봇이 늘고 있다. 이러한 문제는 편향된 훈련 데이터와 이해하기 어려운 학습 과정이 근본적인 원인으로 지목되고 있다.

AI를 산업에 광범위하게 적용하려면 딥러닝이 태생적으로 지닌 블랙박스의 문제를 반드시 풀어야 한다. 투명성, 신뢰성, 공정성이 확보된 AI 기술이 필요하기 때문이다. 설명이 불가능해 신뢰성이 결여된 의사결정은 채택하기 어렵다. 의료 진단처럼 100퍼센트의 정확도가 요구되는 분야에서는 더욱 그렇다. AI의 의사결정이 신뢰할 수 있을지 판단해 애매한 경우 반드시 의료 전문가가 검토해야 한다.

이 문제를 해결하기 위한 대안으로 AI 모델과 알고리듬이 어떻게 작동하는지를 설명해주는 '설명 가능한 AI(Explainable AI; XAI)'라는

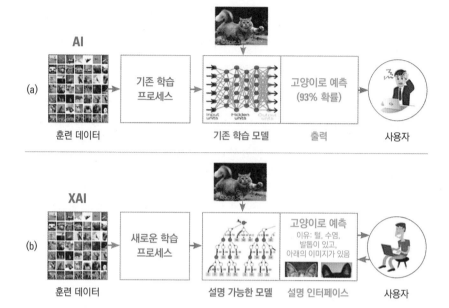

[그림 80] XAI의 예제 "이것은 고양이인가?"라는 질문에 대한 답을 구하기 위해 새로운 XAI 학습 프로세스로 훈련한다.

개념이 대두되었다. XAI는 "AI가 내린 결정이 어떤 과정을 통해 도출되었는지 설명될 수 있다면 사람들이 그 결과를 훨씬 더 잘 받아들이고 AI를 신뢰할 수 있을 것이다"라는 개념을 지원하는 도구와 기술이다.

그림 80에서 (a)는 전통적인 딥러닝에 의한 고양이 분류 방법이다. 입력 이미지를 93퍼센트 확률로 고양이라고 판단한다. 이에 반해 (b)는 설명 가능한 모델을 채택했다. (b)의 출력은 인터페이스를 통해, 입력 이미지가 왜 고양이인지를 설명한다. 즉 털, 수염, 날카로운 발톱, 쫑긋 솟은 두 귀를 근거로 제시한다.

XAI를 현실 문제에 사용하려면 인간과 AI 간의 상호작용을 이끌 수 있는 방법론을 찾아야 한다. XAI는 사회적, 윤리적 관점뿐만 아니라 모델 성능과 사용 편의성 향상을 위해서도 중요한 개념이다. 미국국방성고등연구원(DARPA)을 비롯해 구글, 마이크로소프트, IBM, 아마존 같은 빅테크 기업들이 관심을 기울이고 있다. 법률, 국방, 금융, 의료 등 높은 투명성과 신뢰성과 공정성을 요구하는 분야에서 특히 주목하고 있다.

사실 기호주의 접근 방법을 지지하는 연구자들은 의사결정 과정을 설명할 수 있는 AI를 추구해왔다. 대표적 사례는 1970~80년대의 전문가 시스템으로 인간의 지식이나 경험을 규칙으로 변환해 의사결정 시스템을 구축했다. 지식 데이터베이스의 변화로 '활성화(fire)'된 규칙들을 기록하면 의사결정이 이뤄지는 과정을 추적하고 설명할 수 있다.

이러한 전문가 시스템의 장점에도 불구하고 인간의 지식을 추출해 규칙으로 만드는 과정은 어렵고 비용이 많이 들 뿐 아니라 업데이트하기가 어렵다는 한계로 시간이 지나면서 시장에서 사라졌다. 그러나 그 이면에는 인간의 지식을 전문가 인터뷰를 통해 어렵게 추출하지 않고도, 많은 데이터를 학습해 직접 추출하는, 머신러닝이라는 새로운 접근 방법이 열린 측면도 있다.

# 2장

# AI가 가진 편견과
# 신뢰성 문제

과학기술이 발전하면 우리가 사는 환경도 변한다. 실제 문제를 해결하는 것을 목적으로 출범한 AI는 진화하면서 기술 외적인 문제들을 드러냈다. 주로 사회 윤리 문제다. 이 문제들은 인간과 기술과 사회와 엮여 있어 복잡하다. 정답이 있는 것도 아니다. 사람마다 의견이 달라 해결이 간단치 않다. 많은 문제가 있지만 여기서는 다음과 같은 세 가지 문제를 다뤄보려고 한다.

1. AI에 내재되어 있는 인종, 성별 등에 관련된 편견
2. 최근 사회 문제가 되고 있는 AI 딥페이크 문제
3. 신뢰할 수 있는 AI

# 1. AI는 편견이 심하다?

AI는 이미 우리 생활 깊숙이 들어와 있다. AI의 미래는 밝아 보이고 순진무구해 보인다. 고객들의 취향에 맞는 책과 영화와 음악을 추천해줄 것이고, 의사들이 더 정확한 진단을 할 수 있도록 돕고, 변호사들이 고객의 문제를 잘 해결할 수 있도록 보조하고, 기업이 직무에 필요한 적임자를 제대로 고용할 수 있도록 협력할 것이다.

하지만 우리는 AI 시스템이 종종 편견을 지니고 있음을 발견한다. 이 편견은 보통 두 가지 이유에서 발생한다. 인간의 생각과 판단 과정에서 무의식적으로 생기는 오류가 머신러닝 알고리듬 개발 과정에 스며들었거나, 한쪽 편으로 치우쳐 대표성이 없는 훈련 데이터셋으로 학습되어 생성된 머신러닝 모델에 기인한다.

사실 과거에 머신러닝과 기타 AI 기술을 채택한 조직은 편견과 같은 윤리적 이슈에 그다지 집중하지 않았다. 그러나 오늘날의 소비자는 사회와 기업이 공정하고 책임감 있는 방법으로 AI를 사용해주기를 기대한다. 만일 어떤 기업이 이 기준에 어긋나는 행위를 하면 SNS에서 댓글로 몰매를 맞거나 심지어 문을 닫아야 하는 경우도 있다. 사회나 기업에서 편견이나 윤리적 문제는 그만큼 중요한 사안이 되었다.

AI와 머신러닝은 주어진 데이터를 바탕으로 분석과 판단을 한다. 이때 데이터가 편향되어 있으면 편향된 의사결정을 내릴 가능성이 매우 높다. 이는 심각한 사회적 문제를 초래할 수 있고, 궁극적으로는 AI에 대한 불신으로 이어질 수 있다. 인종, 성별, 기업과 관련된 편견이 주를 이루지만 더 다양한 편견이 존재할 수 있다.

### 1) 인종에 대한 편견

그림 81은 AI 연구 커뮤니티에 존재하는 뿌리 깊은 편견을 보여주는 이미지다. 왼편 이미지는 미국 최초의 흑인 대통령인 버락 오바마의 저해상도 사진이다. 좀 더 자연스럽게 보려고 모자이크 패턴을 제거하는 알고리듬에 입력해 결과를 출력해 보니 놀랍게도 오른편의 '백인' 얼굴이 보인다.[137]

저해상도 입력 이미지를 고해상도 이미지로 바꾸는 업스케일링 과정에서는 소프트웨어가 머신러닝을 사용해 여백을 채운다. 머신러닝 알고리듬을 훈련하는 데이터의 특성 때문에 샘플 얼굴 이미지를 볼 때는 기본적으로 흰색이 드러난다. 이런 경우는 매우 흔하며, 안면 인식 알고리듬이 유색인 얼굴과 여성 얼굴에서 더 안 좋은 성능

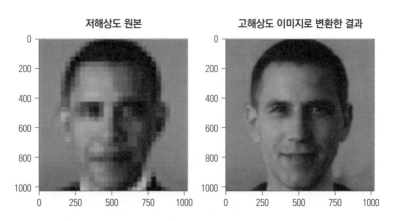

[그림 81] 왼쪽에 있는 저해상도의 오바마 대통령 이미지를 고해상도 이미지로 변환할 때 사용하는 알고리듬의 편견으로 오바마가 백인처럼 보인다.

을 보인다. AI를 훈련시키는 데 사용되는 데이터가 종종 백인 남성에게 치우쳐 있기 때문이다. 이는 우연이 아니다. AI 연구를 지배하는 사람들이 누구인가? 백인 남성이다.

## 2) 성별에 대한 편견

AI가 가진 편견은 인종차별뿐만 아니라 성차별도 쉽게 발견된다. 아마존은 효율적인 인재 채용을 위해 2015년 500개의 머신러닝 모델이 중심이 된 AI 채용 시스템을 개발했다. 그런데 직원 채용에 사용된 알고리듬이 여성에 대해 편향된 결과를 도출하는 것으로 밝혀졌다. 예컨대 여자대학교 졸업자의 평가 별점을 깎거나 '여성'이라는 단어가 들어가면 채용을 추천하지 않았다. 이는 아마존의 컴퓨터 채용 모델이, 10년 동안 회사에 제출된 이력서의 패턴을 관찰해 지원자를 심사하도록 훈련되었기 때문인데, 이 기간에 지원자 대부분이 남성이었음이 밝혀졌다. 아마존은 결국 AI 채용 시스템을 폐기했다. 학습 데이터가 편향되어 있으면 결과도 편향될 수 있다는 사실을 보여준 사례였다.[138]

2019년 말에는 미국에서 신용카드 발급을 둘러싸고 성차별 주장이 제기됐다. 바로 '애플 카드' 사건이다. 애플이 골드만삭스와 협력해서 내놓은 신용카드였는데, 소득이나 자산 등의 제반 여건이 동일해도 AI가 남성에게 사용 한도를 훨씬 높게 부여한 경우가 있었다. 심지어 애플 공동 창업자 스티브 워즈니악*Steve Wozniak*은 모든 재산과 금융계좌를 아내와 공동 소유하고 있는데도 카드 신용 한도가 아내보다 10배나 더 높다고 말했다. 워즈니악은 카드의 사용 한계를 설

정하는 데 활용되는 알고리듬이 본질적으로 여성을 차별하는 편향성을 보일 수 있다고 말했다.[139]

20대 여성을 기반으로 한 스캐터랩의 AI 챗봇 '이루다'는 2020년 12월 출시되었지만 채팅 내용이 커뮤니티에 공유되면서 사회적 논란이 일었다. 결국 여성, 장애인, 성소수자에 대한 혐오 발언 및 개인정보 유출과 관련된 논란으로 출시 3주 만에 서비스를 중단했다. 데이터 수집 과정에서 개인정보 유출 문제, 별도 서비스를 통해 수집한 대화 데이터의 무단 활용, 알고리듬의 편향성, 이용자의 챗봇 성희롱 대화 등이 문제가 되었던 사건이다. 개인정보보호위원회(PIPC)는 이루다 개발사인 스캐터랩에 과징금과 과태료를 부과했다. 한국 정부가 사회적 문제를 일으킨 AI 기업을 제재한 첫 사례다. '이루다' 사건은 AI가 단순한 기술적 이슈를 넘어, 사회적 이슈도 될 수 있음을 인식하는 좋은 계기가 되었다.

### 3) 인종, 성별, 서비스 제공 업체에 따라 다른 음성 인식

정교한 머신러닝 알고리듬을 사용해 음성언어를 텍스트로 변환하는 자동음성인식(Automated Speech Recognition; ASR) 시스템은 널리 보급되어 사용되고 있다. 이제 컴퓨터 키보드를 대신한 텍스트 입력, 가상 비서, 자동 자막 처리 촉진, 의료용 디지털 받아쓰기 플랫폼을 가능하게 한다. 지난 몇 년 동안 이러한 시스템의 품질은 딥러닝 발전과 모델 훈련에 사용되는 대규모 데이터셋 발전으로 크게 향상되었다.

그러나 이러한 도구가 인구의 모든 그룹에 똑같이 작동하지는 않

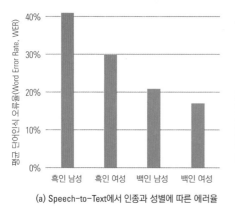

(a) Speech-to-Text에서 인종과 성별에 따른 에러율

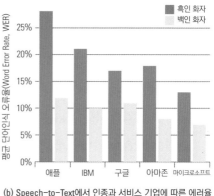

(b) Speech-to-Text에서 인종과 서비스 기업에 따른 에러율

[그림 82] 자동음성인식 시스템이 인종, 성별, 서비스 기업에 따라 다른 에러율을 보이고 있다.

는 것으로 보인다. 스탠퍼드대학의 연구원들은 최첨단 ASR 시스템
이 인종 및 성별에 따라 인식률에 상당한 격차를 보인다는 사실을 발
견했다. 그림 82(a)처럼 백인에 비해 흑인 화자의 인식 에러율이 훨
씬 높게 나왔던 것이다.

〈자동 언어의 인종적 격차〉라는 제목의 논문은 아마존, 애플, 구
글, IBM, 마이크로소프트의 음성 텍스트 변환 서비스를 이용해 수천
개의 텍스트로 42명의 백인 화자, 73명의 흑인 화자와 인터뷰를 진
행한 결과를 기술했다.140 평균적으로 백인 화자의 경우 100단어당
19개, 흑인 화자의 경우는 거의 2배에 달하는 35개의 오류를 범했다.
특히 흑인 남성의 경우는 100단어당 40개 이상의 오류로 매우 저조
한 성능을 보였다(그림 82(a) 참조).

ASR 시스템별 분석 결과는 기업이 출시한 STT(Speech-to-Text) 소
프트웨어 간에도 흑인과 백인의 인식률 차이가 있음을 보여준다(그

림 82(b) 참조). 이 연구는 AI 기술의 편견을 해결하고 기술이 성숙함에 따라 형평성 보장이 중요함을 시사하고 있다.

### 4) 데이터 편향을 줄이기 위한 노력

AI는 데이터에 따라 결과가 달라진다. 데이터는 인간이 만든다. 그리고 인간은 많은 편향성을 지닌다. 사회가 복잡해지고 다변화되면서 새로운 편향들은 계속 생겨날 것이다. 편향되지 않은 인간은 없으므로 편향된 데이터도 끊임없이 생성될 것이다.

이로 인해 인간이 만든 알고리듬은 데이터에 숨어 있는 편향을 식별하고 제거하기 위해 데이터를 검증하는 흥미로운 사이클을 생성할 것이다. 그러나 현실적으로, 편향이 없는 완전무결한 데이터를 기대하기는 어렵다.

데이터의 모든 편향을 제거하기 위한 매직은 없다. 하지만 편향을 줄이는 도구를 활용해 내재된 편향을 줄일 수는 있다. 예를 들면, IBM 연구소가 알고리듬의 편향을 감지하고 완화하기 위해 깃허브에 공개한 'AI 페어니스 360(AI Fairness 360)'이라는 오픈소스 라이브러리를 들 수 있다.

2022년 4월 기준, 이 라이브러리에는 머신러닝 모델의 편향을 감지하고 완화하는 데 도움이 되는 14가지 패키지 알고리듬이 포함되어 있다. AI 프로그래머가 이를 활용해 모델 및 데이터셋의 편향을 테스트하고 완화할 수 있다.[141]

## 2. 진위 구별이 어려운 딥페이크

딥페이크*Deepfake*는 딥러닝*Deep Learning*과 가짜를 뜻하는 페이크*Fake*의 합성어다. 딥러닝 기술을 활용해 특정 인물의 얼굴, 신체 등을 원하는 영상에 합성하거나 다른 얼굴로 바꾼 편집물이다. 피사체의 얼굴을 실존하는 다른 인물의 얼굴과 바꿔치기하거나, 아예 새로운 얼굴로 만드는 것을 모두 딥페이크라고 한다. 딥페이크는 온라인에 공개된 무료 소스 코드와 머신러닝 알고리듬으로 손쉽게 제작이 가능하다. 진위 여부를 가리기 어려울 만큼 높은 퀄리티의 영상과 이미지들은 인터넷에서 쉽게 찾아볼 수 있다.

### 1) AI 기술에서 시작된 딥페이크

딥페이크 기술은 예상치 못한 곳에서 출발했다. 머신러닝이 생성하는 모델의 성능은 훈련 데이터셋의 양과 품질에 좌우되므로 데이터 확보를 위해 많은 노력을 기울인다. 하지만 모든 훈련 데이터를 일상에서 구하기는 쉽지 않다. 이러한 데이터 확보를 위한 해결책으로 최근 '데이터 증강(Data Augmentation)' 기술이 주목받고 있다. 기존 데이터를 변형 또는 재가공해 새로운 데이터 포인트를 만든 후 데이터 양을 인위적으로 늘리는 기술이다.

딥페이크 기술은 '생성적 대립 신경망(Generative Adversarial Networks; GAN)'이라는 AI 기술을 기반으로 한다. GAN은 새로운 데이터 포인트를 생성하는 데이터 증강 기술이다. 2014년 몬트리올대학의 연구원이었던 이안 굿펠로우*Ian Goodfellow*가 개발했다. 많은 노력 없이 고품질의 합성 영상을 얻을 수 있는 획기적 기술로 평가받는 GAN은 가짜 예제를 만드는 생성 모델(Generator)과 생성된 가짜 예제를 진짜와 구별하는 식별 모델(Discriminator)의 대립적 구조 훈련 방식을 통해 실제와 같은 가짜 이미지를 만들 수 있다. 딥페이크는 바로 이 기술을 기반으로 만들어졌다. 딥페이크 콘텐츠는 GAN을 이용한 딥페이스랩*DeepFaceLab*, 페이스스왑*Faceswap* 등 오픈소스 영상 합성 프로그램이 배포되면서 더 많이 생성되었다.

## 2) 딥페이크 기술이 만드는 가짜 뉴스

딥페이크는 2017년 온라인 커뮤니티 '레딧*Reddit*'에 올라온 합성 포르노 영상에서 시작되었다. 'deepFakes'라는 아이디를 쓰는 이용자가 오픈소스 소프트웨어인 텐서플로*TensorFlow*를 활용해 유명 연예인과 포르노를 합성한 영상을 올린 것이다. 2018년 초에는 '페이크앱*FakeApp*'이라는 데스크톱 애플리케이션이 출시되었는데, 사람들은 이 앱으로 서로 얼굴을 바꿔가며 동영상을 쉽게 만들고 공유했다. 이렇게 기술이 고도화되자 점차 진짜와 가짜를 구분하기 어려운 상황이 되었다.

사실 이미지 위조 행위는 어제오늘 일이 아니다. 하지만 딥페이크는 AI, 머신러닝, 컴퓨터 비전 등의 강력한 기술을 활용해 가짜 콘텐츠를 손쉽게 조작하거나 생성한다는 점에서 사회적, 윤리적 논쟁을 촉발했다. 특히 연예인, 정치인 등 유명인들이 딥페이크 포르노로 피해를 입고 있다는 점에서 우려를 표하고 있다. 다양한 SNS와 딥페이크 기술이 결합하면서 확산 폭은 점점 커지고 있는 상황이며, 대상도 유명인에서 일반인과 사물로 다변화하고 있다.

딥페이크 뉴스로 인한 위험성도 제기되고 있다. 유명인의 얼굴을 합성한 딥페이크 연설 영상은 텍스트로 된 가짜 뉴스보다 훨씬 더 파급력이 크다. 대표적 사례로, 페이스북 CEO인 마크 저커버그가 등장하는 14초 분량의 영상이 있는데, 2019년 6월 인스타그램에서 화제를 불러일으켰다(그림 83 참조). 문제는 이 영상에서 저커버그가 페이스북 이용자 데이터를 통제할 힘이 본인에게 있다는 과시적 내용의 발언을 했다는 데 있었다. 안 그래도 이용자 데이터 유출 사건으로 신뢰도가 하락하고 있었던 페이스북은 CEO가 적절하지 않은 발언을 했다는 비판을 연이어 들어야 했다. 하지만 해당 영상은 영국의 한 디지털 예술가가 AI 프로젝트 일환으로 제작해 올린 딥페이크 영상이었다.[142]

[그림 83] 페이스북 CEO인 마크 저커버그가 등장하는 14초 분량의 딥페이크 영상.

또 하나는 앙겔라 메르켈 전 독일 총리의 영상이다. 2018년 메르켈 총리가 히틀러와 비슷한 말투로 "유럽인들은 우리 손으로 운명을 결정해야 한다. 러시아와 함께!"라고 외친 악성 딥페이크 영상이 유튜버에 올라왔다. 블라디미르 푸틴 러시아 대통령과 메르켈 전 총리의 불편한 관계를 생각하면 실제로 일어났을 가능성이 전혀 없는 발언이었다.

오바마 전 미국 대통령의 영상도 있다. 미국 온라인 미디어 업체 버즈피드*BuzzFeed*는 오바마 전 대통령의 딥페이크 영상을 만들었다. 2018년 4월 공개된 이 영상에서 오바마 전 대통령은 "트럼프 대통령은 완전 얼간이"라고 폭언을 했다. 물론 오바마 전 대통령이 직접 한 말이 아니다. AI가 머신러닝 기술로 오바마 전 대통령의 영상을 반복 학습해 실제와 비슷하게 구현해낸 것이다.[143]

### 3) 한국에도 딥페이크 확산

국내 AI 기업 딥브레인 AI는 2019년 10월 종합편성채널 MBN의 김주하 앵커를 모델로 상품화한 AI 휴먼을 최초로 내놓았다. 약 한 달 동안 MBN 인터넷 방송은 '김주하 AI 아나운서'를 활용한 뉴스를 보도했다. 김주하 AI 아나운서의 말투, 뉘앙스, 제스처, 표정 등은 실제 김주하 아나운서와 거의 차이가 없었다. 이후 많은 방송인, 아이돌 등 유명인들의 사이버 캐릭터 영상이 뒤를 이었다.

2022년 3월에 있었던 제20대 대통령 선거는 지난 대통령 선거와 달리 새로운 존재가 한몫했다. 바로 사이버 캐릭터였다. 대선 후보들은 인터넷에서 대신 활약할 가상의 존재를 만들어 사이버 공간에서도 치열한 선거전을 치렀다. 실물과 구분이 가지 않는 외모와 음성, 입 모양, 심지어 습관과 피부 상태까지 재현해 대중들의 흥미를 끌었다.

사이버 캐릭터 활용처는 앞으로 더 늘어날 전망이다. 최근에는 은행, 증권사, 보험사 등 금융기관에서 많은 관심을 보이고 있다. 은행에서는 사이버 캐릭터가 방문객을 안내하거나 창구에서 상담도 할 수 있을 것이다. 보험사에서는 다양한 상품과 복잡한 약관을 설명해 줄 수 있고, 증권사에서는 고객에게 시황을 대신 알려줄 수도 있다. 교육, 쇼핑 분야에서는 사이버 캐릭터가 교사와 쇼호스트의 역할을 담당할 수도 있다.

사이버 캐릭터 제작은 딥러닝에서 시작된다. 실제 인물이 스튜디오에서 촬영한 영상을 알고리듬이 분석해 도출한 목소리, 어투, 표정, 행동 습관, 피부 상태 등의 다양한 데이터로 AI를 학습시키는 것이다. 최근에는 AI 알고리듬 개선으로 사이버 캐릭터 개발이 용이해졌다. 사이버 캐릭터 활용처는 앞으로 더 확산될 전망이다.

## 4) 딥페이크 탐지 노력과 규제

이제 딥페이크 기술은 널리 알려져 있다. 누구든 마음만 먹으면 악의적이고 비윤리적 목적으로 사용할 수 있다. 그만큼 부작용도 늘고 있다. 딥페이크 콘텐츠로 가짜 뉴스를 만들어 올리고 무고한 사람을 공격하는 일이 발생하고 있기 때문이다. 앞으로는 돈을 갈취하기 위해 가짜 동영상을 만들어 협박하는 등 이전에는 볼 수 없던 사이버 공격도 발생할 수 있다. 특히 연예와 정치 영역으로 확산할 가능성이 높다. 딥페이크로 특정 연예인이나 정치인이 비리를 저지르는 모습을 만들어 불특정 다수에게 유포하면 그 파장이 적지 않을 것이다.

이렇게 딥페이크가 비윤리적이고 악의적 목적으로 사용되어 개인이나 사회에 주는 피해가 늘어나자 대책이 필요하다는 여론이 점점 커지고 있다. 특히 딥페이크를 탐지할 수 있는 방법에 대한 논의가 본격적으로 이뤄졌다. 딥페이크 탐지에 대한 관심이 높아지면서 벤치마킹을 위한 다양한 데이터셋도 공유되고 있다.

그중 하나가 페이스북이 시작한 '딥페이크 탐지 챌린지(Deepfake Detection Challenge; DFDC)' 이니셔티브다.[144] 페이스북은 2019년 딥페이크 비디오를 감지하는 기술 개발을 가속화하기 위해 다른 업계 리더 및 학계 전문가와 협력해 DFDC를 출범시켰다. 10만 개 이상의 비디오로 구성된 벤치마킹 데이터셋을 활용해 모델을 훈련하고 테스트의 결과를 공유하게 함으로써 전 세계의 전문가들이 딥페이크 탐지 모델을 벤치마킹할 수 있도록 했다.

또 하나의 노력은 2019년 딥페이크 검출을 위해 도입한 페이스포렌식*FaceForensics++*이다. 약 1천 개의 유튜브 비디오 시퀀스를 포함하는 딥페이크 탐지 벤치마크 데이터셋으로, 페이스투페이스*Face2Face*, 딥페이크, 페이스스왑*FaceSwap*, 뉴럴텍스처*NeuralTextures* 등 네 개의 자동 얼굴 조작 기술이 만든 위조 이미지 데이터다.

페이스포렌식++를 이용한 특정 알고리듬의 우수성은 알고리듬이 변경된 이미지를 얼마나 정확하게 탐지해내는지에 대한 정확도로 측정된다. AI는 이 데이터셋을 이용해 기존의 딥페이크 탐지 방법을 테스트했으며 그 결과는 그림 84와 같다. 지난 10년 동안 AI 시

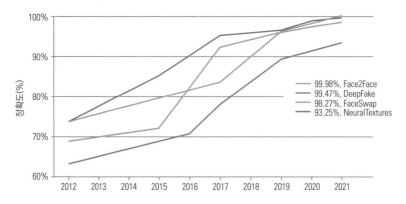

딥페이크 탐지 알고리듬 정확도가 지속적으로 개선되고 있다

정확도(%)

99.98%, Face2Face
99.47%, DeepFake
98.27%, FaceSwap
93.25%, NeuralTextures

[그림 84] 페이스포렌식++에 적용된 네 개의 벤치마킹 데이터셋을 이용해 딥페이크 탐지 알고리듬 정확도를 산출한 결과(2012~2021년).

스템의 딥페이크 탐지 기술은 더 발전했다. 2012년에는 네 개의 페이스포렌식++ 데이터셋으로 상위 성능의 딥페이크 탐지 시스템을 테스트한 결과 식별 정확도가 69.9퍼센트에 그쳤는데, 2021년에는 97.7퍼센트의 성능을 보여줬다.[145]

스탠퍼드대학과 버클리대학은 공동으로 딥페이크 립싱크 기술을 감지하는 AI 기반 접근 방식을 공개했다. 이 프로그램은 영상 속 사람이 내는 소리와 입 모양의 미세한 불일치를 인식해 가짜를 80퍼센트 이상 정확하게 찾아낸다.[146]

이러한 여러 노력들은 딥페이크 기술로 인한 사회적 문제를 해결하고 모든 사람이 온라인에서 보는 콘텐츠의 합법성을 제대로 평가하는 길잡이가 될 것이다. 또 AI 연구자들이 협력해 이 분야의 최첨단 기술과 새로운 탐지 방법을 개발하는 데 도움이 될 것이다.

현재 딥페이크 탐지 방법은 일정 수준의 성능을 갖고 있으나 새로 개발되는 딥페이크 생성 방법 및 데이터셋에는 취약할 수 있다는 문제점이 있다.[147] 앞으로 연구를 통해 극복해야 할 과제다. 또한 딥페이크와 관련된 문제를 해결하려면 단순한 탐지 방법의 성능 향상 외에 체계화된 딥페이크 데이터셋 수집, 유포 방지 대책 및 처벌 방안 마련 등에 대한 논의도 필요하다. 페이스북, 구글, 마이크로소프트 등은 딥페이크 자동탐지기술 개발을 위한 투자를 확대하고 있으며, 블록체인 기술을 이용해 디지털 콘텐츠 진위 여부 판별 기술 등을 연구하고 있다. 페이스북, 유튜브, 트위터는 자체적으로 딥페이크 규정을 마련하고 자사 서비스를 통제하고 있다.

### 5) 딥페이크는 착하게 활용될 수 있다

딥페이크 기술이 어두운 면만 있는 것은 아니다. 현재 부정적 인식이 워낙 강해 긍정적인 면은 제대로 부각되지 않았다. 딥페이크 기술의 새로운 용도는 점점 더 많이 발견되고 있다. 특히 영상 산업에 활용되면서 영화, 뮤직비디오 등을 만드는 데 필요한 특수 효과, 더빙, 과거 재현 등이 더 쉬워졌고 제작비도 많이 줄여주고 있다.[148]

오래전에 사망한 예술가를 박물관에서 재현하고, 재촬영 없이 기존 비디오를 편집해 사용하는 등 딥페이크 기술은 더 이상 존재하지 않는 것들을 경험하도록 해주고 있다. 예를 들면, 플로리다 주의 달리박물관은 2019년 딥페이크 기술을 활용해 초현실주의 예술가 살바도르 달리*Salvador Dali*의 오래된 인터뷰와 기록 영상 수백 개를 45분간의 새로운 영상으로 제작해 전시했다.[149]

마케팅 또는 홍보 캠페인 영상을 만들 때도 새로 촬영하지 않고 기존 자료를 편집해 개인화하는 영상 제작이 가능하다. 이로 인해 제작 비용도 대폭 줄일 수 있다. 예를 들면, 영국 건강 자선단체는 딥페이크를 이용해 데이비드 베컴이 출연하는 말라리아 퇴치 공익광고를 9개 언어로 짧은 기간에 아주 낮은 비용으로 제작했다.[150]

딥페이크 기술로 만든 사이버 캐릭터는 현재 스포트라이트를 받고 있는 메타버스와 연관되어 발전할 가능성이 높다. 사이버 캐릭터는 메타버스의 3차원 캐릭터보다 훨씬 정교하게 말하고 표정을 지을 수 있어 몰입감이 뛰어나기 때문이다. 어느 기술이나 그렇듯 딥페이크 기술도 쓰이는 방향과 목적에 따라 명암이 있다. 따라서 부작용 방지 대책과 유용하게 활용할 수 있는 방안에 대한 논의가 함께 이뤄지는 것이 바람직하다.


## 3. 신뢰할 수 있는 AI와 사용자의 신뢰

공항 수하물 출구나 세관을 통과할 때 종종 어디선가 나타나 승객들의 여행 가방에 코를 대고 킁킁거리며 냄새를 맡는 래브라도 리트리버를 볼 수 있다. 가방 속에 숨겨 밀반입하는 마약을 찾아내는 탐지견이다. 마약으로 의심되는 물건이 있으면 짖어 세관원에게 알리는데 세관원은 이 탐지견을 높이 신뢰한다(마약 탐지견의 정확도는 약 87퍼센트, 오탐지율은 5퍼센트 정도라고 함). 그런데 만약 AI에게 마약탐지 업무를 맡겼을 때도 우리는 신뢰할 수 있을까?

우리는 과연 지금의 AI를 얼마나 믿고 있을까? 다음과 같은 몇 가지 질문을 스스로에게 해보자. 뇌 MRI 영상을 판독한 결과 의사는 이상이 없다고 하고 AI는 종양 소견이 있다고 한다. 당신은 누구의 판단을 믿을 것인가? 주식투자 포트폴리오를 만들어 AI 로보어드바이저에게 은퇴자금 운영을 맡길 수 있는가? 자율주행차 핸들에서 손을 뗀 채 눈을 감고 느긋하게 음악 감상을 할 수 있는가? 은행에서 AI 판정관이 신용등급을 평가한 결과 당신을 대출 부적격자로 판정했다면 받아들일 수 있는가?

위의 질문들에는 현재 또는 가까운 장래에 AI 기반 서비스를 경험하면서 얼마든지 일어날 수 있는 상황들이 담겨 있다. AI 기술이 개인과 사회와 산업에 내재되어 우리에게 더 가깝게 다가올수록 사회는 '신뢰할 수 있는 AI'에 대한 더 깊은 고민과 성찰을 요구할 것이다.

## 1) '사용자의 신뢰'는 중요한 성능 평가 요소다

신뢰는 대상에 따라 그 기준이 다르다. 한 가지 공통점은 '기대'가 있다는 것이다. AI를 신뢰한다는 것은 사용자가 AI에 대해 어떤 기대를 갖고 있다는 의미다. 우리가 확실히 구분해야 할 점은 '사용자의 신뢰'는 '신뢰할 수 있는 AI'의 기술에 대한 요구사항과 다르다는 것이다. 마치 어떤 자율주행차가 '신뢰할 수 있는 AI' 디바이스라는 사실과 내가 핸들에서 손을 완전히 뗀 채 눈을 감을 수 있는가는 다른 내용인 것처럼 말이다.

신뢰할 수 있는 AI에 관한 지침서로 유럽위원회(European Commission)가 공개한 '신뢰할 수 있는 AI를 위한 윤리 가이드라인(Ethics guidelines for Trustworthy AI' 보고서가 있다. 신뢰할 수 있는 AI는 "AI 시스템이 정확하고 신뢰할 수 있으며 안전하며 설명 가능하고 편견이 없음"을 보장해야 한다.

하지만 신뢰할 수 있는 AI가 사용자의 신뢰까지 얻었다는 의미를 갖는 것은 아니다. 사용자 신뢰는 '사용자가 시스템에 대해 어떻게 생각하고 느끼며, 시스템 사용과 관련된 위험부담을 어떻게 인식하는지'에 중점을 둔다. 기술적 요인 평가와는 다르게 AI의 결정을 신뢰하면서 따르게 되는 위험부담에 따라 평가되는 것이다.

우리가 일상에서 제품이나 서비스를 경험할 때 사용자의 신뢰와 신뢰할 수 있는 AI는 상당히 다르게 나타날 수 있다. AI를 적용한 제품에 대한 일반인의 기대치는 높다. 이전만큼의 수준이라면 이러한 기대를 충족하기가 어렵다. 바둑 AI인 알파고 수준이 이세돌과의 게임에서 5대 5 정도로 비슷했다면 그렇게 엄청난 센세이션을 일으키지는 못했을 것이다. 자율주행차가 신뢰할 수 있는 AI로 제작되어 인간이 직접 운전하는 것보다 안전하다고 해도, 인간이 운전하는 것보다 조금 더 안전한 수준으로는 부족하다. 인간의 운전보다 몇 배 이상 안전해야 신뢰를 얻을 수 있다.

이러한 현상은 지금까지 인간이나 AI가 성취한 것을 더 이상 AI가 아닌 평범한 기술로 간주하는 'AI 효과' 때문이다. 사람들은 AI가 보다 우수하고 새로운 것을 보여주기를 기대한다. AI를 개발하는 기업의 어려움은 이렇게 갈수록 눈높이가 높아지는 사용자의 기대 수준을 맞춰야 하는 데 있다.

그렇다면 사용자의 신뢰를 얻는 방법은 구체적으로 무엇일까? AI

에 대한 사용자의 신뢰는 제품이나 서비스를 경험할 때 사용자가 느끼는 사용성이나 품질과 크게 다르지 않다. 예를 들면 스마트폰의 사용 품질을 높이기 위해 사용자의 취향 및 행동 데이터를 미리 분석해 필요한 것들을 AI 시스템이 선제적으로 제공해주면 된다. 최근에는 기업의 AI 기술 활용이 확산되면서 AI 사용자 신뢰성은 점점 중요한 평가 요소가 되고 있다.

## 2) 점점 커지는 '신뢰할 수 있는 AI'에 대한 요구

좋은 약도 종종 부작용이 있듯이, AI도 마찬가지다. 이제 기업에서 AI는 단순히 있으면 좋은 게 아니라 필수 비즈니스 기능으로 자리잡고 있다. 따라서 기업은 AI를 사용하지 않음으로써, AI로 인해 발생할 수 있는 부작용을 피할 수 있는 선택지가 없어졌다.

부작용을 피하려면 단순 AI가 아닌 신뢰할 수 있는 AI가 필요하다. AI 수명 주기의 모든 단계에서 신뢰할 수 있는 AI를 지원하기 위해 잠재적 위험을 식별하고 관리해야 한다. 한 걸음 더 나아가, 사용자의 신뢰를 얻기 위해 신뢰할 수 있는 AI가 필요하다. 현재 신뢰할 수 있는 AI에 대해 합의된 정의는 없지만 대체적으로 동의하는 윤곽을 그려봤다.

### 신뢰할 수 있는 AI가 되기 위한 노력들

우리 사회에서는 '공정과 정의'를 담보하기 위해, 결과와 더불어 과정의 투명성을 요구하는 물결이 드세다. 관련 당사자들이 모르는 '블랙박스' 식 의사결정 방식이 더 이상 용납되지 않는다. 영역이 다르지만 AI 분야도 유사하다. 사회와 기업에서 AI가 내리는 중요한 의사결정이 증가하면서 '블랙박스화'되어가는 일부 AI 영역에 대해 불안한 눈길을 보내고 있다. 신뢰할 수 있는 AI가 되려면 모든 관련자가 AI가 데이터를 어떻게 사용하며, 결정은 어떤 과정을 거쳐 내리는지 투명하게 설명할 수 있어야 한다. 이런 관점에서 앞에서 언급한 하이브리드 AI나 설명 가능한 AI는 신뢰할 수 있는 AI로 가기 위한 노력 중 하나라고 말할 수 있다.

신뢰할 수 있는 AI는 일관된 프로세스를 따르고 편견 없이 공정한 결정을 내리도록 설계해야 한다. 편견은 인간과 사회를 지속적으로 괴롭혀왔지만, AI에게는 훨씬 더 심각할 가능성이 높다. 왜냐하면 AI는 인간이 가진 월드 지식 모델이나 상식을 이해하는 데 필요한 일반 지능이 없어 외부에서 유입될 수 있는 편견에 매우 취약하기 때문이다. AI의 훈련에 사용된 데이터셋에 편견 요소가 포함되어 있으면 결과도 편견에서 결코 자유로울 수 없다. 예를 들어, 장기주택자금(모기지) 신청을 심사하는 금융 서비스 회사가 채택한 AI 심사 모델이 성별, 연령, 지역과 같이 사회적으로 허용되지 않는 요소를 포함한 데이터셋으로 훈련되었다면 그 모델은 대출 신청자들을 부당하게 차별할 개연성이 매우 높다.

AI가 신뢰할 수 있는 것으로 간주되려면 예측할 수 있는 결과를 생성해야 한다. 예상치 못한 상황에도 작업을 적절하게 수행할 수 있어야 한다. 결과에 대한 책임을 명확히 하는 정책도 포함되어야 한다. 이러한 점은 AI가 질병 진단, 자산 관리 및 자율주행과 관련된 중요한 애플리케이션이 확산되면서 더욱 중요해졌다. 예를 들어, 무인 자율주행차가 충돌사고를 일으키면 누가 책임을 져야 하는가? 운전사, 차량 소유자, 제조업체, AI 프로그래머 중 누구일까? 아마 사고가 발생한 정황에 따라 다른 답이 나올 것이다. 사회가 진화하고 환경이 변화하면서 이전에는 상상하지 못했던 정책들이 계속 생겨날 것이다.

개인정보보호는 모든 데이터 시스템에서 빠질 수 없는 중요한 문제다. 특히 AI 시스템은 보다 상세한 개인적인 데이터를 기반으로 작동하므로 개인정보보호는 지켜져야 한다. 신뢰할 수 있는 AI는 데이터 규정을 준수하고, 명시되고 합의된 목적으로만 데이터를 사용할 때 비로소 가능하다. 기업은 어떤 고객 데이터가 왜 수집되는지, 또 고객이 이해하고 동의하는 방식으로 데이터가 사용되는지 알고 있어야 한다. 정보 보호와 보안은 모든 컴퓨터 시스템에 꼭 필요한데, 사회와 기업에서 AI의 역할과 영향력이 커지면서 더 중요해졌다. 예컨대 해킹으로 발생한 지문 및 얼굴 인식 기록이 포함된 개인 데이터 침해는 영구적이고 변경할 수 없는 개인의 생체인식 데이터와 관련되어 있기 때문에 그 피해가 특히 심각하다.

신뢰할 수 있는 AI를 위해 전 세계 기관들이 힘을 모아 AI 시스템의 책임 있는 구현과 인류와 환경에 도움이 되는 기술에 대한 국제적 지원을 독려하고 있다. 이러한 시도의 대표적 사례로는, '신뢰할 수 있는 AI를 위한 윤리 가이드라인'에 대한 유럽위원회의 보고서와 세계보건기구가 발간한 '의료 분야 AI 윤리와 거버넌스 가이드라인'을 꼽을 수 있다.

### '신뢰할 수 있는 AI를 위한 윤리 가이드라인'

2019년 4월, 유럽위원회(European Commission)가 주관해 '신뢰할 수 있는 AI를 위한 윤리 가이드라인' 보고서가 발간되었다. AI 시스템의 책임 있는 개발을 평가할 수 있는 명확한 벤치마크 기준을 제공하고, 인류와 환경에 좋은 AI 솔루션에 대한 국제적 지원을 촉진하기 위한 것이다. 이 가이드라인은 인간의 기본권 존중을 AI 개발의 가장 중요한 원칙으로 삼았다. 신뢰할 만한 AI의 속성으로는 다음과 같은 세 가지를 꼽았다.

1. **적법해야 한다**(Lawful): 적용되는 모든 법률과 규제를 준수한다.
2. **윤리적이어야 한다**(Ethical): 윤리적 원칙 및 가치를 존중한다.
3. **견고해야 한다**(Robust): 기술적 관점과 사회적 환경 모두를 고려해야 한다.

이어 EU는 2020년 7월, AI 시스템이 사용자의 신뢰를 얻기 위해 충족해야 할 일곱 가지 핵심 요구사항을 발표했다.[151]

1. **인간 행위자 및 감독**: AI 시스템은 인간 행위자의 기본 권리를 신장하고 자율권을 부여하고 공평한 사회를 실현해야 한다.
2. **기술적 견고성 및 안전성**: AI 시스템의 모든 수명주기 단계에서 오류로부터 회복할 수 있어야 하고, 문제가 생겼을 경우 이를 처리할 수 있을 만큼의 안전성과 신뢰성이 있어야 한다.
3. **프라이버시 및 데이터 거버넌스**: 프라이버시와 개인정보 보호를 보장하고 적절한 데이터 거버넌스 체제가 제공되어야 한다.

**4. 투명성:** 데이터, 시스템, AI 사업 모델은 투명해야 한다. AI 시스템과 의

사결정은 관련 이해 당사자들에게 설명되어야 한다.

**5. 다양성, 차별금지, 공정성:** 불공정한 편향성은 방지되어야 한다. AI 시스

템은 다양성을 증진하면서 모든 이들이 접근할 수 있어야 한다.

**6. 사회·환경복지:** AI 시스템은 미래 세대를 포함해 모든 인간에게 혜택을

줘야 한다. 지속가능하고 환경 친화적이어야 한다.

**7. 책임:** AI 시스템과 그 결과에 대한 책임을 보장하기 위한 메커니즘을 마

련해야 한다.


### '의료 분야 AI 윤리와 거버넌스 가이드라인'

2019년부터 시작된 코로나19 팬데믹은 우리에게 많은 변화를 요

구하고 있다. 이러한 환경에서 세계보건기구(WHO)는 AI의 의료 윤

리 및 안전에 대한 기본 방향을 제시하는 가이드라인을 밝혔다. 그리

고 2021년 6월에는 AI를 건강에 윤리적으로 활용하기 위해 정부, 개

발자, 규제 기관이 따라야 할 여섯 가지 핵심 원칙을 담은 보고서를

발표했다.[152]

WHO 보고서가 밝힌 구체적인 윤리 원칙에 따르면, AI 도구는 의

도한 대로 작동하도록 지속적으로 모니터링되어야 하며, AI 기술을

설계하거나 배포하기 전에 충분한 정보를 게시하고 문서화해 투명

성을 보장해야 하며, AI에 의한 부정적인 영향에 대해서는 이를 시

정하기 위한 효과적인 메커니즘이 있어야 하며, AI 시스템은 사람들

의 연령, 성별, 성별, 소득, 인종, 민족, 성적 취향, 능력 등과 관계없

이 공평성과 접근성이 보장되어야 하며, AI 설계자, 개발자, 사용자

는 사용 중인 AI 애플리케이션이 기대와 요구사항에 적절하게 작동하는지의 여부를 결정해야 한다고 적시했다.[153]

WHO 보고서는 AI의 윤리적 사용 문제에 대해 많은 부분을 할애했다. 기술자가 수집한 건강 데이터가 원래 적시된 목적에서 벗어날 경우 심각한 윤리적, 법적 및 인권 우려를 제기하는 용도로 변경될 수 있기 때문이다. 예를 들면, 2021년 초 싱가포르는 경찰이 범죄 수사에 사용하기 위해 싱가포르의 코로나19 접촉 추적 시스템을 통해 수집한 데이터에 액세스할 수 있다고 실토했는데, 이 발표는 싱가포르 정부가 2020년 3월 접촉 추적 앱을 출시할 때 설명한 개인정보보호 정책과 모순된다. 원래는 코로나19 바이러스에 노출되었을 가능성이 있는 사람의 접촉 추적 목적으로만 사용될 것이라고 밝혔지만, 범죄 수사를 위해 코로나19 접촉 추적 시스템에서 수집한 데이터에도 액세스했다는 것이다. 이는 건강 데이터 수집의 원래 목표를 넘어 용도가 변경된 경우로 심각한 윤리 위법에 해당한다.[154]

WHO 보고서는 많은 AI 도구가 대규모 민간기술회사 또는 공공 부문과 민간 부문 간의 파트너십에 의해 개발된다는 점을 인식했다. 이들 회사는 이러한 도구를 구축할 수 있는 리소스와 데이터는 있지만 자체 제품에 윤리적 프레임워크를 적용할 인센티브가 없을 수 있다. 왜냐하면 이들의 초점은 공익보다는 회사 이윤에 두고 있기 때문이다. WHO 보고서는 "이들 회사가 혁신적인 접근 방식을 제공할 수 있지만 결국 정부, 의료 제공자, 환자와 관련해 너무 많은 권한을 행사할 수 있다는 우려가 있다"라고 전했다.[155]

## 강력해진 AI 시스템이 남긴 숙제

이전 AI 시스템은 전통적으로 잘 정립된 통계 및 확률 이론을 기반으로 구축되었기 때문에 결과를 이해하기가 비교적 쉬웠다. 반면 오늘날의 대규모 인공신경망과 딥러닝 기반으로 구축된 강력한 AI 시스템은 스스로 학습하고 적응할 수 있어 프로그래머조차 내부에서 무슨 일이 일어나고 있는지 알아내기 어렵다. 그래서 의사결정이 이뤄지는 수면 아래의 논리를 이해하기가 불가능한 경우가 많다.

이러한 점은 여러 공공 기구들이 발표한 '신뢰할 수 있는 AI를 위한 가이드라인'에서 공통적으로 적시하고 있는 AI의 특성들과는 상당히 다르다. 예를 들면 "AI 시스템은 데이터와 시스템에 편견이 없어야 하고 투명해야 한다", "AI 시스템 및 의사결정은 관련 이해 당사자들에게 설명될 수 있어야 한다", "AI 시스템은 기술적으로 견고하고 안전해야 한다", "원하지 않는 결과에 대한 책임 소재를 가릴 수 있어야 하며, 이를 시정하기 위한 메커니즘이 있어야 한다" 등이다. 이 간극을 좁히기 위한 문제는 앞으로 AI와 관련된 여러 당사자가 심각성을 가지고 풀어야 할 숙제다.

# 3장

# AI 발전을 위한
# 산학 협력

지난 10여 년 동안 AI의 발전은 학계와 산업계에 많은 영향을 끼쳤다. 특히 2012년 이후 딥러닝에 대한 연구개발 활동이 증가하고 딥러닝 기술 적용이 확산되면서 학계와 산업계가 각각의 영역을 넘어 역동적으로 변화하고 있다. AI 기술의 연구, 개발 및 배치에 있어 학계와 산업계의 역할 변화는 중요한 이슈가 되었다. 최근 들어 이런 변화에 대해 많은 연구도 행해지고 있다. 특히 2021년에 발간된 보고서 〈100년의 인공지능 연구*The One Hundred Year Study on Artificial Intelligence, AI 100*〉와[156] 스탠퍼드대학의 HAI(Human-Center AI) 연구소에서 발간한 〈2022 인공지능 지수*AI Index 2022*〉는[157] 이 영역에 대한 흥미 있는 연구 결과를 공개했다.

# 1. 학계와 산업계의 역할 변화

1950년대 AI의 본격적인 출발, 특히 기념비적인 1956년의 다트머스 워크숍은 주로 학계에 있는 학자들이 주도했다. 역사적으로 AI 분야는 학계와 산업계의 역할이 상대적으로 뚜렷한 차이를 보였다. 학계는 AI 기초 연구, 교육, 훈련에 중점을 두었다. 반면 산업계는 상업적으로 실행 가능한 응용 분야에서의 연구, 개발, 운영에 초점을 맞췄다. 그러나 최근 AI가 급속하게 발전하면서 이러한 경계선이 점점 모호해지고 있다. 이는 AI 시스템 개발과 실용 배치에서 학계와 산업계의 역할과 관계에 생긴 변화에 기인한다. 크게 다음과 같은 두 가지 변화다.

1. 빅테크 기업이 성장하면서 산업계의 AI 연구와 응용 분야 투자 규모는 학계와 정부 지출을 합친 규모를 넘어서고 있다. 미국의 경우 2020년 기준 민간 기업이 AI에 800억 달러 이상을 지출한 반면, 연방정부의 연구개발(R&D)에 대한 비국방 분야 투자는 15억 달러에 불과하다.

2. 산업계에는 AI 연구개발에 필요한 고급 인력이 부족했다. 이에 지난 10여 년 동안 AI 전공 교수와 많은 연구자를 영입하기 위해 매력적인 연봉 패키지와 직책을 제시해왔다. 그 결과 능력 있는 AI 인력들이 학계를 떠나 산업계로 유입되었고, 이러한 트렌드가 일상화되었다.[158]

## 1) AI 활성화에 따른 산업계 및 빅테크의 약진

최근 클라우드 컴퓨팅, 고품질 오픈소스 소프트웨어, 자연어 처리,

비전 분야의 사전 훈련된 모델 등을 누구나 비교적 저렴한 비용으로 접할 수 있는 환경이 만들어지고 있다. 또 이러한 환경을 이용해 지적 재산이나 AI 연구 결과를 상업적 제품 및 서비스로 변환하는 것이 어느 때보다 수월해졌다. 기술에 대한 용이한 접근으로 학계의 교수나 대학생을 포함한 대학 연구원들의 스타트업 설립도 한층 쉬워졌다. 그 결과 유니콘 스타트업이 탄생하는 등 산업계의 규모가 점점 커지고 있다. 그 중심에는 실리콘밸리 빅테크 기업들이 있다.

AI 콘퍼런스에서 산업체가 행한 연구의 존재와 영향력도 급격히 증가했다. 예를 들어 머신러닝 분야에서 규모가 큰 콘퍼런스 중 하나인 2020 NeurIPS(신경정보처리시스템 콘퍼런스)에서 산업계 연구자들의 논문 비중이 21퍼센트에 달했다. 이는 2005년의 9.5퍼센트와 비교해 크게 증가한 수치다.

우리는 산업계의 영향력 증가로 생길 두 가지 변화에 주목할 필요가 있다. 첫째, 향후 AI 연구활동은 장기적 혁신과 궁극적 가치 증진을 추구하기보다는 단기 제품 및 서비스에 연관된 부분의 비율이 높아질 것이다. 둘째, 기업이 나아가고자 하는 방향 그리고 수익구조를 맞추기 어려운 영역은 산업계로부터의 연구 자금 펀딩 감소로 학계에서 연구하기가 쉽지 않을 것이다. 그동안 AI 커뮤니티의 실제 문제 해결 의지가 약하다는 지적이 계속되어왔다는 점을 감안하면, 점점 높아지는 산업계의 입지는 AI가 현실 문제 해결을 위해 혁신적인 솔루션을 찾는 노력의 촉매자 등 역할이 크게 달라질 것으로 보인다.

## 2) 컴퓨팅 자원의 양극화 현상

규모가 큰 거대 AI 연구가 증가하면서 더 많은 컴퓨팅 자원이 필요해졌다. 예를 들어보자. 거대 AI의 대표적 연구는 대규모 자연어 처리 모델인 '트랜스포머Transformer'다. 4천800개의 트랜스포머 모델을 훈련하는 데 소요되는 컴퓨팅 자원 비용은 10만~35만 달러나 된다.[159] 더 나아가 GPT-3 모델 훈련에 사용된 데이터를 처리하는 데 필요한 컴퓨팅 비용은 약 1천200만 달러(130억 원)라고 한다.[160] 이전에는 상상하기 어려운 컴퓨팅 비용이다. 이러한 상황 변화로 방대한 컴퓨팅 자원의 접근이 비교적 용이한 특정 기업들과 AI 연구가 활발한 엘리트 대학들이 점점 유리한 위치를 점하게 되었다.

학계에서는 이를 '컴퓨팅 자원의 양극화(Compute Divide)'라고 표현한다. 〈AI의 탈민주화: 딥러닝과 AI 연구의 컴퓨팅 격차The De-Democratization of AI: Deep Learning and the Compute Divide in Artificial Intelligence Research〉[161]라는 제목의 한 연구 보고서에 따르면, 빅테크 기업들이 주요 AI 콘퍼런스에 참가하는 비중이 점점 높아지고 있다. 57개 AI 관련 콘퍼런스에서 나온 논문 데이터를 분석한 결과에 따르면, 2012년 딥러닝으로 인한 폭발적인 연구활동 증가 이후 대기업과 엘리트 대학의 주요 AI 콘퍼런스 참여가 현저하게 증가했다. 2000년에 10퍼센트 정도의 논문 참가율에 머무르던 대기업 비중이 2019년에는 30퍼센트대로 증가했다. 폭발적인 증가라 할 수 있다. 기업이 AI 분야에서 자신들의 존재와 활동을 부각하기 위한 전략으로 주요 AI 콘퍼런스에 적극적으로 참여하고 엘리트 대학과 협력을 강화하고 있는 것이다.

AI 분야 10개 주요 콘퍼런스의 참가자들을 보면 산업계 인력의 참가 비율이 상승하는 추세다. 컴퓨팅 자원의 양극화가 더욱 확대되는 양상이다. 딥러닝과 AI 연구의 컴퓨팅 자원 격차로 발생하는 'AI의 탈민주화' 현상에 대해서는 향후 적정성 논의가 필요할 것으로 보인다.

## 2. AI 전문가들의 산업계 쏠림 현상

미국 잡지〈와이어드 *Wired*〉에 따르면, 미국 4개 대학에서 컴퓨터 과학 AI 분야 전공의 83명의 교수 중 58퍼센트인 48명이 산업계에서 펀딩 자금을 받았다. 이들 14개 빅테크 회사는 알파벳, 아마존, 페이스북, 마이크로소프트, 애플, 엔비디아, 인텔, IBM, 화웨이, 삼성, 우버, 알리바바, 엘리먼트 AI, 오픈AI이다.

이중 임용, 인턴십, 안식년을 포함한 모든 경우의 자금원까지 포함하면 거의 모든 교수가 기술 회사들과 재정적 관계를 맺고 있다고 봐도 된다.[162] 이렇듯 AI 분야는 예전부터 학계와 산업계 간의 상호 협력이 지속되어왔다.

산업계가 AI 연구와 상용화에 보다 많은 관심을 쏟는 것과 맞물려, AI 박사과정 신규 수료자와 기존 AI 분야 교수들이 다음 커리어 선택을 할 때 학계와 연구소보다는 산업계를 선호하는 경향이 높아지고 있다. 지난 10년 동안 AI 박사과정 신규 수료자들이 학계가 아닌 산업계에서 일자리를 선택한 비율은 급격히 증가했다(그림 85 참조).

최근 10년간 북미에서 산업계 일자리를 선택한 AI 박사과정 신규

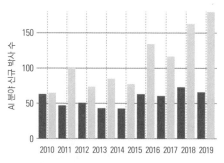

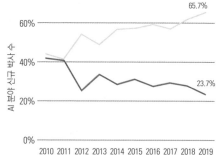

(a) 최근 10년간 북미에서 학계와 산업계 일자리를
선택한 신규 AI 박사의 수

(b) 최근 10년간 북미에서 학계와 산업계 일자리를
선택한 신규 AI 박사의 비율 변동 추이

[그림 85] 최근 10년 동안 북미에서 AI 박사과정 신규 수료자들이 학계와 산업계 일자리를
선택한 비율 추이.

수료자는 2010년 44.4퍼센트에서 2019년 65.7퍼센트로 48퍼센트가
증가했다(그림 85(a), (b) 참조). 이 추세는 앞으로도 계속 이어질 전망
이다. 이에 비해 학계에 AI 박사과정 신규 수료자가 진출하는 비중은
2010년 42.1퍼센트에서 2019년 23.7퍼센트로 44퍼센트나 감소했
다. 그림 85(a)를 보면 알 수 있듯이, 학계에 진입하는 박사과정 졸업
자 수는 10년 동안 대략 이전 수치를 유지되고 있는 반면, 산업계로
진입하는 박사과정 신규 수료자는 훨씬 큰 차이로 증가하고 있다.

학계의 유능한 AI 인력이 산업계, 특히 빅테크 회사로 옮겨가는 이
유는 무엇일까? 기본적으로 산업계에서 제공하는 매력적인 연봉과
패키지 때문이다. 이에 못지않게 중요한 이유도 있다. 대학에서의 교
수와 연구자 역할에는 가르치고, 채점하고, 각종 위원회 참여, 외부
연구 자금 확보 그리고 종종 번거로운 행정 업무 등도 있다.

이에 반해 기업에서는 연구에만 집중할 수 있을 뿐만 아니라, 지적으로 새롭고 흥미로운 실제 문제에 도전해볼 수 있는 기회가 있다. 여기에 최근에는 AI 연구에 필수인 수준 높은 컴퓨팅 시설 및 자원도 제공된다. 기업에서 우수 AI 과학자에게 주어지는 이러한 제반 환경을 현실적으로 거부하기가 쉽지 않은 것이다.

2004년과 2018년 사이에 156명의 AI 교수 인력이 학계를 떠나 산업계에 합류했다. 다른 90명의 교수진도 이러한 활동을 위해 학문적 역할을 축소했다. AI 연구자들이 연구개발 및 상용화 환경이 좋은 산업계 일자리를 선호하는 쏠림 현상은 당분간 지속될 전망이다

## 3. 기업으로 이동하는 연구실의 혁신 기술

AI 시스템은 대부분 최근에 개발되었다. 기존 레거시 시스템은 오래전에 개발되어 사용해오던 시스템이다. 따라서 AI 시스템은 독자적으로 사용되는 경우는 드물고, 대부분 기존 시스템 일부로 통합되어 사용된다. 사실 현장에서는 AI 시스템을 별개로 취급하기보다는 소프트웨어 제품의 하나로 인식한다. 그러므로 AI 시스템을 개발, 배치하는 인력은 기존 시스템에 대한 이해도가 높아야 한다. 특히 이들 모두를 결합해 통합하는 소프트웨어 역량이 커야 한다.

우리는 연구 결과가 프로토타입 단계를 거쳐 상품화되어 수익을 올리는 것을 원한다. 학계에서 도출된 연구 결과를 실제 비즈니스 환경에 맞춰 상품화하고 배포하려면 상품 개발 인프라, 엔지니어링 및

테스트, 견고성 검증, 안전, 물류, 배송 등의 밸류체인이 필요하다. 이를 지원하려면 높은 비용 구조가 필요한데, 학계에서 기대하는 것은 현실적이지 않다.

지난 몇 년간 학계 연구자들은 점점 더 많은 기술 혁신을 학교 실험실에서 꺼내 현업에 배치하는 노력을 하고 있다. 대표적 사례는 카네기멜런대학 연구진들이 개발한 언어학습 시스템 '듀오링고 *Duolingo*'다. 듀오링고는 언어학습 웹 사이트와 앱은 언어능력 평가시험을 제공하는 플랫폼으로서 2021년 시가총액이 50억 달러에 육박했다.

국내에서의 사례는 2013년 설립된 국내 의료 AI 스타트업 '루닛 *Lunit*'을 들 수 있다. 창업자들이 "AI 딥러닝 기술로 암을 정복할 수 있을까?"라는 질문을 품고 KAIST와 서울대병원 등 학계에서 연구를 하다가 AI로 암을 정복하자는 목표로 설립했다. 딥러닝 기술을 기반으로 흉부 엑스레이나 유방촬영술로 찍은 영상을 분석해 폐 질환이나 유방암을 진단한다. 판독 정확도는 97퍼센트 이상이다. 루닛 제품은 국내 톱10 병원 중 서울대병원, 세브란스병원, 삼성서울병원 등 7개 병원이 사용 중이며, 중국과 일본, 유럽 등 38개국 480여 곳의 의료기관에서도 활용되고 있다. 2021년 100억 원의 매출을 기록한 것으로 추정된다.[163]

사실 이런 사례가 모두 이익을 추구하는 것은 아니다. 필요에 따라 공공의 이익을 위한 비영리 애플리케이션도 빠르게 만들어져 배포되고 있다. 예를 들어, 옥스퍼드대학과 구글은 코로나19 변종 추적에 협력했으며, 미국의 6개 대학교는 AI를 활용해 코로나19 확산을 줄이고 미래 전염병의 영향을 완화하기 위한 지식, 과학, 기술을 발전시키는 것을 목표로 c3.ai, 마이크로소프트와 협력하고 있다. c3.ai와 마이크로소프트는 이 연구를 지원하기 위한 컴퓨팅, 스토리지 및 기술 리소스 사용을 포함해 3억 1천만 달러를 기부한다.[164]

학계에서 AI 분야 교수 이탈이 이어지고 있지만 컴퓨터 공학 및 AI에 대한 관심이 계속 증가하면서, 더 많은 대학이 독립적인 AI 프로그램, 학과 및 관련 학위에 대해 고민하고 있다.

학계에서 AI 인재를 양성하는 과정에서 기업이 보다 많은 역할을 담당하는 것은 바람직하다. 예를 들어, 기업에서 몇 달 일하는 인턴십은 학생들에게 AI 연구개발뿐 아니라 귀중한 실무 경험을 얻을 수 있는 기회를 제공한다. 또 그러한 기회들은 대학교 기반 교육의 질을 더욱 단단하게 하고, 종종 학생들이 좋은 커리어를 쌓는 디딤돌 역할을 하기도 한다.

AI 분야에서 기업의 역할이 확대되면서 생긴 긍정적인 면은 기업들이 제공하는 실용적 교과 과정이 점점 더 보편화되어가고 있고, 누구나 쉽게 접근할 수 있다는 점이다. 또 이를 통해 학생들이 기업의 실제 현장에서 활용되는 전문 기술을 배울 수 있다. 예를 들면, 구글 AI 교육 웹 사이트는 AI를 사용해 사람들의 능력을 강화하고 더 많은 것을 성취할 수 있도록 도와준다. 기술을 개발하고 프로젝트를 발전시키는 데 도움이 되는 기술 정보, 자율학습 과정, 쇼케이스 제공과 더불어 기존 문제를 바라보는 새로운 시각을 갖게 하는 등 실용 현장에서 필요한 많은 기술을 공유한다.[165]

## 4. 프로젝트 목표와 추진 방법의 차이

대학과 기업은 많은 이해관계를 공유하지만 프로젝트의 범위, 지적 재산권, 상품화 면에서 목표와 추진 방법이 다를 수 있다. 기업은 빠르고 구체적인 결과를 선호한다. 반면 학계 연구자는 보다 포괄적이고 근본적인 이슈 그리고 보다 긴 호흡으로 연구를 수행해나갈 수 있는 추진 체계를 갖추는 것을 선호한다. 만일 학계와 기업이 협업을 한다면, 학계 연구자와 기업이 처음부터 잘 정의되고 상호 합의된 목표를 가지고 프로젝트 기획을 한 뒤 수행해야 좋은 결과를 도출할 수 있다.

학계에서 수행하는 연구활동과 산업계의 상용화 업무에는 어떤 차이가 있을까? 가장 큰 차이는 사용하는 데이터가 다르다는 데 있다. 학계에서 수행하는 연구에는 일반적으로 정해져 있는 데이터, 예컨대 손으로 쓴 숫자 이미지 데이터베이스 MNIST 또는 객체 이미지 데이터베이스 이미지넷*ImageNet*과 같은 교육 데이터셋을 이용해 훈련하고 테스트한다. 이렇게 함으로써 학계에서 통용되고 표준화된 테스트를 수행할 수 있고, 도출된 연구 결과를 이전 결과들과 비교함으로써 모델의 우월성을 검증할 수 있다. 궁극적인 목표는 새로운 방법을 개발하거나 기존 방법을 채택해 현재 기술 상태와 비교해 모델 성능을 몇 퍼센트포인트 향상하는 것이다. 학계에서는 새로운 첨단 기술을 확보하고 그 결과를 논문으로 발표하는 것을 주요 목표 중 하나로 삼는다.

반면 산업계에서의 워크플로는 학계와 다르다. 먼저 문제를 정의하고 이에 부합되는 목표와 성능 스펙으로부터 시작한다. 성능 지표의 최젓값이 정해지며 이를 만족시키기 위해 최고 기술보다는 일관되고 안정적인 기술을 활용하는 경우가 많다. 그런 다음 특정 모델을 정하고 성능 지표 만족을 위해 해당 모델을 충분히 훈련하는 데 필요한 학습 데이터 종류에 대해 고려한다. 산업계에서는 시장과 현장 환경에 따라 여러 상황이 발생할 수 있기 때문에 모델 및 데이터에 다양성이 있다.[166]

학계와 산업계에서 수행하는 연구개발과 상용화 과정에서는 각각 무엇을 중요시하는가에 대한 차이를 이해하는 것이 필수적이다. 새로운 방법론 개발과 성능 개선을 주요 목표로 하는 학계와 달리, 산업계에서는 안정적 성능 유지, 설명 가능성과 투명성을 중요시한다. 학계에서는 성능을 조금이라도 개선하기 위해 새로운 모델과 시스템이 개발되지만, 산업계에서는 실제 문제를 해결해 얻는 가치와 목표를 달성하는 데 소요되는 시간과 리소스의 가치를 함께 고려해야 한다. 예를 들면, 매우 유망해 보이는 새로운 알고리듬이 이미지넷과 같은 표준 이미지 데이터셋에서는 좋은 성능을 도출하지만 더 어렵고 다양한 실제 데이터에서는 작동하지 않는 경우가 많다. 이러한 이유로 학계에서 추구하는 최신 모델과 연구 논문이 산업계에서 항상 유용한 것은 아니다. 따라서 새로운 기술을 개발할 때 학계와 산업계에서 각각 어떻게 개발되어 상용화될지 기획 시점에서 미리 고려해보는 것이 바람직하다.

## 5. 국내 기업의 AI 도입률

정부에서 지원하는 AI 분야 연구개발의 목적은 특허나 논문도 있지만, 궁극적으로는 기술의 실용적 수준을 끌어올려 산업과 비즈니스를 활성화해 키우는 데 있다.

그런데 한국지능정보사회진흥원(NIA)의 '2020년 정보화 통계조사'에 따르면, 전국에서 종사자 수 10인 이상 민간 부문 22만 2천 개 기업체를 대상으로 조사한 결과, AI 기술과 서비스를 활용하는 기업체 비율은 불과 2.5퍼센트에 불과했다. 전체 기업체 중 70.3퍼센트는 AI 기술 및 서비스를 알고는 있지만 사용하지 않았으며, 나머지 27.2퍼센트는 AI 기술 및 서비스를 알지도 못하고 사용하지도 않는다고 했다(그림 86 참조).

AI 적용 기업체 비율이 2.5퍼센트에 그친다는 사실이 놀랍지만, 더욱 놀라운 일은 70.3퍼센트의 기업체는 AI 기술 및 서비스를 알지만 사용하지 않는다는 사실이다. 이는 투자 대비 AI가 제공해주는 가치에 대한 인식이 부족하다는 의미다. 이러한 통계는 정부나 민간에서 지난 10여 년 동안 해온 AI에 대한 대대적인 홍보 또는 투자활동에도 불구하고, AI 분야 투자의 방향성과 효율성에 근본적인 문제가 있다는 것을 시사한다.[167]

한국의 AI 관련 현황을 좀 더 살펴보자. 우선 AI 분야 국가 경쟁력에 대해 영국의 데이터 분석기관 '토터스인텔리전스*Tortois Intelligence*'가 전 세계 62개국을 대상으로 분석한 '글로벌 AI 지수(Global AI Index)' 보고서를 보자(그림 87 참조). 이 글로벌 AI 지수는 AI 활동을

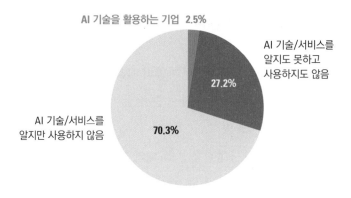

AI 기술을 활용하는 기업  2.5%

AI 기술/서비스를
알지도 못하고
사용하지도 않음

27.2%

AI 기술/서비스를
알지만 사용하지 않음

70.3%

[그림 86] 국내 10인 이상 기업체 중, AI를 활용하는 기업체 비율은 2.5퍼센트에 불과하다.

인력, 인프라, 운영 환경, 연구, 개발, 정부 전략, 상업화를 7개 축으로 분석한 결과다.

2021년 한국의 AI 종합평가는 세계 7위에 랭크되었다. 대단하다. 그러나 디테일을 보면 좀 쓸쓸하다. 연구개발 수준은 아주 좋은 평가를 받아 세계 3위에 랭크되었다.

반면 정작 기업이나 정부가 기대하는 AI 기반 창업활동, 투자 및 비즈니스 이니셔티브를 포함하는 '상용화'는 호주나 아이슬란드보다 뒤떨어진 15위에, AI 솔루션 제공을 위한 AI 엔지니어의 가용성 지표인 '인력'은 더 열악해서 28위에 랭크되었다. AI를 제대로 사용하는지 알아보는 데 중요한 지표인 운영 환경은 32위에 그치고 있다. 그림 86에서 보는 것처럼, 국내에서 AI를 활용하는 기업의 비율은 불과 2.5퍼센트로 AI 연구로부터 상용화, 사업화에 이르는 연결이 원활하지 못하다. 또 이로 인해 제대로 된 AI 인력을 양성하기도 어렵고, 운영 환경도 미흡한 악순환이 되풀이되고 있는 실정이다. 오

한국: 종합 순위 7위

개발(Development): 3
인프라(Infrastructure): 6
정부전략(Government Strategy): 7
연구(Research): 12
상용화(Commercial): 15
인력(Talent): 28
운영환경(Operating Environment): 32

[그림 87] 토터스인텔리전스가 발표한 글로벌 인공지능 지수.

늘날 한국의 AI 현주소를 적나라하게 보여주고 있는 것이다.

## 6. 기업에 필요한 AI는 무엇인가?

한국에서 AI는 4차 산업혁명의 주요 드라이버로 자리매김하고 있다. 따라서 산업계에서 유용하게 활용될 수 있는 AI 공급은 국가 전략 차원에서도 매우 중요하다. AI 국가 전략에 담긴 내용을 보면, AI에 대한 정확한 개념 정립이나 전략이 아직 관념에 그치고 있는 수준이다. 현실 문제를 해결하지 못하는 AI는 날이 무뎌져 아무것도 자르지 못하는 칼과 같다. 현실 문제를 해결하려면 먼저 본질을 파악하고 적합한 AI 기술을 선택해야 한다. 현실 문제에 AI를 제대로 적용하기 위해서는 연구개발 능력만으로는 어림도 없다. AI에 대한 기본적인 인사이트와 더불어 기존 산업과 시스템에 대한 높은 이해가 동반되어야 한다.

### 1) 기업 관점에서의 최고 기술은?

국내 대학, 연구소 등 많은 곳에서 세계 최고의 AI 기술을 만들겠다는 야심 찬 포부와 함께 높은 목표를 정한다. 기업의 사업 관점에서는 세계 최고 수준의 기술이 필요한 것이 아니라, 사업에 활용되어 최고의 비즈니스 가치를 창출할 수 있는 기술이 필요하다. 기업 입장에서는 그런 기술이 최고 기술이다. 상용 비행기를 제작하는 비행기 제작 회사는 마하 2~3을 자랑하는 전투기에 사용하는 기술이 필요한 것이 아니다. 그보다는 비행기의 안전과 연료 효율성이 훨씬 더 중요하다.

2016년 인간 이세돌을 물리친 '알파고' 이벤트 이후, 한국에서는 피상적이나마 모르는 사람이 없을 정도로 AI가 많은 관심을 끌었다. 의도하지 않았지만 AI의 대중화가 이뤄진 것이다. 하지만 많은 사람이 AI를 만병통치약처럼 생각하는 등 부작용도 만만치 않았다. 한발 더 나아가 모든 AI는 당연히 인간과 같은 수준이어야 한다는 인식이 팽배했다.

현실을 보면, 영상 인식과 음성 이해 등 일부 영역에서는 인간의 인식률을 앞서는 등 괄목할 만한 성공을 거두었다. 하지만 대부분의 현실 문제를 풀기에는 수준이 한참 못 미치고 있다. 아직 가야 할 길이 너무 멀다.

요즘 병원에서는 항생제를 꼭 필요한 경우에만 처방한다. 뒤돌아

보면 1960년대에는 아파서 동네 병원을 가면 대부분 항생제를 처방해줬다. 처음에는 병이 금방 나아서 좋았고 항생제를 만병통치약으로 여겼다. 하지만 시간이 흐르면서 내성이 생겨 항생제를 써도 병이 잘 치료되지 않았다. AI를 바라보는 관점도 이와 비슷하다. 그러나 AI는 만병통치약이 아니다.

AI를 만병통치약처럼 여기고 인간 수준의 능력을 가지고 있다고 생각하는 리더의 기업에서 흔히 목격할 수 있는 현상은 AI 프로젝트를 빅뱅 스타일로 수행한다는 것이다. 하지만 AI 프로젝트는 한 번에 우리가 원하는 것을 해결해주지 않는다. 시간을 두고 개선해준다. 프로젝트 초기에는 충분한 시간을 갖고 기획을 한 후, 구축과 테스트 과정을 거치면서 목적에 맞는 형태로 진화해나가야 한다. 대부분의 프로젝트가 그러하듯, 기업에서 수행하는 AI 프로젝트의 수준도 기업 리더의 AI 이해 수준을 넘기 어렵다.

## 2) 기술적 성공과 사업적 성공은 다르다

AI의 기술적 성공과 사업적 성공은 완전히 다르다. AI 기술을 상용화하기 위한 많은 시도는 대부분 실패의 쓴맛을 본다. 대중화나 상용화 관점에서 AI의 성공은 어렵고 도전적인 일이다. 기술의 성숙도뿐 아니라 비즈니스 환경에서도 많이 좌우된다. 그래서 어떤 기술은 나중에 환경이 바뀐 후 다시 시도해 성공하는 경우도 적지 않다.

공공기관이나 기업에서는 과거에 특정 아이디어에 기반한 프로젝트를 한 번 시도했다는 이유로, 그와 유사한 프로젝트를 허용하지 않는 경우가 많다. 기술이나 사업 환경이 많이 바뀌었는데도 말이다. 한 프로젝트에는 여러 기술이 포함되며, 각 기술의 성숙도에 따라 전체 프로젝트의 성패가 갈리기도 한다. 스페이스 프로그램에서 성공적인 우주 로켓을 개발하려면 여러 번의 발사 실험을 수행해 각 요소 부품의 완성도를 시험해야 한다. AI 프로젝트도 이와 크게 다르지 않다.

수많은 AI 프로젝트가 시간이 흐른 후 다시 수행되어 사업적으로 성공을 거둔 사례는 많다. 대표적인 사례가 '콘텐츠 추천'이다. 추천 관련 아이디어는 예전에도 있었지만 아마존, 넷플릭스, 스포티파이 등의 기업은 이를 다시 서비스로 꽃피웠다. 또 성공한 세계 100대 스타트업의 이력을 자세히 살펴보면 과거에 누군가가 한 번쯤 생각해 봤을 법한 아이디어로 여겨지는 것들을 발견할 수 있다. AI 프로젝트가 기술적으로는 아무리 뛰어나도 서비스의 사용성이 낮거나 비즈니스 환경 때문에 사업적으로 성공하지 못할 수도 있다.

이와 관련된 대표적 사례가 있다. 과거에 국내에서 개발한 mp3 플레이어보다 훨씬 늦게 높은 사용성을 갖춘 애플의 오디오 플레이어인 아이팟*ipod*이 시장을 석권한 것이다. 애플이 아이팟을 성공적으로 개발할 수 있었던 이유는 mp3 플레이어를 기술로 보지 않고 음악을 들려주는 서비스 사업으로 역발상을 한 데 있다.

정부가 공모하는 과제에 도전할 때 흔히 볼 수 있는 현상은, 응모 과제 제목으로 예전에 인기 있었던 주제가 포함되는 것을 꺼려 한다는 사실이다. 이미 철이 지난 주제라 심사에서 탈락할 가능성이 높다는 이유에서다.

서비스 과제는 이전에 수행했던 과제와 유사한 주제라도 기술 및 비즈니스 환경이 많이 변했다면 다시 시도해볼 수 있도록 해야 한다. 제품이나 서비스의 고도화 및 상용화는 이런 과정을 거쳐 비로소 이뤄지기 때문이다.

# 에필로그

글을 쓰다 보니 2년이란 세월이 쏜살같이 지나갔다. 프롤로그에서 밝힌 바와 같이, 이 책의 집필은 스스로에게 던진 질문에 대한 답으로부터 시작되었다. 그 질문은 "어떻게 하면 비전공자가 AI에 대해 보다 진전된 인사이트를 가질 수 있을까?"였다.

AI를 회사의 미션 크리티컬한 현실 문제에 적용해 성공했거나, 강력한 스타트업 창업을 한 사례들을 엿봄으로써 AI 기업에 대한 통찰력을 높일 수 있다고 생각했다. AI 기업의 특정 사례에 대한 글을 쓴다는 것은 자료 수집부터 매우 도전적인 일이었다. 그러나 반드시 이뤄야 한다는 생각으로 추진했다. 끝이 안 보이는 작업이었다. 이젠 마감을 해야 할 것 같다.

3년여간 코로나19 팬데믹으로 모두 어려운 시기를 보냈다. 이제 긴 터널 저편 끝에 어슴푸레한 빛이 보인다. 출구로 짐작은 되는데 신기루가 아니기를 바란다. 이런 와중에도 세상은 요동치고 기술은 빠르게 발전한다. 클라우드나 IoT 등은 이미 고전에 속한다. 사람들은 블록체인, 메타버스, NFT 등으로 대표되는 신기술을 이해하고 따라가기에도 숨 가쁘다.

기술이 왔다가 사라지는 와중에 AI는 오늘도 굳건히 잔칫상의 상석에 자리 잡고 있다. AI 가문의 효자 '딥러닝' 때문이다. 이런 추세는 계속되어 당분간 AI 여름이 지속될 것으로 보인다. AI 분야에서는 GPT-n으로 대표되는 초거대 AI가 등장해 이슈몰이를 하고 있다. 경쟁 여력이 있는 기업들은 다가오는 AI 기업의 시대에 보다 경쟁력 있는 AI 기업으로 거듭나기 위해 전사적 차원의 노력을 경주하고 있다.

새 정부는 핵심 국정 과제로 AI·데이터 기술에 기반을 둔 '디지털 플랫폼 정부'를 야심차게 추진해 국민 개개인에게 맞춤형 공공 서비스를 제공하려고 한다. 난이도가 높고 도전적인 프로젝트다. 정부와 더불어 학계와 산업계에 포진한 AI·데이터 전문가들이 힘을 모아 그동안 갈고 닦은 저력을 발휘할 때다.

## 학계와 산업계의 의미 있는 협력이 필요할 때

필자는 1980년 중반 IBM 왓슨 연구소를 시작으로 오랜 기간 AI·IT 분야에 몸담아왔다. 국내 AI 상황에 대해 느끼는 바가 적지 않다. AI 분야에서 일하는 사람들 모두가 열심이고 새로운 기술을 배우려는 열정이 높다. 연구 마인드 세트가 강하다. 2021년 영국의 한 전문기관에서 수행한 AI 분야 종합평가에서 한국은 세계 7위에 랭크되었다. 2022년 스탠퍼드대학에서 개발한 인공지능 지수(AI Index)의 AI 기술력 평가에서는 8위에 올랐다. 박수받을 만한 성적이다.

안타까운 면도 있다. 무엇보다 국내 학계와 산업계의 협력 수준이 아쉽다. 국내에서 반도체 등 특정 분야의 산학 협력은 있지만, AI 분야의 '실질적이고 의미 있는' 교류는 눈에 잘 띄지 않는다. 우리가 잘 알다시피, 미국의 학계와 산업계는 아주 밀접한 관계를 유지하면서 상호 발전하고 있다. 특히 실리콘밸리 기업들과 근처 대학들과의 돈독한 유대 관계가 그렇다. 대학 교수 혹은 대학생들이 방학 동안 혹은 1~2년간 기업에서 공동 연구를 수행하는 모습이 자주 눈에 띈다. 기업의 전문가들이 대학에 와서 강의 시리즈를 맡아 진행하기도 한다.

학생들은 기업에서 수행되는 대규모 SW·AI 프로젝트에 참여해 좋은 경험을 한다. 이러한 협력 프로그램이 아니면 참여하기 힘든 기회다. 무엇보다 학계에서 수행해 얻은 연구 결과를 기업에서 신속하고 쉽게 상용화할 수 있는 채널이 생기는 셈이다. 기술 교류를 통해 산학 관계가 더욱 돈독해지는 것이다.

기업은 대학과의 명목적 협력과 투자로 대학을 인력의 안정된 공급처로 보는 시각에서 벗어나 기술 연구의 공동 파트너로 인식해야 한다. 학계와 산업계 간의 의미 있는 협력이 단절된 상태에서 누가 제일 큰 피해를 보는가? 당장은 '학생'이다. 그리고 서서히 기업과 대학이 루저가 된다. 학생이 기술을 배우며 상용화 과정을 익힐 기회도 잃고, SW·AI 관련해 직장 확보와 현장을 경험할 수 있는 좋은 기회도 잃는다. 학계와 산업계 간의 SW·AI 교류가 정상 궤도에 올라가지 않으면 국내 AI 분야의 확산 및 활성화는 한계를 벗어나기 어렵다. 2020년 AI 기술과 서비스를 활용하는 국내 기업체 비율이 왜 2.5퍼센트에 그치고 있는지를 생각해봐야 한다.

## 실용적 가치를 제공할 수 있는 AI에 대한 목마름

산업발전 단계에서 AI는 타 분야보다 가장 늦게 등장한 분야다. 복잡하게 얽혀 있는 현실세계의 어려운 문제를 해결하기 위해 AI라는 '슈퍼맨'이 등장한 것이다. 우리는 AI 역사를 통해 연구 결과와 현실세계 문제 적용은 완전히 다르다는 것을 수없이 경험했다. 그러므로 우리가 수행한 AI 연구 결과가 실제 문제 해결에 얼마나 잘 적용될 수 있는가에 대해 고민해야 한다. 이는 머신러닝에서 학습 데이터로 훈련해 만든 모델의 일반화 문제, 즉 그 모델이 새로운 데이터에 대해서도 여전히 좋은 성능을 낼 수 있는가에 대한 문제와 유사하다. 예컨대 코로나19 바이러스 식별 AI 시스템이 새로운 변이 바이러스도 찾아낼 수 있는지, 자율자동차가 주행 중에 이전에 본 적이 없는 장애물이 갑자기 눈앞에 나타날 때도 여전히 안전한 주행을 할 수 있는지 등이다.

AI는 지난 역사에서 찬사와 비난을 동시에 받으며 성공과 실패를 거듭해왔다. 학계와 산업계 AI 전문가들의 열정과 끊임없는 노력으로 오늘날의 AI를 이뤄왔다. 세상은 더 복잡해지고 끊임없이 변화하고 있다. 해결하기 어려운 문제도 많이 생기고 있다. AI를 소환하는 목소리가 높아지고 있는 것이다. 미사여구가 아니라 사람과 사회와 기업에게 실용적 가치를 제공할 수 있는 AI에 대한 목마름과 성찰이 그 어느 때보다 절실하다.

# AI
# INSIGHTS
## FOR BUSINESS STRATEGY

# 부록

# AI INSIGHTS

# 부록

# AI 기반
# '디지털 플랫폼 정부'에 대한 소고(小考)

2022년 5월 출범한 새 정부는 디지털 정책을 국정 주요 과제로 삼고 있다. 정부는 디지털 선도국가의 비전을 실현할 핵심 국정 과제로 AI·데이터 기반 '디지털 플랫폼 정부'를 구축하기로 했다. 이 플랫폼은 AI·데이터 기술을 활용해 궁극적으로 국민 개개인에게 맞춤형 공공서비스를 선제적으로 제공하는 것을 목표로 한다.

## 1. '디지털 플랫폼 정부'를 위한 국가 전략

정부는 '디지털 플랫폼 정부'의 개념을 "모든 데이터가 연결되는, '디지털 플랫폼' 위에서 국민, 기업, 정부가 함께 사회 문제를 해결하고, 새로운 가치를 창출하는 정부"로 정의했다. '디지털 플랫폼 정부'의 개념 수립에 관여한 한 인사는 언론과의 인터뷰에서 새 정부의 국정 키워드인 '디지털 플랫폼 정부'의 개념은 "구글과 아마존이 사용자에게 딱 맞는 정보를 제공하는 것처럼, AI·빅데이터를 활용해 개인 맞춤형 정보를 제공하는 플랫폼을 기반으로 하는 정부"라며 "한 번의 클릭으로 모든 민원과 행정이 가능한 것은 물론, 장기적으로는 신청을 하지 않아도 필요한 혜택을 선제적으로 받을 수 있는 시스템"이라고 말했다. 아울러 "지금은 개인이 복지 지원을 받으려면 국세청, 건강보험공단 같은 여러 국가 기관을 찾아다니며 서류 10여 개를 떼어 다시 국가 기관에 제출해야 한다. 진정한 디지털 정부의 시스템은 이렇지 않다. AI·데이터를 기반으로 국민 개개인에 맞춤형 정책을 제공해야 한다"라고 강조했다. 간단히 말하면 '디지털 플랫폼 정부'는 모든 정부 부처를 하나로 통합해 국민이 사용하기 쉽게 신속하고 효율적인 행정 서비스를 제공하는 것을 목표로 해야 한다는 의미다.

그동안 공공서비스 개념은 인터넷 서비스 사용을 위한 '포털'에서 여러 사람이 접속해 상호작용할 수 있는 생태계인 '플랫폼'으로 변화해왔다. 예컨대 현재의 '정부24'는 포털이다. 이에 반해 '디지털 플랫폼 정부는 구글, 아마존 같은 플랫폼 개념이다. 정부 사이트가 디지털 플랫폼 개념으로 바뀌면 부처 사이에 존재하던 장벽이 제거되고 공공서비스는 엔드투엔드 모드로 간편하게 제공된다.

통합 서비스 제공을 위한 선결 과제는 산재해 있는 데이터를 마치 하나의 데이터베이스처럼 매끄럽게 연결하는 것이다. 이에 더해 국민은 정부 사이트에서 정보를 검색하고 자료를 다운로드하는 것을 넘어, 자신도 몰랐던 정보를 선제적, 맞춤형으로 추천받을 수 있다. 이를 위해서는 고도화된 AI와 머신러닝 기술과 운영 능력이 요구된다.

이러한 비전을 구현하려면, 이제까지 관행과 경험에 의존해온 정부 부처의 업무 방식을 AI·데이터에 기반한 과학적 방식으로 혁신해야 한다. 데이터 분석을 통해 정확한 의사결정을 내릴 수 있는 지원 체제도 구축해야 한다. 또한 국민이 한 번 제출한 정보를 중복적으로 반복해 입력해야 하는 비효율성을 제거하려면 부처 간의 정보 공유를 확대해야 한다. 이제는 국민 누구나 한곳에서 정부가 제공하는 모든 서비스를 쉽게 이용할 수 있도록 공공 웹 사이트 및 앱 사용자 경험을 개선하고, 분산된 온라인 서비스를 연계 및 통폐합해야 한다.

## 2. '디지털 플랫폼 정부'가 가져올 변화

'디지털 플랫폼 정부'가 제시하는 원칙 중에서 우리가 주목할 점은 AI·데이터 기술을 서비스에 적용하는 것이다. 이렇게 되면 정부는 데이터 및 서비스와 관련해 개인정보의 보안을 유지하고, 안전하고 신뢰할 수 있는 서비스 환경을 보장하며, AI·데이터 기반으로 정책 결정을 과학화해 국민에게 통합적이고 선제적이며, 맞춤형으로 만들어진 공공서비스를 제공할 수 있다.

'디지털 플랫폼 정부'에서 행정 서비스가 일원화되고 플랫폼 중심으로 바뀌면, 사람들이 수행하는 업무 프로세스와 일하는 방식도 근본적으로 변화될 것이다. '디지털 플랫폼 정부'는 단순히 좁은 의미의 전자정부를 말하는 것이 아니다. 지금까지 전자정부 시스템의 진화를 위해 여러 정부에서 노력을 해왔지만, 근본적인 업무 프로세스가 변화한 적은 없다. 그저 외관을 바꾸는 데 그친 측면이 있다.

현재 논의 중인 '디지털 플랫폼 정부'는 시스템적 측면 외에, 새로운 국가 운영 방식, 거버넌스 방식의 변화도 함께 추구하는 것이 바람직하다. 국민이 원하는 서비스를 개인화해 제공하고, 정부가 일하는 방식을 근본적으로 바꾸는 것이다. 예컨대 우리가 서류를 발급받는 이유는 정부나 다른 기관에 제출하기 위해서인데, 굳이 국민들이 프린트 출력물을 발급받아 제출하는 수고를 할 필요가 있을까? 향후 디지털 플랫폼에서 서류를 신청할 때 최종 제출 기관을 적시하면, 플랫폼의 해당 서비스 프로세스가 전자 서류를 제출 기관으로 직접 전달하여 프린트 출력이라는 중간 과정을 생략할 수 있을 것이다.

비록 목적과 성격은 다르지만, 디지털 플랫폼의 '초연결' 특성에 관련해 커머셜 영역에 있는 '슈퍼앱Super-App'을 참고할 수 있다. 슈퍼앱은 모바일에 있는 올인원 솔루션이다. 사용자가 하나의 슈퍼앱에서 여러 앱 서비스에 액세스할 수 있어 편리함과 단순성을 제공한다. 내부의 앱들은 매끄럽게 통합되어 있고, 정보의 맥락이 서로 연결되어 내부 앱들 간에 데이터가 자유롭게 흘러 다닌다. 이러한 구조로 인해 사용자가 필요로 하는 모든 요구사항을 한 슈퍼앱 안에서 충족할 수 있다. 예컨대 소비자는 슈퍼앱에서 제품을 검색, 구매, 결제하는 모든 프로세스를 끝낼 수 있다. 중국의 '위챗WeChat'과 '알리페이AliPay'가 대표적인 슈퍼앱이다. 하나의 슈퍼앱 내에 몇십만 개의 미니앱이 앱 서비스를 제공한다.

정부 부서에서 AI 기술 활용이 새로운 것은 아니다. 하지만 새 정부가 추진하는 '디지털 플랫폼 정부'에서 AI가 두뇌 역할을 한다는 것은 차원이 다른 이야기다. 정부가 그동안 축적한 방대한 데이터를 통합한 후, 다양한 행정 영역에서 활용할 수 있는 AI 시스템 개발을 목표로 한다는 점에서 주목할 만하다. '디지털 플랫폼 정부'가 구축되면 여러 부처의 공무원들 간의 업무 협업이 훨씬 간편해질 것이다. 예컨대 대형 산불이 발생하면 해당 지자체, 산림청, 소방청 등 관련 부처 직원들이 신속히 디지털 플랫폼 정부 사이트에 온라인 종합상황실을 만들어 실시간으로 정보를 교환하고 소방 전문가들의 의견을 분석한 후 종합적 대책을 마련함으로써 지금보다 훨씬 과학적이며 빠르고 효율적으로 소화 작업을 할 수 있게 될 것이다.

## 3. '디지털 플랫폼 정부'와 선도 프로젝트

정부는 디지털 플랫폼 정부 구현을 위해 아래의 '5대 중점 추진과제'를 선정해 추진할 예정이다.

1. 국민과 기업이 단기간에 개선효과를 느낄 수 있는 '국민 체감 선도 프로젝트'
2, 기관 간 정보 공유 확대를 통한 통합 서비스 제공
3. AI·데이터 기반의 의사결정 지원체계 구축

4. 정부가 데이터를 플랫폼으로 제공하고, 민간이 서비스를 창출할 수 있
는 생태계 조성

5. 고도화된 보안체계 구축 및 개인정보 강화

위의 '5대 중점 추진과제' 중에서 첫 번째 '국민 체감 선도 프로젝
트'에 해당하는 몇 개의 사례를 살펴보자.

### 1) 부동산 소유권 이전 등기를 'End-to-End' 모드로 일괄 처리

부동산 소유권 이전 등기란 매매, 증여, 상속 등으로 부동산 소유
권 변동 사유가 생길 경우, 이를 부동산 등기부에 기재해 소유권을
바꾸는 것을 말한다. 현재 부동산 소유권 이전 등기를 하려면 절차가
복잡하다. 그림 88에서 보는 바와 같이, 부동산 소유권 이전 등기를

| | 방문장소<br>**3곳** | 접속사이트<br>**9개** | 출력서류<br>**17종** | 결제<br>**4번** |
|---|---|---|---|---|
| | | | **지금까지는** | | |
| 서류 준비 | 부동산 | 정부24, 인터넷 등기소,<br>전자가족관계등록시스템,<br>부동산거래관리시스템 | 주민등록등초본, 부동산매도용 인감증명서,<br>등기필 정보, 위임장, 건축물대장,<br>토지대장, 부동산 거래계약<br>신고필증, 가족관계증명서, 매매계약서 | |
| 취득세 납부 | 구청 | 위택스 | 취득세신고서, 취득상세증명서,<br>취득세 영수필 확인서 | 취득세 |
| 주택채권 매입 | | 부동산 공시가격 알리미<br>주택도시기금, 은행 | 채권 매입결과 | 채권매입 |
| 수입인지 구입 | | 전자수입인지 | 전자수입인지 납부확인증 | 전자수입인지 |
| 수수료 납부<br>및 등기신청 | | 인터넷 등기소 | 영수필 확인서<br>신청서(e-form) | 등기신청<br>수수료 |
| 등기소 방문 | 등기소 | | 각종 서류 첨부 | |

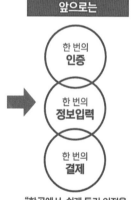

**앞으로는**

한 번의 **인증**

한 번의 **정보입력**

한 번의 **결제**

"부동산 소유권 등기 이전을 하는데 너무 복잡하고 어려워요"

"한곳에서 쉽게 등기 이전을 할 수 있어요"

[그림 88] 왼쪽은 현재 등기 이전을 위해 거쳐야 하는 복잡한 프로세스이고, 오른쪽은 추후
개선될 프로세스 이미지다.

하려면 구청과 등기소 등 기관 3곳을 방문해야 하며, 정부24, 위택스 등 웹 사이트 9곳을 접속해야 하고, 각종 출력 서류 17종, 취득세, 전자수입인지 등을 위한 온라인 결제가 4회 필요하다.

디지털 플랫폼 정부에서는 이런 서류 준비, 결제, 기관 방문 등을 개선해 디지털 플랫폼에서 비대면으로 처음부터 끝까지 일괄처리할 수 있도록 할 예정이다. 그러려면 정부24, 부동산거래관리시스템, 전자가족관계등록시스템, 위택스, 부동산공시가격알리미, 주택도시기금, 인터넷등기소, 전자수입인지, 은행, 핀테크 등을 연계해 서비스를 개방해야 하고, 민간 앱에 의한 인증, 정부와 관계 기관의 참여가 필요하다. 향후 국민 체감 선도 프로젝트로 이 개선안이 이뤄진다면 부동산 소유권 이전 등기 이전에 존재했던 많은 비효율과 낭비가 사라질 것이다.

### 2) AI를 활용한 청년 일자리 매칭 업무 개선

현재는 그림 89의 왼쪽 그림에서 보는 바와 같이, 정부와 민간의 일자리 관련 데이터가 산재해 있어 청년 지원자가 자신에게 적합한 일자리 정보를 찾기 어렵다. 향후 이를 대폭 개선하면 정부와 일자리 정보를 제공하는 민간 기업의 데이터를 공유해 AI가 지원자의 희망과 역량에 맞는 일자리를 매칭해줄 수 있다. AI가 채용공고를 수집하고, 청년 지원자가 선호하는 일자리 유형을 분석하고, 기존 경력과 연계해 관련 채용 정보를 실시간으로 매칭해 제공하면 된다.

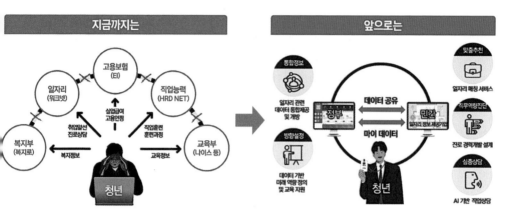

| 지금까지는 | 앞으로는 |
|---|---|

"데이터가 산재되어 내 경력 정보를 종합해서 볼 수 없고, 나한테 맞는 일자리도 찾기 어려워요"

"정부와 민간 데이터가 융합되어 나에게 맞는 일자리를 찾아주는 다양한 서비스가 개발되어 큰 도움이 됐어요"

[그림 89] 현재는 왼쪽 그림처럼 일자리 데이터가 산재해 있어 지원자와 매치되는 일자리를 찾아보기 어렵다. 오른쪽 그림은 향후 정부와 민간 데이터가 통합되고 AI가 지원자의 희망과 역량에 맞는 일자리를 찾아 매칭해주는 과정을 보여준다.

3) 부동산 청약 통합조회 및 신청

현재는 부동산 청약 검색·신청이 국토교통부, 한국부동산원(REB) 청약홈, 서울주택도시공사(SH), 마이홈 포털, 한국토지주택공사(LH), 민간 홈페이지 등으로 흩어져 있고, 신청 자격도 각 기관의 사이트를 찾아가서 일일이 확인해야 하는 번거로움이 있다. 이에 청약 정보를 한곳으로 통합해 검색하고 자신에게 맞는 청약 자격 기준에 따라 알림도 받을 수 있도록 하는 방안이 '디지털 플랫폼 정부'의 국민 체감 선도 프로젝트로 추진될 예정이다. 그림 90의 오른쪽 그림과 같이 모바일 앱을 만들어서 청약 정보를 한곳에 모으고 자신에게 맞는 청약 자격 기준에 따라 알림도 받을 수 있게 하겠다는 것이다.

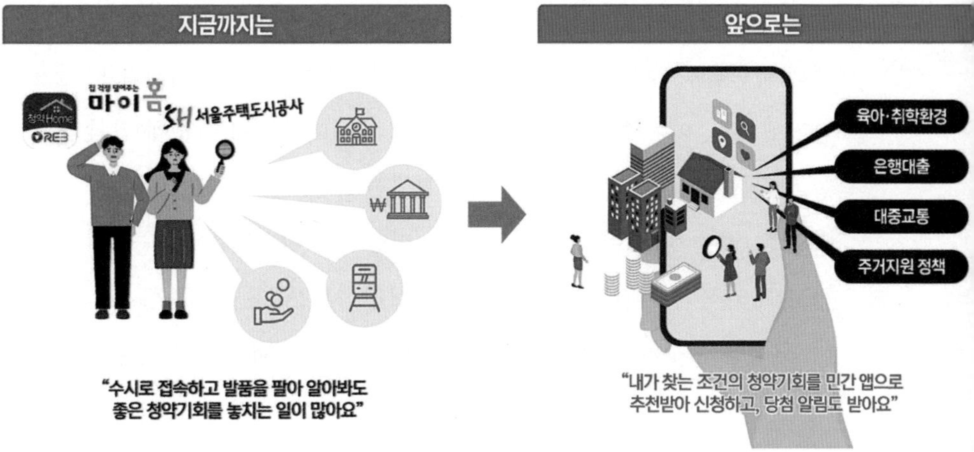
지금까지는
청약Home
REB
마이홈
SH 서울주택도시공사
"수시로 접속하고 발품을 팔아 알아봐도
좋은 청약기회를 놓치는 일이 많아요"
앞으로는
육아·취학환경
은행대출
대중교통
주거지원 정책
"내가 찾는 조건의 청약기회를 민간 앱으로
추천받아 신청하고, 당첨 알림도 받아요"

[그림 90] 왼쪽 그림이 보여주는 것처럼 현재 산재해 있는 부동산 청약 관련 사이트를 통합해, 오른쪽 그림과 같이 모바일 앱으로 일원화하면 통합조회 및 신청을 대폭 간소화할 수 있다.

## 4. AI 기반 플랫폼의 신뢰성과 투명성

정부가 구상하는 AI 기반 '디지털 플랫폼 정부'는 그 규모가 방대할 것이다. 다양한 유형의 사람들이, 다양한 이유와 목적으로 플랫폼에 들어올 것이다. 새로 시도하는 대규모 과제이므로 미처 생각하지 못한 개인정보, 신뢰 및 윤리에 관한 문제가 발생할 수 있다. AI 기반 행정 플랫폼 시스템을 개발 및 운영하는 데 유의해야 할 사항들은 어떤 것이 있을까?

### 1) 개인정보의 합법적 수집 및 관리

사회에서 AI의 역할과 영향력이 커지고 있기 때문에 개인정보보호에 대한 관심이 높아지고 있다. 디지털 플랫폼에서 불법 해킹이 발생해 국민들의 지문, 홍체 및 얼굴 인식 기록 등의 개인 데이터가 도난당했다면, 이는 영구적인 개인 생체인식 데이터이기 때문에 심각한 피해를 초래할 수 있다. 개인정보보호는 모든 데이터 시스템에서 빠질 수 없는 중요 이슈다. 특히 AI와 머신러닝 시스템은 아주 상세하고 개인적인 기반으로 작동하므로 개인정보보호는 더욱 중요하다. 규정을 준수하며, 명시되고 합의된 목적으로만 데이터를 사용해야 한다.

'디지털 플랫폼 정부'에서 국민을 대상으로 개인 맞춤형 서비스를 제공하려면 먼저 각 국민의 개인 프로파일 생성을 위해 합법적인 방법으로 수집된 개인정보가 필요하다. 데이터를 많이 다루는 통신사업자, SNS업체, 온라인 유통업체, 광고업체 등이 개인정보의 획득, 가공, 제삼자 제공 등을 적법하게 수행하는지 필요에 따라 점검할 필요가 있다.

정부가 국민에게 필요한 정보를 선제적, 맞춤형으로 제공하려면 수집된 개인정보 관련 데이터로 AI 시스템을 학습시켜야 한다. 이를 위해 여러 부처 및 공공기관에 흩어져 있는 데이터를 통합하고 이 데이터를 내부 관련자뿐 아니라 AI 시스템 개발을 맡을 외부 민간업체에게도 제공할 필요가 있다. 정부 부처, 공공기관, 외부 민간업체 등 여러 주체들로 대량의 개인정보가 공유 및 이동하게 되므로, 개인정보의 이용과 제공에 대한 적법성이 잘 지켜지는가에 대한 검토가 사전에 충분히 이뤄져야 한다. 또한 개인정보의 처리 방법 및 종류 등에 따라 정보 주체의 권리가 침해받을 가능성과 위험 정도를 고려해 개인정보를 안전하게 관리해야 한다.

## 2) AI 시스템의 투명성 보장

AI 시스템의 투명도는 여러 방식으로 정의할 수 있다. '설명 가능성', '해석 가능성', '이해 가능성'과 연관되어 있다. 즉 투명한 AI 시스템은 동작 및 관련 구성 요소가 설명 가능하며 해석 가능하고 이해가능함을 의미한다. AI에서 현재 가장 많이 사용되는 딥러닝 모델 대부분이 블랙박스 모델이라는 점을 감안하면 완전히 투명한 AI 시스템을 개발할 가능성은 낮다. 따라서 AI 분야에서 투명성 논의는 '충분한 수준의 투명성'을 찾는 데 초점을 맞추는 게 현실적이다.

공공 AI 시스템에서 투명성을 보장하려면 AI 기술을 설계하거나 배포하기 전에 충분한 정보를 게시하거나 문서화해야 한다. 그리고 이해 당사자들에게 충분히 설명되어야 한다. 공공 데이터의 사용 투명성이 사회 문제로 부각되었던 예로 싱가포르 정부가 2020년 3월 코로나19 접촉자 추적을 위해 사용한 '트레이스투게더 *Trace Together*' 앱을 들 수 있다. 핸드폰과 모든 디바이스에 깔아야 하며 쇼핑몰과 공공장소에 들어갈 때 필수다. 정부는 이 앱이 수집하는 데이터는 코로나에 노출되었을 가능성이 있는 사람을 추적하는 용도로만 사용될 것이라고 했지만, 원래의 목적을 벗어나 범죄 수사에 사용됐다. 공공 데이터의 사용 투명성을 심각하게 위반한 경우로 개인정보 보호, 사생활 보호와 감시에 대한 의문이 제기됐다.[168]

최근 AI 시스템에서 데이터 편향성, 알고리즘 차별성, 기술 오남용, 개인정보 침해, AI 윤리 문제 등 문제점이 지속적으로 나타나고 있다. 투명성을 위해 국민에게 AI 기반 플랫폼이 어떻게 작동하는지 설명할 필요가 있다. 어떠한 데이터를 활용해 학습했고, 어떠한 데이터 항목들이 중요하게 작용하는지 정보를 제공할 수 있다. 하지만 AI 시스템의 작동 방식이 외부에 지나치게 많이 공개되면 부작용이 생길 가능성이 있으므로 심도 있는 스터디가 필요하다. 예컨대, AI 기반 플랫폼 결과를 크게 좌우하는 파라미터가 공개되면 이를 이용해 자신에게 유리한 결과가 도출되도록 조작하는 사례가 나올 수도 있다.

### 3) '신뢰할 수 있는 AI' 가이드라인 준수

AI 시스템 구축에는 항상 '신뢰'라는 이슈가 등장한다. 신뢰에는 다른 사람 또는 조직이 바르고 우리가 기대하는 방식으로 행동할 것이라는 믿음이 반영되어 있다. 우리는 종종 AI 시스템이 한쪽으로 치우친 편견을 가지고 있음을 발견한다. AI 편견은 인간의 생각과 판단 과정에서 무의식적으로 생기는 오류가 AI 구축 과정에 스며들었거나 성별, 연령, 지역, 이념 등에 대해 편향되고 대표성이 없는 훈련 데이터셋으로 학습된 머신러닝 모델에 기인한다. 이런 점은 모든 데이터를 통합해 구축하는 '디지털 플랫폼 정부'에서 특히 주의를 기울여야 한다.

정부가 구축하는 AI 기반 디지털 플랫폼에는 다양한 사람들이 들어와 활동할 것이므로 미처 생각하지 못한 신뢰 및 윤리 문제가 발생할 수 있다. 이런 문제를 방지하기 위해 AI 기반 '디지털 플랫폼 정부'를 신뢰할 수 있는 AI의 가이드라인을 잘 준수한 모범 사례로 만드는 것이 바람직하다. '신뢰할 수 있는 AI'라는 개념을 잘 녹여 이 플랫폼에 내재화하려면 모든 관련자에게 이를 주지시켜야 할 뿐 아니라, 프로젝트 목표 설정 단계에서 중요 KPI(핵심성과지표)로 설정해야 한다.

'신뢰할 수 있는 AI'는 AI 시스템이 사회에 미칠 수 있는 편견, 불안, 불공정과 부작용을 최소화하기 위한 노력으로 각국 정부와 국제기구에서 가이드라인을 발표해왔다. 다양한 영역의 조직에서 가이드라인을 발표한 바 있으므로 참고하면 도움이 될 것이다.

'신뢰할 수 있는 AI'를 위해서는 AI 시스템이 국민들로부터 수집한 데이터를 어떻게 사용하며, 어떤 과정을 거쳐 의사결정을 내리는지 설명할 수 있어야 한다. 정부 AI 기반 디지털 플랫폼이 신뢰를 받으려면 도출된 결과가 상식적이고 예측 가능해야 한다. 결과가 미치는 영향에 대한 책임을 확실히 하는 프로세스도 확립되어야 한다. 이는 국민의 재산, 의료, 안전 등에 관련된 중요한 애플리케이션들이 확대되면서 더욱 중요한 요구사항이 되었다.

우리가 유념해야 할 점은 '사용자의 신뢰'는 '신뢰할 수 있는 AI'와는 다르다는 사실이다. 마치 어떤 자율주행차가 '신뢰할 수 있는 AI' 기계라는 점과 "내가 자율주행차를 신뢰해 뒷좌석에 편히 앉아 갈 수 있는가?"의 문제가 다른 것처럼. '사용자의 신뢰'는 '신뢰할 수 있는 AI'가 충분히 무르익어야만 비로소 획득할 수 있다.

정부가 구축할 AI 기반 '디지털 플랫폼 정부'는 '신뢰할 수 있는 AI'로 그쳐서는 부족하다. 지속적으로 다듬고 진화시켜 국민의 신뢰를 얻을 수 있도록 해야 한다. 정말 우수한 정부 AI 기반 디지털 플랫폼은 외양 변화가 아니라, 국민이 사용하기 쉽도록 유저 인터페이스가 잘 디자인되어야 하고 풍부한 지식베이스가 백엔드에서 지원되어야 한다. 그리고 진정으로 개인 맞춤형 서비스를 목표로 하고 있다면 국민 개개인에게 제공하는 정보가 상황과 맥락에 맞고 정확해야 한다. 그렇게 하지 않으면 제공하는 정보가 자칫 스팸으로 전락할 수도 있다.

## 5. 성공적인 '디지털 플랫폼 정부' 구축 조건

정부는 AI를 '디지털 플랫폼 정부'에 활용해 공공서비스를 제공하겠다고 한다. AI와 머신러닝은 엄청난 양의 데이터로 훈련하는 독특한 특성이 있다. 시스템 개발이 한 차례 끝났다고 완전히 끝나는 것이 아니다. 검증 테스트셋에 의한 성능 테스트 과정이 뒤따라야 한다. 머신러닝 모델을 변경하는 경우도 있다. 시간이 흐르면서 내외부 환경도 변하므로 AI와 머신러닝 시스템 모델은 새로운 훈련 데이터로 계속 업데이트해야 국민이 기대하는 성능을 낼 수 있다. 따라서 완전한 '디지털 플랫폼 정부'를 선보이려면 이번 대통령 임기를 넘길 수도 있다는 생각으로 임해야 한다.

디지털 플랫폼 정부 프로젝트는 어려운 과제다. 많은 인원이 관여할 것이다. 어느 부처 또는 기관의 인력이든 프로젝트에 대한 생각이 하나로 통일되어 있어야 한다. '디지털 플랫폼 정부'에 대한 개념을 명확히 정의하고, 기획 작업을 착실히 수행해 뚜렷하고 구체적인 목표를 설정하는 작업부터 시작해야 한다. 그리고 중장기적인 로드맵과 실행안을 구체화해야 한다. 그래야 '디지털 플랫폼 정부'가 한낱

듣기에 좋은 수사에 그치지 않고, 현 정부가 이룩한 중요한 업적으로 평가될 수 있을 것이다.

우리가 원하는 수준의 맞춤형 서비스를 제공하려면 백오피스 업무 프로세스를 통합하고 전국 여러 부처에 흩어진 공공 데이터를 모두 연계하는 통합 시스템을 구축해야 한다. 우리가 만들려고 하는 AI 모델을 위해 기존 데이터와 프로세스를 사용한다면, 현재 가용 데이터가 목표에 적합한지 파악해야 한다. 만일 충분하지 않다면 우리 문제를 해결할 수 있는 새로운 데이터를 수집하도록 관련 정부 부서에 요청해야 한다. 시스템 및 데이터 수집과 통합 작업은 많은 시간이 필요하다. 긴 호흡으로 추진해야 한다. AI가 내재된 시스템의 졸속 개발은 실패로 가는 지름길이다.

## 1) 강력한 리더십+전문가팀+우수한 프로젝트 관리 역량

디지털 플랫폼 정부를 성공적으로 구축하려면 강력한 리더십, 의사결정을 도울 수 있는 전문가들로 구성된 팀을 만들어야 한다. 실제로 플랫폼, 전자정부, AI와 머신러닝 시스템 등을 구축해본 경험이 있는 전문가들을 중심으로 기획과 의사결정 및 거버넌스에 참여하는 팀을 구성하면 된다.

정부는 AI 기반 시스템 기획, 개발과 운영을 관리할 수 있는 역량을 갖춰야 한다. 여기서 역량은 단지 기술적 역량에 국한되는 것이 아니라, AI 시스템 구축에 필요한 개인정보, 신뢰성 및 투명성 확보에 대한 식견도 포함한다. 국민을 위한 AI 기반 디지털 플랫폼 개발은 적법성과 공정성, 투명성과 신뢰성 그리고 견고성을 기본 원칙으로 해 구축하는 것이 바람직하다.

AI, 클라우드, 빅데이터 등의 최신 기술을 적용한 사업이 증가하면서 국가의 정보화 사업도 점점 고도화되며 복잡해지고 있다. 정부의 여러 부처 간의 연계 및 통합 사업, 전 세계적으로 사이버 공격 및 개인정보 유출 등 보안 문제가 증가하면서 정보화 사업 난이도가 높아지고 있다. 소프트웨어 기술이 많이 발전했지만 AI로 구동되는 실용적 솔루션을 만드는 일은 여전히 어렵다. 정보기술 활용에 따른 각종 위험 및 역기능을 최소화하며, 정보화 사업의 품질을 향상하기 위해 프로젝트 관리에 대한 전문성 확보가 요구되고 있다. '디지털 플랫폼 정부' 프로젝트가 이 범주에 속한다.

향후 AI 기반 디지털 플랫폼 개발 및 운영에 대해서는 전자정부 사업관리를 담당해온 프로젝트 관리조직(Project Management Office; PMO) 경험을 참고할 수 있을 것이다. PMO는 과제 수행 방법론, 프로세스, 도구, 인력, 진단, 평가, 모니터링 등의 관리를 위한 프로젝트 근간 조직이다. 핵심적인 역할은 프로젝트 성공을 위해 프로젝트의 기획부터 사업 후 지원까지 전 단계에 걸쳐 사업관리를 수행하는 일이다. 정보화 사업 품질 확보를 위해 기술 측면도 지원한다. 또 정부 관련 조직과 외부 민간업체 사이에서 상호 의견을 청취해 위험을 방지하고 프로젝트가 성공할 수 있도록 최적의 방법을 찾아 조율하는 기능도 담당하고 있다.

### 2) 사용하기 편한 플랫폼을 구축해야 한다

현재까지 구축한 정부 시스템은 다분히 공급자 중심으로 개발되었다. 사용자 중심과는 거리가 멀다. 시스템에서 개발자 냄새가 많이 묻어 나온다. 정부의 일부 웹 사이트는 사용하기 불편한 점이 상당히 많고 필요한 아이템을 검색하기도 매우 어렵다. 검색 키워드가 조금만 달라도 검색이 되지 않을 뿐 아니라 검색 결과도 엉뚱한 경우가 많다. 필요 없는 기능도 많다. 웹 사이트 개발 후 사용성 테스트 과정을 거쳤는지 의심스럽다. 이제는 철저하게 사용자 중심의 시스템을 만들어야 한다. 국민이 원하는 것이 무엇인지 광범위한 '유저 리서치'를 해야 한다. 그리고 철저하게 사용자의 시각에서 시스템을 바라봐야 한다.

플랫폼은 참여자들이 늘어날수록 가치가 더 커진다. 그러므로 '디지털 플랫폼 정부'는 공급자인 정부뿐 아니라 국민과 기업, 전문가들이 되도록 많이 참여할 수 있도록 사용자 친화적인 환경을 만들어야 한다. 그러려면 무엇보다 서비스가 직관적이고 사용성이 뛰어나야 한다. 시각적이고 단순한 유저 인터페이스(UX/UI) 디자인으로 국민이 모든 웹페이지 정보에 쉽게 접근할 수 있도록 해 사용자 기반도 늘려야 한다. 플랫폼 진입로를 단순하게 하고, 일단 플랫폼에 들어가면 모든 게 해결되도록 해야 한다. 사용성 테스트는 과다하다는 생각이 들 정도로 충분히 수행해야 한다.

고령사회에서 '디지털 플랫폼 정부'가 추구하는 목적 중 하나는 '디지털 격차' 해소라고 생각한다. 고령자는 아무래도 디지털디바이스나 플랫폼이 낯설다. 그래서 사용하기 쉽고 이해하기 쉬운 플랫폼은 향후 '디지털 플랫폼 정부'의 평가항목 중 가장 높은 순위를 차지할 것이다.

### 3) '마이데이터'와 '개인정보 전송요구권' 확산 필수

단지 보호 대상으로만 여겨졌던 개인정보가 이제는 새로운 가치를 창출할 수단으로 인식되고 있다. AI와 빅데이터 기술의 발전으로 개인정보의 활용이 본격화되고 있는 것이다. 오늘날 전체 디지털 데이터 중 개인 데이터 비중은 75~80퍼센트에 이른다. 따라서 디지털 플랫폼 정부 활성화를 위해 개인정보를 적극적으로 사용해야 한다. 이와 관련해 고무적인 움직임이 있다. '마이데이터 모델'과 '개인정보 전송요구권' 확대다.

**개인이 자신의 데이터를 관리하는 '마이데이터' 모델**

이전에 데이터는 주로 기업 플랫폼을 중심으로 생겨나고 유통되었다. 하지만 '내 데이터의 주인은 나'라는 마이데이터의 개념 도입으로 기업 중심의 개인정보 생태계에서 벗어나 개인이 자신이 만들어낸 데이터의 주권을 적극적으로 행사할 수 있게 되었다. 개인은 산재해 있는 자신의 정보를 한곳에 모아 한 번에 확인할 수 있는 편의성을 얻게 되었고, 자신의 의사에 맞춰 활용할 수 있게 되었다.

실제로 많은 개인정보는 개인이 아니라 기업과 기관이 갖고 있다. 예를 들면 특정 개인의 금융 데이터는 거래하는 금융기관이, 의료데이터는 진료를 받았던 병원이, 공공 데이터는 서비스를 받았던 공공기관이 대부분 갖고 있다. 하지만 개인정보의 소유권자는 그 데이터를 관리하는 기관 또는 기업이 아니라 특정 개인이다. 따라서 특정 개인만이 금융 데이터, 의료 데이터, 공공 데이터 등을 활용하고 융합해 서비스를 창출할 수 있다.

마이데이터 사업자는 고객의 동의하에 여러 기업이나 기관 등에 흩어져 있는 고객의 신용정보를 한곳으로 수집한다. 또 정보 분석을 통해 고객의 니즈에 맞는 개인화된 맞춤형 서비스를 선제적으로 제공할 수 있다.

개인 데이터 통제와 관리 측면에서, 마이데이터 개념은 개인정보보호와 어떤 관련이 있을까? 개인정보보호는 기업이 소유하고 있는 개인 데이터에 대한 '기업'의 권한과 책임을 말한다. 반면 마이데이터는 기업이 소유하고 있는 개인 데이터에 대한 '개인'의 권한과 책임을 말하는 것이다. 이러한 특성을 가진 마이데이터의 활성화를 위해 '개인정보 전송요구권' 확립은 매우 중요하다.

### 개인정보 전송요구권 확산

공공기관 및 기업에서 개인정보를 이용해 맞춤형 서비스 개발에 활용할 수 있게 되어 개인정보의 가치가 아주 커졌다. 개인이 서비스 회원가입 시 "개인정보 이용과 수집에 동의하시겠습니까?"라는 짧은 질문에 '동의' 버튼을 누르면 기업은 개인의 데이터를 수집하고 이용할 권리를 가진다. 하지만 정보 주체인 개인 입장에선 개인정보 유통이나 활용에 개입하는 데 한계가 있었다. 개인정보 전송요구권은 이러한 '소극적' 권리 행사에서 벗어나 정보의 주인인 개인이 '적극적'으로 자신의 정보를 관리하면서 이익을 창출하는 것이다.

'개인정보 전송요구권'이란 개인이 자신의 정보를 가지고 있는 사업자에게 자신의 정보를 본인 또는 다른 사업자에게 전송해줄 것을 요구할 수 있는 권리다. 한마디로 "내 데이터는 내가 직접 관리할 테니, 내가 지정하는 제3자에게 데이터를 보내달라"고 요청하는 것이다. 예를 들면, 고객이 자신의 재무 현황 분석 등을 파악하기 위해 가입한 온라인 사이트에서 활동한 정보를 다른 마이데이터 서비스로 옮길 필요가 있을 때 금융기관에 자신의 신용정보를 마이데이터 업체에 전달해 달라고 요구하면 은행 입출금 및 대출 내역, 신용카드 사용 내역, 통신료 납부 내역 등 사실상 개인의 모든 금융정보를 마이데이터 사업자로 보낸다. 이렇게 모아진 정보들은 개인의 재무 현황 분석 등에 활용할 수 있다.

개인정보 전송요구권은 2018년 5월 유럽연합의 개인정보보호법에 '데이터 이동권'이 명시되면서 처음 소개됐다. 국내에서는 지금까지 일부 거대 플랫폼 기업들이 개인정보를 사실상 독점해왔다. 향후 국민 개개인이 자신의 정보를 다른 기업에 전달하도록 직접 요구할 수 있는 '개인정보 전송요구권'이 전 산업 분야에 도입되면 2022년부터 금융, 공공 분야로 국한되었던 마이데이터에 의한 개인정보 이동이 의료, 교육, 교통, 문화 등 모든 분야에 확산될 것이다. 소비자는 플랫폼 등 정보 보유자에 축적된 자신의 데이터를 다른 기업으로 쉽게 옮길 수 있다. 이를 통해 기존에 생각하지 못했던 AI·데이터 기반 개인 맞춤형 서비스가 디지털 플랫폼 정부에서 가능해질 것이다.

### 4) 성공의 키는 데이터 통합에 있다

한국의 전자정부는 세계 최고 수준이다. 개별 부처 업무 시스템도 사용하기 편리하다. 부처 간 연계도 괜찮다. 예컨대 국세청 홈택스도 국민 편익을 위해 건강과 관련된 다른 부처 업무 시스템과 연계가 잘되어 있다. 하지만 현재 정부 시스템이 가진 근본적인 한계는 각 부처에 산재해 있는 데이터가 통합되어 있지 않은 데서 온다. 필요할 때 다른 부처의 데이터에 접근할 수 없기 때문이다.

이러한 한계를 제거하는 것이 '디지털 플랫폼 정부'가 지향하는 큰 목표 중 하나다. 정부뿐 아니라 기업과 민간에서 보유하고 있는 데이터를 공유하고 완전히 통합해 이를 기반으로 서비스를 만들려고 하는 것이다. 정부 부처가 가지고 있는 데이터를 오픈해 누구나 접근하고 활용해 자기 서비스를 만들어 쓸 수 있도록 한다면 그 효과는 엄청날 것이다.

하지만 현재 정부 부처에서 쓰고 있는 전산 및 데이터 시스템을 바꾸는 일은 쉽지 않다. 풀어야 할 기술적 난관도 있지만, 더 어려운 것은 각 데이터가 있는 부처에 존재하는 관료주의다. 그래서 '디지털 플랫폼 정부'를 성공적으로 구축하려면 데이터 시스템을 잘 알고 경험이 많은 데이터 전문가들이 의사결정과 사업 추진 전권을 가지고 강한 리더십으로 조직을 이끌어야 한다.

데이터를 다루고 분석하는 시스템에서는, 마치 채소를 씻고 다듬듯 전처리라는 과정을 통해 오리지널 데이터를 손질해야 데이터를 목적에 맞게 사용할 수 있다. 데이터셋에서 손상되었거나, 불완전 혹은 부정확하거나, 정상값의 범주에서 크게 벗어난 특이 데이터 등을 식별한 후 이들을 수정, 교체하거나 삭제한다.

이 과정을 통해 오래된 정보나 잘못된 정보를 제거해 데이터 품질을 향상시켜 의사결정 정확도를 높인다. 전처리 과정을 거치지 않은 데이터는 대부분 쓸모가 없다. 데이터를 클리닝하고 사용 가능한 포맷으로 재구성하는 데이터 전처리 과정은 까다롭고 성가신 업무가 많을 뿐 아니라 시간과 노력도 많이 든다.

현재 정부 부처에 산재해 있는 데이터는 손질하고 가공해서 보내 주지 않으면 받아도 다시 가공해야 하는 번거로움이 있다. 과거 정부에서 만든 데이터는 현재 전자정부 시스템에 다 들어가 있지만, 그 데이터를 바로 사용할 수 있느냐의 여부는 데이터 전문가 그룹이 정밀하게 진단 후 판단할 수 있을 것이다. 이제는 데이터 생성 단계에서부터 전 주기에서 표준화된 디지털 데이터셋이 생성될 수 있도록 관리를 강화하는 일이 중요하다.

## 6. AI 기반 디지털 플랫폼은 계속 학습하고 업데이트되어야 한다

'디지털 플랫폼 정부'는 AI·데이터 기반으로 국민에게 필요한 정보를 선제적·맞춤형으로 제공한다. 이를 위해서는 수집된 개인정보 관련 데이터로 AI 시스템을 학습시켜야 한다. AI와 머신러닝 모델은 시간이 지나면 성능이 저하된다. 외부 환경은 역동적으로 변하므로 데이터를 지속적으로 수집하고 모델에 이를 반영해야 한다. 기존 데이터가 변경되거나 새 데이터를 사용해야 하거나 외부 조건이 변경되면 모델을 재훈련해야 한다.

다른 소프트웨어와 마찬가지로 AI 및 머신러닝 시스템에서도 모델 성능에 문제가 있을 수 있다. 모델 성능 개선을 더 이상 기대하기 어렵거나 최종 모델 결과가 만족스럽지 않을 경우, 다시 이전 프로세스 단계로 가서 재시도를 하든, 데이터 내용 및 처리를 변경할지 등을 판단해야 한다.

최근 개발 및 배포 인프라 분야에서 많은 발전이 있었음에도 불구하고, 실제 AI 애플리케이션을 배포에 필요한 품질 및 안정성 수준으로 개발하려면 엄청난 작업량이 요구된다. "마지막 20퍼센트의 작업이 80퍼센트의 시간을 차지한다"라는 말이 있는데 AI 시스템 배포를 위한 작업이 그렇다. 새로 입력되는 데이터에도 결점이 없는지 지속적으로 모니터링해야 한다. 데이터에 내재되어 있는 잡음 정보를 초기에 걸러내지 못하면 이후 예측 결과에 부정적 영향을 끼쳐 모델의 성능 저하를 초래하기 때문이다. 이런 의미에서 '완료'된 모델은 존재하지 않는다.

일반적으로 전체 시간의 절반 정도를 모델 생성이 아닌 측정 및 유지 보수에 소비하는 것이 바람직하다. 유지 보수 인터벌이 너무 길면 업데이트해야 할 항목이 점점 많아지므로 유지 관리가 훨씬 더 어려워질 수 있다.

지속적이고 꾸준한 테스트와 반복적인 학습은 시간이 지남에 따라 학습하고 개선해야 하는 AI 시스템의 특성상 매우 중요하다. 대부분의 AI 분야 프로젝트는 처음에는 만족할 만한 성능을 내기 어려워 목표 기대에 미치지 못하지만, 꾸준한 테스트와 새로운 데이터에 의한 재훈련으로 초기에는 실패로 보였던 모델이 성공적으로 변모하기 때문이다. 이러한 관점에서, 현재 돌아가고 있는 AI 시스템이 계속 좋은 결과를 낼 수 있도록 유지 보수에도 관심을 갖는 적극적인 자세가 필요하다.

AI 기술은 이미 민간 영역의 다양한 서비스들에 적용되어 국민들 삶에 광범위하게 자리 잡고 있다. 이제 공공 분야에서 AI 기술이 적극적으로 활용된다면, 국민들에게 일반 사업자가 제공하는 AI 서비스와는 비교할 수 없을 정도로 큰 영향을 미칠 것이다. 공공 영역에서의 AI 기술 활용은 국민을 대상으로 광범위하게 이뤄지고 국민의 이익을 침해할 개연성이 있으므로 이에 대한 가이드라인이 반드시 정립되어야 한다. 또한 AI 기술 활용을 통한 행정 효율성 제고와 국민의 자유와 권리 보호가 적절한 조화를 이루려면 사회적 관심과 정부의 노력이 필요하다.

'디지털 플랫폼 정부'는 국민에게 통합적, 선제적, 맞춤형 행정 서비스 제공을 목표로 한다. 이는 민간 AI 기업이 추구하는 바와 많은 부분이 같다. '디지털 플랫폼 정부' 프로젝트를 기획하고 추진하면서, PART 2에서 언급한 기업 혹은 산업이 AI를 어떻게 적용해 그들이 안고 있었던 어려운 문제 혹은 미션 크리티컬한 문제를 성공적으로 해결했는지 살펴보고 조금이나마 참고가 될 수 있기를 희망한다.

AI 기술이 플랫폼에 내재화되어 그 가치가 국민에게 전달되려면 충분한 준비 및 추진과 함께 숙성기간이 필요하다. 이것이 AI에 기반을 둔 '디지털 플랫폼 정부'와 기존 플랫폼이 극명히 다른 점이다. '디지털 플랫폼 정부' 프로젝트가 제대로 추진되어 향후 공공 분야 AI 적용 시스템의 전형으로 자리매김할 수 있기를 바란다.

# 참고문헌

1    M. Thomas, "The Future of AI: How Artificial Intelligence Will Change the World", builtin, 2021.12.1., [온라인]. Available: https://builtin.com/artificial-intelligence/artificial-intelligence-future.

2    C. Clifford, "Google CEO: A.I. is more important than fire or electricity," CNBC, 2018.1.2., [온라인]. Available: https://www.cnbc.com/2018/02/01/google-ceo-sundar-pichai-ai-is-more-important-than-fire-electricity.html.

3    C. Jewell, "Artificial intelligence: the new electricity", WIPO, 2019.6., [온라인]. Available: https://www.wipo.int/wipo_magazine/en/2019/03/article_0001.html.

4    S. Lynch, "Andrew Ng: Why AI Is the New Electricity", Graduate School of Stanford Business , 2017.3.11., [온라인]. Available: https://www.gsb.stanford.edu/insights/andrew-ng-why-ai-new-electricity.

5    M. Chui. M. Harrysson. J. Manyika. R. Roberts. R. Chung, P. Nel. V. Heteren, "Applying artificial intelligence for social good", McKinsey, 2018.11.28., [온라인]. Available: https://www.mckinsey.com/featured-insights/artificial-intelligence/applying-artificial-intelligence-for-social-good.

6    "ARTIFICIAL INTELLIGENCE & RESPONSIBLE BUSINESS CONDUCT", OECD, 2019.

7    "One Hundred Year Study on Artificial Intelligence (AI100)", 2016., [온라인]. Available: AI100. STANFORD.EDU/2016-REPORT.

8    Wikipedia, "Computing Machinery and Intelligence", Wikipedia, 2021.8.29., [온라인]. Available: https://en.wikipedia.org/wiki/Computing_Machinery_and_Intelligence.

9    M. Farnan, "Turing test transcripts reveal how chatbot 'Eugene' duped the judges", Coventry University, 2015.6.30., [온라인]. Available: https://www.coventry.ac.uk/primary-news/turing-test-transcripts-reveal-how-chatbot-eugene-duped-the-judges/.

10   A. Srinivasan, "The first of its kind AI Model- Samuel's Checkers Playing Program", 2020.12.5., [온라인]. Available: https://medium.com/ibm-data-ai/the-first-of-its-kind-ai-model-samuels-checkers-playing-program-1b712fa4ab96.

11   F. KURFESS, "INTEGRATING SYIVIBOL-ORIENTED AND SUBSYMBOLIC REASONING METHODS INTO HYBRID SYSTEMS", Computer Science Department, California Polytechnic State University, 2002.

12   Techslang, "What is Symbolic AI: Examining Its Successes and Failures", Techslang, 2020.11.16., [온라인]. Available: https://www.techslang.com/what-is-symbolic-ai-examining-its-successes-and-failures/.

13   J. Kaplan, Artificial Intelligence (What Everyone Needs To Know) pp. 70-72,, Oxford University Press.

14   J. Brownlee, "Difference Between Algorithm and Model in Machine Learning", Machine Learning Mastery, 2020.4.19., [온라인]. Available: https://machinelearningmastery.com/difference-between-algorithm-and-model-in-machine-learning/.

15   M. Rudrapal. S. Khairnar. A. Jadhav, "Drug Repurposing (DR): An Emerging Approach in Drug Discovery", IntechOpen, 2020.7.13., [온라인]. Available: https://www.intechopen.com/chapters/72744.

16   M. Olazaran, "Quoted in M. Olazaran, "A Sociological Study of the Official History of the Perceptrons Controversy", *Social Studies of Science 26, no. 3*, 제26, pp. 611–659, 1996.

17   M. Boden, Mind as Machine: A History of Cognitive Science, Oxford University Press, 2006.

18  G. Hinton. S. Osindero. Y. Teh, "A fast Learning Algorithm for Deep Belief Nets", *Neural Computation*, 제18, 번호: 7, pp. 1527-1554, 2006.7.1.

19  T. Noguchi, "A practical use of expert system "AI-Q" focused on creating training data", 퍼센트1 *5th International Conference on Business and Industrial Research (ICBIR)*, 2018.

20  W. Hutchins, "Machine translation over fifty years", *Histoire, Epistemologie, Langage*, pp. 7-31, 2001.

21  A. Toosi. A. Bottino. B. Saboury. E. Siegel. A. Rahmim, "A Brief History of AI: How to Prevent Another Winter", *arXiv*, 2021.9.9.

22  J. Vincent, "Forty percent of 'AI startups' in Europe don't actually use AI, claims report", The Verge, 2019.3.5., [온라인]. Available: https://www.theverge.com/2019/3/5/18251326/ai-startups-europe-fake-40-percent-mmc-report.

23  B. Lake. T. Ullman. J. Tenenbaum. S. Gershman, "Building Machines That Learn and Think Like People", *Behavioral and Brain Sciences*, 2016.

24  A. Karpathy. L. Fei-Fei, "Deep Visual-Semantic Alignments for Generating Image Desscriptions", *Computer Vision and Pattern Recognition (CVPR)*, 2015.

25  J. Despres, "Scenario: Shane Legg", 2016., [온라인]. Available: https://future.fandom.com/wiki/Scenario:_Shane_Legg.

26  H. McCracken, "Inside Mark Zuckerberg's Bold Plan For The Future Of Facebook", Fast Company, 2015.11.16., [온라인]. Available: www.fastcompany.com/3052885/mark-zuckerberg-facebook.

27  V. Müller. N. Bostrom, "Future Progress in Artificial Intelligence: A Survey of Expert Opinion", *Fundamental Issues of Artificial Intelligence, ed. V. C. Müller (Cham, Switzerland: Springer International, 2016), .J*, pp. 555–572, 2016.

28  이용성, "'딥러닝 대부' 요슈아 벤지오 '깊고 좁게 알면 AI에 먹힌다'", 조선비즈, 2021.1.4., [온라인]. Available: https://biz.chosun.com/site/data/html_dir/2021/01/03/2021010300795.html.

29  B. Lorica. M. Loukides, "What is Artificial Intelligence?", 2016.6.29., [온라인]. Available: https://www.oreilly.com/radar/what-is-artificial-intelligence/.

30  M. Minsky, The Society of Mind, Simon & Schuster, 1986.

31  H. Moravec, Mind Children: The Future of Robot and Human Intelligence, Cambridge, Mass: Harvard University Press, 1988.

32  S. Pinker, The Language Instinct, Perennial Modern Classics, Harper, 2007.

33  L. Chen. H. Ning. C. Nugent. Z. Yu, "Hybrid Human-Artificial Intelligence", 2020.8., [온라인]. Available: https://www.computer.org/csdl/magazine/co/2020/08/09153308/1ISW9IsGAIG.

34  N. McAlone, "Why Netflix thinks its personalized recommendation engine is worth $1 billion per year", Business Insider Australia, 2016.6.15., [온라인]. Available: https://www.businessinsider.com/netflix-recommendation-engine-worth-1-billion-per-year-2016-6.

35  A. Madrigal, "A. Madrigal, "How Netflix Reverse-Engineered Hollywood", The Atlantic, 2 Jan 2014., [온라인]. The Atlantic, 2014.1., [온라인]. Available: https://www.theatlantic.com/technology/archive/2014/01/how-netflix-reverse-engineered-hollywood/282679/.

36  J. Lynch, "Netflix will literally pay you to binge-watch movies and TV shows and come up with category names", Business Insi8er India, 2018.3.28., [온라인]. Available: https://www.businessinsider.in/netflix-will-literally-pay-you-to-binge-watch-movies-and-tv-shows-and-come-up-with-category-names/articleshow/63522987.cms.

37    J. E. Solsman, "'Stranger Things' addict? Here's how Netflix sucked you in", Cnet, 2017.10.23., [온라인]. Available: https:0//www.cnet.com/news/stranger-things-addict-heres-how-netflix-sucked-you-in/.

38    N. Technology, "Artwork Personalization at Netflix", Netflix, 2017.12.8., [온라인]. Available: https://netflixtechblog.com/artwork-personalization-c589f074ad76.

39    T. Spangler, "Netflix Officially Kills Star Ratings, Replacing Them With Thumbs Up and Down", Variety, 2017.4.5., [온라인]. Available: https://variety.com/2017/digital/news/netflix-kills-star-ratings-thumbs-up-thumbs-down-1202023257/.

40    "Climate Change and Agriculture A Perfect Storm in Farm Country", Union of Concerned Scientists, 2019.3.20., [온라인]. Available: https://www.ucsusa.org/resources/climate-change-and-agriculture.

41    T. Dreibus, "AG CENSUS: INPUT COSTS RISE, FARM INCOME DECLINES AMID LOW COMMODITY PRICES", Successful Farming, 2019.4.18., [온라인]. Available: https://www.agriculture.com/news/business/ag-census-input-costs-rise-farm-income-declines-amid-low-commodity-prices.

42    "2020 Farm Tech Investing Report", AgFUNDER, 2020.

43    "Global AI in Agriculture Market Size & Share Estimated to Reach USD 2,400 million by 2026: Facts & Factors", Facts Factors, 2021.1.12., [온라인]. Available: https://www.globenewswire.com/news-release/2021/01/12/2156893/0/en/Global-AI-in-Agriculture-Market-Size-Share-Estimated-to-Reach-USD-2-400-million-by-2026-Facts-Factors.html.

44    PavlovSidelov, "Credit Card Fraud Detection. Big Players' Experience", SDK.finance, 2021.8.6., [온라인]. Available: https://sdk.finance/credit-card-fraud-detection-big-players-experience/.

45    N. Lee, "Credit card fraud will increase due to the Covid pandemic, experts warn", CNBC, 2021.2.1., [온라인]. Available: https://www.cnbc.com/2021/01/27/credit-card-fraud-is-on-the-rise-due-to-covid-pandemic.html.

46    P. E. Staff, "Infographic: How payment processing pricing really works", Paypal, 2021.5.4., [온라인]. Available: https://www.paypal.com/us/brc/article/how-payment-processing-pricing-really-works-infographic.

47    D. Leonard-Barton. J. Sviokla, "Putting Expert Systems to Work", Harvard Business Review, 1988.3., [온라인]. Available: https://hbr.org/1988/03/putting-expert-systems-to-work.

48    R. Owen, "Artificial Intelligence at American Express – Two Current Use Cases", Emerj, 2021.12.6., [온라인]. Available: https://emerj.com/ai-sector-overviews/artificial-intelligence-at-american-express/.

49    V. Chawla, "How American Express Leverages ML To Achieve Lowest Card Fraud Rates In The World", Indian Institute of Management, 2020.7.17., [온라인]. Available: https://analyticsindiamag.com/how-american-express-leverages-ml-to-achieve-lowest-card-fraud-rates-in-the-world/.

50    A. Harris, "Fighting Fraud with Machine Learning at American Express", Harvard Technology and Operations Management, 2018.11.13., [온라인]. Available: https://digital.hbs.edu/platform-rctom/submission/fighting-fraud-with-machine-learning-at-american-express/.

51    M. M. page, "How PayPal Boosts Security with Artificial Intelligence", 2016.1.25., [온라인]. Available: https://www.technologyreview.com/2016/01/25/163691/how-paypal-boosts-security-with-artificial-intelligence/.

52    "How exactly Stitch Fix's "Tinder for clothes" learns your style", Quartz, [온라인]. Available: https://qz.com/quartzy/1603872/how-stitch-fixs-style-shuffle-learns-your-style/.

53    A. Shah, "Stitch Fix CTO Polinsky Says Its Style Shuffle Game Makes Data Fun", Xconomy, 2018.6.25., [온라인]. Available: https://xconomy.com/national/2018/06/25/stitch-fix-cto-polinsky-says-its-style-shuffle-app-makes-data-fun/2/.

54    N. Gagliordi, "How Stitch Fix uses machine learning to master the science of styling", ZDNet, 2018.5.23., [온라인]. Available: https://www.zdnet.com/article/how-stitch-fix-uses-machine-learning-to-master-the-science-of-styling/.

55    S. Li, "The Stitch Fix Story: How A Unique Prioritization Of Data Science Helped The Company Create Billions In Market Value", Forbes, 2020.2.17., [온라인]. Available: https://www.forbes.com/sites/stevenli1/2020/02/17/stitch-fix-data-science/?sh=749896346023.

56    M. Repko, "Stitch Fix shares fall as company's founder Katrina Lake steps down as CEO", CNBC, 2021.4.13., [온라인]. Available: https://www.cnbc.com/2021/04/13/stitch-fix-shares-fall-as-founder-katrina-lake-steps-down-as-ceo.html.

57    E. Colson, "Stitch Fix – Your AI Personal Stylist", qeijo, 2020.4.19., [온라인]. Available: https://qeijo.com/stitch-fix-your-ai-personal-stylist/.

58    A. Scroxton, "How churn is breaking the telecoms market – and what service providers can do about it", ComputerWeekly.com, 2018.8.13., [온라인]. Available: https://www.computerweekly.com/blog/The-Full-Spectrum/How-churn-is-breaking-the-telecoms-market-and-what-service-providers-can-do-about-it .

59    "Telco Customer Churn Focused customer retention programs", kaggle, 2019., [온라인]. Available: https://www.kaggle.com/blastchar/telco-customer-churn.

60    "IBM Business Analytics Community", IBM, 2019.7.11., [온라인]. Available: https://community.ibm.com/community/user/businessanalytics/blogs/steven-macko/2019/07/11/telco-customer-churn-1113.

61    S. Ma, "Telco Customer ChurnRate Analysis", towardsdatascience.com, 2021.5.26., [온라인]. Available: https://towardsdatascience.com/telco-customer-churnrate-analysis-d412f208cbbf .

62    F. Frohböse, "Machine Learning Case Study: Telco Customer Churn Prediction", Towards Data Science, 2020.11.25., [온라인]. Available: https://towardsdatascience.com/machine-learning-case-study-telco-customer-churn-prediction-bc4be03c9e1d.

63    "Why do we calculate Information value?", StackExchange, 2015., [온라인]. Available: https://stats.stackexchange.com/questions/93170/why-do-we-calculate-information-value.

64    D. Usachev, "Benefits of Customer Churn Prediction Using Machine Learning", Payrix, 2022., [온라인]. Available: https://fayrix.com/blog/customer-churn-prediction-benefits#benefits.

65    P. Jain. K. Surana, "Reducing churn in telecom through advanced analytics", McKinsey & Company, 2017.12.12., [온라인]. Available: https://www.mckinsey.com/industries/technology-media-and-telecommunications/our-insights/reducing-churn-in-telecom-through-advanced-analytics.

66    R. E. Michael Stephan, "Talent acquisition: Enter the cognitive recruiter", Deloitte, 2017.2.28., [온라인]. Available: https://www2.deloitte.com/us/en/insights/focus/human-capital-trends/2017/predictive-hiring-talent-acquisition.html.

67    Zappos, "Zappos reached a 97퍼센트 candidate satisfaction score", harver, 2021., [온라인]. Available: https://harver.com/clients/customer-service/zappos/.

68    두들린, "개발자 83.5퍼센트, 입사 결정에 '채용 경험' 중요해" 출처: https://www.sedaily.com/NewsView/264VBUS7LB", 서울경제, 2022.4.28., [온라인]. Ava,ilable: https://www.sedaily.com/NewsView/264VBUS7LB.

69    김지섭, "요즘 IT업계, '총알 채용' 해야 사람 뽑는다", 조선비즈, 2022.5.12., [온라인]. Available: https://www.chosun.com/economy/mint/2022/05/12/2WJYMT5N5ZGURPUBKAMLVECIIM/.

70    M. Locker, "How to Convince a Robot to Hire You", Vice, 2018.10.18., [온라인]. Available: https://www.vice.com/en/article/pa94pn/robot-job-interview.

71    Q. Guo, "The AI Behind LinkedIn Recruiter search and recommendation systems", LinkedIn, 2019.4.22., [온라인]. Available: https://engineering.linkedin7.com/blog/2019/04/ai-behind-linkedin-recruiter-search-and-recommendation-systems.

72    R. Heilweil, "Artificial intelligence will help determine if you get your next job", recode Vox, 2019.12.12., [온라인]. Available: https://www.vox.com/platform/amp/recode/2019/12/12/20993665/artificial-intelligence-ai-job-screen.

73    R. Feloni, "Consumer-goods giant Unilever has been hiring employees using brain games and artificial intelligence — and it's a huge success", Business Insider, 2017.6.28., [온라인]. Available: https://www.businessinsider.nl/unilever-artificial-intelligence-hiring-process-2017-6?international=true&r=US.

74    N. Mondragon, "Creating AI-driven pre-hire assessments", HireVue, 2021.6.7., [온라인]. Available: https://www.hirevue.com/blog/hiring/creating-ai-driven-pre-employment-assessments.

75    R. Feloni, "Consumer-goods giant Unilever has been hiring employees using brain games and artificial intelligence — and it's a huge success", Business Insider, 2017.6.28., [온라인]. Available: https://www.businessinsider.nl/unilever-artificial-intelligence-hiring-process-2017-6?international=true&r=US.

76    R. E. Michael Stephan, "Talent acquisition: Enter the cognitive recruiter 2017 Global Human Capital Trends", Deloitte, 2017.2.28., [온라인]. Available: https://www2.deloitte.com/us/en/insights/focus/human-capital-trends/2017/predictive-hiring-talent-acquisition.html/#endnote-16].

77    A. Dahl, "Play a game, win a job - gamification in recruitment!", Univesity of Bath, 2019.4.12., [온라인]. Available: https://blogs.bath.ac.uk/careers/2019/04/12/play-a-game-win-a-job-gamification-in-recruitment/.

78    targetjobs, "The graduate job hunter's guide to gamification", targetjobs, 2021., [온라인]. Available: https://targetjobs.co.uk/careers-advice/cvs-applications-and-tests/graduate-job-hunters-guide-gamification.

79    알파맨, "인공지능 AI 채용 솔루션 현황 및 장단점, 최근 설문 결과 등," Rparo, 2022.3.7., [온라인]. Available: https://blog.naver.com/rparo/222666366144.

80    F. W. Lacey, "LONDON LAW FIRMS EMBRACE ARTIFICIAL INTELLIGENCE", CBRE, 2018.4.24., [온라인]. Available: https://news.cbre.co.uk/london-law-firms-embrace-artificial-intelligence/.

81    "Legal AI Software Market", legal AI Software Market, 2022., [온라인]. Available: https://www.marketsandmarkets.com/Market-Reports/legal-ai-software-market-88725278.html.

82    S. Gibbs, "Chatbot lawyer overturns 160,000 parking tickets in London and New York", The Guardian, 2016.6.28., [온라인]. Available: https://www83.theguardian.com/technology/2016/jun/28/chatbot-ai-lawyer-donotpay-parking-tickets-london-new-york.

83    J. Kelley, "ROBOT LAWYER: App allows you to sue anyone with press of a button", FOX5, 2018.10.18., [온라인]. Available: https://www.fox5dc.com/news/robot-lawyer-app-allows-you-to-sue-anyone-with-press-of-a-button.

84    "ROSS's AI Search", ROSS, 2020., [온라인]. Available: https://www.rossintelligence.com/what-is-ai.

85    ROSS, "A Visual Guide to AI", ROSS, 2020., [온라인]. Available: https://www.rossintelligence.com/what-is-ai.

86   BBC, "The tech start-up planning to shake up the legal world", BBC, 2016.5.17., [온라인].
     Available: https://www.bbc.com/news/business-36303705.

87   L. Rinaldi, "Ross the robot is the city's best legal mind", Toronto Life, 2017.9.18., [온라인].
     Available: https://torontolife.com/life/ross-robot-citys-best-legal-mind/.

88   임종인, "e-메일 아카이빙은 법정소송의 확실한 증거 자료", IT DAILY, 2010.7.1., [온라인].
     Available: http://www.itdaily.kr/news/articleView.html?idxno=23775#.

89   A. LAWYER, "LawGeex Beats Human Lawyer – Round Two – Feat. Vice News + DealWIP",
     ARTIFICIAL LAWYER, 2019.4.23., [온라인]. Available: https://www.artificiallawyer.
     com/2019/04/23/lawgeex-beats-human-lawyer-round-two-feat-vice-news-dealwip/.

90   TOPBOTS, "Enterprise AI Companies Kira Systems", TOPBOTS, 2021., [온라인]. Available:
     https://www.topbots.com/enterpriseai/kira-systems/.

91   C. Dilmegani, "Legal Document / Contract Automation in 2021: In-depth Guide", AI Multiple,
     2021.1.1., [온라인]. Available: https://research.aimultiple.com/legal-document-automation/.

92   Law & Company, 2021., [온라인]. Available: http://lawcompany.co.kr/.

93   정재훈, "법률·IT의 결합 'AI변호사'…계약서 26초만에 검토·정확도 94퍼센트 '비용도 50분의 1'",
     헤럴드경제, 2020.12.16., 미주판, 2020.12.15., [온라인]. Available: http://news.heraldcorp.com/
     view.php?ud=20201216000354.

94   이수미, "AI 시대의 변호사", 기호일보, 2021.1.25., [온라인]. Available: http://www.kihoilbo.
     co.kr/news/articleView.html?idxno=907815.

95   정가람, "풍전등화 '로톡', 변호사 회원탈퇴 이어질까", 아이뉴스24, 2021.7.19., [온라인].
     Available: https://www.inews24.com/view/1386697.

96   하남현, "'로톡, 변호사법 위반 아니다'…변협과 정면 충돌한 법무부", 중앙일보, 2021.8.24.,
     [온라인]. Available: https://www.joongang.co.kr/article/25000977.

97   한국인공지능법학회, 인공지능과 법, 서울시: 박영사, 2019.

98   김희윤, "전관·기득권 없는 '법률AI'는 '인간 변호사' 위협할까", 아시아경제, 2020.5.21., [온라인].
     Available: https://view.asiae.co.kr/article/2020052007152307614.

99   R. Perrault. Y. Shoham. E. Brynjolfsson. J. Clark, The AI index 2019 annual report, Stanford:
     Human-Centered AI Institute, Stanford University, 2019.

100  J. Gray, "U of T professor Geoffrey Hinton hailed as guru of new computing era", 2017.4.7.,
     [온라인]. Available: https://www.theglobeandmail.com/news/toronto/u-of-t-professor-
     geoffrey-hinton-hailed-as-guru-of-new-era-of-computing/article34639148/.

101  D. Chang, The AI Index 2021 Annual Report, Cornell University, 2021.

102  M. Minsky, Computation: Finite and Infinite Machines, Englewood Cliffs, N.J.: Prentice-Hall,
     1967.

103  R. Kurzweil, "Response to Mitchell Kapor's "Why I Think I Will Win"", 2002.4.9., [온라인].
     Available: https://www.kurzweilai.net/response-to-mitchell-kapor-s-why-i-think-i-will-win.

104  D. Galeon, "Softbank CEO: The Singularity Will Happen by 2047", Futurism, 2017.3.2., [온라인].
     Available: https://futurism.com/softbank-ceo-the-singularity-will-happen-by-2047.

105  Sharvarideshpande, "AI is not magic: It's time to demystify and apply!", medium.com,
     2020.5.25., [온라인]. Available: https://medium.com/@sharvarideshpande24/ai-is-not-magic-
     its-time-to-demystify-and-apply-f3881081beba.

106  J. Vanian, "Why Most Companies Are Failing at Artificial Intelligence: Eye on A.I.", Fortune,
     2019.10.16., [온라인]. Available: https://fortune.com/2019/10/15/why-most-companies-are-
     failing-at-artificial-intelligence-eye-on-a-i/.

107    M. James, "Geoffrey Hinton Says AI Needs To Start Over", 2017.9.18., [온라인]. Available:
https://www.i-programmer.info/news/105-artificial-intelligence/11135--geoffrey-hinton-says-
ai-needs-to-start-over.html.

108    T. Adams, "Self-driving cars: from 2020 you will become a permanent backseat driver", The
Guardian, 2015.9.13., [온라인]. Available: https://www.theguardian.com/technology/2015/
sep/13/self-driving-cars-bmw-google-2020-driving.

109    I. Intelligence, "10 million self-driving cars will be on the road by 2020", Insider, 2016.6.15.,
[온라인]. Available: https://www.businessinsider.com/report-10-million-self-driving-cars-will-
be-on-the-road-by-2020-2015-5-6.

110    A. Davies, "GM's Cruise Rolls Back Its Target for Self-Driving Cars", Wired, 2019.7.24., [온라인].
Available: https://www.wired.com/story/gms-cruise-rolls-back-target-self-driving-cars/.

111    A. Madrigal, "The Most Important Self-Driving Car Announcement Yet", The Atlantic,
2018.3.29., [온라인]. Available: https://www.theatlantic.com/technology/archive/2018/03/the-
most-important-self-driving-car-announcement-yet/556712/.

112    Y. Kubota, "Toyota Aims to Make Self-Driving Cars by 2020", The Wall Street Journal,
2015.10.6., [온라인]. Available: https://www.wsj.com/articles/toyota-aims-to-make-self-
driving-cars-by-2020-1444136396.

113    A. Hawkins, "Here are Elon Musk's wildest predictions about Tesla's self-driving cars", The
Verge, 2019.4.22., [온라인]. Available: https://www.theverge.com/2019/4/22/18510828/tesla-
elon-musk-autonomy-day-investor-comments-self-driving-cars-predictions.

114    A. Hawkins, "Elon Musk just now realizing that self-driving cars are a 'hard problem'", The
Verge, 2021.7.5., [온라인]. Available: https://www.theverge.com/2021/7/5/22563751/tesla-
elon-musk-full-self-driving-admission-autopilot-crash.

115    S. Seltz-Axmacher, "The End of Starsky Robotics", medium.com, 2020.3.20., [온라인].
Available: https://medium.com/starsky-robotics-blog/the-end-of-starsky-robotics-
acb8a6a8a5f5.

116    R. Laganière, "Training Real-World Self-Driving Cars with Video Games", Synopsys, 2019.,
[온라인]. Available: https://www.synopsys.com/designware-ip/technical-bulletin/training-self-
driving-cars-video-games-2019q3.html.

117    M. Wayland, "Cruise expects GM to begin production of new driverless vehicle in early
2023", CNBC, 2021.5.13., [온라인]. Available: https://www.cnbc.com/2021/05/13/gm-to-
begin-production-of-new-driverless-cruise-vehicle-in-early-2023.html.

118    C. Chin, "Key Volkswagen Exec Admits Full Self-Driving Cars 'May Never Happen", The Drive,
2020.1.13., [온라인]. Available: https://www.thedrive.com/tech/31816/key-volkswagen-exec-
admits-level-5-autonomous-cars-may-never-happen.

119    J. M. Choe Sang-Hun, "Master of Go Board Game Is Walloped by Google Computer
Program", The New York Times, 2016.3.9., [온라인]. Available: https://www.nytimes.
com/2016/03/10/world/asia/google-alphago-lee-se-dol.html.

120    장길수, "제리 카플란, 'AI가 인간 지능 뛰어넘는 특이점은 없다'", 로봇신문, 2018.9.6., [온라인].
Available: http://www.irobotnews.com/news/articleView.html?idxno=14942.

121    K. Wiggers, "Yann LeCun and Yoshua Bengio: Self-supervised learning is the key to
human-level intelligence", VentureBeat, 2020.5.2., [온라인]. Available: https://venturebeat.
com/2020/05/02/yann-lecun-and-yoshua-bengio-self-supervised-learning-is-the-key-to-human-
level-intelligence/.

122　T. Peng, "OpenAI Founder: Short-Term AGI Is a Serious Possibility", Synced, 2018.11.13., [온라인]. Available: https://syncedreview.com/2018/11/13/openai-founder-short-term-agi-is-a-serious-possibility/.

123　S. Armstrong. K. Sotala. S. hEigeartaigh, "The errors, insights and lessons of famous AI predictions - and what they mean for the future", *Journal of Experimental & Theoretical Artificial Intelligence*, 제26, 번호: 3, pp. 317-342, 2014.4.25.

124　L. Gomes, "Facebook AI Director Yann LeCun on His Quest to Unleash Deep Learning and Make Machines Smarter", *IEEE Spectrum*, 2015.2.18.

125　J. Horgan, "Will Artificial Intelligence Ever Live Up to Its Hype?", *Scienticfic American*, 2020.12.4.

126　G. Marcus, "The Next Decade in AI: Four Steps Towards Robust Artificial Intelligence", Cornell University, 2020.

127　B. Dickson, "Architects of Intelligence: A reflection on the now and future of AI", TechTalks, 2019.11.11., [온라인]. Available: https://bdtechtalks.com/2019/11/11/martin-ford-architects-of-intelligence-ai/.

128　K. Hao, "We can't trust AI systems built on deep learning alone", MIT Technology Review, 2019.9.27., [온라인]. Available: https://www.technologyreview.com/2019/09/27/65250/we-cant-trust-ai-systems-built-on-deep-learning-alone/.

129　J. Bengio. Y. Lecun. J. Hinton, "Deep learning for AI", *Communications of the ACM*, 제64, 번호: 7, pp. 58-65, 2021.

130　B. Dickson, "The future of deep learning, according to its pioneers", TechTalks, 2021.7.1., [온라인]. Available: https://bdtechtalks.com/2021/07/01/deep-learning-future-bengio-hinton-lecun/.

131　T. Taylor, "1957: WHEN MACHINES THAT THINK, LEARN, AND CREATE ARRIVED", BBN Times, 2020.4.29., [온라인]. Available: https://www.bbntimes.com/global-economy/1957-when-machines-that-think-learn-and-create-arrived .

132　Z. Lipton. J. Steinhardt, "Research for Practice: Troubling Trends in Machine-Learning Scholarship", *Communications of the ACM*, 제62, 번호: 6, pp. 45-53, 2019.6.

133　"Promise of AI not so bright", Washington Post, 2006.4.13., [온라인]. Available: . https://www.washingtontimes.com/news/2006/apr/13/20060413-105217-7645r/.

134　I. Wladawsky-Berger, "What Machine Learning Can and Cannot Do", The Wall Street Journal, 2018.7.27., [온라인]. Available: https://www.wsj.com/articles/what-machine-learning-can-and-cannot-do-1532714166?tesla=y.

135　"AI set to exceed human brain power", CNN.COM, 2006.8.9., [온라인]. Available: http://edition.cnn.com/2006/TECH/science/07/24/ai.bostrom/.

136　P. McCorduck, Machines Who Think: A Personal Inquiry into the History and Prospect of Artificial Intelligence 375 pp, San Francisco: Freeman, 1979.

137　J. Vincent, "What a machine learning tool that turns Obama white can (and can't) tell us about AI bias", The Verge, 2020.1.23., [온라인]. Available: https://www.theverge.com/21298762/face-depixelizer-ai-machine-learning-tool-pulse-stylegan-obama-bias.

138　Y. Cooper, "Amazon ditched AI recruiting tool that favored men for technical jobs", The Guardian, 2018.10.11., [온라인]. Available: https://www.theguardian.com/technology/2018/oct/10/amazon-hiring-ai-gender-bias-recruiting-engine.

139　I. A. Hamilton, "Apple cofounder Steve Wozniak says Apple Card offered his wife a lower credit limit", Business Insider, 2019.11.11., [온라인]. Available: https://www.businessinsider.com/apple-card-sexism-steve-wozniak-2019-11.

140 A. Koenecke, "Racial disparities in automated speech recognition", National Academy of Sciences of USA, 2020.4.7., [온라인]. Available: https://www.pnas.org/content/117/14/7684.

141 "AI Fairness 360", Github, 2022., [온라인]. Available: https://github.com/Trusted-AI/AIF360.

142 L. Eadicicco, "There's a fake video showing Mark Zuckerberg saying he's in control of 'billions of people's stolen data,' as Facebook grapples with doctored videos that spread misinformation", Insider, 2019.6.12., [온라인]. Available: https://www.businessinsider.com/deepfake-video-mark-zuckerberg-instagram-2019-6.

143 오현석, "'AI 김주하' 판독 못한 카이스트…가짜 'AI 이재명·윤석열' 어쩌나", 중앙일보, 2021.12.12., [온라인]. Available: https://www.joongang.co.kr/article/25031372.

144 E. Strickland, "Facebook AI Launches Its Deepfake Detection Challenge At the NeurIPS conference, Facebook asked researchers to build tools to spot deepfake videos", IEEE Spectrum, 2019.11.12., [온라인]. Available: https://spectrum.ieee.org/facebook-ai-launches-its-deepfake-detection-challenge.

145 R. Andreas. C. Davide. V. Louisa. R. Christian. T. Justus. N. Matthias, "FaceForensics++: Learning to Detect Manipulated Facial Images", 2019.

146 S. Agarwal. H. Farid. O. Fried. M. Agrawala, "Detecting Deep-Fake Videos from Phoneme-Viseme Mismatches", 퍼센트1 *Computer Vision and Pattern Recognition Workshops (CVPRW)*, 2020.

147 M. Khanna, "AI Tool Can Detect Deepfakes With 94퍼센트 Accuracy By Scanning The Eyes", IT Technology, 2021.3.16., [온라인]. Available: https://www.indiatimes.com/technology/news/deepfakes-ai-detection-tool-scan-eyes-suny-buffalo-536392.html.

148 T. Bradshaw, "Deepfakes: Hollywood's quest to create the perfect digital human", Financial Times, 2019.10.10., [온라인]. Available: https://www.ft.com/content/9df280dc-e9dd-11e9-a240-3b065ef5fc55.

149 S. Chandler, "Why Deepfakes Are A Net Positive For Humanity", Forbes, 2020.3.9., [온라인]. Available: https://www.forbes.com/sites/simonchandler/2020/03/09/why-deepfakes-are-a-net-positive-for-humanity/?sh=36c7dd8b2f84.

150 M. Butcher, "The startup behind that deep-fake David Beckham video just raised $3M", TechCrunch, 2019.4.25., [온라인]. Available: https://techcrunch.com/2019/04/25/the-startup-behind-that-deep-fake-david-beckham-video-just-raised-3m.

151 L. Floridi, "Establishing the rules for building trustworthy AI", *Nature Machine Intellugence,* 제1, 번호: 6, pp. 261-262, 2019.

152 WHO, "Ethics and governance of artificial intelligence for health", World Health Organization, 2021.6.28., [온라인]. Available: https://www.who.int/publications/i/item/9789240029200 .

153 "WHO issues first global report on Artificial Intelligence (AI) in health and six guiding principles for its design and use", World Health Organization, 2021.6.28., [온라인]. Available: https://www.who.int/news/item/28-06-2021-who-issues-first-global-report-on-ai-in-health-and-six-guiding-principles-for-its-design-and-use.

154 M. Sato, "Singapore's police now have access to contact tracing data", MIT Technology Review, 2021.1.5., [온라인]. Available: https://www.technologyreview.com/2021/01/05/1015734/singapore-contact-tracing-police-data-covid/.

155 N. Wetsman, "WHO outlines principles for ethics in health AI", The Verge, 2021.6.30., [온라인]. Available: https://www.theverge.com/2021/6/30/22557119/who-ethics-ai-healthcare.

156 M. L. Littman, "Gathering Strength, Gathering Storms: The One Hundred Year Study on Artificial Intelligence (AI100) 2021 Study Panel Report", http://ai100.stanford.edu/2021-report., 2021.

157 "Artificial Intelligence Index Report 2022", Stanford University Human-Center AI, 2022.

158 M. Gofman. Z. Jin, "Artificial Intelligence, Education, and Entrepreneurship", 2020.

159 E. Strubell. A. Ganesh. A. McCallum, "Energy and Policy Considerations for Modern Deep Learning Research", 퍼센트1 *Proceedings of the AAAI Conference on Artificial Intelligence*, 2020.

160 R. Saini, "What's the Hype Surrounding GPT-3?", Data Driven Investor, 2020.8.24., [온라인]. Available: https://www.datadriveninvestor.com/2020/08/24/whats-the-hype-surrounding-gpt-3/#.

161 N. Ahmed. M. Wahed, "The De-democratization of AI: Deep Learning and the Compute Divide in Artificial Intelligence Research", 2020.

162 W. Knight, "Many Top AI Researchers Get Financial Backing From Big Tech", Wired, 2020.10.4., [온라인]. Available: https://www.wired.com/story/top-ai-researchers-financial-backing-big-tech/.

163 김하경·김선미, "'AI 딥러닝 기술로 암 정복될까요' 공학박사-전문의가 뭉쳤다", 동아일보, 2022.3.2., [온라인]. Available: https://www.donga.com/news/article/all/20220301/112103073/1.

164 B. Mitchum, "UChicago joins new academic/industry consortium to accelerate AI innovation", University of Chicago, 2020.3.26., [온라인]. Available: https://news.uchicago.edu/story/uchicago-joins-new-academicindustry-consortium-accelerate-ai-innovation.

165 "Learn from ML experts at Google", Google, 2021., [온라인]. Available: https://ai.google/education/.

166 R. Rothe, "Bringing machine learning research to product commercialization", medium.com, 2018.11.1., [온라인]. Available: https://medium.com/merantix/medium-rasmus-rothe-bringing-machine-learning-research-to-product-commercialization-b4703eb9a8d2.

167 "한국기업체 AI·빅데이터 등 지능정보기술 이용률 저조", 한국경제, 2021.2.7., [온라인]. Available: https://www.hankyung.com/it/article/202102076072Y.

168 R. Chandran, "Singapore to limit police access to COVID-19 contact-tracing data", Reuters, 2021.2.2., [온라인]. Available: https://www.reuters.com/article/us-singapore-tech-lawmaking-idUSKBN2A20ZI.

# 그림출처

1 https://news.artnet.com/art-world/french-artist-predicted-the-year-2000-2008650
2 https://www.latimes.com/business/technology/la-fi-tn-turing-test-eugene-goostman-20140609-story.html
3 https://medium.com/cantors-paradise/the-birthplace-of-ai-9ab7d4e5fb00
4 https://medium.com/ibm-data-ai/the-first-of-its-kind-ai-model-samuels-checkers-playing-program-1b712fa4ab96
10 https://medium.com/mlearning-ai/what-is-the-difference-between-traditional-programming-and-machine-learning-f6128ed4f595 변형
16 https://blog.naver.com/jun95990/222114701502
18 https://news.cornell.edu/stories/2019/09/professors-perceptron-paved-way-ai-60-years-too-soon
24 https://bskyvision.com/425
25 T. Noguchi et al., "A practical use of expert system "AI-Q" focused on creating training data", 2018 5th International Conference on Business and Industrial Research (ICBIR), 2018, pp. 73-76 변형
26 https://www.cambridge.org/core/journals/behavioral-and-brain-sciences/article/building-machines-that-learn-and-think-like-people/A9535B1D745A0377E16C590E14B94993#figures
27 https://villasophiasalon.wordpress.com/tag/the-polanyi-society/
28 [https://mind.ilstu.edu/curriculum/searlechineseroom/searlechineseroom.html Searle and the Chinese Room Argument David Leech Anderson, Robert Stufflebeam, Kari Cox: Animations 2018
31 넷플릭스
32 넷플릭스
33 넷플릭스
34 넷플릭스
35 https://medium.com/pytorch/ai-for-ag-production-machine-learning-for-agriculture-e8cfdb9849a1
36 https://www.youtube.com/watch?v=gszOT6NQbF8&t=1227s
37 https://www.youtube.com/watch?v=nF7FyWdUFf4&t=639s
38 https://medium.com/@aparnasm/see-spray-for-sustainable-agriculture-f9478c0e0a3
39 https://www.youtube.com/watch?v=1I6mSQK4aPI
40 https://www.youtube.com/watch?v=gszOT6NQbF8, https://www.youtube.com/watch?v=gszOT6NQbF8&t=1227s
41 https://sdk.finance/credit-card-fraud-detection-big-players-experience/
49 https://www.weareteachers.com/stitch-fix-waves-styling-fee/
50 https://qz.com/quartzy/1603872/how-stitch-fixs-style-shuffle-learns-your-style/
51 https://fortune.com/longform/stitch-fix-data-algorithm-growth-katrina-lake/
52 https://qz.com/quartzy/1603872/how-stitch-fixs-style-shuffle-learns-your-style/
56 https://www.kaggle.com/datasets/blastchar/telco-customer-churn
57 https://medium.com/analytics-vidhya/telecom-churn-prediction-model-aa5c71ef944c 변형
58 https://towardsdatascience.com/machine-learning-case-study-telco-customer-churn-prediction-bc4be03c9e1d 변형
59 https://github.com/krshubham12/Telco-Customer-Churn-Prediction
60 https://towardsdatascience.com/machine-learning-case-study-telco-customer-churn-prediction-bc4be03c9e1d

61 https://towardsdatascience.com/churn-analysis-information-value-and-weight-of-evidence-6a35db8b9ec5
63 https://www.getapp.com/hr-employee-management-software/a/pymetrics/
64 https://youtu.be/7RSuwNbheGQ
66 https://www.marketsandmarkets.com/Market-Reports/legal-ai-software-market-88725278.html
67 https://www.reviewgeek.com/67342/what-is-donotpay-and-should-you-subscribe/
69 위: https://www.youtube.com/watch?v=24dzZK1kwCE
   아래: https://lgresearch.ai
70 https://www.youtube.com/watch?v=hvKAi569dGA
71 https://lgresearch.ai/kor/blog/view/?seq=183 LG AI 연구원
72 LG AI 연구원
73 LG AI 연구원
74 LG AI 연구원
75 LG AI 연구원
76 LG AI 연구원
78 https://medium.com/starsky-robotics-blog/the-end-of-starsky-robotics-acb8a6a8a5f5
79 https://www.taiwannews.com.tw/en/news/3943199
80 https://slidesplayer.org/slide/17749896/ 변형
81 https://www.theverge.com/21298762/face-depixelizer-ai-machine-learning-tool-pulse-stylegan-obama-bias
82 2021 AI Index Report
83 https://www.dailymail.co.uk/news/article-7130383/Deepfake-video-Mark-Zuckerberg-shared-Instagram-tests-Facebooks-fake-footage-policies.html
84 2022 AI Index Report
85 2021 AI Index Report
86 한국지능정보사회진흥원(NIA)의 '2020년 정보화 통계조사'
87 https://www.tortoisemedia.com/intelligence/global-ai/
88 대통령직 인수위원회 디지털 플랫폼정부 TF 브리핑 자료, 2022.5.2.
89 대통령직 인수위원회 디지털 플랫폼정부 TF 브리핑 자료, 2022.5.2.
90 대통령직 인수위원회 디지털 플랫폼정부 TF 브리핑 자료, 2022.5.2.